文史典故

朱培庚撰

試說心語

文史哲出版社印行

卷前語

本書作者朱培庚先生，雅好文史。近來又撰成《試說心語》初稿，余有幸先睹。頗覺此書取材寬廣，論述明順，因樂於出版。相信讀者閱後，會有相同感受。開卷應有益，特綴短語介紹。

文史哲出版社發行人彭正雄謹識
民國九十五（二〇〇六）年夏月

試說心語　目錄

習俗有差第五

文詞有瑕第六

側聞有誌第七

生活有述第八

時人有疵第九

遐思有悟第十

讀經有探第十一

閱史有疑第十二

諸子有問第十三

觀集有惑第十四

小說有漏第十五

名畫有評第十六

吟哦有惕第十七

保健有方第十八

奇緣有巧第十九

解頤有樂第二十

試說心語

心香有禱第一

一　雋永的世說新語

我國漢朝之末，天下分爲三國。其後三家歸晉，暫時維持一統局面。但不久，卻又分裂爲南北朝了。

南北朝時期，南朝的宋代，有位襲封爲臨川王、名叫劉義慶（公元四〇三—四四四）的，他愛好文學，也喜歡結納名士，撰寫了一部《世說新語》，含三十六「門」（門就是類，如分門別類），記述自後漢到東晉之間文人雅士的軼事瑣聞，意趣盎然，文詞明達，音容笑貌，躍然紙上，被推爲短篇記述文體的代表作，爲大衆所喜愛。該書已列入《四庫全書》子部「小說家」類的第二部書，可見甚有價値。

能舉出例證以供參驗嗎？

讕讕子說。該書中的一些對話，確有一新耳目之處。例如「排調」第五篇記敘：孫子荊（即孫楚，才氣爽邁）向王武子（即王濟，豪逸善言）表示要去隱居，想過那種「枕石漱流」（隱居生活簡省，用石塊作枕，以流水漱口）」的日子，卻因一時口誤，錯說成「漱石枕流」。王武子故意找岔反問道：「流可枕、石可漱乎（流水可以作睡枕？石塊可以漱口嗎）？」孫子荊不慌不忙，用急智解釋道：「所以枕流，欲洗其耳；所以漱石，欲礪其齒。」四句話霎時將窘迫化除，迅敏而富於風趣。按晉代文豪陸雲《逸民賦》也曾說「杖短策而遂往兮，乃枕石而漱流。」可供互參。諸如此類的雋永之語，書中多見。

該書不但有雅語和贊語，也還有刺話和誚話。例如其中「方正」第一篇說：陳紀、字

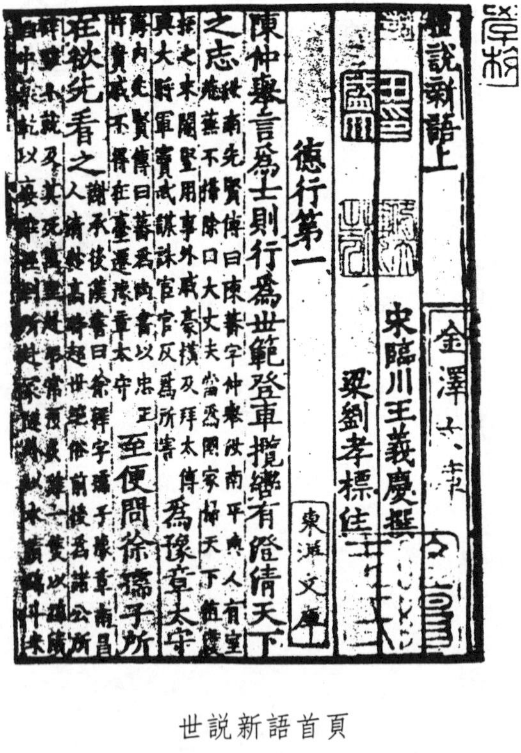
世說新語上
宋臨川王義慶撰
梁劉孝標注
德行第一
陳仲舉言為士則行為世範登車攬轡有澄清天下之志……至便問徐孺子所在欲先看之……

世說新語首頁

元方，後來做過尚書令。當他七歲時，在大門外遊戲，一位父親的朋友來到門口責問他說：「你爸爸不是人嘛！約好了與我同行，卻先就走了。」陳童反駁道：「你與我父相約中午，屆時你沒來，是你遲到不踐約，這是無信，你錯了。今又對我罵我父親不是人，這是無禮，你又錯了。」陳童掉頭進屋，再也不理他了。從這平凡的對話中，顯現出七歲兒的慧識。此書可讀性（readability）很高。當時文人且評爲「玄遠冷雋，高簡瑰奇。」可謂推崇備至。

現代流行的許多佳言及成語，其中不少是由《世說新語》發端而來的，例如「標新立異」「擲地有聲」。不但此也，「絕妙好辭」「楚囚對泣」「盲人瞎馬」「漸入佳境」，以及「流芳百世，遺臭萬年」「小時了了，大未必佳」等等，詞意既簡又雅，富於文采，讀來饒有趣味。

由於《世說》風行，故以後唐代李垕有《南北史世說》，宋代孔平仲有《續世說》，明代李紹文有《明世說新語》，清代王晫有《今世說》，民國易宗夔有《新世說》，內容都有可觀。

鑑於劉義慶《世說新語》的流暢簡潔，富於文采，竟然有美國教授馬瑟（Richard B. Mather）在一九七六年譯成英文，由明尼蘇達州立大學出版，書名叫《Shih Shuo Hsin Yu——A New Account of Tales of the World》。此外，日本明治書院一九七八年也出版目加田誠的日文譯本，可見這本書確然叫好。

劉義慶襲封王爵，官拜刺史都督。余何人斯（《詩經小雅．節南山》「何人斯」章有「彼何人斯」之句）豈敢攀鱗附翼（李商隱《獻侍郎鉅鹿公啓》有「攀鱗附翼」之句）？但偶覽前賢之談唾，或側聽今哲之言詮，其中有若干話語，或尚值得宣揚，或似仍有可供商榷之處。爲此不揣淺陋，嚐「試」敘記一些胡「說」，妄吐「心」中囈「語」，禿筆亂扯一堆，以博諸君子一哂。

註：與「漱石枕流」相近相似的故事，另書《今世說》言語篇中也有一則。該篇說：徐敬輿嘗誤「金盡裘敝」爲「裘盡金敝」，座客笑之。徐曰：「皮之不存，毛將焉附」，非裘盡乎？「何意百煉鋼，化爲繞指柔」，非金敝乎？客無以難云云。因同屬《世說》，錄供並參。

二　畫眉入時無

唐代士子朱慶餘，名可久，越州人（今浙江紹興），受知於水部郎中張籍，唐敬宗寶曆年間應試成進士。他曾經寫了一首七絕「閨意——獻張水部」詩曰：

「洞房昨夜停紅燭　待曉堂前拜舅姑
妝罷低聲問夫婿　畫眉深淺入時無」

從文字的表面看，是說剛結婚的新娘，在新婚次日，昨夜的喜燭還通夜未滅，今晨一早，就要到前廳去拜見公婆。她刻意用心梳妝，還是覺得沒有把握，只好低聲問一問身邊的新郎：我這描畫的黛眉，它顏色的深淺濃淡，是否合乎時尚？希望新郎給她個正面的意見。敘寫「閨意」，非常細膩。

但此詩還有另一個題目叫「近試上張籍水部」，就顯露了詩的本來眞意。依據明代廖瑩中《全唐詩話》卷三說：「朱慶餘受水部郎中張籍之賞識，因將朱慶餘新舊詩篇二十六章置之懷袖而推贊之。時人欽佩張籍，便皆繕錄諷詠，朱遂登科。」原來唐朝以詩取士，應考進士的科舉士子，多有向名人請益、希望得到稱揚，並能介紹主持京試的禮部侍郎的風氣（《唐詩三百首》中王建〈新嫁娘詩〉和《古文觀止》裡韓愈〈後十九日〉〈後廿九日復上宰相書〉都含有這個目的）。那時張籍官拜水部郎中，而又樂於提拔後進和韓愈齊名。朱慶餘臨到接「近」考「試」之前，仍怕自己的作品不合主考官的胃口，就以新娘自況，撰詩「上」呈「張籍」「水部」郎中請賜指導。

這詩委婉盡意，旋即獲得張籍覆以「酬朱慶餘」詩，給予肯定的回應：

「越女新妝出鏡心　自知明豔更沉吟
齊紈未足時人貴　一曲菱歌敵萬金」

朱詩上問得好，張詩復答得妙，可謂珠聯璧合，後人嗟贊有加。請問讕讕子：當你品賞此詩時，可有感悟啓發，你將云何？

讕讕子曰：朱慶餘聰敏過人，是常士所難以追及的。我這凡夫俗子，不自量力，偶然心有所感，發而為文，信口雌黃，難登大雅。這「畫眉深淺，是否入時」之句，正好讓我承襲借用，謹掬愚誠，心香一瓣，禱向大衆請益。若有錯漏，渴望高明的讀者諸君子指教，因學打油吟曰：

「我若攀依朱慶餘　諸君盡是張水部
畫眉深淺入時無　至盼高賢匡舛誤」

三　「試」書簡介

坊間出版的書籍，汗牛充棟，其中有好的，也有不怎麼好的。若問甚麼是好書？似乎難有定論。筆者的淺見是：某本書發行十年之後，仍然有人喜歡看，就該算是好書。因爲它經過了漫長時間的考驗，沒有受到淘汰，想必有它存在的價值。

我們不必太迷信暢銷書排行榜，那只是吹括一陣季候風，等到時間拉長，熱潮退燒之後，有些書便乏人問津，那種書可能就因爲缺少內涵而被冷落了。

你現在正翻看這本卑淺的《試說心語》，好或不好？它已經在接受生命長短的測試。至於有關此書的旨要，趁此簡略介舉如下：

第一、我國文化悠深久遠，典籍蘊玉藏珠。本書採擷各代人物音容笑貌之一臠而成篇，瑜瑕互存，良莠並錄，兼有啓發性及警示性。既能益智，亦可怡情。

第二、不空口講大道理。那些嚴肅說教的道學口吻，正經八百的訓話諭言，鐵定不受歡迎。本書都用演述故事的方式來描寫，求其人性化、生活化、趣味化、寫實化。而且都指明出處，標示來源。讀者可以覆查，不是憑空揑造。

第三、現代工商社會，人人都忙，偉論長文，無暇畢讀。本書儘量採收短篇，以符時代趨向。間或有必須用稍多文字表達的篇章，則用小標題分割，或以數字區隔，請視同若干短篇之集合體可也。

第四、按照每篇的屬性，將這百三十篇歸類爲二十門，起自「心香有禱第一」，止於「解頤有樂第二十」（請閱目錄）。每門之下，納入性質相近的若干篇，俾閱時易於選擇，各取所需，酸辣鹹甜，任隨客意。

第五、每篇文章，都是獨立的，可以不依順序，任選一篇開始，也可在稍長篇中隨興挑出一子題，十分鐘內讀完，隨時開卷有益。可作修身借鑑，可作消閒小品，也可視同警世微言，不失爲善用零星餘暇時之良伴。

第六、本書每一篇都是健康的、正派的，沒有頹廢的、負面的文章。其中有些文言文較爲艱澀，因在必要時譯爲白話文，以利瀏覽。淺嚐者請閱語體，深研者請究原文。或溫故，或知新，各適其趣。

第七、有人說：往昔的經史子集，都過時了，不合現代潮流，應該廢棄。實則眞理並無新舊之分，只有對錯之別。觀今宜鑑古，無古不成今。歷史是面鏡子，如果排斥，那就偏了。

第八、林語堂說：寫文章與演講，都要像女郎的裙子，愈短愈好。本書有兩篇全文都不到一百個字，兩分鐘之內就讀完，乃是想遵循林大師的旨意。

第九、佛曰一沙一世界，一花一天國（to see a world in a grain of sand, and Heaven in a wild flower.）。故本書不錄項羽的鴻門宴，孔明的借東風，那些都精采十分，卻是大格局的偉構。淺池裡容不下巨蛟，只宜養細魚幼蝦，鮮嫩就好。蓋小中足以見大，全豹可藉管窺。請讀者覓弦外之音，尋文餘之意。

第十、書末有附錄三種，一爲書名索引，二爲圖表索引，三爲人名索引。可從各索引中快捷查到有關某書某人所屬的篇章。

醜媳總得見公婆。書成之頃，就已裸裎在讀者面前，接受裁判。請核驗有無錯漏之處，是否巴俚之言？或者會像愛國詩翁陸游《病起鏡中詩》說的「覆瓿書成空自苦，擊轅歌罷遣誰聽」。胡謅之文，只是糟蹋紙張，僅可作爲醬菜罎子的封口之用罷了。筆者愚陋，凡有不當，敬請指教。

四　讕讕是何寓意

有朋友發表議論說：我翻閱《四庫全書》「子」部，盛見百氏爭鳴，卷帙繁富。四庫子部總敘更說：「自六經以外，立說者皆子書也。」這表示凡撰書立言者，都可能稱子。而歷來以「子」爲書名的，約可歸爲三類：

第一類、用單一姓氏作書名者，例如申子（申不害）、老子（老聃李耳）、列子（列禦寇）、吳子（吳起）、孫子（孫武）、孟子（孟軻）、荀子（荀況）、莊子（莊周）、管子（管仲）、墨子（墨翟）、鬻子（鬻熊）等。

第二類、用雙名別號作書名者，諸如子思子（孔子之孫孔伋字子思）、孔叢子（孔子九世孫孔鮒）、老萊子（楚國高士）、鬼谷子（姓氏不詳，居鬼谷，因以爲名）、韓非子（戰國時韓之公子）、公孫龍子（趙國公孫龍）、淮南子（漢代劉安，封淮南王）、抱朴子（晉代葛洪，自號抱朴子）、金樓子（南北朝梁孝元皇帝蕭繹自號金樓子）、文中子（隋代王通私謚文中子）等。

第三類、用寄語寓意作書名者，例如：

歲寒子：戰國、趙、張孟同撰。書名是取自「歲寒然後知松柏之後彫」（語見《論語》子罕篇）的寓意。

隨巢子：戰國趙人撰。隨巢是說要追隨以樹爲巢的隱者巢父（堯想讓天下給巢父，不受。見《高士傳》巢父篇）之高品德。

鶡冠子：姓名不詳，相傳是春秋時代楚國隱士所撰。他用鶡鳥的羽毛做成帽子戴著，故叫鶡冠子。文章宏博，受到韓愈的賞贊。

無能子：唐人撰，不著名氏。書名是說自己毫無能耐的謙遜之詞。

海樵子：明・王崇慶撰。書名意謂漫遊四海，安於做個樵夫，不爭名利。

觀微子：明・上虞・朱袞撰（見百陵學山本），寓有察微觀細之意。

朋友接續問道：請教你這自稱「讕讕子」之名，是何含意？而據吾所知，歷代用「讕」作書名的僅有兩種：

(一)、讕言：孔子第六代孫孔穿撰。「讕言」是自謙爲虛誇欠實的話（世界書局輯印爲儒家佚書）。

(二)、讕言長語：明代曹安（字以寧，博學多文）撰。作者自序說：「讕言是逸言，長語是剩語，純是多餘的碎話。」（這是謙詞，他尚有水東日記、蟋蟀吟等著作。而讕言長語一書，當時人比同輟耕錄）。

讕讕子曰：蒙君不恥下問，垂詢「讕」是何意？茲敬謹奉答曰：稽考讕字之義，約有下列六種解說：

第一解是無稽之談（即讕言，見《文心雕龍》諸子，及《通志》總序）。
第二解是虛謾不實（即游詞，見《新唐書》張亮傳）。
第三解是妄諷胡謅（即讕語，見《宋史》竇偁傳）。
第四解是贅詞碎話（即多餘之言，見明代曹安《讕言長語》自序）。
第五解是誣漫謊說（即相讕，見《春秋繁露》深察名號）。
第六解是謬語抵賴（即詆讕，見《漢書》梁懷王劉揖傳）。

以上六解，都各別顯出讕字之一端。讕讕子自忖所寫之蕪文和所講的囈語，或兼有此六種毛病，良深愧汗。差可告慰的是：平生既無意成心損人，故所犯口孽當也不太深重。但願將來閻王審判之日，冥頑能獲寬恕，免入割舌地獄，則萬倖而萬幸矣。

五　孔子之門何其雜

孔子聖德，仰之彌高，不入孔門，難能臆測，那時多數人並不清楚孔子的偉大，以致產生不少誚問譏問。例如《荀子・法行篇》便記有：

「南郭惠子（人名，南郭是複姓）問於子貢（孔子學生）曰：夫子之門，何其雜也（孔夫子門下的學生，為何賢哲和愚魯這般混雜呢）？子貢曰：夫子欲來者不拒，欲去者不止（來學的不拒絕，退學的不阻止）。且夫良醫之門多病人（試看那高明醫生的診所裡各種病人求治的塞滿門戶），檃括之側多枉木（矯正曲木變為平直的工具叫檃括，它旁邊等待施工的歪扭木料特別衆多），是以雜也。」

與右文相同的內容，又見於漢代劉向《說苑・卷十七・雜言篇》說：

「東郭子惠（和上篇不同名，東郭是複姓）問於子貢曰：夫子之門，何其雜也？子貢曰：夫檃括之旁多枉木，良醫之門多疾人，砥礪之旁多頑鈍（砥礪是磨刀石，待磨銳的頑刀鈍劍甚多）。夫子修道以俟天下，來者不止，是以雜也。大者之旁，無所不容。」

我們再看《論語・子張第十九》，有位叔孫武叔（叔孫是複姓，朱熹註說他是魯國大夫），和孔子同是魯國人，做了高官，卻不了解孔子。原文說：

「叔孫武叔語大夫於朝曰：子貢賢於仲尼（子貢比孔子高明）。子貢曰：譬之宮牆（譬如宮殿外圍的護牆），賜之牆也及肩（我的外牆只有肩膀高），窺見室家之好（牆外可以看到居室美好）。夫子之牆數仞（孔子的牆太高了），不見宗廟之美（看不到牆內皇宮聖殿的雄偉）。夫子之云，不亦宜乎（叔孫大夫的話，不是很自然的嗎）？」

孔子盛德高深，一般人看不到，就認爲他不過如此，止於一知半解。甚至尚有全不了解的人。例如齊國和魯國相鄰，但齊景公就是其中不知者之一。《說苑・卷十一・善說》有如下的記載：

「齊景公謂子貢曰：子誰師（你的老師是誰）？曰：臣師仲尼。公曰：仲尼賢乎？對曰。賢。公曰：其賢何若（好到甚麼程度呢）？對曰：不知也。公曰：子知其賢而不知奚若，可乎？對曰：今謂天高，無少長愚智皆知之；高幾何？皆曰不知也。是以吾知仲尼之賢，然吾實不知其奚若（奚若是謂究有多高不知）。」

還有那春秋時代，五霸之一的晉國，有位當權的晉卿趙鞅，稱趙簡子，他也不了解孔子的人品學養如何，《說苑・卷十一・善說》記道：

「趙簡子問子貢（姓端木，名賜，字子貢）曰：孔子爲人如何？子貢對曰：賜不能識也（我子貢還不清楚哩）。簡子不悅曰：子事孔子數十年，終業而去之（學成了才離開），寡人問子，子曰不能識，何也？子貢曰：賜譬渴者之飲江海，知足而已（譬如我口渴了，到那長江大海邊去喝口水，就滿足了）。孔子猶江海也，賜則奚足以識之（我哪能知道那江海有多深多廣呢）？」

以上是子貢將孔子比作長江大海，另一次子貢又將孔子比作大山森林，事見《說苑·卷十一·善說》，時爲子貢對吳王夫差朝中的太宰嚭（嚭音痞，人名，太宰是官名）說的：

「子貢見太宰嚭，嚭問曰：孔子如何？對曰：臣不足以知之。太宰曰：子不知，何以事之？對曰：惟不知，故事之。夫子其猶大山林也，百姓各足其材焉（孔子猶如崇山，林木茂密。樵夫砍枯樹當柴火。鳶鳥擇高枝作窠巢，心願都已滿足）。太宰嚭曰：子增夫子乎（你是增添孔子的光采嗎）？對曰：夫子不可增也。夫賜猶一累壤也（累是微小的量，壤是鬆土，累壤是一小撮泥土）。以一累壤增泰山，不益其高也（小量土壤加在泰山頂上，不會增其高度）。」

讕讕子饒舌曰：孔子之學，鑽之彌深，我們僅各得其皮毛而已。《莊子》說：「鼴鼠飲河，不過滿腹」，譬說最切。至於崇禮孔子的敬詞，莫於宋代米元章（米芾，一〇五一—一一〇七）的《孔子贊》曰：「孔子孔子，大哉孔子。孔子以前，未有孔子。孔子以後，更無孔子。孔子孔子，大哉孔子。」這眞頌讚出他的偉大。孔子作育弟子三千，導化賢人七二：㈠以國別言，含魯衛齊楚陳秦宋晉吳，乃是國際大學府。㈡以年齡言，父子同學的有顏路顏回、曾晳曾參；最小者子張，少孔子四十八歲；最長者顏路曾晳，只少孔子六

孔子聖像

歲，乃是老幼同堂。㈢以智商言，有笨的子羔，鈍的曹參，乖僻的子張，剛勇的子路，聞一知二的子貢，聞一知十的顏回，乃是有教無類，智愚兼收。㈣以教育方法言，弟子請益的相同問題，孔子答語無一重複，僅就《論語》一書所記，如論「仁」有四十七解，論「政」二十三解，論「禮」二十五解，論「學」四十八解，論「君子」五十三解，詮釋都不一樣。爲何問同而答異？乃是隨機取譬，因材而施教也。尊爲「至聖」，誰曰不宜？

六　朝讀百篇

宋代王應麟《困學紀聞卷二》說：墨子前往衛國，車裡帶了好多書。弦唐子不解，墨子說：從前周公上午讀書百篇，下午會客七十。他都那樣勤勉，我怎麼敢偷懶呢？

讕讕子曰：活到老，學到老。終身奮勵，識見乃好。

墨子載書　周公讀書　見士

文志】儒家賈誼五十八篇。

墨子南使衛載書甚多。弦唐子見而怪之。墨子曰。昔周公旦朝讀書百篇。夕見七十二士。相天下猶如此。吾安敢廢此也。【原注】今本闕墨子七十一篇今止十三篇　外史掌三皇五帝之書。大訓在西序。讀書百篇。謂此類也。【閻按】今墨子七十一篇止闕其八墨子南使衛之文現載貴義篇此云十三篇與陳氏書錄解題合【何云】聞之前輩七十一篇者出於道藏○【元圻案】【漢書藝文志】墨子七十一篇名翟爲宋大夫在孔子後【隋書】【新舊唐書】【宋志】皆作十五卷惟【通志藝文略】又別出三卷者一本蓋卽陳氏書錄所載止存十三篇之本【郡齋讀書志】墨子五十卷七十一篇以貴儉兼愛尊賢右鬼非命尙同爲說云是宋時亦有完本厚齋未之見

翁注困學紀聞

——註：幽默大師林語堂說：演講撰文，要像女人的迷你裙，愈短愈好。本篇及第二十八篇「博士買驢」，連敘帶論，加上標點，未逾百字，似合極短篇之義。

七　一千萬買鄰

宋代王銍《默記》卷下，有一短文說：

「先公與閻詢仁赴京，遇少年於相國寺，乃王元澤（王安石之子王雱，已是進士）也。詢仁問：『舍人（中書舍人，指王安石）何久不至？』答曰：『不晚且來，雱先來京尋宅。』詢仁云：『舍人來，誰不願賃宅，何必預尋？』元澤答：『大人之意不然，須與司馬君實（司馬光字君實，排行十二）相近者。大人每言：擇鄰必須司馬十二。此人事事可法，欲令兒曹有所觀效焉』。」

讕讕子曰：王銍，字性之，南宋人，自稱汝陰老民。宋高宗紹興年間，任樞密院編修官，後因秦檜當權而去職。有《雲溪集》《默記》等著作。

這篇短文是說：王安石要他兒子王雱（字元澤）先來京都尋覓住宅。閻詢仁問：「令尊安石大人既要來，誰個不願意出賃房屋，何須事先預覓？」王雱元澤答道：「我父的心意，是想要選擇住在與司馬光靠近之處。我父常說：『擇鄰必須緊靠司馬光的住宅，他居家事事可以效法，好讓兒輩觀摩學習。』」

王安石

按宋史記載：王安石當過宰相，被稱爲拗相公，個性強忮，他堅持變法，推行新政，弄得民不聊生。而司馬光則是舊派，也當過宰相，主張廢止新法。兩人在國事政見上完全相反，但在私人的行爲品德上卻都相互尊重。展讀此文，乃知古人胸襟，確實有讓我們學習借鑑之處。

好事無獨有偶，今再引述一例：唐代李延壽《南史》卷五十六、列傳第四十八「呂僧珍傳」；及唐代李垕《南北朝續世說》卷二言語「宋季雅」兩書，同有下述這個記載：

「南北朝宋季雅罷南康，市宅，居呂僧珍宅側。僧珍問宅價，答曰：『一千一百萬。』呂怪其貴。宋曰：『一百萬買宅，一千萬買鄰。』」

按宋季雅是南北朝時代梁朝的衡州刺史，呂僧珍是梁武帝極爲信賴的心腹重臣，官拜輔國將軍，品行端愼，公私分明。宋季雅爲了擇鄰，竟不惜付出高於宅價十倍之數，這是何等氣量。讕讕子摘錄此篇，認爲確屬千古佳話。

《左傳．昭三年》曰：「非宅是卜，唯鄰是卜。」《荀子．勸學篇》說：「是故君子居必擇鄉，遊必就士。」白居易《與元八卜鄰贈詩》云：「每因暫出猶思伴，豈得安居不擇鄰。」俗諺有云：「遠親不如近鄰。」蓋鄰居休戚相關，緩急可通也。但好鄰少，惡鄰多，因距離太近，喧鬧難免干擾，利害難免衝突。若意見相左，行將互詆結仇，昔時有孟母三遷之不憚煩，緣因好宅易求，而好鄰難擇也。

但是反過來說：我要擇鄰，鄰也擇我。如果我是壞人，鄰居都要避我，可不愼歟？

八　莫等閒

南宋岳飛（西元一一〇三—一一四二，三十九歲死了），是抵抗北方金國的著名將帥，一生精忠報國，欲搗黃龍。他的《滿江紅》詞，慷慨悲歌，激昂豪壯，且已譜成歌曲，萬人傳唱。詞中有句銘言曰：

「莫等閒，白了少年頭，空悲切！」

讕讕子喜歡饒舌，解釋說：「莫」者，不要漠視也。「等」者、蹉跎等待也。「閒」者，閒惰懶散也。等閒兩字合為一詞，就是平白、無端、不經意的空過之意。

唐代白居易（西元七七二—八四六）《琵琶行》說：「今年歡笑復明年，秋月春風『等閒』度。」他在《詠老》詩中又說：「少年離我去，白髮隨梳落，但看鏡中顏，今朝老於昨。」

還有：唐代杜牧《送友人》詩：「青春留不住，白髮自然生。」

岳鵬舉像

唐代孟浩然《歲暮歸南山》詩：「白髮催年老，青陽逼歲除。」

唐代林寬《少年行》詩：「白日莫閒過，青春不再來。」

漢代樂府《長歌行》詩：「少壯不努力，老大徒傷悲。」

我們再看：張廷玉《明史・卷一六一・列傳四十九》夏寅的「三惜」：

「布政使夏寅勸勉後輩說：君子有三惜，此生不學，一可惜（這一輩子都不想求知）。此日閒過，二可惜（今天整天空閒虛度了）。此身一敗，三可惜（終身失敗，一事無成）。」

此話足可警懼。又看王嘉《拾遺記・卷六・後漢》任末之言：

「漢代學者任末，時人贊他爲『經苑』（經書都記熟在他腦海裡）。他說：『人而不學，則何以爲人？』又告誡後進學生：『人若好學，雖死猶存。不學之人，雖生、猶行屍走肉耳（活著而已，毫無價值）』。」

此話更爲切要。雖然也有人說大器晚成，但《禮記・學記第十八》已有警語說：「時過然後學，則艱苦而難成。」孔子在《論語・子罕》篇中也告誡我們：「四十五十而無聞焉，斯亦不足畏也已。」何可蹉跎歲月，趕快努力吧！

「莫等閒」實際含有積極勸勉的意義，乃是說：光陰有如逝水，只見轉眼之間，黑髮換成了白髮，少年變成了老年，來日歲月可數，回首一事無成，生命交了白卷，豈不感到可惜。到那時，任你悲切悔恨，也只剩空噓長歎，沒法補救了。

岳飛這三句箴語，我們能不警惕嗎？

九　三保太監七下西洋

本篇成稿於二〇〇五年六月，遠溯六百年前（一四〇五年）的六月十五日，恰是三保太監鄭和下西洋的首航啓碇之日。晚清梁啓超撰《祖國偉大航海家鄭和傳》說：

「鄭和下西洋，率龐大的艨艟，凌越萬里，我大國民之令魄，洵非他族所能幾也。」

明代袁忠徹《古今識鑑》記載：

「永樂」（明成祖年號）欲通西南夷，上（皇上明成祖）問：『以三保（三保太監）領兵何如？』忠徹（大臣）對曰：『三保姿貌才智，無與比者。臣察其氣色，誠可任。』遂令統督以往，所至畏服焉。」

清代張廷玉《明史・卷三百四、列傳一百九十二・鄭和傳》說：

「鄭和，世所謂三保太監者也。成祖永樂三年

雲南省昆陽縣鄭和家鄉墻上他的繪像

（一四〇五年）六月十五日，奉命通使西洋。將（統率）士卒二萬七千八百人，造大船：修（長度）四十四丈，廣（寬度）十八丈者六十二。自蘇州劉家河（即劉家港）泛海，首達占城（即今越南）以次遍歷諸番國（首航）。永樂六年再往錫蘭（Ceylon 今斯里蘭卡，二航）。十年復至蘇門答臘（Sumatra，三航）。十四年往滿剌加（Malacca，即麻六甲）、古里（即印度半島卡里卡特 Calicut，今改稱科澤科德 Kozhikode）等十九國（四航）。十九年復往（五航）。二十二年往賜舊港（即蘇門答臘東南岸之巨港，現名巴林旁 Palembang，宋代稱三佛齊）酋長璽印（六航）。宣德（明宣宗年號）五年再奉詔遠航忽魯謨斯等十七國（七航）。鄭和七航，歷占城、爪哇（Java）、眞臘（即柬埔寨 Cambodia）、暹羅（Siam 現稱泰國 Thailand）、滿剌加、錫蘭、阿丹（Aden 今稱亞丁）、榜葛剌（Bangladesh 今稱孟加拉）、木骨都索（今東非索馬利亞 Somalia 國首府摩加迪休 Mogadishu）、天方國（伊斯蘭聖地麥加 Mecca）凡三十餘國。俗傳三保太監下西洋，爲明初盛事。」

三民書局《大辭典》說：

「鄭和（一三七一—一四三五），是明代宦官，本姓馬，小字三保，雲南昆陽人，回族。從燕王朱棣（後爲明成祖）起兵有功，擢爲太監，賜姓鄭，時稱「三保太監」。明成祖永樂三年（一四〇五）起，二十八年之間，命鄭和七次遠航，至南洋、印度、波斯、非洲東岸等三十餘國，宣揚國威，凡國王酋長之恭順者，多所賜賞，凡桀敖者，則征服之。」

商務出版的《中國人名大辭典》也說：

「明成祖懷疑明惠帝逃亡海外，欲尋之，且欲耀兵異域，以示中國富強，乃命鄭和率領士卒等二萬餘人，造大船，通使西洋，經七次遠航，歷三十餘國，俘虜三佛齊國王及錫蘭王，平定蘇門答臘之亂，尤稱偉績，爲明初盛事。」

台北中華書局《辭海》下册「鄭和」一詞述曰：

「鄭和、小字三保，世稱三保太監。成祖疑惠帝亡海外，欲蹤跡之，乃使鄭和沿海南下，歷南洋群島，至非洲東岸，出使凡七次，歷卅餘國。今爪哇（Jave）三寶壠（Samarang）有三保洞，祀鄭和，香火甚盛。」

美國華府出版的《國家地理雜誌》（National Geographic）二〇〇五年七月號有一篇「中國偉大的航海家」（China's Great Voyager），圖文繁富（長達二十四頁），說的就是鄭和的故事。

此外懋登也撰有《三保太監西洋記通俗演義》，詳述鄭和的生平及遠航西洋的經過，值得參閱。

綜合以上各種書籍的記載，鄭和的確是一位偉大的航海家，令人起敬。他的事蹟，可節要敘述如下：

☆精確地說：六百年前的此月，大明朝的海上艦隊首次出航，自南京出發，遠到非洲——比那發現新大陸的哥倫布（Christopher Columbus）以及到過印度的葡人達伽瑪（Vasco da Gama）都幾乎早了一百年。

☆所有哥倫布和達伽瑪二人的帆船集合相加起來，還只能佔據鄭和船隊中的一艘船的單一層甲板。

☆鄭和指揮的船隊，包含六十二艘巨大的寶船，專家們相信有四百呎長，一七〇呎寬，九個桅，主要甲板面積五萬平方呎，排水量至少三千噸，比達伽瑪的旗艦大十倍。

☆保護寶船的有：三七〇呎長、八桅的馬船，二八〇呎長的補給船，二四〇呎長的步兵船，一八〇呎長的輕快靈便擔任戰鬥的大帆船。依據可靠資料所記載，相信鄭和船隊超過三百艘。

☆隨船水手及士兵三萬人，數百位軍官，一八〇位醫生，另有鐵匠木匠船帆工匠廚師和翻譯員等。

☆鄭和於一四〇五年七月十一日首次出航（這是公曆年月日，中國農曆爲六月十五日）首航載了超過百萬噸的中國絲綢瓷器。航程到印度有六千哩，船速約爲每天五十哩。

☆由於廿八年來政治經濟情況改變，七次航行之後就終止了。今天中國又再度面對海洋，鄭和無疑的是位領先的拓荒者。

讕讕子說：所謂「西洋」，今時專指西歐各國，明代初年的西洋，則是指蘇門答臘島以西地區。鄭和七次遠航，他開創了航海史上的甚多紀錄：

航海最早：鄭和（一三七一—一四三五）下西洋，成爲地理大發現的先導。他比哥倫布

鄭和下西洋航程示意圖

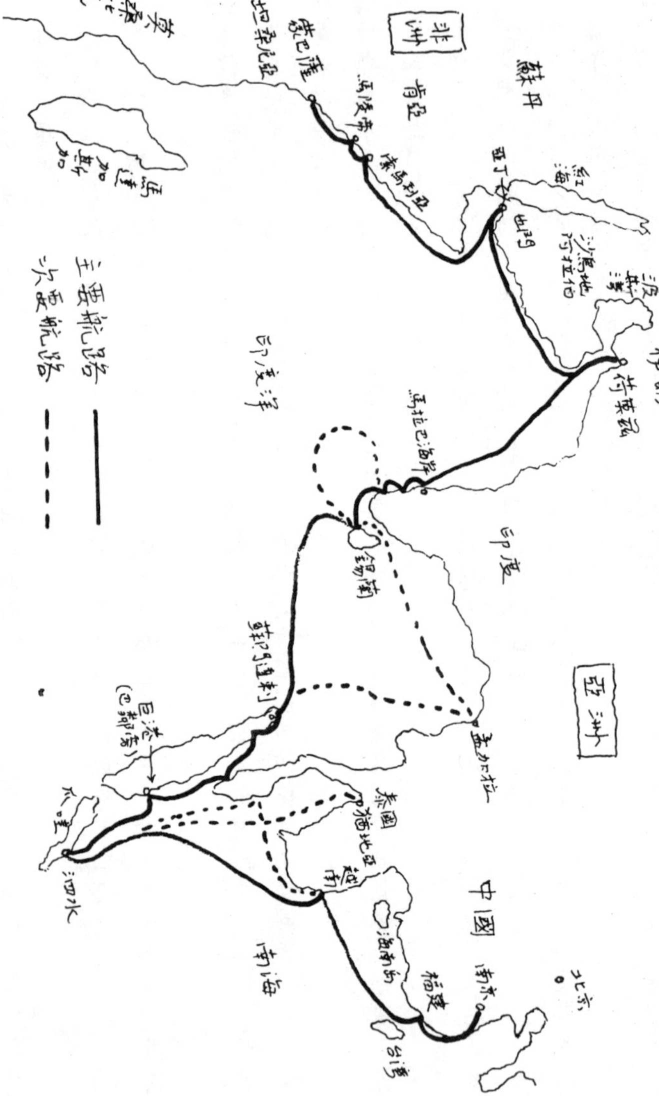

非洲
蘇丹
肯亞
亞洲
中國
印度
印度洋
南海
紅海
亞丁
沙烏地阿拉伯
波斯灣
伊朗
荷莫茲
馬拉巴海岸
錫蘭
孟加拉
蘇門達臘
泰國
越南
海南島
南京
北京
福建
台灣
爪哇
主要航路
次要航路

（Christopher Columbus，一四五一—一五〇六）早八十七年。比達伽瑪（Vasco da Gama，一四六九?—一五二四）早九十二年。比麥哲倫（Ferdinand Magellen，一四七〇—一五二一）早了一一四年。

船舶最大、噸位最重：梁啓超說：鄭和的寶船是世界最大的船。據《明史》所記：鄭和船隊中有六十二艘大型寶船，每艘長四十四丈，寬十八丈，也就是長約一五一點八米，寬約六一點六米。船上構建有頭門、儀門、丹墀、官廳、後堂、庫司、書房等，作爲旗艦和外國國王隨船來華的貴賓座船。據英國學者米爾斯推算，其載重量約爲二千五百噸，排水量約爲三千一百噸。

歷時最久、訪國最多、且航程最長、航次最頻繁：鄭和是我國歷史上也是世界歷史上最偉大的航海家。他自明成祖永樂三年六月十五日首航（一四〇五），至明宣宗宣德八年七月第七次返航（一四三三），前後歷廿八年。航遍東南亞、印度洋、紅海、阿拉伯海、東非等地卅多國，這是一項曠古未有燦爛輝煌的偉舉。

人員最眾、規模最全：依據跟隨鄭和航行的馬觀的記述：鄭和率領二七八〇〇人，包括官員、旗軍、勇士、監丞、指揮、教諭、醫師、通譯、買辦、伙長、舵工、水手、鐵匠、木匠、縫紉工匠等，人數甚衆，各類專長齊備。

船舶最多：哥倫布只有三隻帆船，達伽瑪只有四隻輕便快船，麥哲倫只有五隻帆船，鄭和的船隊大小船舶達二百多艘，眞猜不透如何來組織管理指揮的?

帆桅最密、船種最齊：因爲船大，必須採用桅高帆多之法。最大的寶船就有「九桅十二帆」。除寶船外，尚有馬船、糧船、座船、戰船。船的長寬相異，以適應各種功能。

通訊最靈：按羅懋登《三保太監西洋記》一書所說：船與船間都採用信號旗和信號燈作通訊連絡，「晝行認旗幟，夜行認燈籠，前後相繼，左右相挽。」再加上用鑼鼓號角的音響連絡，使「大船隊統一起錨、扯篷、升帆、前進、後退、停止、休息、舉炊、拋泊、行動一致。」令人歎爲觀止。

鄭和木刻坐像

駕駛技術最精：梁啓超說：「如此龐大之艨艟，凌越萬里，必有過人之駕駛術。」遼闊的海上，沒有「陸標」可尋，必須用「天文」航海，「晝則觀日，夜則觀星。」而且須懂得追隨季風，熟習南洋的季風規律（又叫貿易風 trade wind）和海潮流向（Sea current）。故他出航時總在夏季，返航時總在冬季。但風向是多變的，故必須隨時操縱帆腳索以變換帆的角度，駕馭側風，操控尾舵和叫披水板的腰舵，才能「船行八面風。」鄭和的船隊，每次都能在「洪濤接天，巨浪如山」的南海、印度洋、紅海、阿拉伯海上「涉彼狂瀾，若履通衢」，其海上駕駛技術之高超，眞是不可思議。

籌備時間最短：孫中山先生說：「鄭和在十四個月內，要精挑二萬八千名各色人員，要備辦衆多糧米武器及充足的貨物（一是賞賜贈禮之物，二是貿易之物，包括綢緞、麝香、瓷器等），同時要督造大小船舶數百艘。要訂定航行法規，要訓練海洋操作。當時無科學知識以助計劃也，無外國機器以代人力也，而鄭和又非專門之造船家也，當時世界亦無如此巨大之海船也。由此以觀，鄭和之壯舉，實爲雄圖奇蹟。」

鄭和七航，近乎奇特，這樁大事，國人似乎並不怎樣重視，但在國外如吉隆坡、麻六甲、爪哇、曼谷、文萊等地，都有紀念鄭和的三寶廟、三寶石像等，受人崇拜，足證鄭和的確是位了不起的英雄。今逢六百週年紀念之歲，反而外文詳加報導，豈非禮失而求諸野歟？筆者草此拙文，乃特表個人欽敬之私衷云耳。

十　福樂智慧萬行詩

新疆維吾爾自治區（新疆省）西南邊境，鄰近吉爾吉斯斯坦國及塔吉克斯坦國，有南疆第一大城叫喀什市，是「絲路」（Silk Road）南道的要站。那喀什市內體育路南側，有座「玉素甫・哈斯・哈吉甫」的陵墓。此處原是皇家墓園，如今是這位偉大詩人的墓地，有濃厚的伊斯蘭風格，莊嚴靜穆。

玉素甫・哈斯・哈吉甫（Yusup Has Hajip 一〇一九－一〇八五，又稱尤素甫）生於巴拉薩袞城（Balasagun），卒於喀什噶爾（今稱喀什市，爲我國極西的邊防要地，外貿中心），享年六十七歲。是位虔誠的穆斯林學者。他於一〇六九－一〇七〇年間，寫了一部偉大的文學作品——長詩，共分八十五章，一三二九〇行，名叫《福樂智慧》（The Wisdom of Happiness and Pleasure）。他說：「（回曆）四百六十二年，我用全心完成了此書。」價值十分珍貴。

詩的格式，採用阿拉伯詩歌的韻律，即馬斯拉維形式，用古維吾爾文（in ancient Uigur Language）又稱回鶻文，或叫畏兀兒文（回鶻又叫回紇，突厥民族的一支，元代又叫畏兀兒或畏吾兒）寫的。詩雖長，牽涉雖廣，但體制不亂，鋪排有序，語句優美，韻律嚴謹，堪稱是聳立在維吾爾文化史上的第一座文學巨塔。

詩的內容，包含政治法律知識語言人品金錢生命教育以及生活等部份，不啻是一部百科全書。例如知識詩云：「無知等於瞎子，瞎子也要有知識。」法律詩曰：「刀劍能征服敵人，法制才能治理國家。」生命詩說：「智者雖死猶生，蠢人枉活在世。」

現存完整的《福樂智慧》手抄本有三：一是回鶻文手抄本，現存奧地利首都維也納圖書館。二是阿拉伯文納斯赫體抄本，現存烏茲別克斯坦國科學院東方研究所。三是用十四世紀阿拉伯文抄寫，現存埃及首都開羅地溫圖書館。漢譯本則由民族出版社於一九八六年十月發行。新疆喀什地區作家協會副主席、兼世界文化藝術研究中心研究員劉學杰說：「數十年來，已形成『福樂智慧學』的完整體系。在一九八六、一九八九、及一九九八年，連續在『福樂智慧』誕生地的喀什舉行了『福樂智慧學術討論會』，而且成立了『福樂智慧研究學會』。至於這座陵墓，也已列爲國家重點文物保護單位。陵墓與我

玉素甫・哈斯・哈吉甫墓左側大門

家僅咫尺之遙，我常去那裡找尋智慧。對《福樂智慧》眞是丟不開，放不下。它讓我們這些現代人再接受一次中古時期的心靈洗禮。」

讕讕子說：我於二〇〇三年旅遊絲路時，特意去瞻仰這位哲人之陵。他的懿行，可能漢民族尚未普知，故樂爲介紹。我們誦唸《福樂智慧》裡這些不朽的詩行，會發覺自己語文的「貧乏」。你想要汲取點甚麼嗎？請就這些詩行多想一想，多咀嚼一下吧！

它的部份哲言如下（數字是這句話在詩行中的排序）：

「書本」——無知者不知書的價值，有智者深知將它珍愛。（二二）

我把此書定名《福樂智慧》，願它爲讀者引路，導向幸福。（三五〇）

秦人（指中國北部）稱它爲《帝王禮記》。（二八）

馬秦人（指南部，中國宋朝）稱它爲《社稷知己》。（二八）

東方人對它十分推崇，稱它爲《君王美飾》。（二九）

突厥人稱它爲《福樂智慧》，伊朗人稱它爲《諸王之書》。（三〇）

「治國」——得天下者憑借刀槍，御天下者憑借文治。（二四二五）

武功可以把江山開創，文治方可使國家興旺。（二七一四）

黎民若好，只端正他一人。國君若賢，會澤及萬姓。（三二六八）

「法律」——公正的法律是蒼天的支柱。（三四六三）

良法使國運昌盛，暴政使國祚衰頹。（二〇三四）

「知識」——誰若有了知識，誰就受到尊崇。（一五四）
人與人之間存在著巨大距離，這距離就在於有或沒有知識。（二〇一）
知識好比海洋，無邊無底。小鳥啜飲海水，豈能飲乾？（六六〇九）
「智慧」——智慧是明燈，給盲人賦予眼睛。（一八六一）
人沒有智慧，心靈有何用？人沒有心靈，眼睛有何益？（一九九一）
「語言」——語言是智慧和知識的表徵。（一六二）
人總有一死，語言會長留人世。（一八〇）
前輩留給後代遺產是語言和善行。（一九〇）
「人品」——人命不為貴，而人性為貴。（八六六）
你不能永生，名字會永生。名字若永生，猶如你永遠未死。（二二九）
「金錢」——要是錢財能買通死神，世上將不會有死去的皇帝。（一一九七）
財富好比是鹽水，你越喝越渴。（一一九七）
「善行」——交友容易，維護友誼困難。樹敵容易，和解起來困難。（四二六九）
「生命」——從前我赤條條離開母體，如今又將赤條條告別人生。（一五一三）
可惜呀，青春！可惜呀，青春！我未能抓住你，而讓你逃走匆匆。（六五二二）
「科學」——治國治家，事事都賴計算。不懂數學，樣樣事情難辦。（二二一九）

人總有一死，緊連的肢體，也會支離。（六一四六）

各位朋友：我國的一位邊陲回族人士，寫出了一萬三千多行的長詩，內容包羅萬象，分別抄成多國文字，卻珍存在歐非各國，我們能不汗顏？而這麼多寶貴的格言，句句精當，我們能不向他致敬？

中華民族的英才傑士，每為大家所忽略。本書第九篇所述七下西洋的鄭和（一三七一—一四三五），乃是世界上第一位遠洋航海家，但史書上著墨不多，殊為遺憾。此外，明末大儒朱之瑜（一六〇〇—一六八二），號舜水，他抗清復明，多次去日本請派援兵，最後第七次赴日時，明祚已終，他留在東京約莫五十年，不能回國。日本宰相德川氏敬為國師，他傳漢學於東瀛，授蠶桑製絲之術，教醫藥種痘之方，死後日本諡曰文恭。德川宰相公祭他說：「嗚呼先生，明之遺臣，天下所仰，衆星拱辰，學貫古今，邦國儒珍。」是影響日本的唯一中華大儒，遺骸長埋異域，日本人寶其遺物，守其祠墓，中國人不聞不問（參見拙著《文海拾貝》第四八篇），我國史書，也未替他立傳，豈不令人興歎。

十一　向菩薩借錢

台灣有很多廟宇，有的還可以讓信眾向廟方借錢（實際借貸時從來不曾查問是否你是信徒）。因此四境馳名，香火很旺。筆者不敏，兼頗好奇，因此隨緣也親訪了兩處（台中縣梧棲鎮達天宮福德正神也可借發財金六百元，歉未親訪）。

第一處是「紫南宮」，地址在南投縣竹山鎮社寮里大公街四十號。電話爲〇四九—二六二—三七二二。該宮供奉的是「福德正神」（即土地公，也是財神）。設有「紫南宮管理委員會」，主任委員是總負責人。借款部門設在正殿旁另一獨立廳舍內，借出櫃台有兩位服務小姐，收款櫃台有一位服務小姐，可互相支援。

第二處是「南投財神宮」，地址在南投縣名間鄉彰南路一四八號，電話爲〇四四

南投財神宮借款條

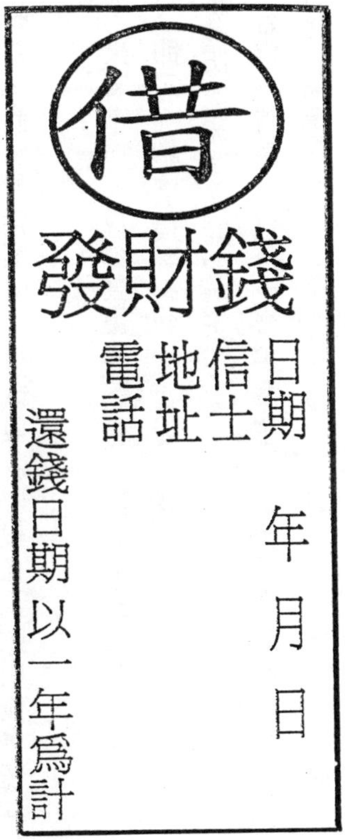

九—二七三—九四九一。該宮供奉的是「財神韓信爺」。借款收款處設在正殿內側，在同一個服務桌，有一位服務人員。

任何人都能向這兩個宮廟借錢，來者不拒。只須當場查對身份證，寫記姓名、地址、電話。不要任何抵押或保證，每人立即可向神廟借到台幣六百元，預計在一年之內歸還，香油錢隨緣附交，多少不拘。由於簡便快捷，光顧的還不少。

經請問紫南宮管理委員會，承告這項善舉，已行之幾十年了，每天最多的有一百多人來借，目前有多家廟宇都附帶辦理這項善事。

向菩薩借錢，澤及普羅大衆（proletaries）的舉措，其評價爲如何呢？

讕讕子曰：各方神靈菩薩，原是福佑凡民；此種善舉善行，誠然可嘉可敬。身爲升斗小民者，有時恰巧急要一點小錢救困。循此途徑，立即化解燃眉。而且既是向菩薩借錢，定會如期奉還，否則不但良心不安，還怕被神靈降禍。因此在還錢時，多少會附加若干香油錢（據告不給的絕少），這就是利息。如此則廟方借出也絕不吃虧。這番措施，眞是惠人惠己，値得寫記以表彰其美善。

十二　賢媛嫁女囑咐不要做好事

劉義慶《世說新語》書中「賢媛第十九」章的第四篇，是母親對嫁前女兒的叮嚀囑咐之詞。原文很短，全錄如下：

「趙母嫁女。女臨去，敕之曰：『愼勿爲好。』女曰：『不爲好，可爲惡耶？』母曰：『好尚不可爲，其況惡乎？』」

今且先翻譯成語體文，有如下述：

「三國時代，吳國桐鄉縣長虞韙的妻子趙氏，要嫁女兒了。媽媽趙氏叮嚀女兒說：『妳嫁後，行爲要很謹愼，不要做「好」的事』。女兒問：『不要做好的事，可要做壞的事嗎』？母親說：『好事尚且不可做，何況是壞事呢』？」

讕讕子說：父母送女出嫁，多半是以三從四德、孝順

欽定四庫全書

趙母嫁女女臨去敕之曰愼勿爲好女曰不爲好可爲

惡耶母曰好尚不可爲其況惡乎

許允婦是阮衛尉女德如妹

翁姑、研習內則來勗勉。但這位縣長之妻的趙母，首先誡說「愼勿爲好，」繼後又說「好尚不可爲，其況惡乎？」這就令人十分迷惑了。好事既不可做，壞事更不能做，那究竟要做甚麼才對呢？

也許她的話中，含有玄奧的哲理（例如「無才是德」）；也許她的本意是說：「做了好事，將有好名聲傳揚開來，難免會引起某些人的妒忌心，所以事先要謹愼考慮。」這番隱藏的話，道理很深，只恐怕那臨上花轎的小新娘未必體會得到。我們眞不知道這趙母爲何可以列爲「賢媛」？如果依照這表面的三句話，怎樣才會做成好妻子和好媳婦呢？這倒要請教劉王爺義慶先生了。

此外，漢代劉安《淮南子・說山第十六》也有相似的故事：

「人有嫁其女而教之曰：『爾行矣，愼無爲善。』曰：『不爲善，將爲不善耶？』應之曰：『善且弗爲，況不善乎』？」

這與「賢媛」所述略同，今一併錄存，留供參對。

十三　殷洪喬不願做郵差

劉義慶《世說新語》「任誕第二十三」章，其中有一篇「殷洪喬」的故事，很短，原文如下：

「殷洪喬作豫章郡，臨去，都下人因附百許函書。既至石頭，悉擲水中。洪喬祝曰：『沉者自沉，浮者自浮，殷洪喬不能作致書郵』！」

今先語譯如下：

「晉代陳州長平人殷羨，字洪喬，官任江西豫章郡太守。當他卸任時，郡裡的友朋們，交請他順道代爲轉達的信函約有一百來封。殷洪喬行到石頭城，竟然把全部信函統統丟入水中。說道：『要沉的就沉下去，要浮的就浮上來！書信爲何交我帶？我殷某人不願當郵差』！」

讕讕生說：這個故事，流傳很廣，凡是書信丟失了的就叫「付諸洪喬」，或稱「洪喬之誤」。因此東漢馬臻《送熊履善之金陵》詩說：「書來莫付洪喬便，只道經年一字無」。意思是：託人帶信來，託任何人都可以，只要不付託給殷洪喬順便攜帶。他會把信丟棄，讓收信人誤會以爲整年沒寄一個字來。另外有宋代李光《贈陳讜詩》也說：「諸賢書穩致，定不作洪喬」。意思是：你們這些賢友託我帶的書信，都會穩妥的交到收信人之手，不會學殷洪喬的不良行為故意丟掉。

既然都說殷洪喬不好，讓我們冷靜思考一下吧。這個殷洪喬，本也是個讀書有成的方面大員，後來在晉元帝時，且升任為朝廷光祿勳顯職。本篇洪喬丟信故事發生時，他已是官居太守了，怎可毫無誠信？他受人之託在初，卻私將書信擅自投水於後，如此怎樣向友朋交代？退一步說：倘如不願當郵差，誰也不能勉強他，那末自始就可拒絕收信，卻不可先收後丟，為德不卒。

殷洪喬的這番行徑，實非正人端士之所應為。《世說新語》將這段故事寫出來，沒有一言半句責怪，惜哉。

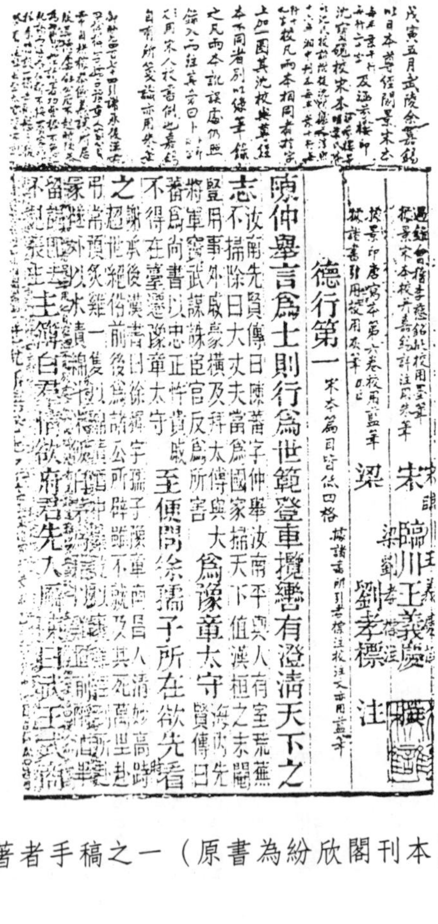
宋　臨川王義慶　撰
梁　劉孝標　注
德行第一
陳仲舉言為士則行為世範登車攬轡有澄清天下之志
為豫章太守至便問徐孺子所在欲先看之

著者手稿之一（原書為紛欣閣刊本）

十四　爲何入我褌襠

「竹林七賢」中有位劉伶，是西晉時代名士，喜歡飲酒。他寫過有名的《酒德頌》，由唐朝草聖張旭書寫，傳爲佳話。劉伶性情曠達，經常坐著鹿車，車上載著美酒，還叫人帶著鋤鍬跟隨，說：「死便埋我。」二十四史《晉書》中也有劉伶傳。

《世說新語·任誕第廿三》中有他一故事：

「劉伶常放懷無忌，縱情飲酒。有時且脫光衣服，裸身在室內逍遙。有人入門看到了，譏責他不應當如此過分隨便。劉伶答道：『我是把天地當作廬舍，把房屋當作褌子，你們爲何要闖入我的褌襠裡來幹甚麼呢？』」

唐人李冗，撰《獨異志》，書中也有此事的記述：

「劉伶好酒，常袒露不挂絲（赤身袒露一絲不挂）。人見而責之。劉伶曰：我以天地爲棟宇，屋室爲裩袴（裩音昆，裩與褌同，是有襠的褲子，袴同褲），君等無事，何得入我裩袴中？其人笑而退。」

讕讕子曰：劉伶放情肆志，每以細宇宙齊萬物存心。他另有一趣聞，說他某次喝醉酒了，得罪了一位俗人，惹得那人動了嗔怒，捲起衣袖，伸出粗拳，就要揍他一頓。劉伶酒醒了，慢慢的柔聲道：「我這幾根瘦骨頭，等同雞肋（雞的肋骨），太脆弱了，不足以擋尊拳。」那人一聽，笑笑也就算了（見《晉書劉伶傳》）。

劉伶在西晉時期，曾經任官爲建威參軍，後來沒做官了，便與阮籍、山濤、向秀、阮咸、王戎、嵇康結爲好友，避開塵俗，清談老子莊子之學，常集會遊宴於竹林，人稱竹林七賢。河南省輝縣且建有七賢寺，後來改爲竹林寺，就是紀念他們七人的。

至於本篇《世說》劉伶褌襠這段話，雖然豁達，可也似有欠妥。他怪別人不該闖入褌襠裡，此話暗有貶損諷嘲對方之意，但他自己不也正在褌襠裡活動嗎？

十五　歌妓雖惡不必殺

南北朝時代，臨川王劉義慶寫下《世說新語》一書，共分三十六門，其中「忿狷第三十一」首條說：

「魏武有一妓，聲最清高，而性情酷惡。欲殺則愛才，欲置則不堪。於是選百人，一時俱教。少時、果有一人歌聲及之，便殺惡性者。」

今以語體文釋譯：

「三國時代，魏蜀吳三雄鼎立。曹丕登位為魏文帝時，追尊他父親曹操（西元一五五—二二〇）為魏武帝。

魏武帝曹操喜愛音樂，曾自撰《短歌行》等有名的詩歌。官府裡有一歌唱團，團員中有一名歌妓，歌喉絕佳，清麗高妙，是團中的最優者。但是她性情酷虐，態度惡劣，她瞧不起別人，別人也討厭她。曹操想要殺掉她，卻愛惜她的才華。想要容忍她，

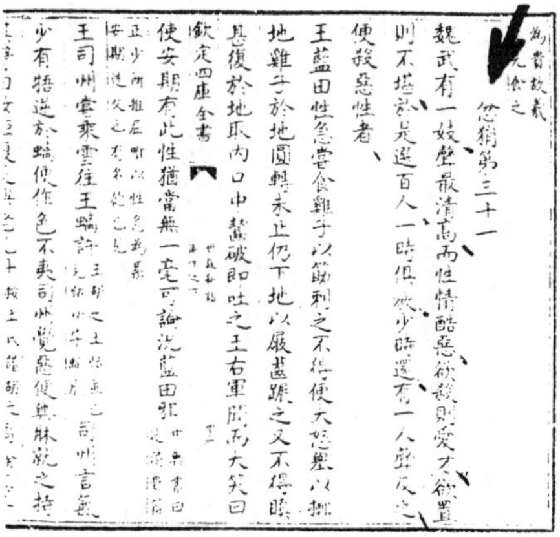

忿狷第三十一

魏武有一妓聲最清高而性情酷惡欲殺則愛才欲置則不堪於是選百人一時俱教少時果有一人聲及之便殺惡性者

王藍田性急嘗食雞子以筯刺之不得便大怒舉以擲地雞子於地圓轉未止仍下地以屐齒蹍之又不得瞋甚復於地取內口中齧破即吐之王右軍聞而大笑曰

欽定四庫全書

使安期有此性猶當無一毫可論況藍田邪

王司州嘗乘雪往王螭許……司州言氣少有牾逆於螭便作色不夷司州覺惡便輿牀就之持

又受不了她的狠毒。因此就另外選來新歌女一百人，施以教唱。久後，其中果有一人的歌聲，追及到舊有的最佳歌手。便將那惡性歌妓殺了。」

讕讕子曰：曹操是位奸雄，文韜武略，一時無兩。《三國志・諸葛亮傳》說：「今曹操擁有百萬之衆，挾天子以令諸侯。」威勢攝人。他應當專心於國家大事，不該分心在區區一名歌妓身上。歌女們聲藝的濁清和行爲的善惡，都只須交由一梨園領班去管教就夠了，自己哪有忒多閒功夫去理會這般芝麻綠豆的瑣細之務，豈不連吃飯睡覺的時間都沒有了？這不適合曹操的崇高身分，也不是「雄才大略」的他之所應爲。

至於怎樣對待那位惡性歌妓？今既有人替代，就可開除她，或給錢遣走她了事。她雖性情乖戾，但未殺人放火，還不至於犯上死罪，斬殺她是欠缺充分的正當理由的。讕讕子在二千年後，仍不免要替她三喊冤屈。

十六　兩岸文字統一之夢

一九九二（民國八十一）年三月五日，台北聯合報刊載黃永武先生《救字如救火》一文。他說「簡體字已形成了文化亂源，並降低了文化水準。中國文字的受難，要到何時才會結束呢？」語重心長，令人欽佩。

美國中文學校六百所

諷諷子這幾年常住美國，有機會接觸到美國的中國朋友，深感華人在美，多存故國之夢，爲使子女們（有些是在美國出生）不忘中國文化，多會將下一代送入當地的中文學校就讀。依據美國賓州大費城明德文教協會（CCAGP——Chinese Culture Association of Great Philadelphia）編印的《明德季刊》（一九九七年六月出版）報導：全美計有六百多所中文學校。在美國東部還成立了「美東中文學校學會」，定期舉行年會，今（一九九七）年已是第廿四屆了。由這份不太起眼的刊物就可知學生之衆。

這些中文學校的學生多來自台灣赴美的家庭，由小學到初高中的「中文」課本，全由台灣國府僑務委員會免費供給。自大陸改革開放後，大陸來美的家庭和子女日增，也相繼成立中文學校，使用「漢語」課本。於是出現了兩套教材：台灣背景的中文學校教注音符號和繁體字，大陸背景的中文學校教漢語拼音和簡體字，各行其是，分道揚鑣。

注音符號與漢語拼音都是幫助發音認字，孰優孰劣，本文暫不討論。但繁簡兩體雙軌並存，成了文字上的「一國兩制」，實在是增加學習中文的不方便。

讕讕子有一位美籍青年朋友，名叫邁克（Mike P. Allen），在美京華府的喬治城大學（Georgetown University at Washington D. C.）唸書，（宋省長楚瑜也畢業此校）。他選中文爲第二外國語，雖然講得四聲不全（衣服說成姨父），寫的也是鬥筆字（湖南土話也，是說不按筆順亂湊。他寫「近」字，先寫走之，再寫斤，說是遵循由左而右的原則）。他今夏將赴北京師大、秋末再到台北政大修習中文。我寄他信說：「北京教的是簡體，台北教的是繁體，你得學會兩套文字，要認得『丛厌业巩』、又要認得『叢厭業鞏』；還要同時橫向對照，知道簡『丛』是繁『叢』、簡『厌』是繁『厭』、『业』即是『業』、『巩』即是『鞏』。勢須雙倍努力，汝其勉之。」想他繁簡兼學，會不會愈唸愈糊塗，眞是難爲他了。

附帶一提的是：除了上述中文小中學之外，美國耶魯大學、芝加哥大學、哈佛大學、哥倫比亞大學、普林斯頓大學、柏克萊加州大學、洛杉磯加州大學等校，都設有正規中文課班系，也是前述中文學校的銜接。各校繁簡字體都教。例如哥大一二年級只學繁體，三年級只學簡體，四年級簡繁都用。柏克萊大學是一年級先學簡體，二年級才學繁體。洛杉磯大學兩者皆可，由學生自選。其他大學是三年級以上，必須簡繁都能認識，作文則簡繁不拘，可以兩者混用。這就是說：一個字要繁簡各學一次。學生何辜，徒增不必要的雙重負擔。

台灣稱繁體字爲「正體字」（認爲繁體與簡體是平等對立，會產生比較的問題），稱簡體字爲「簡化字」（即不是正規的字）。筆者認爲不必正偏之爭，或意氣之辯，宜基於文字源流和學理來客觀討論，解決分歧。

中國文字的特色

據估計：全球使用英文爲母語的約有六億人口，但英語有五十萬個單字。而全球使用中文爲母語的約有十三億人口，是英文的兩倍，康熙字典雖收有四萬多字，但只要認識四千個常用字就夠用了。由於中文單字的機動配搭性極爲靈活，許多舊字熟字，加以連綴配置，就成新詞，字不必增，卻能包羅萬種新義（英文字要另創新字，每年增加上千個）。

例如「吃、早、飯」，可衍生爲：早吃飯、早飯吃、飯吃早、飯早吃、吃早飯、吃飯早多種說法，所強調的語氣各不相同，但基本上只用三個現成的字，何其鮮活。再者、試看古代世界上使用過的各種老式文字，都已先後夭亡，獨有中文仍然自古流傳存活至今，而且歷久彌新。學英文的人都知道：四百年前用古英文寫的莎士比亞戲劇，現代人已經看不懂了，今天我們仍能識讀中國遠古的典籍（尚書最古，是秦漢時代之書，距今已兩千多年了），其偉大處實莫可言喻。

世界文字約可分爲兩大類別：一是拼音文字，二是表意的中文方塊字。拼音字是由一串串字母符號（sign）作線狀延接而成的，只有字音（多是複音）和字義。中文字則是一幅幅表達觀念的圖形（image）作面狀佈構而成的，除了字音（單音）和字義之外，並以字形來彰顯其特色。「山」就像三座聳立的高峰，而且三峰相連成一脈。「糸」就是編結成辮狀、下端還留著三縷線頭的柔絲。

由於中文字是單個而獨立的，故而橫排豎排都合宜，甚至倒唸反唸也可以。例如「此木成柴山山出，因火生煙夕夕多」，就是用上二字合成下一字。又如「處處花飛花處處，潺潺碧水碧潺潺」，倒順讀來都是原字。再如「客上天然居，居然天上客」，反唸順唸都饒佳趣。其他尚有環寫成圓圈的、或排成方陣的，無論順唸逆讀，左迴右轉，都成佳句，而且押韻，因篇幅所限從略（請參看拙編《詩徑尋幽錄》台北文史哲出版社印行）。

中文字可否簡化

大陸已經推行簡化字了，此時來談可否簡化問題，似已不合時潮，但今天仍有一些學者或高官堅持全部繁體一字不可簡的論調，故提出討論容或有此必要。首先吾人應有一項認知：文字乃是傳述思想的工具之一，而工具則當以省便爲原則。例如汽車是交通工具，以前要用手排擋換速，還要腳踩離合器來配合，現已改爲自動排擋，不須駕駛人費力操心，使開車動作簡化了，人人稱便。今天如果仍刻意懷舊，想在美國買輛手排汽車，不但難覓，且須高價。

國父說：「近世文化昌明，百年銳於千載」。現今工商社會，爭的是速度要快，如果動作遲緩，鐵定落伍。文字是知識之母，豈能牛步不前？故從民國初年就有人狂言：「中文太難寫了，阻礙中國進步者，其爲中文文字乎？」竟把它視爲國家積弱不強的罪魁，這種論調未免太偏激。但有些中文字筆劃確也太多，還有那些罕用字古董字廢字死字冷僻字僵屍字化石字，應可商榷汰換。

舉個淺例：纔字與才字相通，清朝著《說文通訓定聲》的朱駿聲說：「纔是才之借字」，能否用才而廢纔呢？又如鬭（鬪鬥）、礮（砲炮）、臺（台）、鐵（铁銕）、麤（粗觕麄）、個（个箇）、刦（劫綫廼）、算（碩筭）、蒞（莅涖），能否選用括號中之簡筆字以代替之呢？如鞦韆，漢代許慎在《說文解字》中評說：「非皮革所爲，不合從革」。可否即用「秋千」呢？

再者，有些文士，喜用繁字以求典雅，好用古僻字如龢（和）蘤（花）穐（秋）鱻（鮮）以示高深，他們互相悅賞無妨，但不可行之於一般大衆，更舉一例：《魏書・江式傳》有云：「宮商龣徵羽」，把五音中的「角」字寫成「龣」，其實這個字與「角」音義相同，這是故意與人爲難，殊不足取。

人人都寫過簡筆字

讕讕子確信，任何人在提筆爲文時，多少會寫出一些簡筆字，以求快捷省時。我就經常如此。例如「與」寫爲「与」（十三劃簡爲三劃），「黨」寫爲「党」（二十劃簡爲十劃），「體」簡爲「体」（廿三劃簡爲七劃），「蟲」簡爲「虫」（簡去三分之二），而「覽、鑒」兩字中的「四」省掉不寫出，別人也都接受了，我也一直省到現在。

那些不同意簡化而堅持用繁體字的人，我懷疑他們一生從未寫過簡字嗎？既然自己也寫簡字，哪得不認可它呢？

幾項不同的異見

一、識繁用簡、印繁寫簡問題——有人說：我閱讀時認得繁體，但日常卻用簡體。又有人說：印刷當採繁體，手寫可用簡體。豈不是天下太平無事了嗎？這乃是因循苟且之見，非擇善之道。若如此，仍是兩制並存，十足鄉愿。試想那些中文打字員或電腦排版人員，都必須通曉繁簡雙體，才可將閣下的簡體手稿轉換爲繁體打爲書頁或鍵入電腦，豈不是增加他們的負荷？而大陸學生要增學繁體，台灣學生要增學簡體，以現今功課之重，升學壓力之大，他們對中文早已無暇多顧（致力於英數理化去了），勢將由煩生厭，可能使中文程度更差了。

二、如用電腦寫作，繁簡都不成問題——電腦確係省捷進步的工具，如欲加字改錯，變更段落及行數，按幾個鍵就成。但總還有用手寫的時機吧？你願意寫廿九劃的「鬱」字呢？還是寫省成九畫的「郁」字呢（這字當否待決）？而且上述第一項的不便，仍未解決。

三、如何識讀古籍問題——古籍全是繁體，簡化後都不認識了，斬斷了中華文化的根，豈非大錯？此項顧忌，我們不須擔憂，必當另有繁簡字對照表可資依循，繁字仍在，只是日常不用它罷了。這些鑽研古籍經史的事，原就屬於專家學者的志趣，並非一般普通人所能或所願從事的，應勿顧慮。（其實中共簡化字只有二二三五個）。

繁簡如何統一

欲實現繁簡統一之夢，首先須申明兩點：第一：不是全盤簡化，而只是部份難字簡化。該簡者要簡，能簡者才簡，不須簡及不可簡者不動。第二：大陸已推行簡字多年，幾度頒行，又部份收回停用；大陸民間又自創若干簡字，筆者不同意全體統收。合理的贊同，不合理的、愈改愈糊塗的要再研商。但願繁簡歸於一致。

例如「滅」簡爲火上加一橫，「習」只取左上角，「鄉」僅留左邊，都是合乎六書原則嗎？「濁」簡爲水旁加虫，那末蜀是否可簡爲虫呢？幹部的「幹」簡爲「干」，樹幹的「榦」也簡爲「干」，乾濕的「乾」亦簡爲「干」，但乾隆的乾因不能簡而仍留用原字，此三字義異而混簡成「干」，混同中卻又有例外，均待考究。再者，湖南省有個零陵縣，有人簡寫成○○縣，簡直是笑話。

有的簡化得太不合理，例如「油漆」簡爲「尤七」，「蛋糕」簡爲「旦羔」，「麵粉」簡爲「面粉」，恐怕都不合宜。

繁體字有沒有毛病呢？秘祕、够夠、烟煙、姪侄、况況、蘇蘓、婿壻、筍笋、勛勳、鱠膾、鷄雞、鼈鱉、耻恥、冊册、晒曬、嘆歎、墻牆、啖噉、咽嚥、齧囓、厚垕、堤隄、却卻、腳脚、軟輭、蛙鼃、喧嘩諠譁、彷徉彷徉、伶仃零丁、囉嗦嚕囌，都該存一凍一。

這篇小文旨在作「書同文」的建議，也許有人抱著不同的看法。但請看文字由大篆省爲小篆，又遞變爲隸楷行草，哪一次不是大幅度的變革簡化？由於行草筆劃偏於放任，以及篆隸文又偏於藝術性，故歷來獨重楷書，且錫以「正楷」之名來尊稱它。如今繁簡分爲兩家，尋求合一，應可採擇，時不我與，但盼美夢成眞。

不過，這個文字統一的題目太大了，各自爲政也夠久了。兩岸統一，文字爲先。筆者僅能提出呼籲，促請有心且有力之眞士，廣集兩方和海外的碩學通儒，共聚一清淨勝地，避開政治干擾，捐棄主觀成見，純以文字學之立場，虛心研討。雖不必克期竣功，但也不可拖延太久，但願凝聚中外各方俊彥的高度智慧，爲中華文字創出一條光明的大道，爲炎黃子孫作一次文字統合的功德。這比修纂一部三百多卷的《資治通鑑》或七萬多卷的《四庫全書》的成績和功效尤爲宏偉博大。

尾語

讕讕子對文字學，所知有限，但儘管政制兩歧，卻亟於夢想文字合一。對目前的分離狀況抱杞人之憂，連稱謂上都有中文、漢字、國語、華語之不同，對外國人難於解釋。但中華民族，終將一統，不論是一國兩制、一國兩治、一國兩區、一國兩府、一邊一國、一中兩憲、一中各表以及以經圍政、以民促官的各說各話，那都是一時性的政治問題。請宏觀中華文化，它上承歷代聖哲之薪傳，下啓萬世子孫之延續，現在正處於分崩離析關頭，應撇開政客之干預，超越乎政治紛擾之上，單從文字角度來集思廣益，結出個平允而正確的美果，才能對歷史作個交代（一九九七年寄自美國費城）

附註：依二〇〇六年一月四日中央日報教育版刊載：據華盛頓郵報報導，經美國大學委員會（College Board）調查，美國高中有意開辦中文課程的多達二千四百所。而俄勒岡大學和波特蘭中學已獲美國國防部七十萬美元的補助款，開辦中文課程。其中有一年將到南京大學上課，要求講中文像母語一樣流利云云。再者，二〇〇六、一、十七聯合報載：英國布萊頓學院院長凱因茲宣布已將中文列爲必修主科。而二〇〇六、一、廿聯合報轉載華府消息：國務卿賴斯宣佈，美國外交官必須通曉兩種外語，尤以漢語最吃香。又二〇〇六、一、廿一，聯合報說：布希總統宣布投入一點一四億美元推動學習中文等外語。這眞是中文的光榮也。

十七　台北縣市合併夢

我常作夢。

《莊子．大宗師》說：「至人無夢」，這境界似乎太高，多數人大概還停滯在「痴人有夢」的階層。爲甚麼不能提升呢？理由是：大凡低能的人，所想念的多屬痴騃閒事，這些蘊結長久梗在心裡，以致日有所思，夜有所夢。在下讕讕子就是這類角色。陸放翁不是也有「殘軀已向閑中老，痴夢猶尋熟處行」之句嗎？他在閒時，仍招認不忘重溫舊夢呢！

但作夢只是擾亂酣眠而已，不算很壞。有時乞丐夢成富翁，這乃是心理上所起的補償作用（compensation），把鬱悶轉化爲舒爽，那豈不反有調適之功了嗎？

既然如此，倘若有夢可尋，就順其自然讓痴人欣然入夢吧。

二〇〇五年十二月十八日中央日報頭版（其他大報也有刊登）報導說：

「台北縣市將進行合併，已經組成『台北縣市合作合併推動委員會』。相關工作，逐漸展開。希望縣市資源共享，生活升級。」

這個合併之夢，能不能實現？

我們知道：台北市是在民國五十六年（一九六七）升格爲直轄市，但全市面積有只有區區二七二平方公里。台北縣則有二〇五二點五七平方公里。台北目前的轄區太小了，小鼻子小眼睛小格局，實在不好施爲。外國人也批評台北市是個醜陋的小城市，像個侏儒，難道不自慚形穢。

台北市旣是首都所在，理應發展成爲一個國際都市。如果要像個樣子，就該看看別人，想想自己。所謂「取法乎上，僅得其中」。在現實上，雖然一下子難以與人競短爭長，但在理想上來規劃個明日藍圖，應是必要的，可不能因循自誤。宋楚瑜建議要提升爲「活力台北，東亞台北」，乃是台北致力的遠景。

放眼泛觀世界，倫敦市面積爲一五八〇平方公里，是台北市的六倍大。上海市有六四三〇平方公里，是台北市的二十四倍大。北京市爲一六八〇〇平方公里，是台北市的六十二倍大。香港很小，卻仍有一〇六八平方公里，台北市只有它的四分之一。甚至對岸福建省的福州市，它大概擠不上排名表吧，也轄有四九〇平方公里，幾乎大了一倍，台北市僅有它的一半大。以台北市這彈丸之地，只算一顆芝麻，太寒酸了吧？

讕讕子在作夢，夢到台北縣市合併（或稱市縣合併）仍不夠，還要把基隆桃園也都圈進來，要包含有遠洋深水港和國際機場，這才五臟俱全。海空血脈流暢。

君不見，上海洋山深水海港已經啓用，僅僅是那一座連通海港和陸岸的東海大橋，它的海上長度就有三二・五公里，是跨在海上的世界第一長橋（見下圖），單論橋身的長度就等於從台北到桃園。上海跨有黃浦江，西有虹橋機場，東有浦東國際機場可乘磁浮火車直達市區。反觀我們的北桃機場捷運線，二十年了，何日通車？

但凡事都有光明的一面，台北市也已做了一些不錯的規劃和行動。例如建公車專用道，改善了交通擁塞。市長馬英九親往歐洲招商，爭取國際投資。又邀請到廿七國的長跑健將來台北舉行國際第四屆（前三屆都在歐洲）世界盃廿四小時超級馬拉松比賽（Marathon Race）。以及擬拓寬忠孝東路人行道，想學巴黎市設置露天咖啡座。這些都是值得稱贊的新點子。還有、已將市內主要道路依序編號（請見下頁圖表），簡化了，清楚了，這才具有國際觀，跟上了時代潮流。

洋山港地圖

我們想想看：洋人哪會記得那些拗口的忠孝仁愛、民族民權對他們完全不懂的路名，以及這些道路名字排列的順序？請對照一下紐約市吧，由於它的街道整齊，是棋盤型。因此凡是南北向的寬衢都叫大道，用數字從第一依序取名到第十二大道。凡是東西向的都叫街，從第一街依序命名到第一九二街，易懂易記。如果當初紐約要分別命名爲建國路、光復路、雙園街、臥龍街的話，街道名字多到一百九十二再加十二個，恐怕計程車司機也記不清、找不到，交通將會打結無疑。美京華盛頓也是將南北向的街道用數字取名，東西向街道，則用英文字母命名，饒有遠見，堪稱德政。

紐約有個中央公園，南起第六〇街，北至一一〇街（縱向佔了五十條街，長達四公里）。東自第五大道，西抵第八大道（橫向跨了三個街區，寬近一公里），號稱是紐約市之肺，是世界大都會中第一大的公園。

Taipei's Main Roads with Numbers
台北市道路序號對照表

基隆路	JiLong Rd.	第十四大街	14th Ave.
光復南北路	GuangFu S. Rd.~GuangFu N. Rd.	第十三大街	13th Ave.
敦化南北路	DunHua S. Rd.~DunHua N. Rd.	第十二大街	12th Ave.
復興南北路	FuXing S. Rd.~FuXing N. Rd.	第十一大街	11th Ave.
建國南北路	JianGuo S. Rd.~JianGuo N. Rd.	第十大街	10th Ave.
松江路+新生南路	SongJiang Rd. + XinSheng S. Rd.	第九大街	9th Ave.
新生北路+金山南路	XinSheng N. Rd.+ JinShan S. Rd.	第八大街	8th Ave.
林森南北路	LinSen S. Rd.~LinSen N. Rd.	第七大街	7th Ave.
中山南北路	ZhongShan S. Rd.~ZhongShan N. Rd.	第六大街	6th Ave.
承德路	ChengDe Rd.	第五大街	5th Ave.
重慶南北路	ChongQing S. Rd.~ChongQing N. Rd.	第四大街	4th Ave.
延平南北路	YanPing S. Rd.~YanPing N. Rd.	第三大街	3rd Ave.
中華路	ZhongHua Rd.	第二大街	2nd Ave.
環河南北路	HuanHe S. Rd.~HuanHe N. Rd.	第一大街	1st Ave.
民族東西路	MinZu E. Rd.~MinZu W. Rd.	第十大道	10th Blvd.
民權東西路	MinQuan E. Rd.~MinQuan W. Rd.	第九大道	9th Blvd.
民生東西路	MinSheng E. Rd.~MinSheng W. Rd.	第八大道	8th Blvd.
南京東西路	NanJing E. Rd.~NanJing W. Rd.	第七大道	7th Blvd.
長安東西路+八德路三、四段	ChangAn E. Rd.~ChangAn W. Rd.+Sec.3、4 BaDe Rd.	第六大道	6th Blvd.
市民大道	Civic Blvd.	第五大道	5th Blvd.
忠孝東西路	ZhongXiao E. Rd.~ZhongXiao W. Rd.	第四大道	4th Blvd.
仁愛路+凱達格蘭大道	RenAi Rd.~ Ketagalan Blvd.	第三大道	3rd Blvd.
信義路	XinYi Rd.	第二大道	2nd Blvd.
和平東西路	HePing E. Rd.~HePing W. Rd.	第一大道	1st Blvd.

倫敦市跨泰晤士河，紐約市有哈得遜河與東河，巴黎市跨塞納河，河水清澈，觀光遊船穿梭。台北市的淡水河渾濁，能否努力改善？

泰晤士河上有座倫敦塔橋，橋面可自中段分開向上升起成八字形，讓大海船通過。而巴黎的凱旋門（Arc de Triumphal）大廣場四周，有十二條大道從廣場中心向外直線輻射伸出二公里，那著名的香舍麗榭大道（Avenue des champs Elysees），便是其中的大衢之一，以上這麼些個雄姿偉構，吸引了無盡的遊客（包括筆者）專程擁來探勝。今若夢想我們也能打造出一個美好的台北，也有幾個亮麗的景觀點，也能招徠觀光客而賺取不菲的無煙囪工業外匯，豈不快哉！

但美夢不可過分樂觀，所憂者、在位的人大多短視近利，爲私而不顧公，更不肯做前人種樹後人乘涼的傻事。如果台北市要擴大轄區，必然會呑掉鄰近好幾個縣市。這些被併的縣府衙門沒有了，縣長免職了，縣市議會也撤銷了，議長議員們每年數百億預算無法分肥了，等於是靠神求利的廟宇神壇拆掉了，那些廟公廟祝們滅失了棲身噉飯之地，這還得了？如今要斬斷他們的政治生命，寧死也必反對。政客們的信條是有官就有權，有權就有財。如今官財兩空，哪能緘默。他們信奉那句中國古話：「人不愛財，天誅地滅。」爲免私人既得利益一朝化爲烏有，必然竭力攪局，甚至發動抗爭，讓你的興邦福國大計不能兌現，這還只是衆多阻力中的一項。

怎麼辦？豈能涼拌。生於這個濁世，勇敢衝鋒的偉人太少，畏首畏尾的倭人太多。唯願能出現一個有大擔當，有大魄力，眼光遠，幹勁足的傑士，採行霹靂手段，不怕得罪雄豪，排除萬難，銳意推動，捨我其誰，讓歷史留名。可憐的小台北才有擴大伸展之望，但願此夢並非虛幻，還亟盼它美夢成眞。

其實，台灣土地面積有限，行政區劃過於細碎，都太小了。例如把新竹一剖爲二，分設新竹市和新竹縣，其他台中、嘉義、屏東都同樣分割爲一個市和一個縣，從原先的十七個縣市擴增到二十三個縣市，各自的轄區面積當然就縮減了。台灣是個狹長的島，它腰身最寬處只有一百多公里，但中部還有個南投縣四境不瀕海，怎麼還可能出現內陸縣呢？

爲甚麼會形成現在這種局面，或許是那時立意要多造幾座土地廟，以便多安頓幾尊四方遊神，大家有處容身，庶幾不致鬧事。只是造廟容易，拆廟卻難。但願合併之夢，不會成爲長久的空夢。

十八　小子新春說夢

春到福到，祝大家新年快樂。我這淺學小子，正經事兒都幹不好，每天悠悠蕩蕩，懵懵懂懂，不時且幽幽入夢。偶或囈語咕噥，好似蚊子嗡哼，自己不知道對也不對？敢情是：「常作白日夢，夢話誰來聽？夢裡假還眞，且說夢中夢」。這些胡夢，茫渺迷糊，今依稀暫記數則，錄請高明指教。

作甚麼樣的夢？蘇軾「人似秋鴻來有信，事如春夢了無痕」是春夢。白居易「朦朧閑夢初成後，宛轉柔聲入破時」是閑夢。劉凝「赤黃晚歲徵奇夢，清白平生繼古風」是奇夢。范成大「早晚北窗尋噩夢，故應含笑老榆枋」是噩夢；李昌符「歸計未成書未卷，中宵多夢晝多眠」是多夢；白樂天「言下忘言一時了，夢中說夢兩重虛」是說夢。可見昔人也頻頻入夢。

如今自己有夢，無論美夢、醜夢、怪夢、惡夢，雖是鴻爪，仍想一述。

(一)為誰而戰，徬徨無奈

在夢中，我學了輕身術。新年剛過，我作夢駕著祥雲飛到了金門防衛部隊的營部，遇到一位戰士趙君。他傾訴苦悶說：我在保衛國家，但不知為誰而戰？為何而戰？陳水扁二〇〇六年元旦談話宣稱「我無法清楚地說出自己國家的名字！」大家在報上都看到了。

這句話極關緊要，全世界只有這個番顛總統不知自己的國名。這麼嚴重的荒謬聲明，卻沒有半個人反對、或提出罷免，無人敢於質問他「你究竟是擔任何國總統？既然不清楚，就早該下台！」我是軍人，應該捍衛現今眞實存在的中華民國？還是要效忠那未來虛茫無有的台灣共和國？我要不要、該不該接受這窩囊廢的三軍統帥的指揮和命令呢？我眞是沮喪、徬徨、無奈極了。

(二)新憲建新國，台灣毀了

我夢到輕鬆寫意的騎上哈利波特（Harry Potter）的掃帚飛回台北，去參加政論家錢先生的講演會。他說陳水扁二〇〇六年元旦談話，對制定台灣新憲法充滿自信，期望二〇〇六年新憲誕生！二〇〇七年公投通過實施（各媒體都有報導）。

他定下了時程，想必要依新憲法成立台灣共和國。能嗎？我們都知道，當那台灣國招牌掛起之日，便是中共七百枚飛彈呼嘯落下之時。中國的戰略是速戰速決，不要兩三天，台灣就地覆天翻，美國也來不及援救。請看二〇〇六、二、十一、聯合報說：美國海軍在New Port研討會中指出，台灣對中共的攻擊，抵不過七十二小時。如此一來，總統府當也自身難保，陳水扁該怎麼辦？何不趁隙偷乘總統專機逃走。逃往何方？只可憐鄰近各國都害怕中共，不敢收留，唯有飛往南沙群島中的太平島（太久平安之島，國防部在二〇〇六年花七億元新建馬屁機場，確有遠見）。不過因距台灣太遠，招牌似可改爲「福爾摩莎國」（台灣毀了只好借用番夷舊名）創國（不可錯爲「墓國」）元首（究應自稱爲總統？皇帝或國家主席？新憲還未確定）流亡（比逃亡好聽）暫厝處（雖返台無望，也只好說暫時棲身。厝有兩義，一是安頓，一是停柩）。」只恐最後終將葬身該處也（這是假設的虛夢，料想沒人眞正敢蹈此危局）。

世事是流變的，政治是波詭的，讀者閱及此夢之時，情勢應有變異，但願這是個欠缺靈驗的幻夢（以上所錄，電視都有討論，應是可以訴諸公評之事），幻即非眞。

近七年台灣對中國大陸及香港進出口貿易統計

單位：億美元

年分	出口	進口	出超
88	285.5	66.20	219.30
89	355.50	84.10	271.44
90	317.00	77.50	239.56
91	407.90	96.86	311.04
92	497.70	126.86	370.85
93	638.40	187.73	450.66
94	716.08	218.15	497.93

資料來源：財政部統計處

㈢五大土石流，早該下台

二〇〇六年一月六日，哈佛同學在台北舉行校友會，我沒資格參加，但可有甚麼餿主意得以混進去旁聽呢？有了，李商隱不是有「莊生曉夢迷蝴蝶」的名句嗎？這提醒了我。我便入夢，向莊周先生學到了變形術，搖身一晃，變成一隻幼小蝴蝶，夾翅縮身，貼臥在一位哈佛校友孫先生大禮帽頂上的凹陷處，混入了會場，再騰飛到房頂水晶燈的護罩上，諦聽高賢們的讜論。

呂秀蓮和馬英九都以哈佛校友身分在會中晤面談話，呂秀蓮當衆發表感想說：「自我當副總統五年以來，沒有一天快樂過。因爲台灣出現五大土石流：那就是天然、政治、社會、經濟，和道德土石流（二〇〇六年一月七日中央日報全文刊載）。」

我夢中呆想：呂秀蓮身爲民進黨代理主席（一個月後，才由游錫堃接任），民進黨執政五年，搞得政官貪黷、社會乖戾、經濟衰退、道德淪喪，「國不泰、民不安、風不調、雨不順。」這麼多罪狀，誰爲爲之，孰令致之？治國既然無能，何不乾脆下台謝罪？待看二〇〇八年全民大選時，會不會變天吧！

㈣積極管理，痴人說夢

我又作夢，乘雲駕霧，飄到上海，遇到一位投資彼岸的李先生。他說：以往台灣政府是「積極開放，有效管理。」將開放置於管理之前，總算還重視開放。但二〇〇六年陳水扁元旦談話，卻緊縮爲「積極管理，有效開放。」（各媒體都有報導）大家不察，只輕率地評說這是玩「文字遊戲」，實則非也。今把管理擺在開放之前，還強調要積極，這可不是遊戲，而是要捏緊工商界的脖子，捏紮實了再談開放。只是果若一旦緊縮，經濟就轉好了嗎？豈但不好，還會更壞（元月二日股市應聲狂跌九十六點）。

請看統計表，七年來，台灣對大陸出口成長了二點五倍，出超成長了二點三倍，依金錢來算，二〇〇五年出超近五百億美元，才使台灣撐起腰肢，何可視而不見？

李先生說：台灣要追求經濟成長，怎可切斷與中國大陸的經貿互通之鍊（台灣對中國大陸七年來貿易出超金額統計請見六十八頁之表）？工商界會聽話嗎？陳水扁辦得到嗎？答案都是否定的。大陸有句順口溜：「上有政策，下有對策。」企業不可能坐等死亡。工商界的破解方法很多，例如可以偷跑：面板業者偷偷去了蘇州已不是新聞。又例如可以併購：統寶光電買下了荷蘭菲利浦的MDS，順便接收了深圳的生產線。又例如可以合作：矽品與新加坡聯合科技合作，就此進入了大陸市場，還另有其他途徑，不能盡舉（二〇〇六、一、廿三、聯合報載：洪奇昌說：台資前進大陸，已有一千億美元，二〇〇六、五、九經濟日報載：美國國務院統計高達二八〇〇億美元）。

至於我嘛，更簡單，我會把我的資金，匯去或帶往第三國，例如維京群島（Virgin Islands），該島稅負極低，沒有任何管制，隨時可以轉匯中國大陸。這些資金，由第三國轉匯就成了外資，不是台資了。對我而言，的確是周折了一些，但台灣能奈我何？扁政府想要積極管理，只不過是痴人說「夢」罷了。

㈤潛艇沒影，先得給錢

我在夢中學會了隱身術，潛入立法院，在不許旁聽的國防委員會中領教立委周先生的發言。他說扁政府要向美國購買武器，原編預算六一〇八億元，後來降爲二九九〇億元，扁政府說誰要反對軍購就是不愛台灣，但立法院認爲是凱子軍購而迄今尚未通過，將另提合理軍購。

軍購項目中最貴的是八艘潛水艇，據二〇〇六年一月七日聯合報報導：潛艇賣價確實要多少金額，美國不願報價。原因是美國只製造「核子動力」潛艇，台灣買不起，也沒有核子燃料。如今賣給台灣的乃是「柴油動力」潛艇，但美國已不生產，要由美國向歐洲去尋求德、意、西班牙諸國代爲製造。誰會答應代製？造價多少？何年交貨（最短十年）？十年後合不合用？都不知道。卻要台灣先付錢，這當然把台灣當成凱子。

我今寓居台灣，當然替台灣作安危考慮。重點是：台灣要買攻勢武器？還是守勢武器？這是國防戰略的大前提。而潛艇則是攻擊性的。我們應當檢討：第一、如買攻勢武器，那是主動挑釁，也是和中共作軍備競賽，即令全島人民不吃不喝，也不能與其競爭，這十分不智。第二、至少十年之後才可到手的武器，必然緩不濟急，說不定到那時會改由中共來接收。第三、潛艇太貴，預算有限，勢必會擠掉其他有需要的項目，降低防衛的整體力量。

台灣有了潛水艇後，中共就打不過來了嗎？二〇〇六年二月十五日中央日報刊載：馬英九訪英，在倫敦皇家三軍聯合國防研究所（RUSI）發表演說云：「如果中共要打台灣，只要發射一枚飛彈就夠了。」倘如兩岸建立了軍事互信機制，就不必進行軍備競賽了吧。

同一天聯合報又說：在華府的「情報研究暨分析中心」（Center for Intelligence Research and Analysis）表示：台灣可能會買下一堆「不能及時派上用場的東西。」同日中央日報也說：該中心表示，若買至少十年才能到手的潛艇，太遲了。

同版報紙又說：「亞太安全研究中心」（Asia Pacific Center for Security Studies）分析：台灣採購昂貴的大項目，也許會獲得政治上的滿足，但卻不切實際，必會後悔。水雷也許不起眼，卻可能是有效的投資。

二〇〇六年三月一日聯合報載：美國衆議員席門斯表示，美國造船廠商只要六十億元承造潛艇，美國軍方不應該在還未決定設計及還未挑選廠家之前，就對台要價一二〇億元，這是高度浮濫勒索。

二〇〇六年五月十三日聯合報又說：美國衆議員希蒙斯提議：可將潛艇的設計和建造分開，先收台灣的設計費用。

隱身的我，仍在夢中，迷糊的覺得台灣當政者，對立國的大目標，從來就說不清楚，究竟是要挑撥中共，來個武力犯台，弄得國破家亡呢？還是想和平共處、互利雙贏呢？如果要預付傾國之財，去買目前不可知、未來能不能用還不確知的武器，是否合算？軍購鬧了三年，僵化爲不死不活，變成政治話題，哪能輕率就過關呢？

今天我們要大「夢」猛醒，切不容許少數政客搗亂我們的生活安全與安定，我們希望未來有位大智、大仁、大勇的領導者，重訂國家路線，融化兩岸冰凍。

——本文原刊載於二〇〇六年二月七日即農曆正月初十旅台同鄉會春節團拜賀年時出版及分發之《湘潭會訊》

十九　從黃粱夢到錢塘夢

有夢最美。

人生哪能無夢，夢境充滿希望。人若沒有希望，活著有何意味？

前人談夢的故事很多，最有名的首推《黃粱夢》，其他的自也不少。有愛情的夢，有警世的夢，都值得吾人借鑑。今且逐一簡述，提供讀者消酒。

㈠《黃粱夢》，敘述盧生睡呂道人給他的枕頭而夢到官居宰相，經歷一生榮辱浮沉的幻境。見唐人沈既濟《枕中記》及元代馬致遠《黃粱夢》劇本。大意如下：

「道士呂翁，在旅舍與少年盧生晤談。盧生自歎未能建功立業，卻困頓貧窮。言罷身疲想睡，道人從背囊中取出一個枕頭說：睡這枕頭，會讓你稱心滿意。盧生伏枕小睡，夢到自己娶妻崔氏，美貌多財，明年考上進士，累官至河西節度使，剿西戎大勝，拓地九百里，升任宰相十餘年。忽被人誣告下獄，多年才赦出。有子五人，都做官，有孫十多人，婚姻都是望族。後來身體變衰，八十歲死。這時盧生驚醒，原來仍在旅舍，道士也在身旁，店主人蒸的黃粱小米飯還未熟透。」

以上故事，又見於《異聞錄》《太平記八十二》及《文苑英華》，用意在警醒世人。

正如元代李俊民（辛謚莊靖先生）有詩曰：「功名大抵黃粱夢，薄有田園便好閒。」財祿要看淡才好，孔子不也說「富貴於我如浮雲」嗎？請問讕讕小子，有何傖見？

讕讕子曰：人生不可多貪欲，請記住那「欲寡精神爽，思多血氣衰」百字銘的起頭兩句（唐太宗撰）。但要使欲望淡化，說來容易，做到卻難，以致《黃粱夢》的故事還不止一個，以下再舉兩例，請作參對。

(二)《黃粱夢之二》，敘述呂洞賓遇八仙之一的鍾離權，呂困倦小睡，夢見自己中進士，作宰相，犯罪充軍，窮愁憔悴的故事。見李涵虛眞人《呂祖年譜・海山奇遇》卷一。又見元人馬致遠《黃粱夢雜劇》（收入《續修四庫全書第一七六一冊》集部・元曲）。摘述如左：

邯鄲道省悟黃粱夢雜劇

元　馬致遠撰

明吳興臧晉叔校

第一折

（沖末扮東華帝君上詩云）閬苑仙人白錦袍海山銀闕宴蟠桃三峯月下鸞聲遠萬里風頭鶴背高貧道東華帝君是也掌管羣仙籍籙因赴天齋回來見下方一道青氣上徹九霄原來河南府有一人乃是呂岩有神仙之分可差正陽子點化此人

黃粱夢雜劇　一

早歸正道這一去使寒暑不侵其體日月不老其顏神鑪仙鼎把玄霜絳雪燒成玉戶金闕使姹女嬰兒配定身登紫府朝三清位列眞君名記丹書免九族不爲下鬼閻王簿上除生死仙吏班中列姓名指開海角天涯路引的迷人大道行（下）（正旦扮王婆上云）老身黃化店人氏王婆是也我開着這個打火店我燒的這湯鍋熱着看有甚麼人來（外扮呂洞賓騎驢背劍上詩云）策蹇上長安日夕無休歇但見槐花黃如何不心急小生姓呂名岩

元曲選　邯鄲道省悟黃粱夢雜劇

「呂洞賓至長安，入一酒肆，遇一道翁鍾離權，二人閒話，頗爲投緣。久之，鍾離起身炊飯，呂困倦，暫作小睡。夢見自己高中進士，累官郎署翰苑，祕閣，升而復黜，黜而復升。兒女都婚嫁貴家，又做宰相十年，權威顯赫。忽被判以重罪，籍沒家產，妻兒離散，充軍到南嶺之外。孑然一身，窮苦憔悴，立馬風雪中，方興浩歎，恍然夢醒了，鍾離權在旁笑道：『黃粱（黃色小米飯）猶未熟，一夢到華胥。』呂洞賓問：『老人家知我夢耶？』鍾說：『升沉萬態，榮悴多端，五十年間，一頃刻耳。得不足喜，失何足悲？有此大覺，應知人生乃一大夢也。』呂洞賓悟而學仙。」

故事中好一句「黃粱猶未熟」，《黃粱夢》即據而得名。杜甫《送衛八處士》詩說：

「夜雨剪春韭，新炊間黃粱」，富貴終是一場空夢。今再介紹《續黃粱》見下。

㈢《續黃粱》，敘述曾孝廉夢見自己是宰相，作威作福，判罪充軍，被強盜砍死，入陰間，下油鍋，上刀山，投胎變女，賣作小妾，又判死刑的故事。見清代蒲松齡《聊齋誌異》卷第五・大意略謂：

「曾孝廉去看相，相士說他有宰相命。遇天雨，與同伴避入寺中，曾孝廉疲倦，因暫小睡。夢見使臣捧天子手詔，召曾宰相入朝議事，大受恩寵，快意青雲。有私惠者授以官，有宿怨者削其職。甚至霸斂財富，強納民女。乃有包學士上疏，糾他罪當誅戮，奉旨抄家，充軍雲南。戴枷步行，過高山時，遇盜匪搶劫，竟被殺死。孤魂遊入陰府，閻王查閱生死功過簿說：『此人欺君誤國，應下油鍋。』沸油焦灼皮骨，痛徹心肺，卻死不了。鬼卒用大叉挑出，仍跪殿下。閻羅又說：『倚勢凌人，罰上刀山。』刀穿胸腑，痛苦難當。閻王判他轉往甘州爲女，開眸已是女嬰，投生一乞丐家。十四歲賣與顧秀才爲小妾。一夕，賊人持刀破門入，殺了顧秀才。太太控她唆使姦夫殺親夫，判死刑。曾孝廉滿肚冤氣，正悲叫時，聞同伴呼曰：『你作惡夢了嗎？』才豁然驚醒。老和尚笑問道：『宰相滋味應驗了嗎？』曾孝廉垂頭告辭走了。」

這是個警世夢。夢固爲妄，事也非眞。但禍福相因，仍有天理。而情節之曲折離奇變幻，則勝過前面兩篇。不過全文都與「黃粱」無關，題目是借來的。告喻我們勢位富厚，都是虛空，請看宋代進士郭印《上鄭漕詩》云：「榮華路上黃粱夢，英俊群中白髮翁。」徹悟才能看穿解脫也。

㈣《南柯夢》，敘述淳于棼夢到大槐安國，任官南柯太守二十二年的夢幻故事。又名《南柯太守傳》，又稱《槐安夢》。見《太平廣記四百七十五》，唐人李公佐撰。明代湯顯祖改編爲《南柯記》戲劇。原文大意爲：

「涼于棼在古槐樹下，酒醉而臥。髣髴間，夢見有二位紫衣使者，邀請他入大槐安國。娶國王愛女金枝公主爲妻，擔任南柯太守二十年，政風廣被，百姓謳歌，極盡顯貴。生五男二女，榮耀極致。後與敵國作戰失敗，被遣回，於是夢醒。」

我們常用「南柯一夢」來比喻榮華富貴，猶如夢幻，就是依據此夢而來。宋代陸游有詩句云：「幻境槐安夢，危機竹節灘。」元代學士陳基也有句曰：「南柯已寤平生夢，東海曾揚幾劫塵。」提示我們「槐安」是幻，「南柯」該醒了。

㈤《邯鄲夢》，又名《邯鄲記》，敘述唐人盧生遇呂洞賓而入夢的故事。見明代湯顯祖撰《邯鄲夢戲劇》，原本是依據唐代沈旣濟《枕中記》改寫而來，與元代馬致遠《黃粱夢》同一素材，大意爲：

「唐人盧生在邯鄲道上的旅社休息，遇道人呂洞賓。盧生疲倦思睡，呂洞賓取一枕頭給盧生，盧生伏枕入夢。夢中經歷數十年榮華富貴，最後夢醒，才知一切都是幻象。」

這《邯鄲夢》與《黃粱夢》是同一故事，而有兩個名稱，因爲原文說盧生與呂翁是在邯鄲道上的旅社相逢，呂翁引盧生入夢，湯顯祖便稱它爲「邯鄲夢」。元人薩都刺字天錫有句詠之曰：「繁華一夢人不知，萬事邯鄲呂公枕。」而《古今圖書集成》引呂維祺《夢》詩云：「年年題句笑邯鄲，請入盧生枕竅看；只恐夢魂窮盡處，更尋別竅到槐安。」把邯鄲槐安合爲一夢了。

㈥《還魂記》，能否又稱《死生夢》？敘述杜麗娘夢中遇見情郎，死後還魂結縭的故事，大家俗稱爲《牡丹亭》，是湯顯祖撰的劇曲。大略是：

「南安太守杜寶之女杜麗娘夢中與秀才柳夢梅相遇於牡丹亭，醒後懷念不已，因患相思病憂鬱而死。後來柳夢梅來到南安，見到杜麗娘的自畫像，傾慕不已，杜麗娘受感應而復生，兩人終於結爲夫婦。」

這是個愛情夢。按湯顯祖前後創作了「還魂」「南柯」「邯鄲」「紫釵」四記，世稱「臨川四夢」（他是臨川人），或稱「玉茗堂四夢」。但其中「紫釵記」未見有夢，故本篇末予收列。四夢中「還魂」最優，杜牧「華清宮詩」：「傾國留無路，還魂怨有香。」就是詠歎此夢。

(七)《高唐夢》，又叫《襄王夢》或《神女夢》。敘述楚襄王夢晤巫山神女故事。明人汪道昆撰，依據於我國宋玉《高唐賦》而來。略謂：

「楚襄王出遊雲夢，駐蹕高唐，怠而晝寢。夢見一女郎說：妾乃巫山之女也，爲高唐之客。聞君游高唐，願薦枕席。王因而幸之。去而辭曰：妾在巫山之陽，旦爲朝雲，暮爲行雨，朝朝暮暮，陽台之下。」

這是一部戲曲，宋人錢惟演有詩句云：「不知唯有高唐夢，翠被華燈徹曙香。」

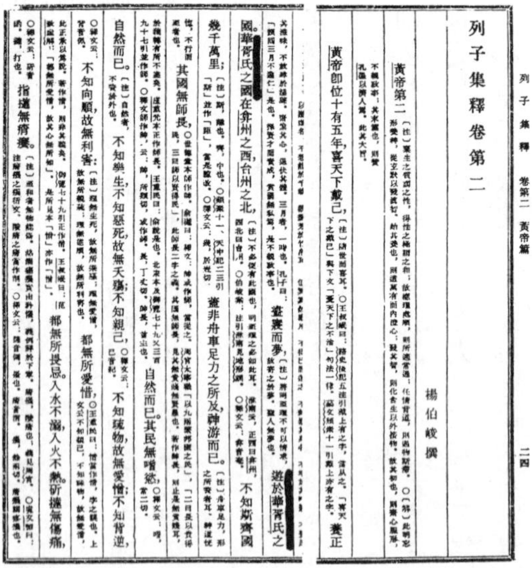

列子集釋卷第二

楊伯峻撰

黃帝第二（注）稟生之質謂之性，得性之極謂之和；故應理處順，則所適常通；任情背道，則遇物斯滯。○（釋）[illegible]

黃帝即位十有五年，喜天下戴己，（注）[illegible]

列子集釋　卷第二　黃帝篇　二四

[illegible] 三月者，一時也。孔子曰：「顏回三月不違仁」是也。[illegible] 晝寢而夢，（注）[illegible] 遊於華胥氏之國。華胥氏之國在弇州之西，台州之北，（注）[illegible] 不知斯齊國幾千萬里；（注）[illegible] 蓋非舟車足力之所及，神游而已。（注）[illegible] 其國無師長，[illegible] 自然而已。其民無嗜慾，○釋文云：[illegible] 自然而已。（注）[illegible] 不知樂生，不知惡死，故無夭殤；不知親己，○釋文云：[illegible] 不知疏物，故無愛憎；不知背逆，[illegible] 不知向順，故無利害：（注）[illegible] 都無所愛惜，[illegible] 都無所畏忌。入水不溺，入火不熱。斫撻無傷痛，指擿無痟癢。（注）[illegible]

列子集釋　卷第二　黃帝篇　二五

(八)《華胥夢》，敘述一個理想美好的烏托邦故事。見《列子》卷二、黃帝第二：

「黃帝即位十五年，一日白天小睡，夢見遊於華胥氏之國。華胥國在弇州之西，台州之北，不知距中國幾千萬里也。行船坐車都不能及，唯有神道恍惚，才可到達。該國沒有貴賤賢愚，自然而已。人民沒有嗜好欲望，自然而已。沒有愛憎，沒有利害，沒有畏忌，沒有傷痛。黃帝醒來，悟然自得，召告諸大臣說：我用了三個月時間，想求得養身治物之道，沒有收穫，卻在夢中遊華胥國得到了。我心已知，但無法用言詞講解給你們領會呀。」

這是個好夢，華胥是個和平安樂之國，沒有鬥爭，沒有猜忌。陸游「晨雨」詩有句說：「飯餘一枕華胥夢，不怪門生笑腹便。」他也夢遊華胥。

(九)《役夫夢》，敘述一位老僕白天勞苦但夜夢快樂的故事。見《列子》卷三・周穆王篇。內容是：

「尹氏家大業多，手下僕役佣人們自早到晚不得停息。有個老僕體衰力竭，但工作繁多，白天累得很疲乏，晚上倒頭就入夢了。卻每晚夢見自己是國王，吃的玩的都是第一流，其樂無比。醒來卻又做苦工。有人同情他，他卻說：人生百年，晝夜各半。我白天是僕役，當然夠苦了；夜裡我是國王，極爲快樂，還有何埋怨呢？卻說那主人尹氏，天天操心家業，心神兩疲。每晚做夢變爲僕人，雖竭力工作，仍受鞭打。他無法解脫。友人告他說：你白天虐待僕役過了分，夜晚在夢中受些苦難，這也是天道循環呀！尹氏覺悟過來，對僕役降低勞動的逼迫，對自己減少財富的追求，從此晚上便不再做惡夢了。」

這是個勸世夢。《列子》一書多寓言，奉勸大家宜反省。請看元代周權有「長城」詩句曰：「猶傳鬼神風雨夕，知是當時苦苛役。」替役夫之苦申訴。

(十)《夜樂夢》，敘述無能子姪兒白天饑寒，夜夢快樂的寓言。見唐代隱者所撰《無能子・答通問篇》，略如下述：

「無能子的姪兒問道：我家貧寒，衣食不繼，白天常要忍凍挨餓，晚上作夢卻做了大官，華衣美食。夢裡十分快樂，醒來又愁吃愁穿。你能使我把夜夢和白晝對換嗎？無能子說：你白天窮愁，夜裡快樂，這不是扯平了，何必要換？姪兒說：晚上快樂，那是夢呀！無能子追問道：你在夢裡的各種享受，與你白天所想要得到的，有甚麼不同嗎？姪兒說：那倒正是和我白天所想要的完全一樣。無能子說：既然一樣，你怎能斷定那睡時的享樂是夢？還是醒來的饑寒是夢呢？況且、人生不過百年，百年之內，晝夜各半。你一半雖苦，另一半卻快樂，又何必愁怨呢？要知道，從宇宙觀來看人生，百年不過一個晚上而已。不就坦然開朗沒事了嗎？」

這也是一篇醒世寓言，此夢與上述《役夫夢》的旨意相近。唐人元稹字微之有詩句說：「人生同大夢，夢與覺誰分？」假如能把「夢」與「覺」兩者扯平，那就是上智超人了。

(十)《蝴蝶夢》，講莊周自述夢爲蝴蝶的精彩寓言。見《莊子》內篇・齊物論。又《新唐書・藝文志・莊子注》說：天寶元年，詔贈《莊子》一書爲《南華眞經》。這寓言是：

「從前，我莊周做一奇夢，夢到自己變成蝴蝶，好不高興，恣意的拍翅飛翔，我已不曉得自己原來是莊周了。忽然夢被驚醒，發覺到我仍然是莊周。這一改變讓我滿腹狐疑：究竟是我莊周入夢而變成了蝴蝶呢？還是我這蝴蝶入夢而變成了莊周呢？蝴蝶？莊周？誰是本尊？誰是替身？你我誰能識辨？」

這種超脫物我的思想，莊子憑何可以寫出？《千家詩》中唐人崔塗《春秋旅懷》有句云：「蝴蝶夢中家萬里，子規枝上月三更。」相予回應。此外、《莊子・大宗師》裡，還有一段

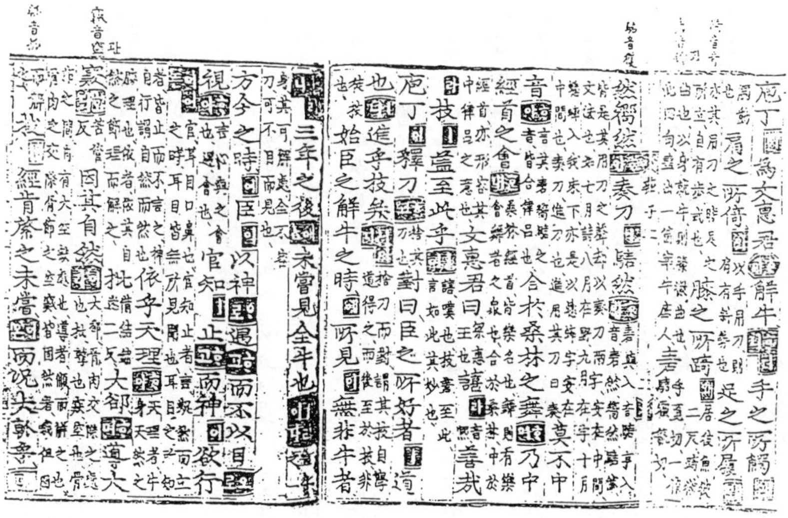
庖丁爲文惠君解牛手之所觸肩之所倚足之所履膝之所踦砉然嚮然奏刀騞然莫不中音合於桑林之舞乃中經首之會文惠君曰譆善哉技蓋至此乎庖丁釋刀對曰臣之所好者道也進乎技矣始臣之解牛之時所見無非牛者三年之後未嘗見全牛也方今之時臣以神遇而不以目視官知止而神欲行依乎天理批大郤導大窾因其固然技經肯綮之未嘗而況大軱乎

韓文加注的〈南華經〉

夢述，或可稱爲《魚鳥夢》。略謂：「譬如你做夢，變爲鳥在天上飛，或變爲魚在水中游。究竟是魚鳥在夢中呢？還是你這說魚說鳥的人自身在夢中呢？」北宋楊億「直夜」詩曰：「欹枕便尋魚鳥夢，豈知名路有機心」。這個境界高深，本篇未能詳釋。

㈢《彩筆夢》，敘述江淹夢得五色筆，文思大進的故事。見《南史・卷五十九・江淹傳》，文長。又見《龍文鞭影・初集・卷下》，文短。今偷懶選譯短文：

「南北朝時代的江淹，在蒲城時，夜間入夢，夢見有異人贈他一支五色筆，自此文思大進。過了十多年，有次宿在冶亭，夜間又入夢，夢見一位大人，自稱郭璞，對他說：我有一支筆，借給你許多年了，現在可以還我了吧？江淹一摸衣襟裡，探出一支筆還他。此後寫詩作文，一直沒有好句子。」

這就叫「江郎才盡」。唐人方干詩曰：「睡時分得江淹夢，五色毫端弄逸才。」又李商隱詩云：「若無江淹五色筆，爭奈河陽一縣花。」都是說才思捷敏。

同樣的故事，還有三個。其一是《南史・卷七十二》說：「紀少瑜入夢，夢見陸倕給他一束刻了花紋的毛筆，說這些筆都好用，此後紀少瑜文思猛進。」其二是《舊唐書・李嶠傳》說：「李嶠爲兒童時，夢有神人，給他雙筆，自是學業大進。」其三是《開元天寶遺事・夢筆頭生花條》說：「李白少年時，夢見筆頭生花，自此詩文俊逸，名聞天下。」李商隱另有「憶嚴五詩」說：「征南幕下帶長刀，夢筆深藏五色毫。」這些事，如果發生在你、我身上，那該多美，不過話說回來，我們若不肯勤耕，卻痴望也夢筆生花，恐怕只落得一場空夢假夢吧！

（十三）《玉枕夢》，敘述宋人楊林睡玉枕入夢，娶趙太尉之女，兒輩官任祕書郎。見宋．李昉《太平廣記二百八十三》，又見宋．樂史《太平寰宇記》同有此事。簡敘如次：

「宋代焦湖廟，有一柏枕，又叫玉枕。單父縣人楊林，到廟求福。廟主問他：願娶美妻否？楊林說：甚願。廟主便叫楊林伏於玉枕而睡。夢入豪宅，見趙太尉，嫁其女與楊林。生六子，都官任祕書郎。歷數十年，忽而夢醒，仍在玉枕旁。楊林悵然久之。」

這是說人生如夢，富貴原空。正如李白詩句所云：「處世若大夢，胡爲勞其生？」

（十四）《紅樓夢》敘述寧府和榮府由盛而衰的故事。書中有不少的長夢短夢、痴夢情夢相串。原名《石頭記》，改爲《情僧錄》，又改爲《風月寶鑑》，又改爲《金陵十二釵》，今稱《紅樓夢》。清人曹雪芹撰。清人王希廉評曰：

「書中諸夢，有的是眞夢，有的是神遊。且有甄士隱夢得一半幻境，甄寶玉夢而痛改前非，林黛玉一夢而情痴愈錮。又有柳湘蓮夢醒出家，香菱夢裡做詩，妙玉魔魘惡夢，小紅私情痴夢……」

書中的夢，含有預示性，不同於《南柯夢》《邯鄲夢》是脫離現實的虛寓，把醒時達不到的願望幻想在假夢裡去實現。至於《紅樓》的夢境則與現實相聯，既含規勸諷諫，又有啓發預言的作用。正似《紅樓夢》第五回警幻仙姑所詠的「春夢隨雲散，飛花逐水流，寄語眾兒女，何必覓閒愁。」都在說明世事乃是一場虛幻。

㈤《夢中夢》是說已在夢境之中，又再做夢，就叫夢中之夢。《莊子・齊物論》中有段夢中夢的說明，譯爲白話大略是：

「夢裡飲酒快樂的人，醒來有時反會悲哀哭泣。夢裡悲哀哭泣的人，醒來有時反會有高興去打獵這一類快樂的事。人生悲歡不定，夢中的變幻也不一定，所以人生不過是一場大夢。當人在夢中時，並不曉得那是在做夢，以爲那是眞的。而且在做夢之中，又再做夢，這便是夢中之夢。夢醒後，才曉得以前是做夢。直到大醒之後（譬如死是大覺悟）才眞曉得生時也不過是一場大夢。」

宋代邵雍有《夢中吟》詩曰：「夢裡常言夢，誰知覺後思，不知人亦夢，更説夢之時。」不過上述莊子的話，只是對《夢中夢》的議論，最好能另外引述一段事例作證乃佳。請看唐代白行簡（白居易之弟）《三夢說》劉幽求故事，以及《河東記》獨孤遐叔故事（也見於《太平廣記》二百八十一），都大致相同。到了明代，馮夢龍撰《醒世恆言》第二十五卷「獨孤生歸途鬧夢」，也是演繹獨孤遐叔離家三年回來，其妻白氏（白行簡之女）夢中有夢之夢。那白氏訴說：

「昨夜我做了個怪夢。只因你離家三年，我心憂憶。夜裡入夢，親往四川訪你。行到巫山，投歇在神女廟中，那神女托夢與我。在夢中之夢裡面，神女指示我說：妳已離別四川回家。我夢醒後，找舊路趁著月色趕回。途中，忽遇一夥少年，逼著我到龍華寺中對月飲酒吟曲。不知何人從墻外擲來兩塊磚石，一塊打在我的額頭上，驀然驚醒，才知仍然是夢。現在頭額還感覺疼痛。」

佛經也有「夢中說夢」的提示。《大般若波羅蜜多經・五九六》云：「復次善勇猛，如人夢中說夢。如是所說夢境，都無所有。」白居易《讀禪經詩》曰：「言下忘言一時了，夢中說夢兩重虛。」而李群玉《自遣詩》也說：「浮生暫寄夢中夢，世事如聞風裡風。」都是說浮生幻渺如夢，虛無而不實在。

㈩《錢塘夢》，敘記士人司馬猷，在錢塘江畔，挖到無名枯骨，好心改葬，夢見美人來謝的故事。見元人王實甫《新刊大字魁本全相參增奇妙注釋西廂記》——此夢就在大字魁本全相西廂記之卷首。台北國家圖書館善本書庫有珍藏本，筆者去借閱及影印時須戴口罩以保護古籍書頁。大意謂：

「宋代有一秀士，複姓司馬，名猷，遊錢塘江，見風景優美，因擇地造屋定居。挖土深三尺時，掘出骨骸一付，乃用石匣盛裝，葬於高處。是夜，夢中見一美女來

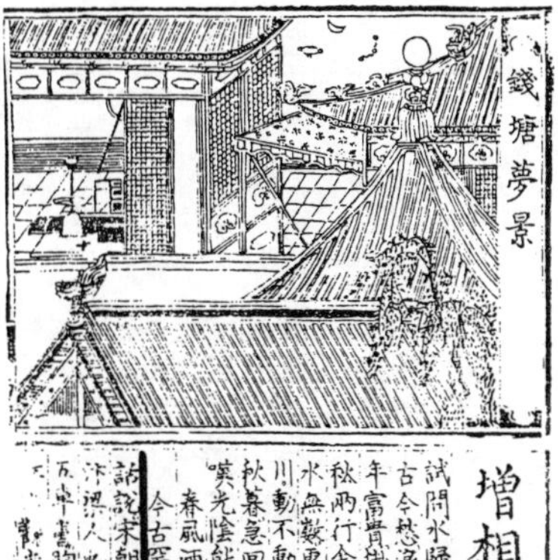

增相錢塘夢圖文
（明代弘治戊午年，1984刊本）

訪曰：蒙你葬骨之恩，今夜特來拜謝，願陪枕席。秀士不納，反責道：妳是何方鬼怪，半夜敢來迷惑俺讀書君子？女子低首，漫吟一曲《蝶戀花》詞曰：『妾本錢塘江上住／花落花開／不記流年度／燕子啣將春色去／紗窗幾陣黃梅雨。』想要再問話時，那女子化爲一陣清風不見了。司馬猷猛然驚醒，方知乃是一夢。開門出視，只見滿地花陰，一窗明月，三聲雞唱，東方漸白，悔之已不及了。」

美女受惠欲報恩，文士守正不犯禮。寫故事必須留些餘意，好讓讀者回味。如若馬上直寫兩情相悅，豈不就索然無趣，也沒有戲唱了。此事王安石有詩句詠之曰：「收骸未寤錢塘夢，還盼佳人再度來。」寄望仍有後續發展。

諸夢雖未蒐齊，卻也已夠多了。杜牧說「十年一覺揚州夢」，唐彥謙「夜來留得江湖夢」，虞君吾「美人猶憶青樓夢」，李商隱「春窗一覺風流夢」，李咸用「年年上國榮華夢」，魏野「驚回一覺游仙夢」，李白「處世如大夢，胡爲勞其生」，蘇軾更有《紀夢》迴文詩曰：「酡顏玉盌捧纖纖，亂點餘花吐碧衫；歌咽水雲凝靜院，夢驚松雪落空岩」，此詩順讀倒讀都是佳作，蘇東坡寫來確是不凡。至於這些個異夢佳夢清夢幽夢痴夢憨夢歹夢好夢，就請讀者自行分別去體會吧。

二〇　破颱換油改食三友夢

二三損友，品茗閒聊，地北天南，百無禁忌。所談者漸變成荒腔走板，怪誕不經，內容竟然都是夢囈胡言。姑且錄取二三，以存狂象。

轟散颱風的謬夢

甲友說：吾人在世，總得做點有益社會的事。我覺得颱風是台灣的巨災，卻沒法消弭。我又知道颱風只是一團反時鐘方向轉動的強大氣旋。如果另有一個順時鐘急轉的事物侵入，不就兩相抵消了嗎？我日有所思，夜有所夢。某一晚，我夢到會見木匠祖師魯班老人，我請他做了個特大號的陀螺。又遇見了七十二變的孫悟空，教會我將物體變大變小之術。有一天颱風起了，我騰雲駕霧進入颱風眼內，急速抽轉陀螺。

一九九四、七、十，侵台迪姆颱風頂部
（中央黑洞就是颱風眼）

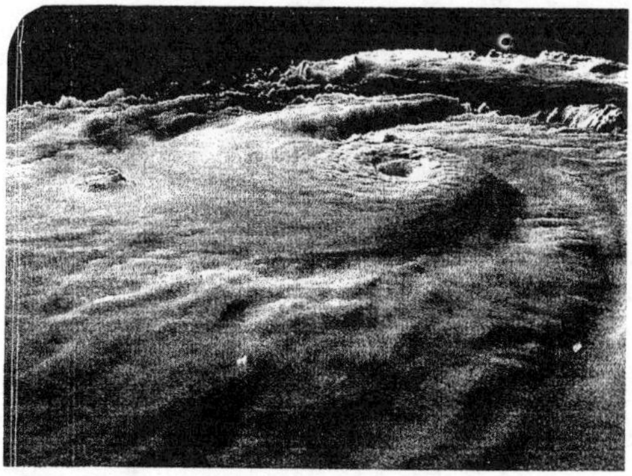

那陀螺是順時鐘方向轉的，正好與颱風的旋向相反。然後我唸出密咒，讓陀螺轉速增快，體積變大。心想只要陀螺與颱風同樣快同等大，那氣旋不就被抵減而消滅了嗎？

哪知並未成功，那颱風半徑達三百公里，而我的咒語魔力只能使陀螺增加到半徑三公里，低了一百倍，失敗了。

此計不成，我在夢中呆想，尚須另尋他法。我知道：有科學家利用人造雨（artificial rain）破颱，但效果短暫。有人用飛機撒播碘化銀（silver iodide）消颱，但化解很微，都非理想之道。

我魂牽夢縈，遐思冥想，終於說：有了。假如我能製造出核子融合反應（nuclear fusion）炸彈，威力只要有廣島原子彈的千分之一就行。由於爆炸力微小，用途正當，聯合國設立的國際原子能總署（IAEA——International Atomic Energy Agency 已有一百多個會員國家）也不便反對。這炸彈可由飛機載送，飛到颱風頂上，投擲下去。炸彈尾上的降落傘隨後自動張開，作用是讓它緩降，以便飛機有充裕時間飛離危險區之後，從飛機上用遙控器引爆，豈不就把颱風氣旋轟散沖掉了嗎？

於是我成立了「轟天科技公司」，並向行政院國科會申請補助經費。初期研發需款五十億元，中期製造需一百億元，第三期實際投射成功，颱風破解，闔境平安需二十億元。正在由專家審查中，此夢目前處於等候狀態。

代替汽油的憨夢

乙友說：石油價格，已是脫韁之馬，不斷狂升。國際原油價格自二〇〇一年至今，已暴漲了三倍。影響所及，第一、台灣自二〇〇六年二月四日起，汽油又漲價了。第二、美國總統布希元月卅一日發表二〇〇六年「國情咨文」說：美國從情勢不穩的中東國家進口石油高達百分之七十五，已經用油上癮。這是個嚴重問題，希望研發出替代品，例如用玉米製造乙醇，用風力和太陽能發電云云。第三、二月八日聯合報說：日本三井商社預測，油價會飆漲到每桶九十六美元甚或超過一百美元云云。回頭看自己，台灣不產石油，全靠進口，以後該怎麼辦？

台灣有人夢想要用沙拉油代替柴油？用米酒來開汽車，發展水力、風力、太陽能，但都有局限，而油和米則是食糧，且並不能全部解決問題，都非治本之計。

乙友繼續說：二〇〇六年二月二日聯合報報導，台灣每人平均耗費能源居東南亞國家之冠，且石油來源不安定。這更加令我有杞人之憂，以致睡眠中時常作夢。夢中有學者開示我說：地球變暖，冰河融化，都是碳化物石油大量排化二氧化碳（carbon dioxide）之故。由於二氧化碳過度排放，加速地球的「溫室效應」（Atmospheric greenhouse effect），增加了颱風暴雨的毀滅性。

此外，美國人口普查局公佈：二〇〇六、二、廿六這天，全世界人口已突破六十五億，不論食衣住行，都在消耗能源。專家說：今年以來，二氧化碳的排放量比一九五〇年增加超過了四倍。另有多本書籍都預測石油資源將在五年內告罄。以上三事，非是我乙某人胡言，請見二〇〇六、二、廿六、聯合報。

因此，如今應該放棄碳經濟（carbon economy）轉型爲氫經濟（hydrogen economy）才是正途。

這提醒了我。在夢中，我創設了「大利液態氫氣無限公司」，將海水分解爲一份氧和二份氫。分別壓縮成爲液態裝入鋼瓶售賣，氧可助燃，氫可自燃，都有大用。既安全，又潔淨，來源無限。排出的只是水氣，最符合環保要求。優點太多，我在夢中深感欣慰。行看前程似錦，保證既報國，又賺錢。

只是，要將氫氣發展成普遍作商業化應用之前，還需其他條件配合，例如汽車引擎上的汽化器（carburetor）要加以修改，各地加油站也都要願意出售及回收氫氣鋼瓶。總之，我十分樂觀，這個美夢，遲早會由幻成眞的。

改革食物的瘋夢

友人丙說：我們每天都要進食，三餐之外還加午後點心及睡前消夜，算來多到五頓。每次採購及炊煮各要一小時，蒸魚燉肉各要二小時，進餐及洗碗各需半小時。爲了每天五次吃喝，費去太多時間。家庭主婦其實就是家庭「煮」婦，天天如是，煩死人了。

我曾經入夢作過太空觀光旅遊（space travel）。怎麼上天的呢？我先看到二〇〇六年二月廿日紐約時報（The New York Times）報導，得知有位美國人穆斯克（Musk）創設了「太空探索科技公司」（Space Explorations Technology, or Space X），擁有太空船（space ship）。我穿上太空衣（space suit），通過了太空訓練，正式坐在該公司的「鷹式衛星二號」（Falcon satellite 2）太空艙裡，在馬紹爾群島（Marshall Islands）的美國陸軍基地由火箭發送升空，使我得以遨遊宇宙七十二小時，平安返回。

這三天在太空裡，每餐只吃下六顆巧克力球餅，五片小糕點，喝四瓶礦泉水，簡單、輕易而省事。那餅糕都飽含了各種養分，足夠身體所需，精神體力都很好。不過我得留意，太空是無重狀態（weightlessness），不可讓食物四處飄浮（float）。

回到地球後，思想起了改變，只覺得冰庫裡魚肉久藏欠新鮮，剛買的菜蔬含農藥，葵花油攙了假，調味品會致癌。吃喝膳食既費事，又勞神，加上並不健康，總是得不償失。

我始終在夢想：能不能把太空廚房擴變為商用，製售太空食物。讓我們每天吃幾顆食物丸粒，就攝取了充分的維他命、礦物質、醣類、蛋白質等養

MONDAY, FEBRUARY 20, 2006 The New York Times

MONEY & BUSINESS

fortune on the line to try
s to make a business out
aunching satellites into
e, of course, is a relative
ss where launchings of
cial weather, telecom-
l other payloads start
l go up to $85 million or

mpany, Space Explora-
, or SpaceX, Mr. Musk
gs to space for one-third
or less — even bringing
$7 million for small pay-
orbit — with a series of

Simple and cheap travel and transport to the cosmos.

satellite, the FalconSAT-2, which was designed by Air Force Academy cadets to study the ionosphere.

The launching, which has been postponed several times for technical rea-

security issues. "The best way to make a small fortune in space is to start out with a large one. New rocket science has a high mortality rate, and we don't know what he's got his hands on until he's flown it a half-dozen times."

Part dreamer and part realist, Mr. Musk says he was drawn to the project not only because he has long been fascinated by space — he has a degree in physics from the University of Pennsylvania — but also because he sees a market opportunity in America's declining share of the world's satellite-launching business.

In the commercial market, the United

istration. O
with a value
America
commercia
foreign pa
war foes.
Mr. Musl

分，卡路里都計算好了。就像呑服藥片、膠囊、藥水一樣，那是多麼省便呀！

飲食本是在維持生命，人們卻多貪口腹之欲。請看西哲蘇格拉底（Socrates）告訴我們：「別人爲食而活，我則要爲活而食（Other men live to eat, while I eat to live）。」而孔子在《論語・衛靈》亦謂：「君子謀道不謀食（君子謀求的是修己治人之道，不是謀求美食爽口）。」又《孟子・告子上》：「孟子曰：「飲食之人，則人賤之矣，爲其養小以失大也（注重飲食的小處，疏失了立品的大處）。」這些都是說飲食並非我們唯一追求的目的，還有更高的理想待我們去努力。

能不能將飲食之道進行一番改革？我誠心夢寐以求，亟望終能實現。不知各位高人，可有甚麼誨示，讓我這狂人接受。

讕讕子說：今天只是窮聊，並非甚麼學術研討，恣言亂說都行，想必你們也都暢意盡興了。不過、各位所講的這些虛夢、歪夢、奇夢、傻夢、爛夢、空夢、殘夢、假夢、妙夢、怪夢、玄夢、幻夢，一概是痴人說夢，所表達的這些空話、閒話、呆話、白話、廢話、屁話，全然是自說自話，好似都難登大雅之堂，幸而有我這個弱智的聽衆兼觀衆從頭到尾沒有離席，任由你等夢話連連，我還僞裝快樂，又看又聽，但可能把其他智者唬跑了，收視率降低了，爲此趕緊打出 End（完畢、結束、落幕），謝謝收看。

二一 薄葬或厚葬

「人生自古誰無死？」（宋・文天祥《過零丁洋》詩句）死後跟來的便是殯葬大事。有人主張儉樸，有人想要奢華。茲舉古今儉奢數例，以供大家參酌。

薄葬之例

㈠李延壽《北史・卷六十四・列傳五十二》「韋敻傳」載：他受封爲逍遙公，年老了，對自己喪葬的安排，預囑兒子說：

「我死後，只須用舊衣入殮，不製新裝。棺木只須容身就好。用牛車載棺上山，其餘煩雜事都不需要，也無益處。至於每天設奠祭我，這很麻煩，我不能堅拒汝等的孝心，只須在初一和十五兩天，簡單各辦一次就夠。祭品用蔬果素食，不用牲肉。親友若送禮品，一概不得收受。我恐怕臨終時言詞恍惚，故預爲囑咐，汝等記牢，不可違我心意。」

㈡、劉昫《舊唐書・卷五十一・列傳第一・長孫皇后》說：貞觀八年，唐太宗后長孫氏病危。太子承乾請求大赦囚犯，可以福佑母后長命。長孫皇后說：

「死生有命，夭壽天定。如果修福可以延年，我想我一生沒有做過壞事，天應佑我。但不可為我婦人之私，而亂了天下大法。」

長孫皇后臨終之際，又向唐太宗說：

「我在生之日，無益於時。今將命終，不可厚費。葬者、藏也，就是埋藏起來，不讓人看到就好。自古聖賢，都贊成儉僕。只有那無道昏君，才大起山陵（帝王的墳墓叫山陵），讓天下人都勞費，這是錯的。我死後，只須就地勢入土，用木質或瓦器物件陪葬，那就合我心意了。」

㈢、孔平仲《續世說・卷五・任誕》第十四條，唐初刑部尚書盧承慶臨終時，告誡兒子說：

「我死後，殮以平常衣服，設祭不用肉類。墳堆只須可以辨識，不必高大。入棺完畢便下葬，不要請陰陽先生擇日子，不要勘選吉穴。只用單棺，不要雙棺（內棺套入外槨叫雙棺）。立碑只寫官號與年代，不要大篇銘記。一切都宜從簡，切記。」

㈣、薛居正《舊五代史・卷一一三・周書四・太祖紀第四》：

後周太祖郭威皇帝生病了，告諭晉王周世宗說：

唐太宗

「我若不起，你要儘快將我下葬，不得久留，用紙衣及瓦棺就可。墓地務須簡單樸素。工匠都要雇請，發給工錢，不可抓百姓的義務官差。墳地不須用石柱子，費工費錢，用土磚代替就好。不要派人守墓，也不要豎立石人石獸。只須立一碑，刻字爲『大周天子晏駕』。我生平歡喜儉素，若違此言，陰靈不相助汝。」

周太祖郭威又說：

「我看到前代唐朝李家十八帝的墓園，大費金錢寶物和人力，但後來都遭到盜墓者來開挖偷寶，死不安寧。你們不是聽說漢文帝主張儉素嗎？他葬地在霸陵原，由於墓中沒有財寶，到現在仍然完好無損。你們要記住，莫忘我的告諭。」

㈤、文瑩《續湘山野錄》說，北宋宰相王旦病重了，請來工部侍郎楊億，邀入臥室，面託後事說：

「我死後，棺內不可放置金銀寶物，遺體火葬。在我父祖輩的墳旁建一簡陋的茅塔，存我骨灰。我這心意，雖已諭知兒輩，但恐他們拘束於世俗禮儀，不照我意行事，所以拜託你楊侍郎，請從旁叮嚀督告。」

㈥、沒有必要抬舉自己。美國總統傑佛遜（Thomas Jefferson）連任了第四第五兩屆總統（一八〇一——一八〇九），他生前預立的墓碑文曰：「這裡入葬的傑佛遜，他是美國獨立宣言的作者，是維琴尼亞大學的創辦人。」他沒有提及當了八年總統的最高榮耀，只提撰寫獨立宣言（立國寶典），創辦大學（作育英才），這是何等曠達。

以上是總統、皇帝、皇后、宰相、尚書等高官們倡導薄葬的實況。

厚葬之例

(七)、台北《聯合報》二〇〇五年四月一日起接連多天報導：台灣鴻海集團董事長郭台銘，為美國富比世（Forbes，是「富」人「比」闊的「世」界排行榜）雜誌二〇〇五年三月公布郭為台灣首富，財產多達卅二億美元。夫人林淑如二〇〇五年四月一日出殯。依據多家報紙連續所載，茲簡摘兩事如下：

「第一、特製雙層棺槨，價一百萬台幣。安葬在台北縣三峽鎮嘉添里郭家的『愛物園』墓園，圍牆及牌樓都是藍色亮瓦，圍牆刷三層亮白漆。

「第二、彫製林淑如之石像，乃是用八百公斤重的整塊硃砂精石請名師細心彫刻，費用至少一百萬台幣。目睹喪葬大禮的弔客，都贊鴻海的排場浩大。」

喪葬有多種

讕讕子說：「自古皆有死（《論語・顏淵》孔子語）」，死神一旦降臨，誰也無法逃避。既然如此，與其擔心怕死，還不如坦然接受。想一想，身後事究竟如何安排才好呢？

李延壽《南史》說：「死者有四葬：水葬則投之江流，火葬則焚為灰燼，土葬則瘞埋入地，鳥葬則棄之中野（行之於西藏，任鳥啄食，又稱天葬）。」此外，拜火教有風葬，佛僧有塔葬（和尚全身入塔），還有懸棺葬（長江三峽岸邊崖上可見）、撒灰葬（骨灰撒於曠野或海面）等，方式很多。

以上多種方式，以土葬最繁，論述也多。依《左傳・哀二年》及《墨子・節葬下》所述：桐棺三寸，足以周體（桐棺質劣，三寸板薄，能包屍體就足）。衣衾三領，足以覆惡（衣一褲一被一，合計爲三，足以遮醜）。及其葬也，下毋及泉，上毋遺臭（墓穴下層不挖到泉水，上層不露屍臭）。則正矣云云。反之，由於土葬儀節多，有人辦喪事發訃聞，盛飾靈堂，萬人送殯，大築墓園，與活人爭地，如此花錢耗時又佔地，所謂「入土爲安」者，不見得會安。

死是生之了結，要薄葬？要厚葬？參看上述實例，應可選擇決定了，然後就剩如何去落實執行。這可分爲兩方面：一方面是自己（不久人世的衰病者自身決定）的意願如何？二方面是家屬的行動如何？

自己的意願

關於自己意願方面，請考慮下面幾項：

㈠確認《論語・顏淵》說的「死生有命，富貴在天」的格言，體會那「長城萬里今猶在，不見當年秦始皇」的胸懷。死亡是人生之必然，死後，或升往佛經說的西方極樂世界，或進入聖經所稱的永生天國，或蛻化超生往赴道教所述的神仙洞府，或如儒家的不妄作推測（論語先進篇孔子說：未知生，焉知死）都將解脫到另一境域，不必自陷苦惱。

㈡選擇薄葬、厚葬、火葬、海葬或撒灰葬，自己有權利也有義務要早作決定，說個清楚。可以預立遺囑（自書遺囑、口授遺囑、公證遺囑，代書遺囑都可以），具有法律效力。

㈢死後可捐贈器官，甚至捐贈遺體，可以先立遺囑，與醫院簽訂契約，死後執行。

㈣有人選擇土葬，生前預購了吉穴墓地。但前提必須是子孝孫賢，如果若干年後沒有子孫上墳掃墓，當非善策。臨葬入土時仍宜簡樸。

㈤舉行喪禮葬儀時，不必要讓活人多受罪。我已死了，那些豪華偉茂的排場，崇隆繁富的儀節，我都不知不曉，享受不到，沒有實質意義。

家屬的行動

對於家屬在喪葬時的行爲，似可參酌下面的各項建議：

㈠親人剛死，他對外界的刺激，肉體仍會有些許反應，避免摟屍大哭，或搖撼亡者的身軀，以免造成干擾，讓他安靜往生。

㈡剛斷氣，不要急於搬動翻移身子，等體溫降低後，才可送往冰庫凍存。

㈢不放「手尾錢」，就是不把錢鈔塞入亡者的口袋裡（陽世的鈔票未必能在冥間流通使用，無益）。

㈣大殮時，親人要隨侍在旁，「親視含殮」。不可送往殯儀館後就不聞不問。據說有些殯儀館的化裝師，用極不人道的手法處置死人遺體，有的開膛破肚，剜出內臟賣錢，再用破布稻草塡塞縫合著裝。有的視同豬羊，將屍體吊掛，恣意用水管沖洗。更有駭人聽聞的姦屍惡行發生，孝子賢孫情何以堪？應當親臨監看，免遭虐待。

㈤棺柩裡，不要放金銀珠寶，以免惡賊「盜墓」。《荀子．正論》篇說：「太古薄葬，故不掘也（盜賊不來挖墳掘墓）。今厚葬飾棺，故抇也（抇音胡，掘也）。抇人之墓，抉屍之嘴而攫利焉（抉是挑，用刀撬開死者嘴巴，掏取口中珠玉賣錢）。」

㈥不搞「五子哭墓」，不請「陣頭」，更不聘「清涼歌舞團（脫衣舞女唱艷曲）」。這都是虛假、充數與悖禮。先人在九泉之下不會安樂。

㈦不燒冥紙錢，或者少燒。紙錢製造不同，大小形式互異，如何可保證在冥間通行？如果燒多少冥紙錢就可讓亡者超生，那豈不是可以用錢買福？成爲有錢人的專利了。

㈧不必燒紙紮房屋汽車冰箱等物，妄以爲陰間可用。若燒紙屋，是否要燒所有權狀？燒汽車，是否要燒汽油？燒冰箱，是否同時要燒一座發電廠？

㈨仍是薄葬爲好。節約的治喪費，可用亡者名義捐贈慈善機構或另組財團法人基金會，救助需要拯濟的人。長久澤溥大衆，最爲崇貴。

我們要記住歐陽修《瀧岡阡表》文中所說「祭而豐，不如養之薄也（死後祭品豐隆，死者享受不到，不如生前淡薄奉養，多盡孝道）」的話。也不要犯胡適《生母行述》文中的「生未能養，病未能侍（在生時，沒有善爲奉養，害病時，又不在身旁照顧）」之悲。此篇說記已夠了，最後提醒一句：盡孝請在生前，歿後就已遲了。

二二　有鬼無鬼誰能信

世間有鬼？還是無鬼？誰能作個評斷？佛經裡有閻羅，就是鬼王。聖經中有地獄，還有魔鬼。似乎眞的有鬼吧？請看：

（一）

「**有**」。清人紀曉嵐《閱微草堂筆記・卷六・灤陽消夏錄・六》載「李霍辯鬼」：

「我（紀曉嵐自稱）與好友李雲舉、霍養仲三人一同讀書，偶然談到鬼的有無，李說有，霍說無。正辯駁時，廳前有位書僮插嘴道：世間有些奇事，若未親歷，不敢相信。有一回，我經過墳場，不小心踩破一具淺埋的薄棺腐朽蓋板。晚上夢到城隍大人召喚，因爲有人告狀，說我損壞了他的房頂，心知是踩破棺蓋的事。對質時，我抗辯道：這不是我錯，是你的房屋不該擋路。鬼反駁道：不對，是新闢的路，不該緊靠著我的房屋，你踩穿了我的屋頂，你大不該。城隍大人聽完兩造的陳述，告誡我說：每個人都在走那條路，當然你也有權行走，不能怪你有錯。但別人走來走去都沒事，爲何只有你踩破了棺材蓋板呢？這就不能說你沒有錯，因而你也不可能全身而退。我今宣判：你回去後，應焚化冥紙紙錢若干以補慫。再者，他是孤鬼，無力自己修棺材，你該替他蓋上厚板，鋪上厚土，就可讓他安居了。第二天，我依吩咐覆厚板，鋪厚土，焚燒紙錢，驀地一陣旋風，把錢灰捲走了。這就是我親歷的事。李霍和我三人，相視一笑，散了。」

（二）

「**無**」。宋儒歐陽修《新唐書・卷二百・列傳儒學下》記有「林蘊撰無鬼論」：

「林蘊，字夢復，林披之子，兄弟九人俱官刺史州牧，泉州莆田人。以臨汀地方多山鬼（山魈魑魅）淫祠（濫建而不合禮制的祠廟），民厭苦之。撰『無鬼論』。」

（三）

「**有**」。宋・李昉《太平廣記・第三三〇卷》又見唐・牛僧孺《玄怪錄・補遺》二書同有「崔尚遇鬼」：

「唐開元時，有崔尚者，撰『無鬼論』，文意甚有正理，將進之朝廷。忽有道士來扣門，求見其論。讀畢，謂崔曰：『詞理甚通，但天地之間，若說無鬼，就錯了。』崔問：『何以見得有鬼？』道士曰：『我就是鬼，怎可說沒有？你若呈進朝廷，你就會被眾多鬼魅殺害掉，不如將這書燒毀算了。』話剛講完，道士忽然不見。」

（四）

「**無**」。南朝宋・劉義慶《世說新語・方正》錄有「阮宣子論無鬼」：

「阮宣子論鬼神有，或沒有。別人說：人死有鬼。阮宣子獨以爲無。他解釋說：有見過鬼的人都說，那鬼穿著現今時人的衣服云云。請問：假若人死變成了鬼，難道那些衣服也會跟著變爲鬼了嗎？」

（五）

「**有**」。唐・房玄齡《晉書・卷四十九・列傳十九・阮籍・阮瞻傳》，正史中有「鬼訪阮瞻」：

「阮瞻爲太子舍人，素執無鬼論，別人莫能難他。每每自以爲他這番道理足可以辯正幽明（人和鬼的分別）。有位客人來拜訪阮瞻，學問及口才都很聰博，交談好久，論及鬼神之有無，二人反覆辯駁，唇舌費力而辛苦，到最後，客人辭窮了，臉色一變說道：『鬼神的事，古往今來的聖賢都在傳述，你阮官人何得獨言沒有？請你看清楚，我就是鬼呀！』說罷，客人忽然變爲怪形怪狀，不一會竟消滅不見了。」

（六）

「**無**」。東漢・王充《論衡・論死》驗釋「人死不能爲鬼」：

「世謂人死爲鬼，試以事物驗之，人死不能爲鬼也。蓋人之所以生者、精氣也。死而精氣滅。能爲精氣者，血脈也。人死血脈竭，竭而精氣滅，滅而形體朽，朽而成灰土，何用爲鬼？……自天地開闢以來，死亡者以億萬計。如人死爲鬼，則道路之上，一步一鬼也。果若看到有鬼，則當看到數百萬千，充塞屋廬街巷，豈僅看到一二鬼而已哉？……所謂鬼者，多說是超脫死人軀體的精神所成。倘若此話爲眞，則所見應是裸體之鬼，不應穿有衣服。衣服乃由無生命無精神之布帛縫製而成，其本質不可能變成鬼也。……至若那互有深愛與至情的夫妻在一起依偎生活，當丈夫死了，妻子會改嫁。妻死了，丈夫會再娶。如果人死變鬼，而且有知覺，應該由愛生恨，由恨而怒，由怒而該索取所愛者的性命。可是、改嫁與再娶者終生平安，何有鬼事？」

（七）

「**有**」。東晉・干寶《搜神記・唐叔偕女篇》有「定伯賣鬼」：

「南陽宋定伯，夜行遇鬼。鬼問：『汝是誰？』定伯騙說：『我亦鬼也。』鬼問：

『欲去何地？』定伯說：『欲去宛市。』鬼說：『我也欲去宛市。』於是同行。走了數里，鬼說：『步行太累，我們輪流揹著趕路好嗎？』定伯說：『好，可以省下一半腳力。』鬼便先揹定伯在肩上，走了幾里。鬼說：『你太重了，你恐怕不是鬼吧？』定伯說：『我是新鬼，所以比較重嘛。』輪到定伯揹眞鬼走路。覺得肩上全無重量。如此輪番趕路，定伯問道：『我是新鬼，不知變鬼之後，有何禁忌？』鬼答道：『就只怕有人把口水唾沫吐在我們身上，那就被人制服了。』行到宛市了，輪到定伯揹鬼，他順勢把鬼抓牢，不讓跑掉。鬼大叫，定伯不理會。走到家畜市場裡，定伯把鬼放在地上，仍抓緊它。那鬼變作一隻羊，打算混入畜群中溜走。定伯怕它再變，就猛向羊身吐口沫，把羊鎭住不能變了。定伯賣了它，賺得一千五百文錢。晉代聞人石崇讚曰：『定伯賣鬼，得錢千五』。」

（八）

「**無**」。《古今圖書集成・神異典・第三一五卷・妖怪部》引有「造化之跡」說：「伊川（宋儒程頤，世稱伊川先生）言：鬼神者、造化之跡也。若論正理，則似樹上忽生出花葉，此便是造化之跡。又如空中忽然有雷霆風雨，皆是也。但人所常見，故不之怪。一旦忽聞鬼嘯鬼哭鬼火之屬，則便以爲怪，不知此亦造化之跡也。因不常見，故以爲怪異焉。」

（九）

「**有**」。張讀《宣室志》（見《子史精華》卷一百十二神鬼下）記載：

「任生、能視鬼。唐敬宗寶曆年間，與楊生一同乘船虎邱，楊生說：人鬼殊途，故不可見鬼。任生笑謂：鬼甚多，常人不能識而已。此時見一婦人，懷抱一小孩在岸邊行走。任生說：她便是鬼，你只須看我如何叫她。當即大聲嚷道：你這女鬼，怎敢盜人小孩？婦人聽了大驚，趕忙跑走，不十多步，忽然不見。楊生駭歎。上岸後，偶見一家正由道士設壇酬神，原來這家小孩猝死，現又活了，因而謝神。他倆察看這小孩及衣著，認得正是那女鬼所抱的。楊生對任生道：你、眞是了不得呀！」

（十）

「**無**」。王充《論衡》有言：

「天地之間，謂爲有鬼，應非人死由精神爲之者也。皆人之思念存想所致也。」

（十一）

「**有**」。晉代陶潛《搜神後記》說：

「元嘉十四年，徐道饒在家中坐，忽見一鬼入室，自言是其先祖。於時冬日，天氣清朗。先一日，徐道饒已積稻於屋下。鬼云：汝明日勿曝穀，天將大雨，未有晴時。饒從其言。次日果然霖雨。後數日，鬼歎云：徐叔寶來，吾不宜見之。後日叔寶果至，鬼遂絕焉。」

（十二）

「**無**」。隋代王通（王勃的祖父）模仿論語文體撰《文中子》原名《中說》有句曰：「文中子讀無鬼論，曰：未知人，焉知鬼。」

（十三）

「**有**」。明《通紀》說：「夏原吉（明人，官至戶部尚書，諡忠靖），湖廣湘陰人。母廖氏，夢三閭大夫（即屈原）投胎而生原吉，乃長，舉止端厚，好學。時有一鬼，白晝附人之身，預言他人禍福，無不驗。里中人或強邀原吉往觀，至則鬼無所言。他日、鬼復肆發預言，或問之故，曰：夏公原吉，乃是端人，吾不可以近也。」

（十四）

「無」。無鬼論者主張無鬼的理由：

「世間本無鬼。只因疑惑心和恐懼心作祟，一遇意外突現，便認爲是鬼，實乃虛幻，此其一也。又說人死爲鬼，其中部份善鬼可輪迴投胎變人，其他劣鬼則輪迴變牛變馬。如此經多次輪迴後，能夠變人的應會逐次減少，但實知世界人口已頻增到六十五億，可見輪迴投胎之不確，此其二也。再說，人若死會變鬼，以致人變鬼及鬼變人輪迴沒有盡期，但鬼變牛馬後，死了不見有牛鬼馬鬼，它們不再輪迴，豈非厚待牛馬而薄待人類？可見人死變鬼之說的不公平而受質疑（山魈狐精是妖，有無存疑，但不是鬼），此其三也。即算眞正有鬼，請問鬼要不要吃喝拉撒？自己弄飯嗎？到何處去買米糧？上餐館嗎？餐館從何處去購酒肉？鬼住豪宅？或睡荒郊？寒冬酷暑時，用甚麼來保護軀體（見到鬼的人，都說鬼衣服完整）？這些能否用錢買到？錢從何來？此其四也。有鬼論者都說和鬼有過接觸，人鬼互相談話，爲何不請諸鬼各自歸回老家團聚，免得孤零受罪？如果做不到，可見鬼是假的。此其五也。有此五疑，可證鬼是沒有的吧？」

讕讕子說：世間有鬼還是無鬼？誰也難下斷語。我國古籍中，《禮記・祭法》說「人死爲鬼」。《詩經・何人斯》說「爲鬼爲蜮」。《左傳・宣四年》說「鬼猶求食，若敖氏之鬼，不其餒而」。《楚辭九歌國殤》說「身既死兮神以靈，子魂魄兮爲鬼雄」。《中庸》說「鬼神之爲德，其盛亦乎」。《論語先進》說「未能事人，焉能事鬼」。《說文》

云「鬼、人所歸爲鬼」。《山海經海內北經》說「鬼國在『貳戶之尸』北」。再者、天上星座二十八宿中有「鬼宿」。中元節俗稱爲「鬼節」。好像證實有鬼的存在了吧？但是、誰又眞確看見過鬼呢？能不能請哪位好心鬼友現身來和人們打個照面以證明鬼群鬼族並非虛假呢？

據說、陰世間有無常鬼、夜叉鬼，他們是惡鬼還是善鬼？是正鬼還是邪鬼？其實，陽世間的活鬼已然夠多的了，諸如懶鬼、色鬼、賭鬼、醉鬼、窮鬼、餓鬼，還有勢利鬼、精靈鬼、長舌鬼、黑心鬼、貪財鬼、好吃鬼、膽小鬼、大頭鬼、小氣鬼、怕死鬼、吸血鬼、吝嗇鬼、冒失鬼、背時鬼、討債鬼、倒楣鬼，都在我們身邊，想找機會撈一把好處。深究之下，外在的鬼並不可怕，可怕的是自己內在的鬼作孽。如果「心懷鬼胎」，以致「鬼迷心竅」，行事「鬼鬼祟祟」，爭利「鬼計多端」，哪一天被人識破，就身敗名裂了。倒不如學那讜人君子，己身坐得端，行得正，「平生不作虧心事，夜半不怕鬼敲門。」一切魑魅魍魎，都會辟易迴避。

二三　兩次情人節

農曆七月初七之夜，稱爲七夕，相傳牛郎織女互隔天河（Milky Way），相望而不能相會。幸得此夕架了鵲橋，乃得相聚。《唐詩紀事》林傑「七夕」詩曰：「七夕今宵看碧霄，牛郎織女渡河橋。」《古詩十九首》有「牛郎織女詩」曰：「迢迢牽牛星，皎皎梭織女，……盈盈一水間，脈脈不得語。」這樁牛女痴情，一直是個既淒美又溫馨的愛情故事。

往年風俗純僕，每逢七夕，只有女士們「穿針乞巧」。近年來風氣狂放，尤其商人爲了賺錢，便極力吹噓這天是中國的情人節，該要儘量找快樂。諸多旅社飯店，更大登廣告，預約提供情人們豐盛的晚餐及怡情的住宿，價格可不廉宜，竟然家家客滿。

中國人何其有幸，有機會過兩次情人節，一個是上述七夕「中國式情人節」，另一個是外國的「聖・華倫泰節（ST. Valentine's Day，洋人每年逢二月十四日，寄送賀卡、鮮花、或禮物給情人）」。雙重享受，其樂何極？

譋譋子曰：情人節本是富含詩意，不過，如今過情人節，商僧化了，低俗化了，注重的僅有兩項大事：起先是喝酒配大餐，接續便是上床辦事。情人們倘若只是逞「食」「色」之慾來慶此佳節，未婚懷孕再去墮胎，怕只怕這樣的人或這個民族，前途不會光明。

二四　博與專

林語堂《生活的藝術》第十四章記有一樁趣事說：

「有位貴官，僱到一位曾在皇宮裡尚膳房工作的宮女，準備廣請眾賓，共嚐皇宮御膳的美味。不料宮女推辭說：「我不會做菜。」貴官問：「那你在尚膳房做甚麼？」宮女說：「我是專做席面上所用的糕餅的。」貴官說：「那就做些精美的御用糕餅吧！」「不能，我不會做糕做餅，我只負責『專』切糕餅餡子裡用的細碎蔥花的。」

讕讕子曰：這就叫做「分工」。福特公司裝合汽車的生產線上（Production line），也分工很細。裝輪胎的，只要把別人充好氣帶有鋼圈的新輪胎，裝在輪軸上，用氣動套筒去旋緊那五個螺絲就行了。當螺絲旋緊到設定的「呎磅」（Foot-pound）扭力時，氣壓閥門開了，套筒不起作用了，螺絲的鬆緊合度，輪胎裝好了。機匠不需要技術，粗工也可勝任，工資廉宜，這就是分工的好處，

林語堂像

也可叫「專」。但是若問他輪軸的結構，就茫然不知了。

我們寫博士論文，選題寧窄毋廣，愈「專」愈好，原則上是要「小題大作」，有似在洪流中掬取一滴水珠做研究，去鑽牛角尖。例如若寫《曾國藩評傳》，工程太大，恐怕要寫上百萬字，不合適。若簡化爲《曾國藩文章探微》，恐怕也要六十萬字，仍不可行。再縮小爲《曾國藩詩聯析義》，也許二十來萬字就可備述，這才不妨一試，或可拿到學界最高層次的文學「博士」學位（doctor's degree）。這就是只挑整體中的一斑，求其「專」，但並非全豹。

若要蒐求曾國藩的聯語，不可漏掉他年輕時戲撰湘鄉縣粉頭「大姑」的嵌名聯「『大』抵浮生若夢，『姑』從此處銷魂」。以及他輓小妾陳「春燕」的嵌名輓聯「未免有情，對帳冷燈昏，一別竟傷『春』去也。似曾相識，悵梁空泥落，何時重見『燕』歸來」。這都可證明曾國藩的才氣橫溢。

至於博士一詞，顧名思義：博也者，廣博無所不知之謂也。但實際上博士都是鑽研小題目，若從我國文字的含意，和習俗的認知上來說，只是獨擅一藝，叫專士似較合適，博則還差許多。

讕讕子十年前曾在美國賓州醫院眼科開刀，由眼科專家卡普（Dr. Carp）醫師主刀。手術前爲了要確知我視網膜是否剝離？有無乾濕黃斑病變？他不自逞能幹，寫轉診單要我去威爾斯眼科醫院（Wills Eye Hospital）複查。威院是世界著名的眼科，設有許多科室，如角膜、視網膜、水晶體、視神經等診察室，每室至少有兩位頂尖醫師值班。我檢查後，結論是沒有毛病，診斷報告即時電腦傳回給卡普，不勞我管。之所以引敘這許多話，乃是說明他們分工特別微細，各科僅對眼球中的某一部份，不超過一枚一分錢硬幣大小的區域「專研」而精透，收費自不便宜，這就是美國醫療費用特高的原因。也只有高度進步的國家才養得起這種細密的分工制度。在其他國家中，獨個眼科醫生便將青光眼、白內障、視網膜、黃斑病、飛蚊症、雷射矯治、近視遠視、老花散花，一手全包了。

但是，分工細，專家多，僅是對某一小處專精，對大局可能不懂，會有「見樹不見林」之憾。必須還要有那些識驗廣博暢達事理的「通士」來作整體的經綸規劃，才不會因小而誤大，「專」是知微細，「博」是明大體，兩者不可偏廢。至盼各位製造業的廠長、貿商界的董事長、政治圈裡的院長、部長，用人時請主意及之。

二五　壯陽補腎無益

中國人有一種傳統觀念，就是用食來「進補」，認爲吃肝補肝，吃腦補腦。而且從「食補」轉變到「酒補」「藥補」，更進一步注重到「性補」，就是補腎。

我們中醫稱睪丸爲腎，或稱外腎。稱腎臟爲內腎。所謂補腎就是增強睪丸的功能。中藥界又將雄性動物的性器官稱爲「鞭」，如虎鞭、鹿鞭、海狗鞭，吃了保準使人強壯，不再腎虧。推而廣之，像牛睪丸、火雞睪丸、痲雀卵、海狗腎、烏魚子等，都屬壯陽補品。另有凡是呈粘稠膠液狀的龜膠、驢膠、鹿茸等物，都視爲可以生精、濃精、轉弱爲強的珍品。價格不菲，銷路暢旺。

讕讕子說：這種進補之論，從醫學理論上分析，則認爲是無稽之談。台灣泌尿科名醫江漢聲先生就曾寫文章釋惑，大意說：

㈠、動物的肝、腦或腎，經人體消化吸收之後，它的成分就已經分解了。

㈡、和其他食物一樣，分解後的成分，雖可存於體內，儲以待用，但成分已變，不會來補腎壯陽。

㈢、再說，如果某些器官能夠幫補壯陽，必會含有極高的蛋白質（protein or albumen）

和極多的荷爾蒙（hormone）。事實上化驗的結果卻不見得。

㈣、而且，即使正常人用直接法注射了荷爾蒙，也不見得會增強性能力。

㈤、尤其要提醒的是：多吃這類食物，會使膽固醇（cholesterol 能使血管硬化）及／或尿酸（uric acid 過量有毒）增多，那就愈補愈糟了。

以上分析，是專家的話，希望大家認眞參考。

文詞有瑕第六

二六　作文下筆宜求慎

寫文章要不要下筆謹慎?答案當然是肯定的「要」。前人的例示很多，譬如太平天國通告《戒浮文巧言》諭示說「文以紀實，浮文所在必刪；言當從心，巧言由來當禁。」擺明不用浮文巧言。而曹丕《典論・論文》說：「文章經國之大業，不朽之盛事。」杜甫《偶題》詩云：「文章千古事，得失寸心知。」都是強調文章會傳之久遠，下筆宜慎。至於陸游詠《文章》詩曰：「文章本天成，妙手偶得之。」則是強調不要做作。

宋代畢仲詢《幕府燕閑錄》記載了一則范仲淹撰文謹慎的事例，原文說：

「范文正公（即范仲淹，九八九——一〇五二，字希文，諡文正）嘗爲人作墓銘（即墓誌銘，述贊死者生平事蹟）。已封將發（已寫完、封好，要寄走），忽曰：「不可不使師魯（尹洙，字師魯，一〇〇一——一〇四七，北宋文學家）見。」明日，以示尹師魯。尹曰：「希文名重一時，爲後世所取信，不可不愼也。今謂轉運爲部刺史（部刺史是漢武帝時官名），知州爲太守（太守是漢景帝時官名），誠爲脱俗（脱去了庸俗之氣）。然今無其官（現已沒有這種職稱），後必疑之，此正起俗儒（淺陋的文人）爭論也。」希文憮然曰：「賴（幸虧）以示之，不然（否則），吾幾失之（我幾乎失誤了）。」

讕讕子說：下筆要謹慎，乃是要字字推敲，以前的大文豪，留下不少的良範。《呂氏童蒙訓》說：歐陽修作文完稿後，先貼於壁間，時加修改，甚至有到最後不留一字者，足見前人用功之深。

歐陽修寫《醉翁亭記》（見《古文觀止》卷四），初稿在文章開頭時，用了好多話來描述滁州四境的群山，交待雖甚詳明，行文卻很累贅。他屢寫屢改，五易其稿，最後濃縮成一句，只剩「環滁皆山也」五個字。（通篇用了二十一個「也」字，難得）。起勢頓顯不凡，整篇文氣爲之凝聚，這便是精鍊之功。

我們再看司馬遷《史記．卷七．項羽本紀》所述：楚漢相爭，項羽在垓下戰敗了，突圍逃走：

「項王渡淮，至陰陵，迷失道，問一田父（耕田的農夫）。田父紿（欺騙他）之曰：『左！』左乃陷大澤中，以故漢兵追及之。」

司馬遷寫田父，只吐出一個「左」字，乾淨俐落，絕不拖泥帶水，最是惜墨如金，這獨個字筆力萬鈞，何等超卓？

詩也是文之一種，更須推敲鍛鍊，一字不穩，想爛狗肚。例如《萬常之詩話》說：作詩在於練字。如杜甫「飛星過水白，落月動沙虛。」是練中間一字。「地坼江帆穩，天清木葉聞。」是練末後一字。《珊瑚鉤詩話》說：詩須篇中練句，句中練字，乃爲工。百練成字，千練成句。《捫蝨新話》說：吾觀昔人作詩，皆旬鍛月鍊，至謂吟成五個字，撚斷數莖鬚者。唐・杜荀鶴詩云：「鬢白秖因秋鍊句，眼昏多爲夜抄書。」唐・方干《鄭明府詩》云：「文章鍛鍊猶相似，年齒參差不較多。」宋・陸游《枕上》詩曰：「鍊句未安姑棄置，明朝追記尚班班。」宋・劉克莊《贈陳起》詩云：「鍊句豈非林處士，鬻書莫是穆參軍。」宋无詩曰：「小景畫成時展玩，新詩吟得自推敲。」蔣慈谿則說：「推敲詩益鍊，駢儷語尤工。」都是說要字斟句酌才好。

范仲淹圖
（三才圖會）

回到本篇主角范仲淹，今再摘出他兩件事：其一是南宋洪邁《容齋五筆》說的：「范仲淹寫《嚴先生祠堂記》（見《古文觀止》卷三）文末贊『歌』原云：『雲山蒼蒼，江水泱泱，先生之德，山高水長。』寫成，給李泰伯（李覯字泰伯）看。李歎詠不已，起而言曰：『此文一出，必將名世。某妄意擬換一字，以成盛美。』范請問，答曰：『雲山江水之語，於義甚大，於詞甚溥，以『德』字承之不足，擬改爲『風』字如何？』范凝目頷首，即欲下拜。」按：德字本已不差，但孔子說：「君子之德、風也。」孟子也說：「故聞伯夷之風者。」風字確然更好。而且「風」與「雲山」「江水」配合呼應，更能和諧一致。

其二是范仲淹寫了一篇《岳陽樓記》（見《古文觀止》卷三），由滕子京修樓，范仲淹作記，蘇舜欽子美繕書，邵竦篆額，號稱四絕。我們想一想，岳陽樓及洞庭湖的風景，前人都說夠了，范仲淹只提到「若夫霪雨霏霏」，這是寫悲；「至若春和景明」，這是寫樂。然後他引出「先天下之憂而憂，後天下之樂而樂」名句，這種先憂後樂，兩字關情，忠國愛民的偉大心胸，發而爲文，文以樓傳，樓以文著，千古贊誦，歷久未衰。而宋代王十朋（一一一二—一一七一，官吏部侍郎）認爲：「范氏的『先憂後樂』，比《孟子．梁惠王下》『樂民之樂者，民亦樂其樂；憂民之憂者，民亦憂其憂』的『同樂同憂』思想更高一層。」這是他人所未曾道及的。王十朋因有《讀岳陽樓記》詩曰：「先憂後樂范文正，此志此言高孟軻；暇日登臨固宜樂，其如天下有憂何？」又明代顧璘（一四七六—一五四七，做過刑部尚書）有《登岳陽樓》句云：「來爲荊楚使，愛覽洞庭湖……憂樂平生志，陰晴任爾殊。」以及清代趙翼（一七二七—一八一四，那「江山代有才人出，各領風騷數百年」，就是他的名句）有《登岳陽樓》詩曰：「水落湖光似鏡平，倦遊人過岳陽城，愧無憂樂關斯世，擬學神仙了此身。」這些名家，文詞都非常練達，讕讕子不需要多言了。

二七　姓名諧音不雅

甲：「你給你剛出生的女貝比取好了名字嗎？」

乙：「取好名字了，她叫石珊蘭。」

甲：「石珊蘭這芳名很雅。不過，萬一別人依諧音叫她爲『十三爛』，會讓她很不好受，要不要重新考慮呢？」

乙：「哦，你話有理，點破了我。我還是另外改換爲好。」

讕讕子說：命名是一門學問，也是一生的大事。取名不必計算筆劃多少才會吉利，也不須匡補金木水火土五行的短缺。但不妨參考一些原則：

第一、不用繁筆字——有男孩叫「龔讚驤」（姓名共七十六劃），女孩叫「聶豔鸞」（也共七十六劃），比另一人叫「丁又才」（姓名共七劃）的難多了。你一個字還沒寫成，別人連姓帶名早就寫完多少遍了。姓名在一生中要寫上億萬次，對人對己，費力耗時，幾乎都是虐待。

第二、不用冷僻字——例如峊（高也），冏（光明），眗（天曉），弢（弓衣），炫耀自己淵博，別人卻不識。將來競選縣市長，一定落選，不佳。

第三、不用形似的字——例如「玫」音梅，指玫瑰花。「玟」音聞，指玉石的花紋。「玖」音九，是大寫的九字。又如「戊」音務，是天干名。「戌」音庶，衛戍之意。「戌」音胥，地支名。「戎」音容，是戰事。寫來易出錯，唸來會誤讀。

第四、不用太俗氣的字——春桃、秋菊，能免則免。王有財，張得勝，也很俗氣。總以高雅大方為宜。

第五、不用破音字——例如「樂」，快樂讀為「洛」，音樂讀為「若」，智者樂水讀為「耀」。再如行，行走讀為「形」，行列讀為「杭」，品行讀為「杏」，別人不知道怎麼唸，不合用。

第六、不用啞音字——例如興、思、恩、亨等字，嘴巴張不開，音量輕而啞，別人叫不響，傳送不能遠，不好。

第七、不用單名——單名只一字，雷同的機會很多。台北市私人住宅電話裡，叫林梅的有四十三人，叫陳春的有四十一人，這還只是台北一地，取雙名就少雷同了。

第八、不與前人同名——如李麗華、王安石、鄭和、張士元。

第九、不用平聲收尾——姓名三個字，要高低抑揚相配，唸來順口，音節嘹亮。中文有四聲，切忌三字同聲，如陳宏銘、王杭華、唐揚裳、楊宜桃，三字都是平聲，叫不響。如果在樓下喊你，即令大聲也無法提高。最好末字選去聲字，音既昂揚，又能傳遠，且不費力氣。

第十、不用諧音欠雅的字——例如胡莉菁（諧音唸成狐狸精）、殷揚仁（陰陽人）、陶思貴（吊死鬼）。一時不察，終身蒙羞。這要反覆誦唸，多方體會，才可避免。今列舉一些眞人實事為例：

㈠前財政部長費驊（一九一二—一九八四），被人謔稱為「廢話」。

㈡前總統府副祕書長黃伯度（一八九一—一九七〇），人們唸成「王八蛋」。

㈢前教育部長黃季陸（一八九九—一九八五），被人戲稱為「忘記囉」。

㈣前故宮博物院長秦孝儀（一九二一—），訛唸為「請教你」。

㈤服務於洋機關的李百祿，被稱為「禮拜六」；又改叫為英語原文的「Saturday」。他因生性風流，愛吃女同事豆腐，娘子軍報復他，又把洋文借其諧音叫他為「殺頭的」。

㈥前淡江大學會計主任尤士卿，訛稱為「有事情」。

㈦前台北市公車處科長梅家柱，被人稱為「沒家住」。

㈧作曲家田希範，諧音是「甜稀飯」。

㈨女藝人蒲艾妮，很多人喜歡她，但芳名卻叫成「不愛你」。

㈩民國初年有位劉紀文（一八八九—一九五七），曾任南京市長和廣州市長，甚有名氣，被一般麻將朋友把他的姓名與前財政部長宋子文（一八九四—一九七一）的姓名在牌局上互相揶揄，戲稱牌搭子對方你是要「送幾文」呢？還是要「留幾文」？可不要把老本全都輸光了。

最後，歷史上考狀元尚有因名受黜的實例，取名字時最好不要重蹈覆轍，錄三則眞實事例作爲參證：

㈠、明成祖永樂廿二年殿試狀元，榜首原是孫曰恭。那時姓名是豎行直寫，曰恭連起來似是「暴」字，成祖心中不樂，即將第二名邢寬換爲狀元。

㈡、到明嘉靖廿三年，狀元本是吳情，但「無情」怎可獨佔鰲頭？終於換成秦雷鳴。

㈢清代狀元京試，王國鈞評爲第一名，但慈禧太后見了大爲不悅說：哪可讓「亡國君」作狀元的？便把第二名山東考生王壽彭（年壽希望與彭祖同高）改爲狀元了。想想看：「國鈞」之名，多麼宏偉、莊重，但連姓氏同唸，卻就與「亡國之君」同音，招受無妄之災，命名之初，哪可不愼？

二八　買驢契約無驢字

顏之推《顏氏家訓》勉學篇說：「末俗以來，讀書人空守章句。鄴下諺云：博士買驢，書卷三紙，未有驢字。」

讕讕子曰：唸書成了博士，但只學到皮毛。寫份買驢契約書，文長三頁，竟無一個驢字，豈不讓人氣煞？

——以上兩段，有述有論，連標點未逾一百字，乃是想學林語堂所倡愈短愈好之意。

林語堂像

二九　諺語正反都有理

諺語是好幾代流傳下來的話。都是簡練而富有意義的語句，反映出生活經驗，大家耳熟能詳。但有些諺語，意義相對相反。頗爲有趣，略舉如下：

▽一醉解千愁
酒不解眞愁（明・無名氏《增廣賢文》語）
▽活到老學到老
活到老學不了
▽黑白分明（春秋繁露保位權篇）
黑白混淆（拍案驚奇第四）
▽書無不可讀者（隋書王頍傳）
盡信書不如無書（孟子盡心下）
▽人多意見雜
人多好辦事（毛語錄）
人多踩草不死

▽一言可以興邦（論語子路第十三）
一言可以喪邦（論語子路第十三）

▽命裡有時終須有（明・蘭陵笑笑生《金瓶梅詞話》語）
命裡無時莫強求（明・蘭陵笑笑生《金瓶梅詞話》語）

▽天道好還（老子・三十，指惡有惡報）
天道寧論（江淹恨賦，謂不能憑信）

▽貧居鬧市無人問（明・無名氏《名賢集》語）
富在深山有遠親（明・無名氏《名賢集》語）

▽富與貴是人之所欲也（論語里仁第四）
富貴於我如浮雲（論語述而第七）

▽打虎還要親兄弟
兄弟二人不相容（漢淮南厲王歌：一尺布，尚可縫，兄弟二人不相逢）

▽心浮氣躁
心平氣和（宋史儒林傳呂祖謙傳）

▽天長地久（老子・七）
天崩地坼（史記魯仲連傳）

▽誰人背後無人說（明・無名氏《增廣賢文》語）

哪個人前不說人（明・無名氏《增廣賢文》語）

▽八遇八克（唐婁師德討吐蕃，八戰八次克敵）

七縱七擒（諸葛亮征南蠻孟獲，七縱七擒，孟獲才誠服）

▽虎父有虎子（曹操歎曰：生子當如孫仲謀，如劉景升之子，乃豚犬耳）

虎父生犬子

▽事事都精

件件不會

▽既生瑜何生亮（三國演義、五七：既然生了周瑜，爲何又生諸葛亮）

一時並稱瑜亮（王士禎、古詩選、凡例：二人之才，一時瑜亮）

▽美夢成眞

美夢成空

▽好子不怕多（安慰兒子衆多的話）

好子不須多（有人只有獨子的安慰話）

▽胸藏萬卷（杜甫詩：讀書破萬卷）

胸無點墨（廿年目睹之怪現狀、二二）

▽行百里者半九十（一百里路已走過了九十里仍只算一半）

好的開始是成功的一半（開始良好，佔了一半）

▽人同此心心同此理
人心不同各如其面（左傳・襄公三十一年語）
▽自得其樂（自己享受樂趣）
自詒伊戚（自惹災禍及煩惱，見詩・小雅・小明）
▽人生七十古來稀（杜甫詩：酒債尋常行處有，人生七十古來稀）
人生七十才開始（大老張群的創語）
▽膽小如鼠
膽大包天
▽有錢能使鬼推磨（見喻世明言、二一）
有錢買不到健樂
▽無名英雄
有名人物
▽大狗小狗都愛叫
咬人的狗不愛叫
▽有隙可乘（五代史通俗演義・十一）
無隙可鑽
▽情有可原法無可恕

情無可恕法有可原

▽有緣千里來相會（水滸傳第三十四回）

無緣對面不相逢（同右）

▽禍兮福所倚（老子送德經第五十八章）

福兮禍所伏（同右）

▽兩岸一國兩制（鄧小平語）

兩岸一邊一國（民進黨巨頭語）

我們說話時，每引諺語來增強氣勢，證明不錯，自會選那有利於己者。例如清水半杯，悲觀者說「杯中只剩半杯水」，歎息所餘不多；樂觀者說「杯中尚有半杯水」，強調仍有不少。諺語何辜，似乎常被世人利用了。

英文也有正反語，稱爲「Duelng proverbs（相鬥的諺語）。」請閱《Getting Your Words' Worth》一書。由紐約 Werner Books 書店一九九三年出版。今舉三例，如「Silence is golden, but: The squeaky wheel gets the grease（沉默是金。但：嘰嘰發響的轉輪才會得到潤滑油）。」又如「Clothes make the man, but: Never judge a book by its cover 衣裳妝扮出體面人，但：不要從封面去判斷一本書。」再如「You'er never too old to learn, but: You can't teach an old dog new tricks（學習永不嫌老。但：老狗教不會新把戲）。」

中文外文，互相輝映。

三〇　顛倒字句

中國文字美妙，順反都能成句。例如「餐風宿露」，見《琵琶記・寺中遺像》「兒在程途，又怕他餐風宿露」之句。如果倒唸為「露宿風餐」，則見於《陸游詩・宿野人家》「老來世路渾諳盡，露宿風餐未覺非」之詩句。又可作「風餐露宿」，范成大《元日詩》曰：「飢飯困眠全體懶，風餐露宿半生癡。」今另掇拾多則，以添閒趣。

（一）

相傳北京「天然居」酒樓，乾隆皇帝撰上聯為「客上天然居，居然天上客」。紀曉嵐續成下聯云：「人過大佛寺，寺佛大過人」。另位儒士更撰一對聯云：「僧遊雲隱寺，寺隱雲遊僧」。後聯文意似乎更雅。

（二）

七字比五字為難，今錄一迴文妙聯云：「霧鎖山頭山鎖霧，天連水尾水連天」。另有一聯云：「路人行上行人路」「居士隱於隱士居」。另有九字聯云：「上海自來水來自海上」「狂風暴雨夜雨暴風狂」。反讀仍都是原字原句，頗饒文字之趣。

（三）

杭州西湖「中山公園」有一亭，掛出十個字的連珠體疊字聯曰：「水水山山，處處明明秀秀」「晴晴雨雨，時時好好奇奇」。顚倒唸來亦佳。

（四）

西湖「花神廟」也有一副疊字聯：「翠翠紅紅，處處鶯鶯燕燕」「風風雨雨，年年暮暮朝朝」。與上例相同，也是倒順皆適。

（五）

江蘇蘇州「網師園」更有一副十四字疊字聯，聯曰：「風風雨雨，暖暖寒寒，處處尋尋覓覓」「鶯鶯燕燕，花花葉葉，卿卿暮暮朝朝」。也是順反都好。

（六）

曾國藩帶兵剿太平天國，初期在安徽吃了敗仗，必須稟告朝廷自請處分。奏疏文裡寫了自責的「屢戰屢敗」一語，李鴻章看到了，建議改爲「屢敗屢戰」，把頹喪轉爲奮勵，高明多了。朝廷竟未怪罪，只批示他繼續立功。

（七）

前代有個鄭叔問，二十歲就中了舉人，但一直到四十八歲，考進士每場必敗。他書箴自責道：「越考越不中，文章其於命何？」顯得百般無奈。有位好友，將原字改換順序來勉勵他：「越不中越考，命其於文章何？」轉變爲絕不服輸。

（八）

某書法大師，有人死纏著向他討字。他惱了，故意給一條幅「不可隨處小便」搪塞。這人受了，要裝裱店剪貼換位，裱成「小處不可隨便」。竟可當作銘言，高懸正廳。

（九）

某人犯了案，縣官判他重罪，寫稟呈送上級核定。原稿中寫的是「情有可原，法無可恕」，意謂應按法嚴懲。但文書師爺收了此人的賄金，抄錄時將這兩句顚倒成爲「法無可恕，情有可原」，認爲値得同情而可予寬解。果然批復以輕罰了結。

（十）

至於那些迴文詩，順誦倒讀都成，數量衆多，未克全抄，今選一作爲代表：「處處飛花飛處處，潺潺碧水碧潺潺；樹中雲接雲中樹，山外樓遮樓外山」。句子的結構都很精巧。

（尾語）

讕讕子曰：中國文字，靈活至極，變化無窮，可謂獨步全球，無可比擬。偶然經這些學者鴻儒，嬉弄筆墨遊戲，慧心巧運，妙不可言。例如「下大雨」三字顛倒互用，可成爲「下大雨」「下雨大」「大雨下」「大下雨」，「雨下大」「雨大下」，六組都通。另如「不怕辣」之句，也能有多種變化之組合。這便是中文的特異特優之處。

三一　文意順反看標點

標點符號的作用，在使文意清楚，還可加強語氣。愈是精工的寫作者，愈會講求標點符號的運用。從前的古文沒有標點，須熟讀才會知道斷句。但仍有模稜兩可的句讀，令人費解。

標點甚至可使文字改變爲反面意義。

例如《論語・爲政篇》：「子曰：吾與回言終日，不違如愚。退而省其私，亦足以發，回也、不愚。」若按上述標點來斷句，那「吾與回言終日」就會解釋作「爲師的孔子對學生顏回講話講了一整天」，在常情上來看是不會有的。應將標點改正，成爲「吾與回言，終日不違，如愚。……」的新句，文意是「我對顏回講話，他整天都照著去做，像愚魯之人一樣（但省察他的私人言行，甚能啓發，他實是不愚呀）。」這才通順，文意也有隨著標點符號而改變。

又如《論語》泰伯篇：「民可使由之，不可使知之。」可以斷句爲「民、可使由之；不、可使知之。」又可斷句爲「民可、使由之；不可、使之知。」再可斷句爲「民可使、由之；不可使；知之。」意義都不一樣。

又如《論語》公冶篇：子路曰：「願車馬，衣輕裘，與朋友共，敝之而無憾。」可以另行斷句爲「願車、馬、衣、輕裘，與朋友共敝之，而無憾。」何者意勝？請比較。

又如《論語》里仁篇孔子說：「富與貴，是人之所欲也；不以其道得之，不處也。貧與賤，是人之所惡也；不以其道得之，不去也。」被東漢王充在《論衡》的「問孔」章中提出質疑。王充說：貧與賤，本是我們所厭惡的，爲甚麼自己會不依正當途徑（不以其道）去「獲得」那討厭的貧賤呢？又爲甚麼得到貧賤卻要守著而不能脫離棄「去」呢？這兩點都欠通順。其實，這個癥結乃是標點符號錯了；應當是「富與貴，是人之所欲也；不以其道、得之不處也。貧與賤，是人之所惡也；不以其道、得之不去也。」如此文意才明，理由才順，王充才不會生疑。

又如《孟子．公孫丑上》「必有事焉而勿正，心勿忘，勿助長也。」朱熹註說：「『必有事焉而勿正』，程子以七字爲一句，近世或併下文『心』字讀之者亦通」（標點改了）。但清代俞樾《古書疑義舉例》則說：「『正心』二字，應是『忘』字誤寫。這句應該是『必有事焉而勿忘。勿忘，勿助長也。』」（字也改了）。以上三說，或許俞樾的解釋最正確。

又如《老子道德經》第一章說「故常無欲以觀其妙，常有欲以觀其徼。」可斷句爲「故常無、欲以觀其妙；常有、欲以觀其徼。」又可斷句爲「故常無欲，以觀其妙；常有欲，以觀其徼。」不知這三說何者爲正？

又如明代黃溥《閒中今古錄》說：元朝末年，張士誠，小名九四，以鹽販起兵造反，自稱吳王。他要取個漂亮官名，僚臣獻名「士誠」，他採用了。卻有佞人說：你上當了呀！因爲《孟子》公孫丑下章有「士誠小人也」之句，可唸爲「士、誠小人也。」也可唸爲「士誠、小人也。」暗指你是個小人呀云云。這同是沒有標點而遭人播弄。

又如唐詩中有一首七言絕句，詩題叫「雜詩」，作者佚名。詩曰：「近寒食雨草萋萋，著麥苗風柳映堤；等是有家歸未得。杜鵑休向耳邊啼。」當時沒有標點，有人就斷句曰：「近、寒食雨；草萋萋。著、麥苗風；柳映堤。等是，有家歸未得。杜鵑、休向耳邊啼。」竟然將它變成長短句的「詞」了。

又如明代馮夢龍《增廣智囊補》察智章述一故事：富翁張老，無子，只一女，招贅一婿在家。到晚年，張老的小妾生了一子，取名張一飛。兒子四歲時，張老病危，吩咐贅婿說：「我的家產，都給你夫婦兩人，只要讓小妾母子不餓不凍就夠了。」並寫下遺囑說：「張一、非吾子也。家財盡與吾婿，外人不得爭奪。」（那時文書都無標點）張老死後，贅婿繼承了萬貫家財不疑。待到張一飛長大了，他以嫡子身分，起訴要分遺產。贅婿向縣官呈上遺囑，作爲勝訴之憑據。縣官一看，重新斷句宣告道：「張一非，吾子也，家財盡與。女婿外人，不得爭奪。」乃將家財判歸妾子，但也分給女婿終身生活費，一縣稱快。按：張老將「飛」故意寫爲「非」，使贅婿安心。但嫡子本名原是張一飛，應將非字連上句來讀，非飛同音，唸來才通。哪有老爸把兒子之名少寫一字之情事，分明是暗藏玄機，縣長判來有理。

又如大家熟知的趣談：甲去乙家拜訪，不久天雨不止。主人不想留餐留宿，寫下「落雨天留客，天留我不留」的字條。由於沒有標點，客人代為斷句說：「落雨天，留客天。留我不？留！」意思全反了，不留宿只怕不行。

又如某一算命半仙，批定某甲的「流年」說：「父在母先亡。」某甲說：「不對。我父死了，我母仍在。」半仙道：「沒有錯。我批的是你的『父』親『在』你『母』親之『先』已『亡』故了呀！」妙的是這位半仙，仍舊用同樣的話，批給某乙。某乙說：「不對。我母死了，我父仍在。」半仙道：「沒有錯。我批的是你『父』依舊『在』，『母』親『先』已『亡』了呀！」正反解釋兩都有理。

又如有位富人，在他院外高圍墻的轉角處，掛上標示牌說：「所有行路人等，不得在此小便。」一位路人見了，逕自在墻角小便起來。主人責問他：「看到標示沒有？」路人答道：「你寫的明明是『所有行路人，等不得，在此小便！』這是你提醒我的呀。」

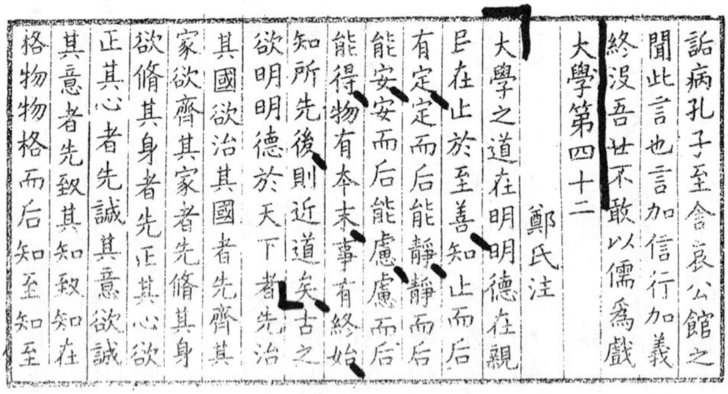
詬病孔子至舍哀公館之
聞此言也言加信行加義
終沒吾世不敢以儒爲戲
大學第四十二
鄭氏注
大學之道在明明德在親
民在止於至善知止而后
有定定而后能靜靜而后
能安安而后能慮慮而后
能得物有本末事有終始
知所先後則近道矣古之
欲明明德於天下者先治
其國欲治其國者先齊其
家欲齊其家者先脩其身
欲脩其身者先正其心欲
正其心者先誠其意欲誠
其意者先致其知致知在
格物物格而后知至知至

縮印唐朝開成石經〈大學〉

又如另一則笑談：四書中《大學》首章有段經文說：「知止而後有定，定而後能靜，靜而後能安，安而後能慮，慮而後能得。」從前古書無標點，東村有位塾師唸道：「知止而後有定定，而後能靜靜，而後能安安，而後能慮慮，而後能得。」塾師唸到這裡，驚詫道：「怎麼最後少了一個『得』字？」隔天，他走訪西村塾師，聽到西村塾師唸道：「知止而後有，定定而後能，靜靜而後能，安安而後能，慮慮而後能，得。」西村塾師也驚詫道：「怎麼最後多了一個『得』字？」東村塾師恍然大悟道：「怪不得我那邊少了一個得字，卻原來跑到你這邊來了！」

又如國父孫中山先生有句銘言說：「我們要立志做大事，不要做大官。」有位歪哥故意斷句唸道：「我們要立志做大事？不！要做大官。」眞該罰這歪哥貶入割舌地獄。

中共統治大陸之初，幹部文化水平低劣，有位縣長，主持全縣計劃生育會議時，拿出講稿照念：「我們要教育全縣已經結婚的和尙、未結婚的婦女，都要計劃生育。」聽者愕然。卻是縣長斷錯了句，原文本意是「全縣已經結婚的，和尙未結婚的……」

有位大男人主義的先生，寫了一張字條給太太，說的是女人要靠男人生活，是這樣寫的：「男人如果沒有了，女人就活不下去。」太太一看，用標點改正如下：「男人如果沒有了女人，就活不下去。」意義反過來了。

標點符號甚至可以代替文字。有位作家出版了新書，想知道書的銷路好不好？他拍了個電報給出版公司，電文只有一個標點符號「？」，這個疑問號的意思是請問銷售情況如何?出版公司拍來復電，同樣簡省，只有一個「!」，這個驚歎號是說新書一直暢銷，非常令人滿意。

偶翻舊書，發現英文裡也有相似的幽默趣事：

其一：有位美國闊老，別墅後擁有一片私人海水浴場。他不准閒人侵犯，立了一塊警告牌，寫的是：

「Private beach no swimming allowed」（意思是：私人海灘，不准游泳）。

一位遊客看了一陣牌上的文字，居然躍入水中游泳起來。闊老召來警察制止，遊客說：這牌上明明寫著「Private beach? no! swimming allowed.」（他斷句唸爲：私人海灘？不！准游泳）

其二：美國有一本「吃、鳴槍、走人」（Eats, shoots and leaves）的寓言書，其中一則寓言說：熊貓去上餐館，吃完後，牠掏出槍來，對空開了幾槍，也不給錢，就起身外走。侍者不知牠是何方神聖，趕在門口擋住，請問身份。熊貓不屑於回答，只扔給侍者一本《動物大全》，要他看「熊貓」這一頁。侍者翻看寫道：「熊貓，黑白兩色，狀似熊的大哺乳動物，原產中國大陸。吃、鳴槍、走人。」原文是這樣的：

「Panda: Large Black-and-white bear-like mammal, native to China. Eats, shoots and leaves.」

問題是這段原文中，在 Eats 和 shoots 之間多了一個逗點。本來不應該有這逗點，原意乃是「吃竹筍和竹葉。」但如多加了這個逗點，這變成了「吃，鳴槍，離開。」這個小小逗點，造成了天壤之別的差誤。

其三：有一句英文是這樣的：

「Miss Betty, the nurse is one hour late.」

這句話原意是說：「蓓蒂小姐：那位護士遲到了一小時。」但被人添加了一個逗點，就成爲：

「Miss Betty, the nurse, is one hour late.」

這文意就變成了「蓓蒂小姐，她是護士，遲到了一小時。」這是說：蓓蒂本人是位護士，她自己遲到了一個小時。語意完全改變了。

讕讕子曰：以上都是標點符號惹出的花樣，我們不應忽略標點符號，而且要正確地使用標點符號。

三二　中文虛實互用

讕讕子說：以前中文沒有專論「文法」的書，所以出現「文本無法」和「文章本天成」之說。直到清代光緒年間，馬建忠撰著《馬氏文通》，是爲我國文法之嚆矢。在此之前，中文文字大約只概分爲虛字和實字兩大類。文士們多是將名詞稱爲「實字」，其餘則統稱「虛字」。千年來運用無碍。

妙處是使用純熟之後，進一步且已臻於「實字虛用」和「虛字實用」的化境。清儒曾國藩更作了一番虛實互用轉化的解釋，見於《覆李眉生書》文中。原文說：

「何以謂之實字虛用？如『春風風人，夏雨雨人』。上『風』『雨』、實字也。下『風』『雨』、則當作『養』字解，是虛用矣。又如『解衣衣我，推食食我』。上『衣』『食』、實字也。下『衣』『食』，則當『惠』字解，是虛用矣。」

在上例中，「春風風人，夏雨雨人」出自漢代劉向《說苑・貴德篇》，「解衣衣我，推食食我」出自司馬遷《史記・淮陰侯傳》。句中第一個「風、雨、衣、食」諸字，都唸它的本音；句中第二個「風、雨、衣、食」諸字，應讀破音字，舊式叫讀去聲，新式叫讀三聲，唸成「鳳、愈、億、飼」才對。這四個字本來都是名詞（實字），若讀成破音，便轉化爲動詞（虛字）了。這便是「實字虛用」。

曾氏國藩接著又說：

「何以謂之虛字實用？

如『步』、行也，虛字也。然《管子》之『六尺爲步』、韓文之『步有新船』、《詩經》之『國步』『天步』，則實用矣。

又如『薄』、不厚也，虛字也。然因其叢密而林曰『林薄』，因其不厚而簾曰『帷薄』，以及《爾雅》之『屋上薄』，則實用矣。」

右例中，「步」是走路，如「步伐整齊」；「薄」是逼近，如「日薄西山」、如《書經・益稷》的「外薄四海」，以上都是動詞；另如「如履薄冰」「奉上薄禮一份」，都是形容詞（動詞及形容詞都歸類爲虛字），卻轉化成名詞（實字）使用了（「林薄」是說草木叢生的地方，「帷薄」的帷是帳幔，薄是簾子）。這就叫「虛字實用」。

讕讕子又說：《孟子》書中，也有虛實活用之例：「老吾老以及人之老，幼吾幼以及人之幼」句中，有三「老」三「幼」。第一個「老」和「幼」，要作動詞（虛字）看待，是「尊敬」和「愛護」之意。以下的兩個「老」和兩個「幼」字，原是形容詞，轉化成名詞（實字）用，是「老人」和「幼童」之意。

虛實互借，還有個趣例，這是劉義慶《世說新語‧惑溺篇》中的故事：

「王安豐婦常卿安豐。安豐曰：『婦人卿婿，於禮爲不敬，後勿復爾。』婦曰：『親卿愛卿，是以卿卿；我不卿卿，誰當卿卿？』遂恆聽之。」

這同一個「卿」字，有時是作爲「你」的代名詞（實字），有時又是作爲「施愛」的動詞（虛字），看它的位置而定，遣字甚妙。若翻譯爲白話文，那便是說：王安豐的愛妻常常稱她丈夫爲「卿」，王安豐說：妻子稱丈夫爲卿，在禮貌上是不敬的，以後不要這樣稱呼了。妻子不以爲然，回答道：

「親（親近）卿（你）愛（喜愛）卿（你），是以（所以我才如此地）卿（愛）卿（你）。（假如）我不卿（喜愛）卿（你），（那末該輪到）誰（應）當（來）卿（喜愛）卿（你呢）？」這番解釋，王安豐無由駁倒，就由她一直卿下去算了。」

這種虛實互用的例子還不少。它所使用的字仍是原來的字，只要將位置移動一下，詞性和意義就改變了。譬如「手」是名詞（實字），但「手工業」的「手」則將名詞變作形容詞；「人手一篇」的「手」是「拿」的意思，變作了動詞；「手摹」的「手」又算副詞了（都成了虛字）。又如「子」是古代對男子的美稱，是名詞（實字），但「子庶民也」的「子」應作「愛」字解，變作了動詞了（虛字。見《中庸》第二十章）。

由於中文本來就沒有這些詞性的限制，打破了一切僵硬規則的束縛而可隨心所欲，交互替代，這就足以證明中文的運用，享有極大的自由，而顯得十分豐富、靈活、方便了。

三三　洋涇濱英語

朋友告我曰：

「我在桃園中正國際機場候接友人，身後響起英語說：『Long time no see』。轉頭一看，原來是兩位美國人相遇歡悅，含笑互打招呼。但我一想：這句話不合英文文法，不通嘛！」

讕讕子說：這四個英文字是照中國話直接硬譯的，意思是按「好久不見」的字序逐字直接翻成英語，讀音是「朗坦門諾洗」。這種不照牌理出牌的破英語，就被稱爲「洋涇濱英語（pidgin English）。」由於把不通視爲有趣，反而流行起來，以致許多美國人也喜歡學著照講。

你看：Long time no see 老早就譜成了配合拉丁美洲興起的恰恰舞（cha-cha）的樂曲，且已十分暢銷。而台灣電視裡「大家說英語」的空中教學節目，是教育部辦的，在民國九十三年十月份播教了「Long time no see」會話課程，也印入了十月份的書面教材裡，還由洋老師教唱：

「Long time no see,

I miss you and you miss me.

Let's get together ASAP.

Or how happy we will be.

這英文歌詞第三句末尾的 ASAP 就是 as soon as posible 的縮寫字，即儘快儘早之意。由於美國人都已知曉，故不必說出全文，只須唸出這四個字母，大家就懂了。

又台北國家戲劇院，於九十三年十一月上演了四天「好久不見，Long time no see」戲劇，可見這句話已變成通俗語了。

尤有進者，一九八七年，紐約 Harper & Row 出版社出版，由 Robert L. Chapman 博士彙編的 American Slang 一書的二七〇頁，也收入了 Long time no see 一句，解釋說就是 I haven't seen you for a long time 之意，足證流行了近二十年，且能收入字典印行，當已頗有歷史了。

迴溯從前，在民國初年，上海市有英租界，外國人多。由於華洋語言難通，於是有些閒人運用粗淺曉得的一些英文單字，替外國人作口譯，那時被謔稱爲「露天通事」（清代官方叫外語譯員爲通事），他們的話稱爲「洋涇濱英語」（洋涇濱原是上海洋人租界中的一條河，流往黃浦江，北面爲英租界，南面爲法租界）。例如將「我不能」說成「I no can」，「讓我想想」說成「Let me think think」。加上手勢和表情的幫助，外國人倒也勉能會意。

對有些外來事物，他們多直接採用「音」譯，更顯省事。例如 Coffee 就叫「咖啡」，軟椅就叫「沙發」（sofa），碳酸鈉就叫「蘇打」（soda），而「sandwich」也逕叫「三明治」，英國人買賣物品，把十二個裝爲一盒，叫一「打」（dozen），若只買六個，就叫「半打」。稱呼時裝展示女郎就直接照音讀譯爲「模特兒」（model）。

話說回頭，當那民國初年時代，上海還流行有教學洋涇濱英語的課本，書中卻全是中文，沒有一個英文字。還仿照三字經、千字文之類的啓蒙課本，講求押韻，以助熟記。其中有些句子是這樣的（括號中的英文字是筆者特意添加，以助了解）：

「一」是「穩」（one），「二」是「妥」（two）。
「三」是「司栗」（three），「四」是「缶」（four）。
「打打球」，「葡累播」（play ball）。
「開開門」，是「喔碰朶」（open door）。
「來」是「課門」（come），「去」是「果」（go）。
「慢慢走」叫「果司祼」（go slow）。
「我」叫「埃」（I），「你」叫「約」（you）。
「汽船」就叫「司踢摩」（steamer）。
「高」是「海」（high），「低」是「囉」（low）。
「馬鈴薯」叫「潑退脫」（potato）。
「帽」是「害梯」（hat），「鞋」是「芍」（shoe）。

「不要緊」是「辣太唾」（not at all）。

「富」叫「銳痴」（rich），「貧」叫「潑」（poor）。

「番茄」就叫「託賣妥」（tomato）。

「熱」叫「哈特」（hot），「涼」叫「可」（cool）。

「二十四」是「圈添缶」（twentyfour）。

「箭」是「哀羅」（arrow），弓是「博」（bow）。

「好久不見你」較長，那是「朗坦門諾洗約」（long time no see you!）

……………

不但我國有「洋涇濱英語」（Pidgin English），日本也有「日本英語」叫「Japlish」（Japanese English），印度也有「印度英語」，叫「Hinglish」（Hino English）。西班牙也有「西班牙英語」（Spainglish），法國也有「法國英語」（Franglish）或就叫「大西洋洋涇濱」（Atlantic pidgin）。

筆名喬治高的旅美學人高克毅，著有《言猶在耳》一書，由台北九歌於二〇〇〇年三月出版。書中第185頁說：「來是『卡母（come）』，去是『戈（go）』，一塊洋錢『溫大拿（one dollar）』。」這便是引自上海洋涇濱英語課本裡的話。書中第188頁又說：「Long time no see 已成爲頂呱呱的美語，比那原句 "I haven't seen you for a long time"要流行得多了。」

讕讕子又說：趣事並未終止，這裡還有續集。各位看到以上所述，乃是陳年往事，今天應該不同了吧？事實卻不盡然。本來嘛，要把英語學好，原就很不容易。直到現在，這些蹩腳的破英語並未斷根，當然也很難斷根，不禁可憫亦復可哂，也嘆息學通外語之不簡單。請看下面：

二〇〇五年十二月三十日台北中央日報報導：中國大陸為迎接二〇〇八年北京世界奧運會，以及二〇一〇年上海世界博覽會，已聘請英語專家，掃除洋涇濱英語。目前上海咖啡館把「拿鐵咖啡」（原文叫 Latte Coffee，是一種滲有一半牛奶的咖啡，台灣也有）翻譯為「Take iron Coffee」。又上海新民晚報十二月二十九日報導：由上海通往洋山深水港新建成的東海大橋上，豎立著寫有「DO NOT DRIVE FATIGUE」（不准駕駛疲勞）的交通標誌牌，大家都看不懂，要對照中文，才知道是「禁止疲勞駕駛。」

該報又說：商店裡把「收銀機」譯為「Accept Silver Machine」（接受銀器的機器，或是接受銀的顏色的機器），誰能猜到？飲食店裡把歷史悠久的小吃「蟹粉小籠」譯為「Crab Pink and Small Basket」（螃蟹、粉紅色、和小籃子），外國人敢吃籃子嗎？

至於有人將英語「謝謝你（think you）」音譯為「三塊肉」，將英語「丈夫（husand）」直譯為「黑漆板凳」，將英語「未婚妻（fiancee）」也音譯為「緋洋傘」，這是等而下之的戲語，不足為法。此外，廣東話說：「手拿士的（stick手杖）叫輛的士（taxi出租汽車），前往士多（store 商店），去買多士（toast 吐司麵包）。」這是笑談。

但在另一方面值得一提的是，有些學者將英文字直接照讀音中譯，也有倡導進步之功，例如梁啓超林語堂寫文章，便出現「英字中譯」如「煙士披里純」（inspiration）是「靈感」，「羅曼蒂克」（romantic）是「浪漫的」，「邏輯」（logic）是「論理學」，「幽默」（humor）是「含有諷刺寓意的話」，「德謨克拉西」（democracy）是「民主」，「賽因斯」（Scince）是「科學」等等。在民國初年，學界提倡要引進「德先生」和「賽先生」，就是要用上述民主與科學兩項來救中國之積弱。

神聖羅馬帝國（Holy Roman Empire）皇帝查理五世（Charles V）說：「學到一種外語，等於是打開另一扇大門。」門外路闊景優，我們何不試一試？

三四　說的寫的都很爛

台灣中文程度劣化問題，似乎愈來愈糟。暨南大學教授李家同說：他指導的研究生寫論文就是寫不出來。可見已十分嚴重。

中文程度低落到甚麼地步？說來簡直令人吃驚。空口批評，無人相信。茲摘引各家報紙報導的實例來證明說寫都已夠爛：

△二〇〇四、七、十二、聯合報：

．電視節目主持人說：「我們的節目時間『又』到了。」這是說要開始了？還是要完結了？沒說清楚，用詞不妥。

△二〇〇五、一、十五、聯合報、高中學生作文：

．「『留』（流）下眼淚」

．「『訊』（詢）問媽媽」

△二〇〇五、一、廿一、聯合報：

．電視體育台播報：「球員『做一個投籃的動作』。」投籃本就是一個動作，何須再加說動作？這「做一個、的動作」都是贅語，八個字中有六個贅字。

．新聞台報導：「印度洋海嘯，某團體馬上『做一個救災的動作』。」救災是長期的活動，怎可說「做一個」「動作」？

．台灣大學學生說：「做一個氧化的動作」。氧化是化學反應，豈是動作。

．新聞台報導：「讓那些不肖廠商，能夠『被』淘汰；讓那些優良廠商，能夠『被』鼓勵。」

△二〇〇六、一、廿三、聯合報：

．新聞廣播說：「一『位』搶匪『剛剛稍早前』落網。『群』情激憤的受害人父親趕到警局來『進行指認的動作』，我們來看這一段『精彩』的實況。」

△二〇〇五、一、廿四、中央日報：

．前山東省主席韓復渠在齊魯大學演講：「今天聽眾『茂盛』，敝人實在『感冒』。你們這些『烏合之眾』，都懂得『七八國』的英文。」

．學生造句：「到黃昏時，我爸爸『陸陸續續』回家來了。」

．「我家有一條爸爸，一條媽媽，一條妹妹，還有一條牛。」

．「爺爺埋在觀音山，我去『陪葬』。」

．「我母親『徐娘半老』，『風韻猶存』。」

．「我坐雲霄飛車，嚇得像『熱鍋上的螞蟻』。」

．「淺（潛）移墨（默）化」「劣（列）祖劣（列）宗」「祖父去勢（世）」

．「爸爸到『秦樓楚館』去用餐。」
．「媽媽將客廳打掃得『一絲不掛』（一塵不染）。」
．「我『有』看見他爸爸在吸煙。」
．電視新聞主播：「達賴喇嘛來台，大家都想要『一親芳澤』。」
．「你今天『給』老師打，你回去會『給』媽媽罵。」
△二〇〇五、八、十二、聯合報：
．「我爸爸『亭亭玉立』。」
．「我『有』在家，他『用』跑來的。」
．「媽媽很『孝順』我。」
△二〇〇五、九、廿九、聯合報：
．「義工愛心『氾濫』，義行『層出不窮』。」
．「大家都玩『的』不亦樂乎。」
．「急忙『得』跑了過來。」
．「之前女朋友『有』帶男朋友去跟爸爸商量。」
．「之後，我就『被』（對）烏龜著迷了。」
．「因爲打石膏要連小腿一起『用』，所以行動十分不便。」
．「『隔』（格）外『惰』（墮）落。」

．「義工們『雪上加霜』，使九二一救災活動得以順利進行。」

．「生在這個世界上，『左顧右盼』隨時可『俯視』一些義工。」

．陳水扁說：「志工服務貢獻的義行『罄竹難書』。」（二〇〇六、五、廿一聯合報）

．「昨天考試考『的』不錯，但這只是『滄海一粟』。」

．「笑『的』半死，有夠『暴』笑。」

．「主角『其中』一位，繪畫天分很好。」

．「外公昨晚跌倒，好像『有去』傷到後腦。」

．抄寫林覺民《與妻訣別書》：「5（吾）作此書，淚珠和筆墨齊↓（下），ㄅ（不）能竟書，2（而）欲擱筆，又恐汝ㄅ（不）察5（吾）衷，謂5（吾）忍捨汝2（而）死，謂5ㄅ（吾不）知之汝之ㄅ（不）欲5（吾）死也，故遂忍悲爲汝言之。」這大約是「火星文」吧。

△二〇〇六、五、五、聯合報及中央日報同刊載：

．我弟弟長得「欣欣向榮」。

．回到家，狗兒對我「突飛猛進」。

．在操場烤肉會「風塵僕僕」。

．我媽媽是一位盡「擇」（責）的家庭主婦。

．爲了要漂亮，她在整理「遺容」（儀容）。

林覺民像

二〇〇六、二、十六聯合報刊載作家張作錦教授文章說：玄奘大學教授沈謙病故了，靈堂上掛著教育部長杜正勝致送的輓額寫著「音容苑在」四字，應該是「音容宛在」，錯得太丟臉。另有位教授抱怨說：「某些大學生或研究生，甚至無法寫成一篇自傳。」

又有位學界人士說：「台大畢業生，不知道傅斯年是誰？」

現在年輕人都用電腦，於是產生了網路語言。例如「1切斗4幻j，↓b倒挖d」，意思是「一切都是幻覺，嚇不倒我的」。這便是用字母與符號湊成的「火星文」。此外：

二〇〇五年一月舉行的大學學測考試的國文試題，便出現「3Q 得 Orz」的句子。其中3Q是 Thank you（謝謝你）的音譯符號，Orz 是「五體投地」的圖形（O是腦袋，r是手臂，z是俯平的背和彎曲的大腿與擺平的小腿的組合），加起來便是「感謝得五體投地」。

再者，現代人的生活圈，多是從「家」（home）到「辦公室」（office），可以說就是從 H to O，有人用火星文寫成爲 H2O，這不是等同於「水」的化學分子式了嗎？誰管它適合不適合呢？

還有：報紙上時常出現的「粉絲」是何意？原來肇自英文的 fans。洋人稱狂熱者、迷、爲 fan，是指對運動員或歌星等的狂熱崇拜者之意。英文要用複數就是 fans。音譯便成爲「粉絲」。初聽時眞讓人摸不著邊際。

大家忙著上網，誰有心來重視正規中文？但中文畢竟是我們的母語，母語如此之破，那掌理教育大政的官兒們，可有妙藥仙丹補救？

側聞有誌第七

三五　孔廟被砸

孔子後裔孔令朋，曾任中共全國政協委員，他在台北出版的《傳記文學》第三一四期中有文說：

「山東曲阜的孔廟、孔府、和規模廣大的孔林，並稱『三孔』（孔子墓則在孔林中）。三孔不但是國家重點文物，而且國際馳名。『文革』突來，孔廟被砸，孔像被毀，孔墓則被掘屍（結果一無所獲）。而孔門晚輩身受二千五百多年

山東曲阜孔林中之孔子墓已修整如新，墓前「大成至聖文宣王墓」石碑也已粘合豎立，成爲觀光勝地。

前的「孔老二」的株連，活的抄家，死的掘墳。如果不是周恩來總理緊急命令制止，『三孔』古蹟眞要『砸個稀巴爛』了。」

讕讕子曰：按「三孔」的「孔廟」（又稱文廟），坐落於曲阜城南門內的闕里街上，佔地三三七畝，有九進院落，是我國面積最大、歷史最久的孔子祠。它和北京故宮、承德避暑山莊並列爲中國現存規模最大的三大古建築，經聯合國評列爲世界文化遺產。「孔府」位於東華門大街，是孔子嫡長孫世襲「衍聖公」的住宅，院落九進，佔地十六公頃。府後花園名鐵山園，有假山、曲橋、涼亭、荷花池等造景。「孔林」位於城北一點五公里處，又稱「至聖林」，樹木十萬株，佔地三千多頃，是孔子和他的後裔的墓地，已有二千四百年歷史。三處都値得謁遊，至於掘墓暴行，兇殘至極，文革浩劫，不可原諒。

一九八〇年，中共主席李先念去孔林參觀，得知孔墓有一塊明朝正統八年（一四四三）豎立的「大成至聖文宣王墓」篆字大石碑，在文革時被砸毀成三百多塊。他指示此乃珍貴文物，必須修復。縣府徵集精工石匠，歷時七晝夜，逐塊粘合，終於恢復原狀，以補贖當年的罪過。

孔子「有教無類」，「誨人不倦」，教授學徒三千，育成賢人七二。他的學生中有經商致富的子貢，也有簞食瓢飲的顏回。夫子死後，子貢守墓六年，足證師徒間的深情摯愛。唐代開元廿七年追謚爲「文宣王」，明代嘉靖九年追稱「至聖先師」，清聖祖尊爲「萬世師表」，讀書人都崇拜爲「孔聖」，誰曰不宜？

三六　兩蔣安葬五指山

兩位故總統——蔣中正先生（一八八七—一九七五）與蔣經國先生（一九一〇—一九八八）歿後分別暫厝於台灣桃園縣大溪鎮之慈湖及頭寮。二〇〇四年經蔣家後代家族會議商定，擬移靈台北五指山國軍公墓「特勳區」入土安葬。政府將依國葬法隆重辦理移靈。

（註：二〇〇五、十一、十四聯合報載：兩蔣移靈事，蔣家後代表示暫緩。）

暫厝待葬之事引發的民間傳言是：兩位故總統迄未「入土爲安」，在風水學上頗爲不利，致使蔣家後代男性相繼逝亡。風水師認爲：「入土才能福蔭，浮棺是依陽宅架構作爲陰宅，完全不能庇護子孫。」

台北聯合報二〇〇四年七月九日刊載：「現代易經風水協會理事長江柏樂說：『浮棺未能入土，重傷了後代男丁。』地理風水師梁二說：『沒有入土，就沒吸到地氣，對後人實爲不利。』結論是：『兩故總統都未下葬，乃導致蔣家一門七寡。』風水命理家盧伯溫也認同以上兩人的論斷。」

請參閱下表：

蔣家家族遺體安放狀況一覽表

姓名	地點	墓園	目前狀態
蔣中正	桃園縣大溪鎮	慈湖	暫厝慈湖，俟國家統一後，再行奉安。
蔣宋美齡	美國紐約州威徹斯特郡	芬克里夫墓園	安放，若情況允許，將遷上海與母親倪桂珍合葬。
蔣經國	桃園縣大溪鎮	頭寮	暫時奉厝頭寮，待國家統一後再奉安。
蔣緯國	台北縣汐止鎮	五指山國軍公墓	安葬。
蔣孝文	台北縣三芝鄉	白沙灣安樂園	安葬。
蔣孝武	台北縣三芝鄉	白沙灣安樂園	安葬。
蔣孝勇	美國舊金山	寓所	火化後，由蔣方智怡將骨灰帶至舊金山寓所。
蔣方良（蔣經國夫人）	桃園縣大溪鎮	頭寮	暫厝經國之側，一九一六、五、十五、生二〇〇四、十二、十五、歿享壽八十九歲。
蔣徐乃錦（蔣孝文之妻）（蔣友梅之母）			二〇〇五、八、二十、歿。

（轉錄自聯合報）

讕讕子說：如果將先人埋葬於好地脈、好風水，便會使子孫後代大富大貴，此說可信嗎？恐怕不見得吧。我們看中國歷史，各朝各代的皇帝何其多，他們必然可以挑選天下第一福地龍穴來作爲下葬陵寢。可是秦始皇爲何只傳二世？明思宗爲何亡國上吊？他們先人的風水庇佑了誰了？

還有、那些個精曉風水的大師們，誰無父母？他們應會罄其所學，愼選最佳的吉地，用來擇葬其先人，當可讓大昌大榮的福澤，庇蔭於自家百年，富貴子孫八代，連羅盤都可砸碎，那《堪輿金匱》寶書也可不要了。可怪的是：古今堪輿名家的後代，爲何都沒有大發大貴，是何緣故？無怪乎有位說相聲先生的定場詩道：「風水先生慣說空，指南指北指西東，倘眞若有龍虎地，何不尋來葬乃翁？」雖是戲言，卻也有理。

按常理說：土葬葬地的選擇，外行人也會有若干主張：必當以向陽（不陰闇）、通風良好（不鬱悶）、高亢（不潮濕）、開闊（不侷促）、結實（不坍塌）、緩坡（不滲積屍水）、視野（風景宜怡）之曠地爲佳。這是對先人好，也是晚輩盡心盡孝的表現。如此才不會被地鼠穿洞，不會被野豬刨土，不會被山洪沖垮，不會被土石流淹沒，不會因潮濕而腐棺，不會讓蟲蟻來啃屍，如此則遺體可以久存，長享後代的祭掃，這是土葬的一般必備條件。也必是上佳吉穴。並不難懂，何勞風水先生的詮釋呢？

至於先人葬在土下，墓地遠在十數里的郊外，歿後怎樣能夠使龍穴蓄聚靈氣而澤被他後代的衆子群孫？這種因果關係，似屬虛幻渺茫，難以令人確切信服。因爲若果是眞，那只需埋對了龍穴，子孫就可以坐等做皇帝了。這也許是一些世俗的江湖術士，藉著風水吉凶、陰陽奇正、禍福消長、氣數命運等各種詭異說辭，且附會著易經八卦為參證，左青龍，右白虎，盛衰生剋，損益災祥，來作為撈錢的法門吧！

《資治通鑑．隋紀第三》說：隋文帝楊堅的妻子獨孤后死了，朝中大官蕭吉選到了一處墓地，贊說是上上吉穴。隋文帝說：「吉凶由人，不在乎地。看前代那北齊皇帝高緯葬父，豈非吉地？但不久亡國了，再說我家祖墳，若是不吉，我卻貴為天子；若是大吉，我弟不該戰死。」他不相信吉穴，說來確有道理。

又請看：明朝開國皇帝朱元璋，年輕時遭受饑荒，做過和尚，討過飯。依《明太祖實錄》、郎瑛《七修類稿》、潘檉章《國史考異》、王鴻緒《明史稿》等綜合所載：他父親是個窮佃農，死了，家裡無一文錢，沒一粒米。幸而鄉鄰劉繼祖捨了一塊山坡地，送給他埋葬。朱元璋將父屍用破衣包著，背到坡地，放下屍體，想要挖坑，突然雷轟電閃，暴雨傾盆而下。他混身發抖，只好遠到山凹處去躲雨。過了良久，大雨停了，回來一看，屍體不見了，原來山上那股大水猛沖下來，把坡上的泥土沖走，屍體被泥巴裹著往低處翻滾，又被泥漿覆蓋了三四尺深，一大片厚泥巴有半里之遙，尋也尋不著了。他被這突發的災難驚怖得目瞪口呆，而且一輩子悔恨自己罪孽深重（數十年後，他仍傷心的寫入了《御製皇陵碑》以示悲痛）。但卻做了皇帝，哪算是葬地風水保佑了他呢？

清代李汝珍著有《鏡花緣》，在該書第十二回中，開頭就詳述墓地選風水的不可信，大可參閱。

再請看：趙伯平《通鑑雋語．後周紀》說：後周太祖郭威告誡晉王（郭威養子柴榮，後來繼位爲周世宗）曰：以前我西征時，看到唐朝皇帝的十八陵（唐高祖、太宗、高宗、中宗、睿宗、玄宗、肅宗、代宗、德宗、順宗、憲宗、穆宗、敬宗、文宗、武宗、宣宗、懿宗、僖宗十八皇帝的墳墓），沒有不被盜掘者，原因無他，乃是棺材裡多藏金玉珠寶之故。我死後，只用紙衣瓦棺，不要守墓官，不要石獅石馬。你若違背我的遺言，我將不會福佑你，望你謹記云云。身爲皇帝，如此節儉，令人欽佩。

近代思想開放了，死後除了土葬之外（避免與活人爭地），尚有火葬、海葬、天葬、樹葬、花葬、壁葬、撒灰葬等多種方式，且都合乎對大地的環境保護，卻皆未曾入土，其後代子孫居然也都人旺財豐，風水先生將要失業了，怎麼說呢？

以上是破解風水之不可信，但讕讕子人微言輕，辭不達，意不透，多說恐助益不大，今另引述宋代儒家羅大經《鶴林玉露》「風水」章來作幫補，讀者的接受度應會提高，他的宏辭，層次分明，很有條理。他說：

㈠、葬者、藏也，乃是孝子慈孫之心，謹慎使過世尊親之遺體得安耳，豈可藉此奢求子孫之富貴乎？

㈡、郭璞（二七六—三二四，精於卜筮，晉元帝時爲著作郎，著有《葬書》，後爲王敦所殺）謂「本骸乘氣，遺體受蔭」，此說殊不通。今枯骨腐壞，不知痛癢，積年累月，已化爲朽壞矣。豈能與生者相感，以致禍福乎？此決無之理也。

㈢、世人惑於郭璞之說，有貪求吉地，至數十年不葬其親者（久不安葬，禍之一。大虧孝道，哪能賜福）。有既葬以爲不吉，一掘未已，至掘三掘四者（多次挖墳改葬，禍之二。死者不安，何來福佑）。有因買地致訟，棺木未入土而家已蕭條者（買地敗家，禍之三。這是報應）。有兄弟衆多，惑於各房風水之說，以致骨肉變仇讎者（弟兄反目，禍之四。迷信風水，活人受罪）。凡此數禍，皆郭璞之書所害也。

㈣、且人之生也，貧富貴賤，夭壽賢愚，各自有定，豈塚中枯骨所能轉移乎？若如郭璞之說，則上天之命，反而控制於一坏之土矣。

㈤、楊誠齋，素不信風水之說，嘗言：若郭璞精於風水，宜妙選吉地，葬其先人，以福其身，以利其子孫；然郭璞自身不免於刑戮，而子孫率以衰微，則是其說已不驗於其自身矣。而後世且誦其遺書而尊爲圭臬，不亦惑乎？

㈥、近時京丞相仲遠，崛起寒微，父祖皆火化，無墳墓，每寒食，則野祭而已，是豈因風水而貴哉？

以上㈡㈣兩項，尤爲精當。且讕讕子已預立遺囑：不要土葬，選擇火葬，避免與活人爭地。只可惜風水先生沒法從這項安排中撈取油水了。

三七　美好或罰錢

二〇〇四年中秋節，各報普載，我國外交部長陳唐山，用閩南語發表談話說：

「新加坡這個只有鼻屎那麼大的國家，只會捧著中國（中共）的ＬＰ（這不是英文，是台語卵泡的發音，意即男人的陰囊），他的新總理李顯龍竟然敢批評台灣，實在很不友善。」

（不論陳唐山喝過多少洋墨水，口吐ＬＰ，何其粗鄙）

新加坡（Singapore）位於亞洲馬來西亞半島南端，面積只有六百一十八平方公里，小於香港，人口不到三百萬，華人約佔百分之八十，華語、馬來語、英語都是官方語言（沒有廢掉或改叫新加坡語文）。

新加坡原爲英國殖民地，一九六五年獨立爲新加坡共和國，是太平洋與印度洋海上交通要道，具有極重要的戰略位置，美國、中共等大國都不敢輕視，絕對不是「鼻屎」。他工商發達，已成爲世界級的大都會。它政府廉能、城市整潔、交通有序，禁賭禁娼，不准嚼食口香糖和檳榔，不准隨地吐痰，不准亂丟果皮紙屑煙蒂，治安良好，人民守法，不會有遊行抗議類似暴民的行爲，因此有人讚美說：「Singapore is a fine country（新加坡是個美好的國家）。」

譋譋子曰：華人居住在中國大陸、香港、台灣的，多欠缺公共道德，果皮隨手亂丟，行人與汽車搶道，但華人到了新加坡，忽然都變好了。原因是政府徹底執法，人民處處守法。例如不准在地鐵裡吸煙，違者罰新加坡幣五百元（約台幣一萬元），不准販賣口香糖，罰二千元，不准亂丟垃圾，罰五百元。有膽你敢犯，我就敢罰！結果就是上下肅然有序。反觀台灣，一項酒後不可駕車的禁令，由於執法者不嚴，駕車者不睬，以致死傷慘禍不時發生，相較豈不太糟了，哪裡還有臉來譏笑他？

上述那句英文中 Fine 一字，另一解釋是「罰款」，因此原先那句英語，又可翻譯爲「新加坡是個罰錢的國家」。雖然略帶譃嘲，但星國行政效率極高，人民收入豐足，我們竟然長久趕不上，豈不慚愧？

新加坡本是彈丸之地，缺乏資源，連自來水也要向馬來西亞購買，但你不得不佩服他具有世界第一流的競爭力。他租下印尼的民丹島八十年作觀光勝地，闢建了五個度假區。這塊約澎湖縣兩倍大的租地用圍墻圍起來，只能從新加坡進出，印尼人也得繞路。新加坡無中生有，土地是向印尼租用的，員工從印尼招僱的，海豚向印尼人租來的，讓國際遊客可以下水抱著海豚共舞，只有老闆是新加坡的，錢則由新加坡賺最多的。這個雖國家小，何可小看他呢？

三八　戲彩娛親的老萊子

各位同學，你們要聽故事嗎？這裡就有一個小故事，題目叫「孝順的老萊子」。

從前，大約距今兩千五百年的我國，那時稱為「春秋時代」。當時在南方有個國家叫做「楚國」。在這個國家裡，有個有名的好人，叫做老萊子，他對父母非常孝順。

他已經七十歲了，因為雙親都很健康，所以他跟別人談話的時候，從來不敢說自己年紀老了。

我國有一本古書，名叫「禮記」，書中告訴我們說：「父母在，不言老。」如果老萊子說他自己年紀老了，不就顯得他的父母親更加衰老了嗎？這樣便會使他的雙親心裡感到不高興。

他也很注意父母親的飲食，常常弄些清淡的、柔軟的、爽口的鮮嫩蔬菜和點心，來供養父母。因為這些食物，最合老年人的胃口，而且容易消化，使父母心裡非常歡喜。

他為了要討得父母的寵愛，又常常穿著小孩子的五彩童裝，就是有多種顏色和斑點花紋的衣裳——在那個古代時期，這種彩花衣服，還是很難找到的——他裝扮成孩童模樣，在父親母親身邊，跳舞、撒嬌、玩耍，使父母親感到十分快慰。

他又挑著水桶，準備要去澆菜澆花，當走經父母親面前時，故意不小心跌一跤，水桶都翻倒了。他就躺在地上，賴著不肯爬起來，還假裝像小兒童一樣哭了起來，讓父母看了哈哈大笑。原來他這些動作，本是想要使父母開心快樂的。

楚國的國王，聽說老萊子又賢能，又孝順，就派人去請他出來做官。他因爲要留在家中奉養父母親，不肯答應。

後來他搬家了，搬到長江以南去住。那裡是一個風景很美、人口不多的地方。由於他的孝行出了名，很多人都願意跟他做朋友，向他學習。大家都搬來與他做鄰居。不到三年，他住的地方就變成一個小市鎮了。

各位同學，孝順是我國留傳下來的美德。孔子的學生曾子還寫了一本《孝經》。如果我們每個人都學習這篇小故事中老萊子的孝道，便可以造成一個和諧快樂的家庭和社會，那是何等的美好呢！（取材自晉・皇甫謐《高士傳・老萊子》和唐・徐堅《初學記・人部・孝》）

——本文刊登於民國六十三年五月十二日中華日報

三九　皇帝殺妒妻

棲雲樓主《諧謔錄》述及一樁趣事，譯介如下：

「唐朝宰相房玄齡（五八七—六四八）輔佐唐太宗成貞觀之治，深受倚重。但其妻妒忌成性，房玄齡怕她，不敢娶妾。唐太宗知道了，召她進宮曉諭說：『妻妾世有定制，我是皇帝，將賞賜房宰相美女一名爲妾，希望不要拒阻。』房夫人執意不遵，毫不妥協。太宗命侍者斟一杯毒酒遞給她說：『如若不遵，就是違抗聖旨，罪該萬死，罰飲這杯酖酒！』房夫人也不答話，舉杯就喝，喝完卻沒有死（原來毒酒是唬人的，只是一杯醋）。唐太宗歎道：『這股勇氣，我見都怕，何況是房玄齡呢』。」

讕讕子曰：愛之深就妒之極，夫妻間事，外人實難置喙。請看唐太宗李世民天縱英明，卻鬥不過房玄

常遇春像

齡夫人；反不如明太祖朱元璋的乾淨俐落。依據明代謝在杭《文海披沙》戮妒婦一章記載是這樣的：

「明代開平王常遇春（一三三〇—一三六九），自稱能帶十萬兵，縱橫天下，作戰沒打過敗仗，明太祖十分寵信，明史有傳。但妻子妒心極重，明太祖賜給一名侍女，常遇春偶然贊說她的玉手柔美。妻知道了，竟然下令將侍女的雙手砍斷。常遇春又怒又懼，上朝時臉色帶氣，明太祖問了原因，笑道：『小事一樁，再給一女不就得了。今且飲酒觀劇，先暫散散心吧！』明太祖抽空到別殿，密令御林軍校尉，馳往常遇春王府，傳宣聖旨，喚出常妻，將她斬首，回皇宮覆命。此時常遇春尚在樓座中看戲，明太祖朱元璋告訴他說：『你那妒心極重的酷妻，你沒法對付，我已替你把難題解決了』。」

兩相對比，似乎有寬嚴之分，至於對錯是非，留請大家作界定。

四〇　世界地名有異稱

陳水扁總統逞口胡言說：

「中國憲法是一部『烏魯木齊』憲法。」

「ROC是甚麼『碗糕』？」

讕讕子曰：一國元首，公然把神聖莊嚴的憲法和國名如此糟踏，正顯出他品德的輕佻和低劣，茲不具論。他所講的烏魯木齊，乃是新疆省（中共稱新疆維吾爾自治區）的省會，我們以前稱為迪化。烏魯木齊原是回語鬥爭的意思。但紀曉嵐《閱微草堂筆記》則說是好圍場，而陳水扁卻解釋為亂七八糟之意。

湖自中共建政以來，地名多有變更。例如西康省消失劃入四川省，熱河、察哈爾、綏遠三省合為內蒙自治區，毛澤東的出生地湖南省湘潭縣，由原來一個縣的轄區剖分為湘潭市、株洲市、韶山市及湘潭縣共三市一縣。

海峽兩岸分治已逾半世紀，雙方對世界各個國名及地名的稱謂也漸有不同，今列舉部份實例對照如下：

地名的異稱〔國名〕

我們的命名	中共的稱呼	附　　註
北韓 North Korea	朝鮮	首都平壤
寮國 Laos	老撾	首都永珍中共叫萬象
沙烏地阿拉伯 Saudi Arabia	沙特阿拉伯	首都布拉薩 Brazzavilla
葉門 Yemem Arab Republic	也門	首都沙那 Sana 中共叫薩那
阿拉伯聯合大公國 United Arab Emirates	阿拉伯聯合酋長國	首都阿布達比 Abu Dhabi
查德 Chad	乍得	首都恩將納 NDjamena
馬拉威 Malawi	馬拉維	首都里朗威 Lilongwe 中共叫利隆圭
象牙海岸 Ivory Coast	科特迪瓦	首都阿必尚 Abidjan 中共叫阿比讓
達荷美 Dahomey	貝寧 Benin	1960 年獨立稱達荷美 1975 年改國名為貝南
尼日 Niger	尼日爾	首都尼亞美 Niamey
吉布地 Djibouti	吉布提	首都吉布地 Djibouti
盧安達 Rwanda	盧旺達	首都吉佳利 中共叫基加利
蒲隆地 Burundi	布隆迪	首都布松布拉 Bujumbura
剛果民主共和國 Congo	札伊爾	一九六〇年獨立稱剛果 一九七一年改名札伊爾
賴索托 Lesotho	萊索托	首都馬塞魯 Maseru 中共叫馬塞盧
萬拉杜 Vanuatu	瓦魯阿圖	首都維拉港 Port Vila
紐西蘭 New Zeland	新西蘭	首都威靈頓 Wellington 中共叫惠靈頓

地名的異稱〔城市名〕

我們的命名	中共的稱呼	附　　註
安克拉治 Anchorage	安科雷季	美國阿拉斯加最大城市
海倫娜 Helena	赫勒納	美國蒙太那州首府
巴頓魯治 Baton Rouge	巴通魯日	美國路易斯安那州首府
鳳凰城 Phoenix	菲尼克斯	美國阿利桑娜州首府
小岩城 Little Rock	小石城	美國阿肯色州首府
劍橋 Cambridge	坎布里奇	美國麻州城市哈佛大學在此
費城 Philadelphia	費拉德爾非亞	美國賓州一大城市最先是美國首都
聖地牙哥 San Diego	聖迭戈	美國加州一大城市
舊金山 San Francisco	聖弗蘭西斯科	美國加州一大城市
聖荷西 San Jose	聖何塞	美國加州一大城市
歐胡島 Oahu Island	瓦胡島	美國夏威夷州之一島
蒙特婁 Montreal	蒙特利爾	加拿大魁北克省一大城
雪梨 Sydney	悉尼	澳洲最大海港
列寧格勒 Leningrad	俄稱聖彼得堡 又稱彼得格勒 Petrograd	俄國最大商港
海參威 Vladivostok	俄稱符拉迪沃斯托克	俄國遠東最大商港
庫頁島 Sakhalin Island	俄稱薩哈林島	俄國之島 在日本北海道之北
馬關 Shimonoseki	日本稱下關	日本本州之一城市 馬關條約簽訂處
庫倫 Kulun	蒙古稱烏蘭巴托 Ulan Bator	蒙古首都
曼德勒 Mandalay	華人稱瓦城	緬甸北部之古都
迪化 Tihwa	烏魯木齊 Urumchi	新疆省會

四一　一本萬利買阿拉斯加

阿拉斯加（Alaska）這塊被冰雪蓋滿了的酷寒大地，位在北美洲的西北角上，東接加拿大（Canada），北望北冰洋（Arctic Ocean），南瞰太平洋（Pacific Ocean），西瀕白令海峽（Bering Strait），隔海峽與俄羅斯的西北利亞（Siberia）相對。

美國人在十九世紀時，大肆鼓吹「美洲是美洲人的美洲」。但阿拉斯加那時屬於俄國，使得俄國成爲美國人的眼中釘。加上帝俄在十九世紀中葉的克里米亞戰爭期中（the Crimean War 一八五三—一八五六）與英法土耳其聯軍作戰三年，吃了敗仗，國窮民弱，便很想賣掉這塊「毫無價值」的廢土。由沙皇亞歷山大二世（Alexander Ⅱ，一八一八—一八八一）

阿拉斯加地圖

授命駐美大使斯托依克（Baron Eduard de Stoeckl）與美國國務卿胥瓦德（William Henry Seward）談判，以七百二十萬美元於一八六七年賣斷。

當時美國南北戰爭剛過，總統詹遜（Andrew Johnson，林肯被刺，他由副總統繼任總統）在位，政府一貧如洗。參議院指責胥瓦德的愚蠢（Seward's Folly），不該花大錢買來這一片無用的荒瘠之地，紛紛反對。

胥氏說：「先生們，請把眼光放遠一點。如果俄國人賣給別國，我們會後悔都來不及的。」最後終於勉強同意成交。

讕讕子曰：阿拉斯加於一九五九年成爲美國第四十九州。當初買來不久，就發現金礦，立時掀起了「淘金」熱潮。後又發現了最大的油田，石油產量佔全美的七分之一。至於天然氣、煤、和漁產，更有數不盡的財富。阿拉斯加面積有五十七萬平方公里，超過美國當時的第一大州德克薩斯（Texas State）兩倍多。折算下來，一英畝的買價還不到美元二分錢，這眞是一樁一本萬利的交易。

四二　媽祖不是媽

我們看《清一統志》（清代和珅等奉敕撰）「興化府・仙釋」篇及《大辭典》（台北三民書局出版）「媽祖」條記載：

「媽祖、係保護航海的女神。本姓林，名默娘，福建省莆田縣湄州嶼人。世代以捕魚爲業。其父出海捕魚，突遇狂風，船沒，身沉，死生未卜。默娘哀痛，躍入海中救父。數日後，海浪擁父女二屍於海灘，面目如生。鄉人感其篤孝，建廟以祀，每求必應。尤以海上作業之漁民，凡遇風浪，莫不禱求媽祖，均能化險爲夷，故奉若神明，香火甚旺。今福建、浙江、台灣，祀者尤眾，稱其宮爲天后宮，稱媽祖爲天上聖母，也稱天妃。」

讕讕子說：媽祖廟也稱媽祖宮。台灣最早於明朝萬曆三十一年建於澎湖，後來鹿港、北港也續建，此外台南有大天后宮，新港有奉天宮，都是著名的媽祖廟。

然而依據三國張揖《廣雅・釋親》說：「媽，母也。」身爲子女之母叫媽。又據明人李昌祺《剪燈餘話・瓊樓傳》說：對年老婦人的敬稱也叫媽。可是、林默娘乃一閨女，歿而爲神，今將尙未出嫁之姑娘稱爲「媽」祖，似乎不合適吧？

以上所述，乃是筆者後見之明。請閱清代全祖望《鮚埼亭集》卷三十五「天妃廟說」條文的質疑曰：

「今世浙中閩中粵中皆有天妃廟，其姓氏則閩中女子林氏也。死爲海神，遂有天后夫人之稱……但自有天地以來，即有此海。有此海，即有神以司之。林氏之女未生以前，誰爲司之？林氏生前，固處子耳（處子就是處女，指尚未出嫁的閨女），而呼之曰妃、曰夫人、曰娘，林氏受之，是怪也。前乎吾而爲此說者，明會稽唐氏也（唐氏之後，明人有江氏，其辨略同）。」

這番異見，留待高賢指教。

四三　皮夾得失風波

（有一位富有的商人，在路上失落了他的皮夾，裡面整整有美金兩萬元。他回到家裡，才發覺皮夾不見了。——）

商人（以下簡稱商）：啊，我的天！不得了哇！

他的妻（以下簡稱商妻）：甚麼事？

商：我的皮夾丟了！

商妻：你的皮夾丟了？

商：所有的大筆現鈔都在裡面呢！

商妻：天喲！你丟了多少錢呀？

商：兩萬塊！

商妻：兩萬塊？這可眞不得了呀！我們永遠也彌補不起這個大損失呀！

商：我該怎麼辦呢？

商妻：你難道不能順著原路走回去找一找嗎？

商：那有甚麼用呢？成百成千的人在那條大街上來往，任何人都可能看到那個皮夾就順手撿走了。

商妻：那你爲甚麼不出一筆獎金，聲明要賞給那送回皮夾的人呢？

商：　這倒是個好主意。我想就照這樣辦吧。讓我想想看，皮夾裡一共是兩萬塊，我拿一半做獎金好了。……

商妻：一半？那就是一萬塊呢！你不能隨便送給一個全然不認識的陌生人一萬元呀！

商：　只要是誰能原封不動的把皮夾送回來，我倒眞願意獎他一萬塊啦！

商妻：但那可是上萬的大數目，你不該這樣輕易的便宜別人呀。

商：　好啦！事不宜遲，我這就馬上去出賞格。

商妻：但你不可以……那是一萬塊錢呀！

＊　＊　＊

（街那頭住了個木匠。一天，他在回家的路上，意外的撿到一個皮夾，裡面裝滿了錢，共有兩萬塊。他回家之後……）

木匠妻（以下簡稱匠婦）：今天你是怎麼了？看你這樣快活？

木匠（以下簡稱匠）：妳看、我在路上撿到了甚麼東西？

匠婦：一個皮夾？

匠：　正是一個皮夾！

匠婦：裡面還有錢吧？

匠：　兩萬塊！

匠婦：這眞是太妙了！想想看，我們所有的欠帳都可以還淸了呀！

匠：　妳以爲這些錢應該屬於我們的嗎？

匠婦：爲甚麼不可以？

匠：　爲甚麼可以？因爲這並不是我賺來的錢，而是我在街頭地上撿到的。錢是屬於別人的。我得找到失主把錢還給他。

匠婦：好吧！我以前聽說：有些有錢的人丟了皮夾，誰撿到錢，誰就可以分一半當作賞金。一半，就是一萬塊呀！

匠：　啊？如果眞是這樣的話，那麼我們仍舊會有足夠的錢來還帳的。我這就去找那個丟了錢的人好了。

＊　＊　＊　＊

（丟了錢的富商在想：每個人都知道我掉了皮夾。但願哪個好心人會送回來。啊，你看、有個陌生人來了。——）

商：　哦？

匠：　我聽說你丟了甚麼東西。今天我在街上撿到一個皮夾，就是這個，是你的吧？

商：　正是我的。裡面還有不少的錢呢！

匠：　兩萬塊！

商：啊、不錯。這眞是萬幸！太感謝你了。我答應過要給一筆賞金的……

商妻：噓——

商：甚麼？噯！對不起，請原諒我有事要失陪一會兒。你請坐一下好嗎？

（商人和他太太私下在隔壁室內商議了一陣——）

商妻：你眞的要給他那麼多錢嗎？他又沒有付出一絲一毫的力氣去賺來。你不應該給他一萬塊。

商：但他原封未動送還了皮夾給我呀！

商妻：對是對的。但你不必給他一萬元嘛！我剛才想到了一條妙計，爲甚麼你不說皮夾裡還有一顆鑽石呢？

商：但是皮夾裡明明沒有鑽石呀！

商妻：這個我知道。不過你可以故意對他說：皮夾裡原來還有一顆鑽石，如今鑽石不見了，所以也不可能再給他賞金了呀。

商：好吧！一萬塊本來也是一大筆錢。或許這樣做也行。我來試試看……

（對木匠——）

商：對不起，還有一點我忘記提起了：你把我那顆鑽石怎樣了？

匠：甚麼鑽石？

商：我皮夾裡還有一顆很值錢的鑽石，不見了。如果還給我，我才有你的賞金。

匠：先生！皮夾裡原來就沒有甚麼鑽石，裡面只有那一疊錢。

商：我明白了。……你已經拿到了你的賞金了呀！

匠：我甚麼東西都沒有拿。我是整個皮夾都原封不動的送還給你的。

商：你聽著！我清楚我的皮夾裡有些甚麼東西。你這樣說也騙不了我。如果你退回那顆鑽石，就有賞金。否則、你一毛錢也休想得到。好了，滾你的吧！

＊　＊　＊

（木匠太太在家裡等，丈夫會帶著賞金回來。啊！他回來了！咦？……他看來似乎不怎麼高興似的。）

匠婦：甚麼事不對勁了？

匠：他沒有給我賞金！

匠婦：為甚麼沒給？

匠：他說皮夾裡還有一顆鑽石不見了。

匠婦：一顆鑽石？沒有呀！

匠：妳還不懂嗎？他捏造了有這顆鑽石，說得像眞的一樣，如此他就好把當初答允的賞金不認帳了。

匠婦：那你打算怎麼辦呢？

匠：我要到法院去請求評理，法律應該會主持公道的。

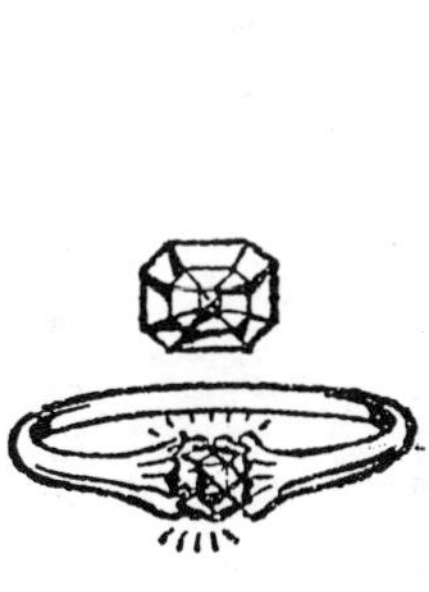

鑽石

＊　＊　＊　＊

（法官開庭）

法官（以下簡稱官）：這位木匠眞的從你皮夾裡拿走了你的鑽石嗎？

商：是。大人！他的確是拿走了的。

匠：我確實沒拿。

官：商人先生！你能告訴我當你丟失皮夾的時候，那裡面有些甚麼東西嗎？

商：皮夾裡面有兩萬塊錢和一顆鑽石。

官：木匠先生！當你拾到這個皮夾的時候，裡面有些甚麼？

匠：裡面只有兩萬塊錢，沒有鑽石。

官：好啦！這樣看起來，只有一個可能的解釋：由於撿到的皮夾裡並沒有鑽石，可見這個皮夾並不是你的。

商：請慢……

官：本案就此宣判：木匠先生，你可以仍舊保管這個皮夾，直待眞正失主找到爲止。至於商人先生，你可以替你那裝有鑽石的皮夾再行刊登酬金廣告，讓哪一天那位拾到的人來還給你。

商：法官大人……

官：嗯！你還有甚麼意見？

商：我現在想，我並不能完全確定那顆鑽石在皮夾裡，或者木匠先生撿到皮夾之前就已經滑落掉了。——我十分願意照付木匠先生的賞金。

官：好吧！如果你想要這樣做，可以！剛才我的宣判作廢。我想木匠先生也會十分願意來接受你的賞金。

商：謝謝……兩千、四千、六千、八千，這是一萬元。

匠：謝了。更要謝謝法官大人。

官：下一件案子開始審理。

（一九七八年譯自 The Advanced English Digest ，題目是：The Businessman's Wallet.）

後記：這皮夾風波故事，眞巧，請看明・馮夢龍《喻世明言》第二卷「陳御史巧勘金釵鈿」及明・抱甕老人《今古奇觀》第廿四卷（題目相同），都是述說有一人姓金名孝，拾到一個兜肚袋，內有廿兩銀錠。他尋到失銀人送還。對方賴著說共有五十兩，意圖免給酬金。二人相爭不休，縣官審問後說：銀數不符，判歸金孝。中英故事相似。

生活有述第八

四四　食無求飽

世事千萬端，何者最緊要？答案不是學問，不是名譽，而是簡單通俗的一個「食」字。沒有它，活不了，你不服氣都不行。「民以食爲天」，這是《漢書・酈生・陸賈傳》說的。食衣住行，是民生的四大需要，「食」居第一。

重視或淡視

我國食的故事很多，《晉書・何曾傳》說：何曾「日食萬錢」，但仍不滿意，每當用餐時，總是歎息著說：「沒有我下筷子之處。」另外、《世說補》則說：「唐代韋陟，襲封爲郇國公，他講究飲食，菜餚鮮美，烹調精妙，賓客常飽醉才歸，流傳下「飽飫郇廚」的美譽。這都是注重美「食」的實例。

相對的，清代阮葵生《茶餘客話》中「淺語有味」篇說：蘇軾有《擷菜》詩曰：「秋來霜露滿東園，蘆菔生兒芥有孫；我與何曾同一飽，不知何苦食雞豚？」另有念菴禪師《禪偈》詩也說：「終日忙忙沒了期，不如退步隱清居，布衣蔽體同羅緞，野菜充饑勝飽肥。」顯示各人的志趣相異。此外孔子《論語・學而》也說：「君子食無求飽。」《論語・衛靈》又說：「君子謀道不謀食。」這都是對「食」淡然視之的論述。

（註：蘇軾這首詩，「何」字重複兩見，因再查對厚達三巨冊的《蘇軾詩集》，也是一樣重複了。有人說：倘若將「何苦」換成「爲甚」，似乎就好了吧！這是一說。但也有人辨解道：只要字的意思不一樣，就不算重複。這詩上一個「何」字是姓，下一個「何苦」是說「爲甚麼一定要自尋苦惱去……」，兩字含義不同，是可以的，這又是一說。）

這兩方面重視和淡視的說辭，短長曲直，怎樣裁判呢？

讕讕子曰：嗜欲是不可能齊一的，只能任由各人的性向去舒展。本來嘛，食的原始目的，乃在補充營養，維持生命，以便擔當大任。文明進化之後，乃逐漸變成一種享受，一種文化，一種藝術了。

清代李漁，號笠翁，所著《閒情偶寄》卷十二「飲饌部」序言說：

「爲萬古生人之累者，獨是口腹二物。口腹具而生計繁矣，生計繁而詐僞奸險之事出矣。乃既生以口腹，又復多其嗜欲，使如谿壑之不可厭，使如江河之不可填……」

從上述文字來看，李笠翁似乎是並不認同口腹之欲的。但林語堂在《生活的藝術》一書中卻稱他爲中國美食家。林大師另外還說：「要得到男人的心，先從滿足他的肚腸做起。」又說：「飲食是人生難得的樂事之一。」大師的話，我們都聽到了。

烹調與珍饌

中國人藉許多名義和理由來滿足口和腹的嗜癖：出世時有添丁宴，嬰兒生三日有湯餅宴，三十天有滿月宴，請家庭教師有拜師宴，畢業時有謝師宴，結婚有喜酒宴，回門有歸寧宴，每遇生辰，更有祝壽宴。甚至仇家講和，也有賠罪宴。

至於逢時嵌節，則正月初一元旦有開春宴，正月十五元宵節有湯圓宴，三月三日有上巳宴，五月初五端陽節有肉粽宴，七月十五中元節有盂蘭盆宴，八月十五中秋節有賞月宴，十二月半有尾牙宴，三十除夕有團年宴。

還有特種題目，如升官有祝賀宴，送別有餞行宴，接風有洗塵宴，考上進士有瓊林宴，收驚去邪有豬腳宴，以及良朋聚會有聯歡宴，大將軍立功回京有慶功宴，而項羽要殺劉邦則擺下了鴻門宴。

至於食物的種類也特別多。北方人喜吃蟋蟀、蝗蟲、蠍子、蜂蛹（見明代謝肇淛《五雜俎》）。但南方人也不遑多讓，例如廣東人就甚麼都吃。

中國人既然是個好吃的民族，當「吃道」進入藝化後，「烹飪」就有人特別講求，於是「色香味聲光」是藝巧，「甜酸苦辣鹹」是滋味，「生鮮香臭爛」是烹調法，「眼耳鼻口舌」是享受。各擅所長。由於南北口味之不同，就有江浙味、川湘味、京津味、滇貴味、台閩味、廣東味的出現，以迎合八方食客的偏好。洵至中國菜聞名全球，中國餐館遍佈世界各地。

若問中國菜的烹調方法，可眞夠瞧的了。在拙撰《且讓痴人話短長》第一二三篇中，已列有炒炸炙炖烤燜等六十六種花樣，此處不再重複，但還有不少遺漏的，今續予補充一部份如下：

67 北京名菜「灌」羊腸

68 正定名菜「崩」干絲

69 武昌名菜肉湯「澆」豆絲

70 熱河名菜「攤」黃菜

71 開封名菜「播」打瓜

72 山東名菜金鉤「掛」銀條

73 新疆手「抓」飯

74 浙江「剁」豆腐

75 江西生「擠」蝦仁

76 山東「嗆」麵條

77 安徽「括」魚片

78 河北「窖」鴨梨

79 湖南「霉」豆腐

80 潮州紅「炆」魚翅

81 台中「臭」浸桂花魚

82 台北青椒「塞」肉

83 澎湖「生」魚片

84 山西刀「削」麵

85 滿漢全席鹿肉「鑲」瓜盅

86 滿漢全席磨菇驢肉「捲」

87 傅培梅鹽「擦」鴨

88 木須肉「戴」帽

89 苦瓜「夾」肉

90 甜酒「沖」蛋

91白「切」肉
92雞絲「拉」麵
93魚「香」肉絲
94十錦「蓋」飯
95荷葉「包」排骨
96白「斬」雞

以上所列烹調方法，已經是「族繁不及備載」，洋洋大觀了。至於材料，更是無奇不有。除了象鼻、鹿鞭、蛇膽、猴腦等之外，另有所謂「八珍」，如「八珍扒鴨」「八珍炮豚」。據明代《食趣聊瑣》說：八珍源自《周禮・天官冢宰下第二》載：「食醫，掌和王之六食、六飲、六膳、八珍之齋。」那時的八珍，原是宮廷珍饌。到了元代陶宗儀《輟耕錄》又有「蒙古八珍」，包括天鵝炙（烤天鵝），駱駝糜（駝奶羊肉粥），紫玉漿（牛羊鹿肉熬湯和以奶汁）等，又稱爲「元八珍」。到了明代張九韶《群書拾唾》敘說八珍是龍肝（穿山甲或蟒蛇的肝）、鳳髓（錦雞腦髓）、豹胎、鯪鯉尾、鴞炙（烤大山鷹）、猩唇和酥奶酪。清代以後，「滿漢全席」變爲新寵。民國時代，更有「上八珍」「下八珍」之分。只要你有錢，誰都可以享用。

可是，這些我們引以爲傲的美饌佳餚，如若用來招待外國人，恐怕要請你另作考慮。何以故？當你上了一道 main course, or main dish（正菜），介紹說這是 shark's fins（大海裡會咬人的大鯊魚的鰭，我們叫魚翅），洋人很難下箸。又來一道菜，是 bird's nests（燕子的窠，我們叫燕窩），他哪敢吃？也許他還會反問：爲甚麼你們中國人愛吃 lion's head（獅子的頭）？和 bear's foot（熊的腳掌）？ants on the tree（螞蟻上樹）？以及 snake's soup（錦蛇湯）？多可怖呀！

他們哪會知道，中國人有個迷思（myth），相信吃啥補啥，故此要吃猴腦（monkey's brain）、吃鹿鞭（deer's penis），眞可謂千奇而百怪了。

食具分中西

西方人用刀叉，小的大的擺上許多把，用途各別，冷硬而繁雜。中國人用一雙筷子一片調羹，夾菜喝湯足夠了，文明而高雅。而吃西餐點牛排豬排時，侍者事先還要個別問你是要 rare（半生的）呢？還是 medium（不老不嫩）呢？或是 well-done（完全熟透）？端來的牛排，是一大整塊，必須自己加醬料，必須自己動手切割。按照西禮，在切牛排時，左手拿叉壓住牛排，右手拿刀切成小條。依俗一次只能切一二條，不可以整塊切完。然後右手把刀放下，再將左手的叉交給右手，一次叉一條入口，叉背朝外。小條吃完後，再將右手的叉交給左手，左手用叉壓住牛排，空出來的右手拾刀再度切下一二條，如此循環直到吃光爲止。只見刀叉在兩手間換來換去，會感到不勝其煩而十分費事。至於中式菜餚，當也會有牛排雞塊之類，廚師預先就將它切好成塊狀，大約一塊一口，也從來不會問客人要幾分熟？完全由廚師自行處理妥當，燒好之後，端上餐桌，華洋貴客一次一口，老嫩適宜，都吃得很滿意，這才爽快。因此之故，筆者不喜歡西餐桌上的那一套過程，似乎西廚只做了一半，剩下一半要客人自己處理，豈不麻煩？

唯一可取的是：西餐分菜爲單份，一客一盤，不像中餐大家都向同一菜盤中來回夾菜，交換互吃口水，很不衛生。最好是從中國菜的大盤中分裝爲小碗，一客一份，或使用公筷公匙，這才無礙。

不爲吃而活

二〇〇三年二月二十四日台北聯合報第十三版刊載：西安「滿漢全席西安飯店」推出「天龍御宴」滿漢全席，號稱是「天下第一宴」，一桌定價折合爲一百五十萬新台幣。該餐館是北京「頤和園聽鸝館」在西北地區唯一的一家分店云云。這是把泱泱「吃」國的氣派提升到淋漓盡致了。這種超級豪奢的「吃經」値得鼓勵嗎？讕讕子說否，富人一席酒，窮人八年糧！當然，我們不必學那顏回「一簞食，一瓢飲」的窮苦日子，但也不該特別爲了貪食或爲了考究美食而大費時間及金錢。飲食的目的在養生，不宜攝取過多的脂肪和熱量，傷害身體，最好執兩用中，不奢不吝。要知道：我們活著，不是專門爲了睹吃，乃是爲了活命而需要吃。《聖經》告訴我們：「人不是只爲麵包而活（Man shall not live by bread along）。」希臘哲學家蘇格拉底（Socrates）也說：「別人爲食而活，我則爲要活而食（Other men live to eat, while I eat to live.）。」法國作家莫里哀（Moliere）也說：「人要爲活而食，不是爲食而活（One should eat to live, not live to eat.）。」

人生在世，還有許多比「食」更加要緊的事等著我們去奮鬥、去完成，哪能容許我們只顧到要來塡補這口腹之欲？又何年何月才會塡塞得飽足呢？

四五　中國茶揚名世界

茶的歷史

國人飲茶，由來已久，從文獻上看，遠自漢代，就有「茶」的紀錄。《漢書・卷六十四下》有「王褒」的傳記，他撰的《僮約》便出現「武都賣茶，揚氏擔荷」之語。到了唐代，被人奉爲茶神的陸羽（字鴻漸，號竟陵子），著有《茶經》，詳述茶的品質、產地、烹茶及飲茶方法，是我國第一部「茶」的專著。到了宋代，蔡襄有《茶錄》，指出茶的要領爲「其旨歸於色香味，其道歸於精燥潔。」到了明代，許久紓《茶疏》更解說：「風日晴和宜飲茶，人事忙迫不宜茶；惡水敝器不宜用，廚熱市喧不宜近。」這說明了「茶道」由各代接踵繼承，且能發揚光大。

茶的名稱

各地茶產，互有特色。台灣有高山茶、包種茶、凍頂烏龍茶。福建有武夷茶、鐵觀音。浙江有龍井茶。江蘇有碧蘿春。安徽有屯溪茶、六安茶。淮南有雨前茶。湖南有君山茶、洞庭銀針茶。雲南有沱茶、普洱茶。還有香片茶、雀舌茶等等，不克盡舉。

由於「茶」風普及，以致許多液體飲料，都冠上茶的稱謂，例如枸杞茶、麵茶、人參茶、仙草茶、檸檬茶、珍珠奶茶、杏仁茶、桂圓紅棗茶、黑糖薑母茶等等。雖冠茶名，卻非正貨。

外銷成績

美國紐約時報（New York Times）刊載了一篇文章「China's Tea Will Fill The World's Teapots」，譯成中文是「全球茶壺裡泡的盡是中國茶」，由台北聯合報於二〇〇五年十月廿四日原文轉載，敘說依據聯合國的資料顯示，中國政府近年來支持製茶工業，使中國在二〇〇四年成為全球第三大茶葉輸出國，已經超越了印度，不久勢將超過非洲的肯亞和南亞的斯里蘭卡。那篇原文附有兩項統計資料，其一是「中國茶葉出口統計」，按美元

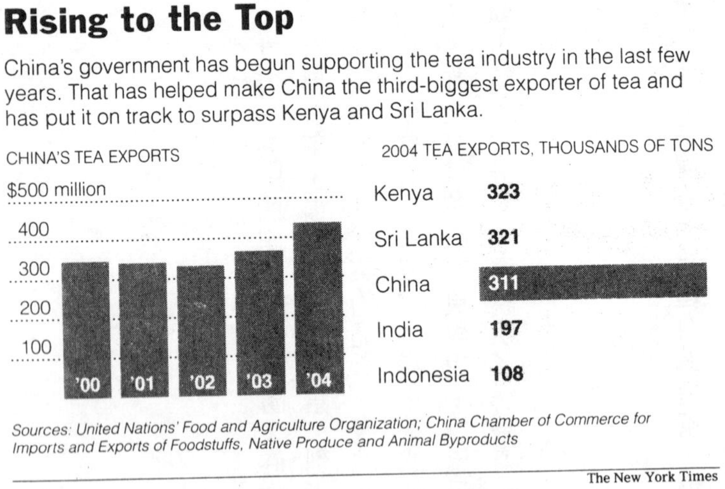
Rising to the Top
China's government has begun supporting the tea industry in the last few years. That has helped make China the third-biggest exporter of tea and has put it on track to surpass Kenya and Sri Lanka.
CHINA'S TEA EXPORTS
$500 million
400
300
200
100
'00
'01
'02
'03
'04
2004 TEA EXPORTS, THOUSANDS OF TONS
Kenya 323
Sri Lanka 321
China 311
India 197
Indonesia 108
Sources: United Nations' Food and Agriculture Organization; China Chamber of Commerce for Imports and Exports of Foodstuffs, Native Produce and Animal Byproducts
The New York Times

紐約時報登載的茶葉統計表

金額計算，其二是「二〇〇四年全球各國茶葉外銷統計」，按重量計算。今將原表及譯文都附刊出來，值得大家一閱，足證中國茶葉，正在爬升到頂點（英文原文就是 Rising to the Top），誠堪慶幸。

表一　中國茶葉出口統計

年份	出口金額（百萬美元）
2000	3.40
2001	3.35
2002	3.27
2003	3.60
2004	4.40

表二　二〇〇四年全球茶葉外銷統計

國別	外銷數量
肯亞	323 千噸
斯里蘭卡	321 千噸
中國	311 千噸
印度	197 千噸
印度尼西亞	108 千噸

資料來源：聯合國食品及農業組織

讕讕子說：茶道非我所長，但買茶喝茶總是常有的。私意以爲以下三件事，容或會有探討的空間。

第一、茶葉筒罐的材質：容器的基本條件，應當是乾燥不受潮霉，潔淨而免污染，並防避陽光射透，來保護茶的品質。以此之故，紙盒難以防潮，鐵罐可能生銹，鋁罐會有遊離鋁粉末，土瓦罐感覺粗劣，都不太適宜。而現今的茶葉容器，多是用厚的硬紙板捲成圓筒，上下底用金屬片作蓋，價格低廉。只是紙板仍會吸藏濕氣，使茶葉變性。能否改用高材質的塑膠筒，或採用深色玻璃罐，或用細釉磁罈（好茶一斤數十萬元，容器也當提升配合）。請看美國的可可粉及奶精粉，都是用高瘦茶色的圓形玻璃罐盛裝，既精潔又保味，似可參照。而不可吝嗇。

第二、用手指直接抓取茶葉：許多大製茶工廠，多是用手直接從大茶簍裡抓起茶葉塞入茶筒，因要壓緊，圖個方便。有的雖戴手套，但嫌它礙事。此外，在家庭中，有客來訪，禮應泡茶，也多是用手自茶筒裡抓出一把分別放入茶杯中。這手指是否潔淨？指甲縫中有無污垢？似難保證。能不能在茶廠裝罐時，就附送一個小夾子在茶筒內？夾尖要製成薄匙狀，或製成微凹的三叉形，用以夾取茶葉。例如克寧奶粉罐裡，都埋著一個杓子附送，或可傚照。此意尚非最佳，但亟盼不要用光手去摸觸茶葉。

第三、青少年多已不好飲茶：烹茶麻煩，漸已不適合現今快速社會的步調。因而出現一種「茶包」，那是用棉紙包住茶葉粉，用時將紙包放入杯中，沖以熱水，就溶解出來。此法確然省事，且立即可以大口作牛飲，但不合細嚐啜品的氣氛和情調，似乎偏離了正規的茶道。由於品茗必要有閒情逸興，其中學問很深，過程很繁，諸如水質要清純（以泉水最佳），火候要一滾到三滾（一滾剛冒小泡，二滾壺嘴噴出蒸氣，三滾水已沸透），沖茶有一泡和二泡（一泡只是嬰孩，二泡才是少女），茶具要高潔，甚至有關雅室、良時、佳客都須挑剔。現泡現飲，徐徐品味茶香，這都難以指望時下一般青少年跟著配合。他們喜歡喝可口可樂、百事可樂、黑松沙士、摩卡咖啡，愈涼愈開心，一口乾一罐。這股僅求簡速捷效的風氣，似乎已漸蔓延開來，值得警惕。

最後祝盼

茶是我國特產，英文稱它爲 tea，就是由於福建口音叫茶爲「蝶」跟著學以命名。而台灣的烏龍茶，英文也直接音譯爲 oolong。堪慰的是，我國茶業在近代也多有進步，例如採茶改用機器，工作快捷；焙茶使用旋轉電烤箱，溫度齊一。凡此都可節約成本，穩定品質，提高產量，前途必會看好。只是茶種瑣雜而繁多，難免良莠不齊，眞僞莫辨，但願能嚴定等級，加強品管，以我們華夏國人的聰明智慧，要趕過非洲的肯亞和南亞的斯里蘭卡，定然不是問題。至於怎樣使飲茶能適應於講求快速度工業社會的發展，這也該愼予籌應才是。

四六　你還想抽煙嗎

抽煙乃是一項全球性的普遍嗜好，由來已久，學會容易，戒斷困難。美國國會爲了防制煙害，早在一九六五年，就通過了立法，規定在香煙盒上，必須加印警語文字：

「Caution：Cigarette smoking may be hazardous to your health！」（警告：吸煙有害健康！）

作用在提醒癮君子少抽香煙或戒絕抽煙。

讕讕子曰：我以前也屬吸煙族，每天最少一包，靠它提神，也靠它止癮。明知有害，卻因循難戒。直到醫生告誡，才下決心戒斷。一九八〇年，英文中譯，我介紹了一篇有關抽煙的文章，煙槍客或可參閱一下：

你也許每天抽許多支香煙，可曾發覺有什麼味道？那究竟是一種怎樣的煙味？

吸煙的癮君子不可一日無煙，卻又擔憂尼古丁（nicotine，香煙中的毒質）有損健康。許多人改吸含焦油成分少（low-tar）的香煙。這種香煙裡的化學香料添加物（chemical flavor additives）是否有害，又形成了新的問題。

多年來，經常用作香煙加味的材料不外乎天然提取的梅子汁和可可汁。即使是那長期以烈味標榜的美國駱駝牌（camel）香煙爲例，也是用可可和甘草汁來加味的。但逐漸地，因爲低焦油香煙在製造過程中，煙草的味道幾乎全失，煙草公司就依靠添加化學物以恢復煙味。這類添加劑和食物中的添加劑不同，在現行的法規中，對香煙裡的添加物，是欠缺明文管制的。

「假如在低度焦油和低度尼古丁（low-nicotine）的香煙裡不加任何香料的話，你吸起來就會覺得毫無味道。」這是美國費而頓國際公司（Felton International Inc.）的首席煙草化學師彼得密西期（Peter Micciche）說的。這家公司是專門提供煙草中調味料的供應商。他接著說：「那就好像在吸一張燒著的紙一樣無味。」

從炸鍋裡跳到煮鍋裡

減少了焦油和尼古丁，卻又另外加進一些不明的化學香料。這些添加的香料是些甚麼呢？祇有香煙公司和他們的供應商才知道，難怪那些與健康有關的機構和其他的人士們引以爲憂。「正如你從炸鍋裡跳出來又跳進煮鍋裡一樣（You're jumping from the frying pan into the skillet）。」在紐約的一位原料分析師琴恩・吉爾德（Jane Gilday）說：「有些添加劑可能比焦油還要壞。」

香煙製造業者表示這些香料添加劑乃是商業祕密。美國最大的雷勒德香煙公司（Reynolds Tobacco Co.）的發言人說：「我們不會將如何選用香料的機密公開與其他香煙公司共同分享。」局外的化學師企圖查明該公司香味添加劑的成份，此舉乃是徒勞無功。美國農業部煙草實驗室（Tobacco laboratory）的首長卓主任（T. S. Tso）說：「在我們的分析過程中，發現煙草中含有四千到五千種化合物，如果你再添一點甚麼東西加進去，其他的人根本就不可能知道。」

一般說來，在香煙製造過程的初步，先是添加那些濃縮物及甜味佐料，如可可、甘草、水果糖漿，蜂蜜、梅子汁、無花果汁、葡萄乾汁和各種香味佐料。最後，再用一種稱爲「上等香精」的香料，噴灑在煙草上才出籠，目的在使香煙具有獨家特有的風味。

一四二七種化合物

過去五年以來，那些香料供應商和香煙公司曾以芳香族化學劑（aromatic chemicals）和天然濃汁（natural extracts）去蒸餾煙草。舉例而言，加入兩份氫氧基烷酸，就使香煙吸來有一種甜甜的、味似花生米的感受；又如用兩份甲基和兩份戊烷酸加入，就有一種微弱的澀口的味道和辛辣的香氣。有一家實業公司開出了其他類此的化合物單，共有一千四百二十七種之多。

可能「吸」入有害

那些香料公司堅持說：製煙公司所用的添加劑沒有任何一項不是經過「美國食物與藥品管理局」（Food and Drug Administration）核准的。但其他與健康有關的機構，如美國癌症協會（American Cancer Society）及美國健康基金會（American health Foundation）則另持反對意見：某一種添加物可能「吃」入無害，卻不可據以推斷它「吸」入無害。

「特夫龍（teflon）這種東西對烹調而言是安全的，如將它燃燒而吸入人體，就可能致命。」這是瓊安黎・露托博士（Dr. Joanne Luoto），任職於公共健康服務處的吸煙與健康部門的醫官說的。她說，她這一機構計畫要求製煙公司祕密提供那些添加劑的名稱，如此政府就可能測試那些添加劑對畸形的變化和致癌的因果等特徵。

引起突變的屬性

美國健康基金會的霍夫曼博士（Dr. Dietrich Hoffmann）說：他的研究工作，已發現有些香煙裡的香料有引起突變的屬性，雖然尚無任何證據足以斷定這些突變的原因是由這些添加劑而產生的。他補充表示：至少有一兩家大的香煙公司已經試驗出他們自己的添加劑有這種屬性。他聲稱：「製造香煙的人不見得沒有愧疚。如果他們加入的添加劑確實有害，他們可能在不久會被控訴。」

樂瑞娜德牌香煙（Lorillard）是諾若斯公司（Loews Corp.）中的一個部門，它的一位女發言人說：「如果我們認定是有害的東西，我們就不會添加進去，因爲我們已經有夠多的問題了。」

同時，香料供應公司表示，已經有人要求他們，要他們研究製造有香味的濾嘴（flavored filters）和香煙紙。但是有味濾嘴的製造是一個問題，它每每導致濾嘴褪色，而消費者就聯想到可能是因爲含有高度焦油的緣故。

癮君子是否仍想繼續抽煙呢？

——譯自一九八〇、七、廿二、紐約華爾街日報（Wall Street Journal），作者爲詹藾特．高茵（Janet Guyon, Staff Reporters of The Wall Street Journal.）。中文譯文刊登於《綜合月刊》（Scooper Monthly）第一四二期一四五頁。民國六十九年（一九八〇）九月號，在台北出版。還專函寄來稿費台幣伍佰元。

四七　時哉、時哉

論語《鄉黨第十》最後一章說：「時哉、時哉！」而英文裡也有句格言說：「時者金也」（Time is gold, Time is money）。由此看來，我們對時間何可忽略輕視？

㈠時間重於一切

讕讕子曰：西洋人說「時間就是金錢」，這是西方重商主義和拜金主義者的說法。其實時間哪是金錢所能買到？應該是時間「重於」金錢才對。我國有句古語：「寸金難買寸光陰」，這句話合理得多，也高明得多。因爲時間的價值，比金錢超過遠甚。

世間一切成就，都是在時間演進的過程之中獲得的。小自餬口技藝的研習有得，大至人造衛星的發射升空，莫不皆然。誰能善用時間，誰就是成功者。何況現在是知識爆發的時代，對時間的利用，尤爲重要。但是大多數人們，卻常不善於安排自己的時間，更未能尊重時間。日月蹉跎，光陰虛度，「記得少年騎竹馬，看看又是白頭翁」（這兩個「看」字，要讀平聲，音刊，苦寒切，詩韻中屬寒韻，吟來才合乎平仄），今天我們再也不能不提高對時間的警覺了。

㈡我們活在時間之中

時間是抽象的，它看不見、摸不著，但卻亙古長存，連綿不斷。當我們尚未出生之前，時間已經存續了億萬年，不停不絕的到了今天。乃至你我死亡之後，時間仍會綿延下去億萬年，到那永久永久的無窮無盡。

我們生存在時間的洪流裡，時間包容著我，前不見其始端，後不見其終尾。一眨眼，生命就要終結了。無怪乎蘇東坡遊赤壁作賦，興起「寄蜉蝣於天地，渺滄海之一粟，哀吾生之須臾，羨長江之無窮」的嘆息。

㈢你我無法影響時間

說一個不很妥切的比喻：如果把時間比作大海，你我就像那大海裡的幾條小魚。魚生活在海水中，你我就生活在時間裡。小魚天天吞吐海水，能說它浪費了海水嗎？沒有呀！有一天小魚死了，海水仍舊是海水。你我生活在時間裡，那亙古永存的時間，並不會由於你我的浪費而有絲毫的損失。有一天你我死了，時間仍舊是時間，也不會因爲你我的不存在而有絲毫的少減。人類的法力究竟有限，無論如何，翻跟斗的孫悟空，終究是翻不出如來佛的掌心之外去的。

㈣浪費時間，乃是浪費生命

因此，站在時間的立場來說，我們既不能使它拉長一刻，也不會使它減短一分。我們沒有本領去拴住它，沒有本領去儲存它，也沒有本領去浪費它。猶如對水裡呼吸的魚兒說「你不要浪費了水」一樣的不合邏輯。

所謂浪費時間，正經的說，其實是浪費生命。生命是甚麼呢？不就是時間的累積嗎？你我還沒有偌大的能耐，可以把天地間的大時間去掉一分一秒。所能浪費的，祇是自己的生命而已，對大時間何嘗有毫釐的損傷？但可悲者：如僅從字面上去看，「時間」與我自身的「生命」，多少隔了一層，關連並不密切，因而雖聽到了不要浪費「時間」的說法，常會淡然置之，覺得並不緊要。如果換過來說：不要浪費「生命」，可能就要多發生一些警惕作用了。

蓋世梟雄曹孟德橫槊賦詩（樂府・短歌行）曰：「對酒當歌，人生幾何？譬如朝露，去日苦多！」可見人的一生，原是短暫的，若不刻意珍惜，轉眼就到了老態龍鍾的晚年，祇等著進入墳墓了。

請想一想：我自己不振作，有書不好好讀，有工作不好好做，泄泄沓沓，一事無成，姑且不提那些對不起父母國家的大道理來說，就連對自己的生命也繳了白卷，空來世界上一趟，這是甚麼人生？如果執意要這樣大浪費，則大可不必說浪費時間，應該說「我在浪

「費我自己」！

這樣的頹唐怠惰，不僅糟蹋了自己的生命，而且還貽害於別人。為甚麼？因為即使你本本分分的過了一生，即使你對社會毫無禍患，也已經白白的消耗了世界上幾十年的糧食。甚焉者，如果在社會上作惡為非，害得別人受苦受難，那更是百身莫贖了。

㈤萬事需要時間來完成

時間眞是個大怪物，無論甚麼事，都不能撇開它。一切事業的成功，都靠時間的累積：懷胎要十個月。紹興酒要窖存三年。臺灣鐵路電氣化，要施工四年。擴建台南市安平港，要分三期共九年才能實現。（註：此文是三十二年前，即民國六十三年西元一九七四年一月在台南市寫的）。吃飯要時間，不吃嗎？身體就要垮。睡覺也要七八小時，不睡吧！又沒精神做事。而人生苦短，我們又沒有取之不盡用之不竭的時間，「光陰一去不復返」，然則我們該怎麼辦呢？

從前我國是農業社會，種田要配合天時節候。春耕夏耘，秋收冬藏，時序不能搶先。以往農村過年要過到二月，實在也是因為大地冰封雪凍，農事不能進行，故爾如此。現在進入了工業社會，工業就是生產，產品是由人來製造的。機器能日夜不停，工人可三班輪值。誰的生產快、產量大、品質好、銷售多，誰就賺了錢。說穿了，乃是與時間競賽，就發生怎樣利用時間的問題了。

一般人提到生產的要素，大多列舉土地、資本、勞力諸項。此其中，土地可以租購，資本可以借貸，勞力也可以僱用，這些都不是不可克服的問題。唯獨忽略了時間因素，沒有計入。時間之爲物，卻是不能購買、借貸、僱用，或以任何方式，能夠獲得更多一點。這個爲大家所疏忽的「時間」問題，終將變成最最重要的問題。

㈥時間餘存多少，不能預知

人生就是時間的累積，我們每個人的時間，猶之如在銀行裡的存款。當你我一旦誕生下來，在有一家名叫時間銀行之中，就自動爲你我開立了一個戶頭，有了一筆時間的存款，你我每一天都可支取廿四小時，或者說：一千四百四十分鐘（渴望的是：誰能將時分秒改變爲十進位，則方便計算，造福全球了）。但可惜這一筆存款，有三個嚴格的限制，也是三個無可修改的大缺點：其一是只能支取，不能存入。想把昨天的時間轉存今天，是不可能的。其二是你一次不能多支，也不可少支。一天欲支用四十八小時固然不行，只想取用廿二小時也辦不到。其三是你不知道總的存款數字究竟有多少？可能有七十一年（吳鳳殉身於此年），也可能祇有卅九年（鄭成功享年此歲），事前沒辦法查問餘額還有多少？到了支用完罄之日，就是你我的大限之期。當時間支耗完盡的日子到來，即使你願意獻出全世界的財產，也交換不到多活一分一秒，一點也融通不得。

由此看來，既然時間的「長度」無法增加，那就增加它的「深度」罷！

(七)夏令時間的困惑

報載今（民國六十三）年又要實施夏令時間，須將時鐘撥早一小時。但是如何撥法，沒有清楚交代。想必是在子夜鐘敲十二響時，將它從十二點撥到一點。也就是說：正常時間，此刻本是十二點，改爲夏令時間，此刻就是一點，提早了一個鐘頭。不過如此一撥，就把那從十二點零分到一點零分之間的六十分鐘，撥得不見了。

時間本是連綿不斷的，人們爲了記錄的便利，才硬把它分成小時分秒。科學進步後，一秒還嫌太長，要再細分，才可觀察精微，記錄詳細。在從前農業社會裡，如實施夏令時間，了不起睡眠少一個鐘頭，並無妨礙。實則農村生活，習慣於早睡早起，並無此項要提早一小時的必要。但在工業社會中，有許多工作，具有連貫性，由於此一變動，有整個一小時忽然不見了，眞不知該怎麼辦才好。

例如在這段時間中，飛機正在空中夜航，船艦正在海上警戒，火車正在陸上疾駛，嬰兒正在找吉時剖腹出生，天文台正在觀測記錄星象軌道的運行，垂危的病人，正在計算著時間斷氣，實驗室裡正在進行精密的時效分析，鈾棒正在核子爐中反應，通訊衛星，正在傳送訊波，戰場上正在海空聯合進擊。還有許多要廿四小時不休不停進行的工作，都可能要記錄、校正、及引用正確的時間數據。譬如在該日子夜十二點卅分發生的變故，由於夏令時間把自十二點到一點之間的這一小時消滅了，便不知該如何去記載和引述了。

還有某種連續性的工作，平時一班接一班，如今突然不見了一小時，可能使步驟大亂。茲舉最淺顯的火車班次爲例：在前半夜開行的火車，過了後半夜，便都誤點了一小時。而後半夜開行的班次，則必按新時間起程，等於提早了一小時。新舊班次攪錯在一起，南北互駛，怎樣換軌錯車而免碰撞，想必把調度人員忙暈急慘了。

前面說到有一小時不見了，那裡去了呢？怎樣補回呢？這要一直等到夏令時間結束之夜，把時鐘重新撥慢一小時之際才會出現，才會償還。即是在那一晚鐘敲十二下時，將它再撥回到十一點。也就是說：原來有一段夏令時間，從十一點到十二點：現在又新出現一段恢復正常後的時間，也是從十一點到十二點。換句話說：自十一點零分到十二點零分，這晚上竟然有兩次重複相同的時刻。時間並非孿生子，想不到也鬧出了雙胞案了。

這時那位火車調度人員，如果眞想做到火車準點的話，應該在原屬夏令時間的夜半十二點起，命令所有的火車就地停駛，靜待時鐘走到正常時間的十二點零一秒時，然後再開，也就是各在原地等候一個鐘頭，這樣才是確實的準點不誤，也才不會在新舊同時夾雜的行車班次中發生車禍。但事實上那一個傻子能這樣做呢？

爲何要實施夏令時間？說是爲了讓人早起，節約晚上的電燈，因而節省發電的燃料。（不知究竟節省了多少？）使人滋惑的是：決策者不從提早人們的作息時間來著眼，卻把時鐘撥快撥慢來迎合。利於一事而不利於百事，是不是捨本逐末呢？是不是爲小失大呢？大概人是囿於習慣的惰性動物，不思把自己去配合時間，卻硬要把時間來迫就自己。將簡單的變為複雜的，將有規律的變為混亂的。倘若時間有知，豈不興嘆？（補註：美國至今仍於五月到十月實施夏令時制，將時鐘撥早一小時。中國大陸則不撥快時鐘，而以調整作息時間來適應。至於台灣，以往也曾實行過撥早時鐘，後因擾民不便，不實行了。）

(八)時間的特性

《周易上經・豫卦、隨卦》都說：「時之義大矣哉！」註解說：極言之而贊其大也。《下經・睽卦》又說：「時用大矣哉！」註解說：極言其理而贊之。可見對時間作一番探討該是值得。我們初步分析時間的特性，可以簡述如下：

(1)時間是不滅的——從無盡的遠古，到無窮的未來，時間連成一氣，始終不曾停頓。即使太陽有一天不存在了，時間也不會消滅。

(2)時間是至大的——至大是無所不包，無所不容，無在其外，外無以加。沒有一樣事物、一個人，逃得開時間的掌握。四因次空間（Four dimensional），特須加入「時間」坐標，才能研究宇宙間的一切事象。

(3)時間是至公的——對大家一律平等，它不賣豪富的情面，也不對窮人苛待。俗話說：「公道世間唯白髮，貴人頭上不曾饒。」人老了，管你是達官顯貴，照樣白髮皤皤。它又是鐵面無私，你活一年過了三百六十五天，我活一年也不會多出半日。有人嘆息說：「好快呀！又是一年春草綠！」其實嘆息者在他整個一年裡，並沒有少掉一天，只是他不曾善過日子而已。

⑷時間是無可替代的——石油缺乏，核能可以代替。稻米缺產，菽麥雜糧可以補充。患了不治的肺病，可以裝個鐵肺。唯獨時間完全找不到代替品。在高喊日趨嚴重的資源危機中，這才是一項最缺乏的資源，衹是大家沒有抓著痛處罷了。

⑸時間是沒有彈性的——遇到需要延長工作之餘，時間不會因你的殷盼而跟著增多。遇到亟欲早一天揭曉之前，它也不會為你減短。時間的供給，完全呆呆板板的，沒有一絲兒伸縮的餘地。西諺也說：「昨日無法回頭再來，而明日也無法提早先到。」

⑹天底下一切事情，都需要時間去完成——吾生也有涯，因此時間永遠不夠。可是，一般人都把這個對人生最重要、最特別、無可替代、而又不可缺少的時間，看得毫不在意，眞是太粗心了。

㈨不當耗時的舉例

第一種是應酬太多。酒會、請宴、結婚、做壽、開幕、剪彩、頒獎、授旗、慶功、接風、破土、迎神，都必須去參加。受人情的圈鎖，和習俗的困擾，以為不去就得罪了朋友，以為缺到就少掉了我這位衆望所歸的主席。報紙上送舊迎新的照片，電視上酒宴舉杯的鏡頭，每天都有。不但浪費了媒體寶貴的篇幅，更虛擲了各人正當的時間。深究起來，毫無意義。

第二種是會見拜訪的來客，耗用了許多時間。不論在辦公室或家裡，民意代表、朋友親戚、鄰居同事，業務性和非業務性的，預約的和不速之客都有。請托、說情、敘舊、干謁、過訪、聊天，地位愈高，客人愈衆。自己的時間，被寸寸腰斬。倘若是正當事務，當然應該見面親談，不虞打擾。唯有那種無事窮聊的訪客，想拉關係，想探消息，他本身的時間不值錢，卻不該侵佔別人的時間，偷竊別人的時間，豈不都是罪過？

第三種是接聽電話費時。相識愈廣，電話愈多。公務的、私誼的。毛病是不知誰個打來？不知是大事還是小事？通常電話比一切都優先，當你正在思考緊要問題，或正處理重大事件之際，電話響了，不得不停下工作去接，把思緒都攪斷了，也讓同座的人乾等。遇到要事，講半小時不算多，遇到閒事，談兩分鐘都不值。最可憎的是對方絮絮叨叨，纏個沒完，他想用電話來打發時間，磨掉時間。可是你卻被時間綳得很緊，半天中接到三四個電話，就不用想做正規事情了。

第四種是大人物管的事情太多，權力集於自己一身。由於不信任屬下的才能，大小事都攬著由他來決定。部屬在恭候決定之間，諸事衹好停擺。結果每件事都在他的匆忙之下作成判斷。時間短，事情多，不容許他做週詳的考慮。在滿頭大汗之餘，還大歎只有他一人來獨撐全局。長年如此，連吃飯睡覺都急急忙忙，除了他自己必將罹患胃潰瘍之外，你說這是處理時間的善者嗎？

第五種是小人物管的事情太少，三下兩下便可把事情做完了。但做完不就顯得太清閒了嗎？上司看到了，會說這個人無所事事，危及飯碗，豈不嚴重？於是在辦事的時候，就慢慢的拖，本來一小時的工作，拖到一天完成。尤其是涉及人民權益的事件，無心者延宕，有心者藉拖延想收紅包，把自己和別人的時間都糟蹋了，這又是爲了甚麼？

第六種是會議太多，時間被整批的白費。本來設官分職，原是要各人按照職掌負起全責。除了本身職務就是應當參加會議的顧問、資政以外，集合大家開會協商，祇是一種例外，如今卻演變成爲常規。有的會前準備不充足，有的各持己見，有的互相推諉，有的根本沒有主見，都得不到結果，會是白開了。即或有了結論，會後仍舊要經過簽呈批准和分頭會辦的步驟才成。開會的好處，就是大家都可不負責任。一開會就是半天一天。有時更把會議記錄呈報到上級去核定。萬一出了錯漏，下屬說是上級批准的，上級說是下屬會議通過的，誰也怪不上，誰也沒有責任，樂得大家輕鬆。只是那些等候決定的人，雖心急如火，也沒有辦法。時間如此被折磨，眞是天知道。

第七種是法規制度的繁複，這是時間浪費得最多的一種。我國立法者，首先就認定別人都不可靠，都是小偷。在法規擬定之前，就多方設防，樹立層層關卡，訂出許多阻礙的步驟。規定要蓋上多少顆印章，要經過多少機關會辦，要通過多少階層的審查。所謂公文旅行、公文牛步，就是此類劣法所造成的惡果。難怪有專門辦理土地登記的代書館，有專辦進出口的報關行，有專跑出入境的旅行社。如果你自己去試試，準會到處碰壁，走也走不通，問也沒人講。因爲確實太複雜了，沒有幾個人從頭到尾懂得。否則這行人就沒有飯吃了。由於法令太繁，原可由一人負責，單人作業的，就須通過許多人。原可一天辦畢的，就須延長到一個月。因爲這是規定的程序和手續，誰也沒錯，誰也沒法。社會進步被阻撓了，經濟繁榮被遲滯了，全民的大好時間，都如此毫不值得的白費了。

第八種是嗜好和壞習慣的太多太重，迷失了人生的目的，在歪路上消磨了做正事的時間。例如逃課去一連趕三場電影，天天要上美容院做頭髮，立志去收集所有搖滾樂的唱片，跳舞入了迷，打高爾夫球不肯歇手，兼職做咖啡館的長期客人，電視節目從六點看到清晨三點，連廣告都不放過，南北追蹤去討歌星明星的玉照，出入百貨公司一月破六十二次紀錄，夜夜麻將打得神魂顚倒。把副業看成職業，把消遣視爲正事，把不良嗜好變成正常生活，迷途不返，久假不歸，說輕一點是曠時廢事，說重一點乃是慢性自殺。正合於某人的一句笑說話：「我忙死了，除了玩的時間之外，簡直抽不出一丁點兒時間！」

(十)眞正屬於自己的時間

一些不思進取，終日無所事事，感覺日子太長，不知如何打發，因而每天遊手好閒去殺時間以及行同浪子（Kill time, Time Killer, Time waster）的妄人，他們的生命太不值錢，不在本文論述之列。

一些年輕朋友，對時間的感受不深，碰到的壓力也不大，處世態度是輕鬆的，總以爲手上有大把的歲月可供揮霍，過了今日，還有明日，生活不免流於懶散。這一類人，深願他們能及時醒悟，察覺明日之我，應非今日之我，少壯不努力，老大徒傷悲，早一天啓碇，便能早一天到達成功彼岸。

唯有那些感到時間迫促的人，才是有深刻體驗的人。愈是年齡增長，愈是求知若渴的人，愈會覺得時間不足，對時間安排的技術，也愈願講求。

一個人每天的時間，大別爲睡眠、工作、與運動（包含娛樂休閒）諸項目。我們應該建立積極的觀念：認爲睡眠的目的，是使明晨精神飽滿，好繼續第二天的奮鬥。運動的目的，是使身體保持健康，好向環境挑戰。甚至娛樂與休閒的目的，也祇是讓緊張的精神得到調劑和鬆弛，以便重新奮發。總之，睡眠運動娛樂休閒，乃是爲配合工作之需，不是人生的主要標的，不必過度。其餘的時間，就全都要用到工作上去！

這樣一來，工作時間不就很多了嗎？不然，在工作時間中，還要分爲兩種：一種是與別人共同耗去的，另一種才是可由自己支配使用的。我們姑且叫前者爲共耗時間，叫後者爲自控時間。這樣才能解說清楚。

共耗時間，包括跟老闆老師討論工作或學業，陪顧客談生意，部屬向你請示，參加集會，接電話，往別的機關去接洽事務，替社會服務，與同事協調進度，上下班搭車等等。這些時間，自己不能專用，都被他事耗去了。

自控時間，就是工作時間裡，除掉共耗時間以外剩下來的時間，這是眞正屬於自己可以支配及操控的。你可以用來思考問題，撰寫報告，計劃未來業務的開展，研究科學新知，繪製新產品的設計圖，草擬工作改進方案等等。一個人的成就，全靠在這自控時間中的表現如何而定。

因此，不要天眞的以爲一天有廿四小時、每天有多達一千四百四十分鐘供我使用，也不要自信以爲每天我能工作十六小時。即使你每天都能抽出十六小時，其中實際上眞正屬於自己支配的自控時間，畢竟不多。而且這段不多的時間，還不是整體的，經過別人別事的打擾後，已弄得四分五裂，成爲零星的片片斷斷的細碎時間了。

鄺爾茲說：「昨天已經過了，你無法挽回，明天還未到來，你也無法保證；只有今天才是你的。希望你好好掌握，好好支配。一個今天，抵得上兩個明天。」

(十)如何善用時間

本文的用意，原在說明時間的特質，供讀者作粗淺的認識而已。至若如何善用時間，筆者譾陋，不敢妄講。姑且列出若干原則，聊備一格，敬請高明指正。

前面說過：我們不能創造時間，時間既然不能增加，就祇有從精簡工作著手，工作既減少，時間相對的就富裕。因此可分爲「事」和「時」兩方面來略作建議：

關於事的方面：

(1)要犧牲枝節——一生的時間有限，想做的事情太多，不可能百廢並舉。「有所不爲，然後有所爲」。必須抓住要害，提綱挈領。對我的總目標有關的主題，絕不能放鬆。

其餘枝節和不相干的事，不但不要費神去料理，還要斷然拒絕，杜甫《前出塞詩》說：「射人先射馬，擒賊先擒王。」如此才會在特定的目標上見功效。

⑵要排定先後——與總目標有關的事，不止一樁，列出何者是重要的，何者是緊急的。《大學》首章說「知所先後，則近道矣」。安排每天每週以至每年的功課次序，擬定近程及遠程的目標計劃，從最緊要的下手，打蛇要打在七寸上。

⑶要集中注意力——做一件事，要凝聚精神，把全部力量投下去。注意力集中的時候，時間就成了我的僕人，由我來「役使」它，一分一秒都逃不過我的掌握。這樣才會又快又好，能夠以較少的時間，把事情辦妥。好像攻勢作戰一樣，上策是集中在一點去突破敵人的防線，不要全面進攻，分散兵力。

⑷要即說即做——做事多少會有困難的，大前提既然已經決定非做不可，就須馬上開始。如一再猶疑，徘徊瞻顧，便永無起步之日，亦非雄圖大略之才。須知後面還有一大堆事情，在等著你。雖然有些遠程計劃，不可能今日事今日畢，但總可分成若干小計劃，以便「爲大於微，圖難於易」，做到今日事今日始，才談得上「效率」二字。

⑸要儲備精力——整天窮忙的人，終日疲乏，做事並沒有高效率，也不是充分利用時間的好方式。所謂「一分精神，一分事業」。常常留點精力，在緊張中才能從容，處事才井然有序，算得是善於運用時間的佼佼者。儲備精力的益處有二：一是時時警覺，腦筋不會胡塗；一是保留實力，以備對付不時來臨的突發事件。

⑹要有機動性——處理事情，有許多種方法，一旦發現了某種較佳的方法，能縮減從開始到完成的首尾距離，就要馬上改良。假如缺少機動性，固執不化，墨守舊規，便會落伍。誰能「搶先一著」，誰就是成功的人。

關於「時」的方面：

⑺要創造時間——時間雖不能無中生有，但可以疊合運用。用一份時間，做兩份工作，就創造了雙倍時間。漢朝朱買臣，家貧賣柴，他背著薪柴進城，腳在走路，手在翻書，後爲會稽太守。隋代李密，騎牛訪友，牛角上掛一袋書，他且騎且讀，後官光祿卿。這「負薪掛角」故事，該有啓發性。我們吃早點同時可以聽聽英語新聞，乘車時可以默記生字，候飛機時可以操作隨身電腦，雙手在工作時，也可以思考問題。將這些片斷時間，作充分的雙重利用，積少成多，會有驚人的收穫。

⑻重要的工作，安排在精神最旺盛的時候做——每人的生理狀況不同，有的人起床後精力最充沛，有的人在中午時思考最細密，有的人在夜間靈感最多。我們可以把某項重要的工作，按照它需要多用腦力或多用體力的情況，安排到自己認爲最佳的那段時間裡來做，往往能事半功倍，也能通盤顧慮週到。歐陽修在《歸田錄序》裡提倡三上：「馬上、枕上、廁上」，對你我可有啓示？

⑼把手腦耳目輪流使用——有的工作衹要手做，有的衹用腦或眼。把動靜態的工作交互錯開，用手的時候，讓腦筋暫時休息。等會兒再用腦，則思維仍是敏捷的。工作讓它繼

續不停的進行，但我們的器官，則在輪班交替使用和休息。不虞疲乏。

⑽磨練自己的速度，改進工作方法——時間是用來做事的，總時間既不能增加，就要將每項工作所佔的時間減少。磨練自己的速度，等於是多出了時間。改進工作的方法，時間就縮短了。一些重複呆板的工作，最好交給機器（例如電腦）去做。騰出寶貴的時間，專作思考判斷之用，如此必獲益良多。

⑾要守信守時——現代事務日趨複雜，唱獨角戲的可能性愈來愈少，許多事需要大家通力合作來完成。有衛星工廠支援大工廠，副料配合主料，替人加工，承包保養維護等等。在互相配合的需求之下，自己不要耽誤別人的時間，也不讓別人耽誤自己的時間，能做到才承諾，諾必有信，到時候一定兌現，這才合於經濟原則。

⑿少做無益的休閒活動——人生的目的不是享樂的，休閒祇是調劑罷了，所花的時間不宜過多，舉例說：每天少看一小時電視，一年就多出三百六十五小時。我們如能改變休閒的方式和觀念，把讀書當作休閒，把研究當為娛樂，便將時間都充分利用上了。

德國文學家哥德（Johann Wolfgang von Goethe, 1949-1832）說：「我們都會有足夠的時間，如果我們能夠恰當利用它的話。」

(十一)已不是因循的時候了

日月逝矣，歲不我與。不懂得時間的重要，便跟不上時代。如果不善於處理時間，就不善於處理其他的一切。往者不可諫，來者猶可追。何況現代科學的突破，電腦火箭的應用，使速度陡增。近三十年來的進步，比以往一百年還大得多。我們有機會成為這目迷五色的地球之一員，親身參與此一大舞台上的演出，何其幸也！

英諺說：「我們只活一次。」（We only live once.）上天既然生我，豈可虛度此生？但處身在這電光石火瞬息萬變的激流競爭之中，時間稍縱即逝，除非自絕於時代之外（這是指那些執意要讓人生一輩子「留白」的哥兒們），那裡還有讓我們猶豫逡巡的餘暇呢？

——這篇小文，刊登民國六十三（一九七四）年二月十九日台北中央日報《中央副刊》，其後又選入民國六十三（一九七四）年八月《中副選集》第十輯。該選集由楚崧秋社長撰寫序言特別敍明說：「《時哉、時哉》是一篇勵志佳文，希望讀者們會喜愛它。」

四八　雨票買到電話機

十年前（一九九六），我住美國大半年，歸期快近了。台北寓所，別的不缺，只想買一具無線話筒（話筒可以拿起走向遠處，與機座沒有電線相連）的電話機（CORDLESS TELE-PHONE），帶回家用。

台北本也有出售電話機的商號，但便宜的，品質不可靠，好的價又太貴，不想當凱子，因而一直沒有買成。

我訂了美國報紙，每天送來一大疊，其中就夾有減價的宣傳單和優待券（coupon）。這一天，收到克瑪（K-MART）商場的一批宣傳單，圖文並茂，每樣貨品都有彩色實物照片，其中有一種電話機，就是無線話筒，原價美金三四·九九元，減價五元，實售二九·九九元（美國商家，每每在定價上少收一分錢。這二九·九九元看來就只是二十幾元而不到三十元，讓人產生錯覺而易於接受）。是奇異公司（GE）的名牌產品，正合我意，打算去那商場買一具。

減價期間有五天，我到第四天才有空前去。克瑪百貨公司是家連鎖商店（Chain store），大大有名，貨品衆多，舉凡衣服鞋襪文具鐘錶磁器燈飾玩具及瓶裝飲料電視相機都有，定價平實，是一般中產階級樂於光顧的名店。我尋到電器部門，一看貨架上，別種高價電話機很多，獨缺這型打折的奇異產品，我問店員，回答說：「已經賣完了。」「怎麼辦呢？」店員指引我：「請你到顧客服務部（Customer Service），去索取一張『RAIN CHECK』，過幾天再來買，好嗎？」我想：死馬當成活馬醫，姑且去探一探吧！

眞是峰迴路轉！你可知道這「RAIN CHECK」是甚麼嗎？直譯出來，就是「雨票」。這是美國辦法，原本是當某次戶外運動例如球賽遇「雨」半途停止時，發給觀衆留待以後續賽仍可憑「票」免費再來觀看的票。商界借來使用，也有華人譯爲「折價劵」，就是一種特約的預期承諾的以後憑此兌現的優待憑證。理由是：你今天要買，我卻沒有貨了，是我不好，對不起；保證將來新貨到時，雖然減價期間已過，仍然將按原先打折的優惠價格賣給你，不亦快哉！這份優待憑證複製了兩份，一份給我，註明了貨品名稱及型別，原價及折扣價款，和我的姓名住址及電話。一份存店，將來貨物到時，還會主動通知我，就安心的等吧。

過了一週，還沒消息。我又發現另一家西爾斯（SEARS）商店的一疊宣傳單裡，也有這款電話機，一樣的削碼只賣二九・九九元。有道是：東家沒有西家有，運氣來了趕不走。西爾斯同是遍佈全美國的百貨連鎖名店，規模比克馬大好幾倍。但離我住處較遠。等到湊齊要買玻璃板及亮光油漆等物時，才驅車前往。一看貨架上，果然有這型電話機。

現貨就在眼前，買定了。我挑了一個硬盒裝的，到收銀台去簽帳。我先問店員：「價是多少？」他用掃瞄器在盒外條碼上「嗶」的一晃，電腦上顯出價格竟然是三四・九九元（也就是三十五元）。我說：「錯了，不是只售二九・九九元嗎？」同時我掏出該店的減價宣傳單給他過目。豈知他指著邊端的一小行字說：「你瞧，這裡有減價截止日期，你已過了一天，不能優待了。」

那行文字太小，原先就不曾留意細看。如今優待期已過，是我自己疏忽。減價既不成，希望變成了失望。我快快地對他說：「克瑪也在賣這種電話機，只要二九・九九元，我還有他們的 RAIN CHECK 哩。你們要價三四・九九元，太高了，對不起，我只好回到克瑪去買算了。」

眼看買賣吹了，店員卻要我出示那份 RAIN CHECK，還要驗看克瑪的減價宣傳單上的價目。幸好我這兩樣都一齊帶著，拿出給他。他對照了一會，便改口說：「只要別家賣這個低價，我今天也照樣賣給你好了。」原來美國商界競爭激烈，比服務態度的好壞，比貨物價格的高低，各人都避免自家的貨價高過別家，以免趕走顧客。有的商店，甚至在牆上大字標示說：「如果別家價格比我低，保證退還超逾的貨款。」給消費者以好印象，爭取下回生意。因此他肯自動破例，仍以特價賣給我。

妙事不僅如此而已。我眼睛一轉，看到櫃台角上有個牌子，說的是：「凡欲申請本店發行的信用卡者，首次可以抵沖貨價五元。」我心頭一亮，問他是不是馬上申請就馬上可以少付五元。他滿口答覆說：「不錯。先生，是的。」於是我將姓名年籍住址電話及社會安全號碼讓他輸進電腦，製成新卡給我，這是另一碼事，不須多表、佇候結帳。

美國各行各業的知名商店，都推銷信用卡，甚至加油站與速食店都不例外，形成了「塑膠貨幣」時代。對顧客而言，有了信用卡，隨身不必多帶現錢，簽個名就好了。對商家而言，可以多做交易，廣開賺錢之道，兩蒙其利。

店員最後從收銀機中打出了售貨收據，我拿出了另一張信用卡，等待簽字付帳，沒有給現金。那長長的收據內容是這樣的：

「店名、地址、郵區、發票號碼、售出年月日、幾點幾分、售貨部門代號、經手店員代號、貨品名稱、售價（詳下述）、我的信用卡號、條碼。」最末還有一行字：「保證滿意，否則退錢」的說明。

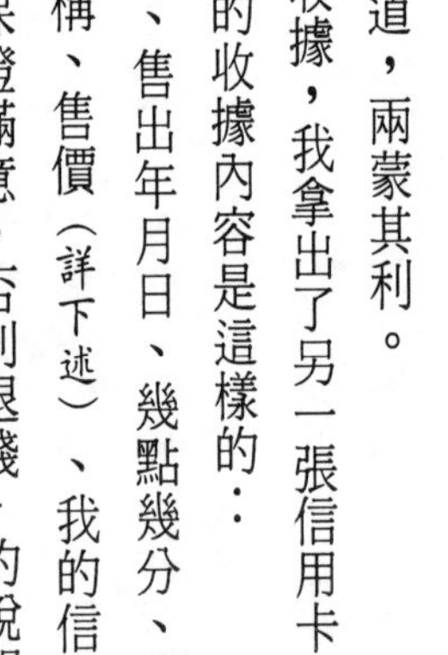

無線電話子母機

其中售價是分項逐一列明的：電話機原價三四・九九元。優待降價五元，相減爲二九・九九元。初次申請本店信用卡又抵消五元，實價爲二四・九九元。另外代收貨物稅一・五〇元（這是要繳交政府的）。故我應該連貨價及稅款共付二六・四九美元（我簽了名，同意照付二六・四九元）。

附帶一提：美國貨品標價是僅指貨物本身的售價，政府徵收的貨物稅則是在價外另計。例如某件大衣標價一〇〇元（照美國習俗，只標九九・九九元），你不要以爲口袋裡正好有一〇〇元，恰巧可以買走，那是不成的。因爲在這售價之外，店裡還要代政府收取貨物稅，例如五・五元，兩共要付一〇五・四九元才可買到，與台灣的標價（含稅）不一樣。

這豈不是出乎意外的得到了多重優惠的最好結局嗎？一具電話機，假如把價格湊成整數以利於計算的話（只要添上一分美金而已），原價本是三五元，經一減再減，只付二五元，便宜了十元，等於打了個七・一折（那稅金只是商店代收代繳，不能算貨款）。如以台幣二七・五元折算一美元的話，貨款連稅僅合七二八・五〇台幣。我滿心高興，慶幸這一趟柳暗花明，讓我原本要付三五元的賣價，竟然平白（打折期已過，竟然可通融少收五元）享受（申請新信用卡，又贈送我五元）了美金十元的優惠。

我帶回台北，自己安裝。客廳前端沙發旁原有一具電話，因再在客廳後端加裝這具新電話母機，臥室床邊則擺上這具無線子機電話筒，使用方便。

通訊裝備這些年發展很快，除了呼叫器、大哥大、二哥大等之外，電話也已連上了答錄機、傳真機和電腦國際網路。不久的將來，還會有影像電話問世，通話時，從附裝的螢幕上，可以看到對方的人像。由於無線電話筒可以與底座分離，故能將話筒帶往別室或二樓，都可接話和發話。它有雜音過濾裝置、儲存記憶十組電話號碼、自動等候通話、響鈴或不響鈴、自動安全裝置，功能儘夠用了。

倒不是買具電話機有甚麼了不得，根本上只是芝蔴綠豆小事一樁，毫不稀奇。乃是欲藉此曲折的過程，道出美國商業界經營的機動性和靈活性，或者可以供消費者與經商者小作參考吧？（寄自美國費城）。

電話機優惠計算表

A 西爾斯 (SEARS) 原價爲	B 願意比照克瑪商店 (K-MART) 降價爲	C 我可少付 C=A-B	D 申請新信用卡可享優待	E 合計優待 E=C+D	F 最後實付 F=A-E	G 優惠百分比 G=F÷A
$35	$30	$5	$5	$10	$25	71%

四九　赴美英兩大圖書館找書

英國哲學家兼作家佛蘭西斯・培根說：「知識就是力量」（Knowledge is power——Francis Bacon, 一五六一—一六二六）。知識是從書本中得來。私人藏書雖多，總不及圖書館好幾百萬册的齊備藏量，故欲尋資料時，跑圖書館應是常事。讕讕子因也造訪過美國國會圖書館及倫敦大英圖書館。

美國國會圖書館（The Library of Congress）位於首都華府市區東南區，一八〇〇年創立，是美國最大的圖書館。十年前，我初次往訪時，因爲路遠，地鐵路線不熟，就坐上計程車。不料司機問我：「你要去總館？還是分館？」我才知道有總館分之別，因情況不明，便先回說到總館。入館後，我請教訊問處：「中文書籍部門在幾樓？」回答說：「不在這裡，在第二街的亞當斯分館，你可以走這總館的地下道過去。」

原來國會圖書館有三座大廈：傑佛遜大廈（Thomas Jefferson Building）是主館，在第一街。另外有兩座分館：亞當斯分館（John Adams Building）在第二街。麥迪遜分館（James Madison Building）在獨立大道（Independence Avenue, SE）。三座大廈夾街相對，成品字形，互有地道相連。我是初來，恐怕在地道中會迷失方向，而地面上的第一街第二街則難不倒我，故我退出總館從地面步行到第二街，進入亞當斯館，找到了亞洲部（Asian

Department)，閱覽室是採開架式，書籍可以自由取閱。

我要找一本美國全國各大公共圖書館及各公私立大學圖書館中設有中文館的名錄，須要有詳細名稱、正確地址及郵區編號的英文版本，以便分別寄贈書籍。那圖書管理員幫我找到了。我很中意，說：「我想影印一份。」館員答說：「你可以拿到四樓影印室去影印。」我問要不要押個證件？他說不必，只須印完後把原書歸還就行。如此一來，我既沒有辦閱覽證，也未登記姓名住址，又未拿護照作抵，更未繳交美鈔作押金，就此平白拿走，上了四樓。如果我逕自帶書跑掉了，他根本無法追找。

當我到了影印室，只見室內滿是影印機咔嚓不停。門口排了長龍，來此影印的人，都不止影印兩三頁而已，乃是抱著三四本厚書來半本整本的影印的，我也只好排在隊尾靜候。

Thomas Jefferson Building

美國國會圖書館傑弗遜總館大廈正面

影印機都是投幣式的，無人管理。我一摸口袋，硬幣不夠，怎辦？請問身後排隊的一位美國青年，他說：「你沿著門外走廊，直走到盡頭，那裡有兩台換硬幣機，沒人管。你把美鈔正面朝天，餵入縫口，機器就會吞進去，你按個鍵，等值的硬幣就會吐出來。事畢你再回到我前面來排隊，時間還會有餘的。」我照著做了，回來再向他道謝。

就這樣我順利完成了影印，將原本送還。以後幾年，還再去過。因我外孫在華府讀大學，畢業後在華府工作，故我得以多次前往。還帶領胞妹及妹夫參觀了白宮，前門進，登二樓，巡覽一圈，後門出。也遊歷了華盛頓紀念塔、林肯紀念館，這是題外話，不必多敘。

倫敦大英圖書館又稱不列顛圖書館（British Library），是全球最大的圖書館。二〇〇五年夏天，我去倫敦，特意前往約斯潼路九十六號（96, Euston Road, London）該館一探。才知凡入館者，都須先辦閱覽證。館員從我護照上錄下所需資料，但永久住址一項護照上沒

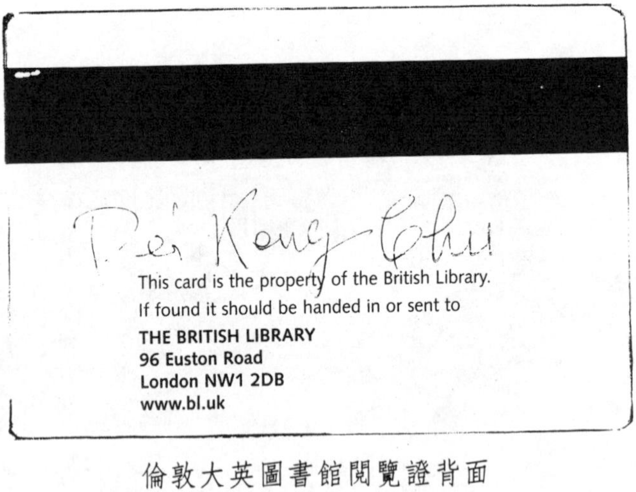
This card is the property of the British Library.
If found it should be handed in or sent to
THE BRITISH LIBRARY
96 Euston Road
London NW1 2DB
www.bl.uk

倫敦大英圖書館閱覽證背面
（有筆者的簽名及圖書館名稱地址網址，
上端黑條是刷卡用）

有，我口述手寫的都因無法證明屬實而未被接受。無已，我最後掏出中文的國民身分證給他審看。證件是足以採信的，但館員不識中文，他讓我等待一會，良久，請來館內中文組的首長葛翰先生（Mr. Graham Hutt, Curatir, Chinese Collections）與我晤談，他且給了我名片，然後向館員口譯，乃獲通過，當場照相製卡，發給我閱覽證。

我上樓找到亞洲書籍閱覽室，向館員申請借閱中文版《世說新語》，候了十多分鐘，書來了。我選擇其中兩頁，要想影印，館員說這是善本（Rare book）珂羅版（collotype）書，不准我自己印，須由館員代勞，先要填表，交錢，我付了五英鎊，好貴。

英國人那種嚴肅氣氛，和美國人的親切相比，似乎兩者有些差距。

此外，我去過法國，知道巴黎也有個國立圖書館，一三六七年設立，規模宏大。但因言語不懂，不克前去造訪。不過我記得法國詩人雨果有句銘言說：「書籍是改造靈魂的工具」（Books are tools of remolding the human soul——Victor Marie Hugo，一八〇二—一八八五）。另外，法國名小說家左拉（Emile Zola，一八四〇—一九〇二）也說：「無知從來沒有給人帶來幸福」（Ignorance never bring anyone happiness，都是由法文轉譯爲英文）。我們若要避免無知，就必須追求知識。鑑於知識的增進是無窮無盡的，而知識的拓展又是日新月異的。我們如不願跟時代脫節，就該及時從書本中吸收新知，充實自己。想想看，（目前台灣有一五五所大學）即使你有個大學文憑，且也不一定能找到工作可做，何況大學生滿街都是，恐怕還必須進修得個碩士才較爲吃香呢。

五〇　體衰應如何延壽

未老先衰，誰會甘願？

但身體本就有強弱之分。我們看《古文觀止》韓愈（西元七六八—八二四）《祭十二郎文》說：

「吾年未四十，而視茫茫，而髮蒼蒼，而齒牙搖動。如吾之衰者，豈能久存乎？」

上文「髮蒼蒼」是說頭髮斑白了。《許渾・韶州驛樓宴罷詩》也有「簷外千帆背夕陽，歸心杳杳鬢蒼蒼」之句。此外，《戰國策・趙策》「觸讋（音哲）說趙太后」原文云：

「趙太后，新用事，左師觸讋願見，自謝曰：老臣病足，不能速走。太后曰：老婦恃輦而行。曰：食飲得無衰乎？曰：恃鬻耳。」

上文「左師觸讋」在《史記》《荀子》書中都作「觸龍」，請參閱本書第八十九篇。

如將上段古文譯為白話，則是：

「戰國時代，趙國新近由惠文太后掌理國政，左師觸讋請求見面，他先自己告罪說：我的兩腳有病，長久以來，想走快一點都做不到，行動很不方便。太后說：我也是依靠著輦車才能行動。觸讋問：妳每天的飲食有沒有減少呢？太后答：每餐都只吃粥而已。」

這位趙后，新掌國政，還有個幼子，年紀似不太老，卻不良於行，每餐只能吃稀飯，其身體已不太好則可想而知了。不但此也，還有請參看宋代陸放翁（西元一一二五—一二一〇）《書懷》詩曰：

「蕭颯先秋鬢　龍鍾未死身
不惟今日老　已是一生貧」

右詩「秋鬢」是說草木望秋而衰，他髮鬢也未秋而白。「龍鍾」是身體衰憊。另外，再看詩聖杜甫（西元七一二—七七〇）《贈衛八處士》詩云：

「少壯能幾時　鬢髮各已蒼
訪舊半為鬼　驚呼熱中腸」

以上所引，大都興起了少壯已逝，髮白體衰，無可如何之歎。

讕讕子說：百千年以前的時代，養生保健觀念較缺，醫藥衛生條件較差，以致壽命普遍都不太長，舉例如：

秦始皇（西元前二五九—前二一〇）戰國時代，統一六國，稱始皇帝，享年四十九歲。
漢武帝（西元前一五六—前八七）開通西域，驅逐匈奴，享年六十九歲。
諸葛亮（西元二八四—三四五）在三國時代，六出祁山，鞠躬盡瘁，享年六十一歲。
唐太宗李世民（西元五九七—六四九）被四夷尊為「天可汗」，享年五十二歲。

杜甫（西元七一二—七七〇）唐代詩人，被尊爲詩聖，享年五十八歲。
宋太祖趙匡胤（西元九二七—九七六）陳橋兵變，登位爲帝，享年四十九歲。
歐陽修（西元一〇〇七—一〇七二）是北宋古文運動的領袖，享年六十五歲。
朱熹（西元一一三〇—一二〇〇）註四書，集理學之大成，享年七十歲。
明成祖朱棣（西元一三六〇—一四二四）派鄭和六下西洋，享年六十四歲。
高僧玄奘（西元六〇二—六六四）稱三藏法師，赴印度取經六百部，享年六十二歲。
西藏宗喀巴（西元一三五七—一四一九）黃教創始人，達賴喇嘛之師，享年六十二歲。
耶律阿保機（西元八七二—九二六）統一契丹，爲遼國開國太祖，享年五十四歲。

以上諸多名人，享壽都不算高，平均約五十六十而已。《禮記・王制》記載說：「五十杖於家，六十杖於鄉，七十杖於國，八十杖於朝。」那時節，屆年五十，一般人就要靠拐杖行走了。因之，社會上流行至今有兩組諺語說：

㈠八十瓦上霜　七十風前燭
㈡八十不留餐　七十不留宿

前一諺語提醒大家：風前殘燭易被吹滅，瓦上微霜快會消融，壽命都不長久。後一諺語說：遇到年屆七十的客人來訪，不要留他過夜住宿，若是八十歲的來客，更不要留他餐飲用飯，只怕他年邁體衰，一口氣上不來，猝然死了，沒法交待，這對老人而言，眞是情何以堪。

究竟如何才可以讓壽命延長呢？答案當然很多，但大致上不外乎從身體與精神兩方面來努力，除請參考本書「保健有方第十八章」的一一四到一一七篇之外，今且簡約的提供四要項如下：

一、飲食有節（若飽食肥鮮，一個月腰圍必增一寸）

二、運動有恆（應配合體能：青年快跑，中年慢跑，老年緩步）

三、心情愉悅（煩惱久不放開，保證茶飯無味，黑髮變白）

四、嗜慾不萌（酗酒傷肝，多菸害肺，貪財損義，狂賭破家）

信能行此四者，則必會欲寡神爽，體健身強，便進入長壽坦途了。但願常懷青歲之心（杜甫「昔遊」詩曰：青歲已摧頹），不知老之將至（論語述而孔子語），那南極壽星老人翁必會來佑你，讓你歲月綿綿。

幸而近世紀以來，國人的壽命已漸增高了。對己而言，活得久值得慶幸，對社會而言，則希望好人要長命，爲群體造福。卻希望壞人要短命，免得貽禍衆人。由此觀之，長壽仍只是手段，長壽了要幹甚麼？怎樣利己又兼利人？那才是目的（這篇重心，在此一句）。這點蕪淺觀念，尚請大家深思。

五一　兇暴的颱風

颱風（typhoon）襲來，風狂雨暴，房屋倒，人畜傷，大家談颱色變，實在令人害怕。依內政部消防署及行政院農業委員會災害資料所示：民國八十五年（一九九六）七月卅一日襲台的賀伯颱風，造成七十三人死亡，四六三人受傷，一、三八三棟房屋毀倒，高達一九二億元（當年物價）的農業損失。因此、有必要認識颱風是如何發生？災害要怎樣減少？這都與我們切身有關，不宜忽視，但願本篇能助大家了解，略增小益。

颱風是如何形成的呢？乃是由於在赤道熱帶海洋上，空氣溫度高，濕度大，熱空氣容易上升，引來周圍冷空氣流入，就形成了「熱帶低壓」。這種流動便產生了「風」。流動到北半球後，與原來北半球的東北信風相遇，增加了對流作用。因兩者風向不同，而且繼續加強加快，便造成了漩渦，稱爲「氣旋」。當驟疾狂暴的風速高到每小時六十二公里時，就稱作「颱風」了。

颱風在氣象學上說，就是一種劇烈的熱帶氣旋，在熱帶海洋上發生的中強低氣壓，壯大後就成颱風。形成在北半球的颱風，呈反時鐘方向旋轉，南半球的颱風，則呈順時鐘方向旋轉。它的稱謂也有不同：發生在北太平洋西部（含台灣及中國南海）叫颱風（或謂是從

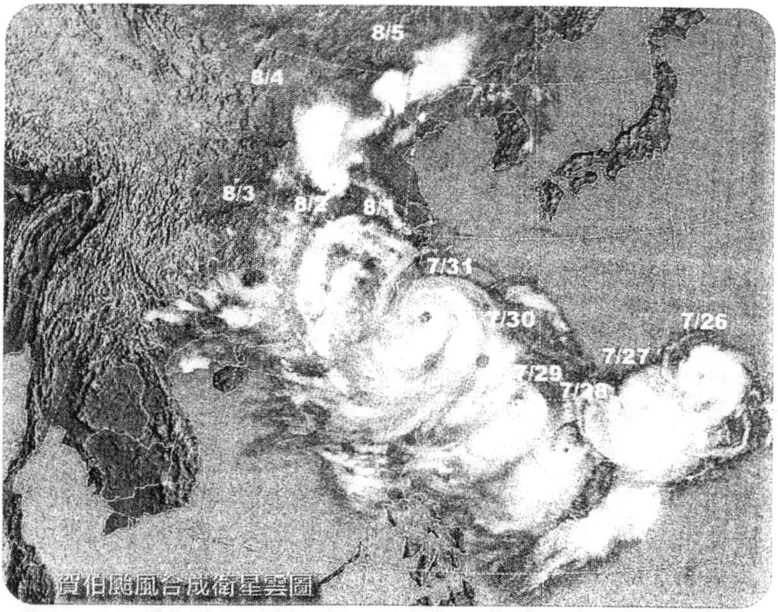

民國 85 年 7 月 31 日賀伯颱風侵台合成圖

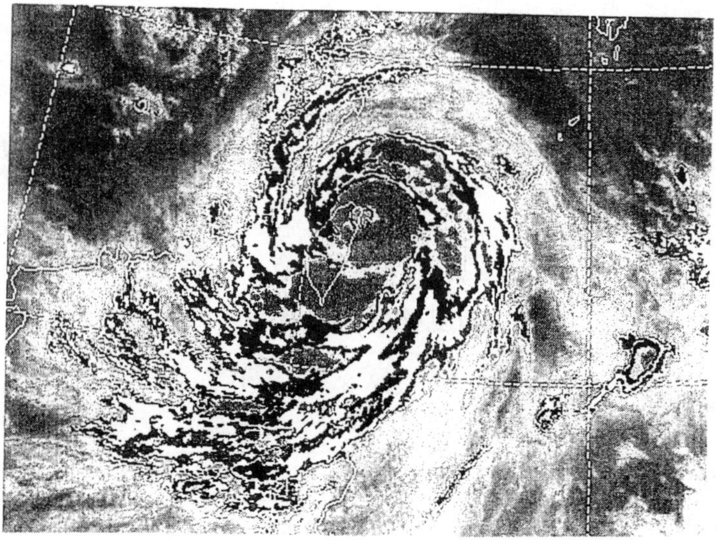

民國 85 年 7 月 31 日賀伯颱風衛星雲圖

中文「大風」轉來的），發生在大西洋西部（含墨西哥灣及美國）的叫颶風（Hurricane 意思是惡劣天氣之神），發生在印度洋上的稱爲氣旋（Cyclone，意思是旋轉的風），菲律賓人稱它爲巴基哦（Baguio，意謂熱帶性的龍捲風），澳大利亞人稱爲威烈威烈（Willy-Willy，意謂大旋風）。

至於颱風的強度，是以中心附近最大平均風速爲準，區分爲輕中強三種強度。請參看下面附表。

關於颱風的命名，最初是因爲有兩三個颱風並同存在時，常會不明所指，因此由美國關島氣象隊取了名字，按英文字母順序排列，分爲四個組，給予女性芳名，週而復始。例如第一組的順序是 Allice（艾麗絲），Betty（貝蒂），Cora（寇拉），Doris（杜瑞絲），Elsie（艾爾西）等等。後來又重新改訂，例如第一組改訂爲 Andy（安迪），Bess（貝絲），Ceceil（西仕），Dot（黛特），Ellis（艾勒士）等等。到一九九八年第卅一屆颱風委員會議，決議自二〇〇〇年一月一日起，颱風國際命名全部換新爲五組共一四〇個名字，由十四個成員國家各提十個編成。由於來自不同國家，新名字且包括了動物、植物、星象、珠寶等，也無法按英文字母由A到Z排序。例如新第一組的排名是 Damrey（丹瑞），Longwang（龍王），

颱風強度劃分表

颱風強度	近中心最大平均風速			
	每秒公里	每秒公尺	每時浬	相當蒲福風級
輕度颱風	62-117	17.20-32.60	34-63	8-11
中度颱風	118-183	32.70-50.90	64-99	12-15
強烈颱風	184 以上	51.0 以上	100 以上	16 以上

Kirogi（奇洛基），Kai-tak（啓德），Tempin（天秤）等等，雜亂且無規律。我國乃以「颱風編號」爲主，以名稱爲輔，來發佈颱風消息。

自一八九七年至二〇〇三年的資料統計，共有三八三次颱風侵襲台灣，其中以七月到九月最多，可說是颱風季節，它造成了以下的災害：

(一)強風——吹毀房屋，吹壞電力線，吹損高莖農作物。

(二)焚風——民間稱爲火燒風，溫度甚高，可能超出攝氏六、七度，而且異常乾燥。農作物因溫度突高，濕度突降而枯萎。

(三)鹽風——海風挾多量鹽分吹來，使農作物枯死，使電路漏電。

(四)巨浪——狂風使巨浪高達一、二十公尺，使船隻沉沒，海岸崩潰。

(五)暴潮——由於氣壓降低，使海面升高，導致海水倒灌。

(六)豪雨——摧毀農作物，陸地淹水。

(七)洪水——毀損農田，沖倒房屋，河水高漲，河堤潰缺。

(八)山崩——豪雨使山石崩塌，形成土石流，山區公路阻斷。

(九)疾病——颱風水災後，傳染病如痢疾、霍亂流行。

中央氣象局每當風力到達六級時（此時大樹枝搖動，電線呼呼有聲，舉傘困難），在天氣預報之外還加發「強風特報」。又每當廿四小時累積雨量將達一三〇毫米時，就發布「豪雨特報」，提醒大家採取防範措施。

這篇文章的重點是如何減輕颱風的損害。由於台灣地居北太平洋的西部，和菲律賓、琉球、日本等地，都是颱風常經之路（請參看下面颱風路徑圖），故不可疏忽。事先多一分預防，屆時少一分損失。注意事項如下：

㈠低窪住地，會有淹水之虞，應遷往高處或樓上。

㈡屋外、院內的懸掛物應取下。

㈢高樹要修剪樹枝，以免折落而損毀屋瓦房頂。

㈣門窗關閂牢固，或加釘木板，貼上膠帶。

㈤檢查電線、關閉瓦斯，以防火災。

㈥儲備蠟燭、火柴、打火機、手電筒、電池，以防停電。

㈦儲存飲水及用水，以防斷水。

㈧多備辦兩三天的食物菜蔬。

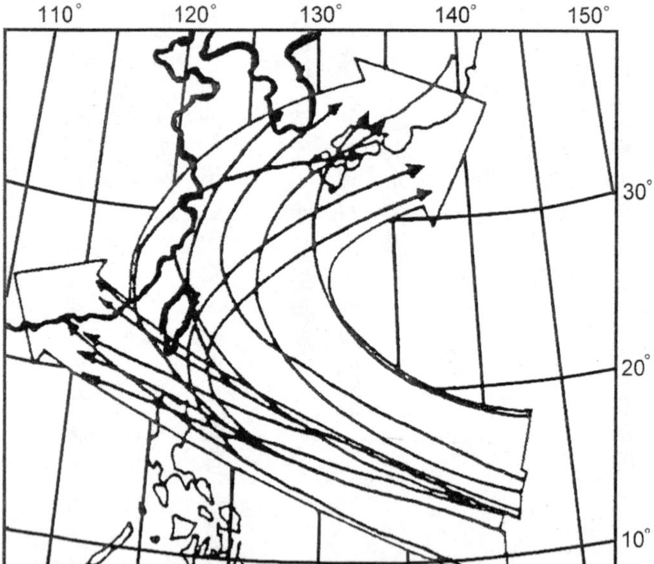

北太平洋西部颱風路徑圖

㈨颱風期間，如非緊急要務，不宜出門。

㈩斷落的電線，不可用手收撿，要通知電力公司處理。

㈪如有災害發生，應通報鄰長、里長、派出所。

㈫最新氣象資料，可利用電話直撥一六六或一六七氣象台接聽。

㈬準備有乾電池的收音機以收聽廣播最好。

㈭如居住河邊，應特別注意河水氾濫。

㈮檢查屋瓦是否牢穩？會否被強風刮走？

㈯排水溝有否暢通？應清除以防大雨阻塞而淹水。

㈰當颱風突然停止之際，應是「颱風眼經過」之時，二、三十分鐘之後，狂風會再度來襲（颱風眼爲中心氣壓最低之處，在此區域之內，既無狂風，也無暴雨），千萬不可認爲颱風已過而疏忽。

㈷颱風災害，主要是由狂風暴雨二者所造成，因此防範措施就須針對這兩方面的需要而設定。

颱風預報，會有誤差，因爲颱風是動態的，受天候及地形影響因素很大，至於台灣民間傳說有一種颱風草能預測颱風，專家說這是沒有學理根據的。又有俗語說「一雷破九颱」，也是不確的。倒是「西北颱」必須提防它，若是颱風由西北刮來，雨勢會特別大，甚至引起海水倒灌，災情會很慘重。

五二　恐怖的地震

地震一來，常是毫無預警的大搖大晃，嚇得人們心驚膽顫，沒處可逃，眞夠害怕的了。

爲甚麼會發生地震？依據專家所說，是由於地殼內部突然產生劇烈的震動，傳到地面，就叫地震（Earthguake）。

有一種板塊構造學說（Pate tectonies），它解釋了地震發生的原因。此說認爲地球外層是硬的岩石板塊，可以分別叫它爲歐亞板塊、美洲板塊、非洲板塊、印度洋板塊、太平洋板塊和南極州板塊等等（請見下圖）。板塊因受到張力、壓力、重力的作用，使得板塊之間每年會以數公分的相對速度移動。由於移動，就會使相鄰的板塊互相撕扯分離，或相互擠壓碰撞，

全球板塊分布圖

或彼此橫向磨擦，地震就因此而生。依據過去的經驗，多數地震每呈帶狀分佈，稱爲「地震帶」。其中西太平洋地震帶從阿留申群島，經千島群島、日本、琉球、台灣、菲律賓、印尼到紐西蘭。台灣適在中段。

至於台灣地震帶的分佈情形，主要有三支（根據以往紀錄，台灣的災害性地震，平均每年可能發生一次）：

㈠、西部地震帶——自台北南方，經台中、嘉義而至台南。寬度約八十公里，大致與島軸平行。地震災情較重。

㈡、東部地震帶——北起宜蘭東北海底，向南南西延伸，經過花蓮、成功、到台東，一直到菲律賓的呂宋島。此帶近似弧形，朝向太平洋。

㈢、東北部地震帶——此帶自琉球群島向西南延伸，經花蓮、宜蘭，至蘭陽溪上游附近，屬淺層震源活動帶。

描述原震本身大小的尺度稱爲「規模」（Magnitude），是由美國地震學家芮氏（C. F. Richter）所創。規模小於三的叫微小地震，三到五的叫小地震，五到七的叫中地震，七以上的叫大地震。規模八點二的大地震，約相當於廣島型原子彈一千個的能量。

另外由人體所感受到震動的程度大小則稱爲「震度」（Intensity）。例如〇度是無感，三度是弱震，五度是強震，七度是劇震。震度六以上會搖晃劇烈，站立困難，家俱翻倒。

民國八十八年（一九九九）年九月廿一日集集大地震（稱爲九二一大地震），規模七點三，震度八，是廿世紀台灣最大地震（請見下圖）。震央在日月潭西方九公里，由車埔斷層及雙冬斷層引發，造成一百公里長之地表破裂帶，水平變位達四公尺，垂直變位達七公尺。死亡二、四五六人，受傷一〇、七一八人，房屋全毀半毀者一〇六、六八五棟。多處有噴沙噴泥現象。草嶺再度山崩，造成長三公里以上，深達五十多公尺的堰塞湖，又稱震生湖（以上都是錄自消防署資料），可見其威力及損害之大。

地震如此恐怖，受損如此嚴重，應怎樣預防和避災呢？

一、地震發生時，如來得及，應關閉電源，熄掉火爐。火災之禍，甚於震災。

二、事先準備滅火器及急救藥箱，家人都應預知使用方法。

三、綁牢室內高懸之物件，鎖緊櫥櫃門閂。

四、重物應自高處移至地面。

1999.09.21.台中霧峰中正大樓受震倒塌

五、地震時，最好逃往戶外空曠地方，但應遠離招牌、廣告燈、屋瓦等危險物震墜之區域。

六、如一時無法逃出戶外，應選一堅固而不高、重心穩定的牢實家具之下蹲踞，以免被落物擊傷。

七、不可躲在牆邊，牆倒時會造成傷亡。

台北中央氣象局氣象服務科有各種地震資料可供索閱或購買，例如「地震百問」「認識地震」「地震防護要點」等，電話（〇二）二三四九—一一〇二。

五三　麻將歪經

麻將是國粹，此言不虛。它吆喝四人上桌，大家鉤心鬥角，牌局變化無窮，輕鬆逗趣尋樂，以致嗜此而不疲者多有。

若問麻將的源起，它以前原叫麻雀，相傳是從馬弔演變而來。依據近人徐珂《清稗類鈔》說：「麻雀、馬弔之音轉也（馬弔的讀音訛傳爲麻雀）。」宋儒楊大年著有《馬弔經》，可以證明馬弔在宋代就有了。清代李汝珍《鏡花緣》第七十三回中就大談四人玩馬弔，後來太平軍興，軍中用它來賭酒，增加了筒化、索化、萬化，又添東西南北，都是太平天國諸王的封號。不久就普及全國，今且已傳播到東洋西洋各地。

玩麻將，花樣各有不同，演變至今，分別有十六張、十三張和十二張等多種玩法。十六張俗稱台灣麻將，可以隨吃隨碰，搶先胡牌爲尙。至於十三張卻要議定最低番，例如斷么平胡各爲一番，大姊妹一條龍各爲三番，要湊夠五番或六番才准胡牌，目的在增加難度。此外十二張則是心中有一張無形的牌作聽用，可以當成任何一張牌，由於成牌很快，便限定起碼要雙飄才可以胡牌。至於中國大陸的玩法，則隨地域而各有不同，例如湖南省，必須用二五八做麻將對（又叫雀頭）才能胡牌，規則互不相同，卻各有其巧趣。

二〇〇五年三月五日，台北聯合報副刊登載張系國《麻將之必要》文章略謂：

「男人在一起長久談心不太可能，但從事一些共同的活動例如打麻將則是完全可能的。不但可能，而且樂意。不但樂意，而且樂此不疲。現代醫學發現，打麻將的好處可多了，既可談笑解悶，促進精神健康；又可手腦並用，防止老化痴呆症。將來打麻將還可以再加改進的。最近有醫生主張，每天不要坐辦公室，應該站著上班，甚麼肥胖症、心臟病都迎刃而解。所以將來應該設計高腳的麻將桌，讓大家都站著打麻將。」

麻將又稱方城之戲，這種消遣方式，究竟是可予提倡？或是應予禁阻？又何妨博採芻蕘，不恥下問，來垂詢一下那饒舌的讕讕子有何陋見，藉此讓他獻醜。

方城之戲尋娛樂

讕讕子說：當前高手如林，哪會輪到我這小子插話？今蒙詢問，且抒淺見。我認為：玩麻將乃是一種心智遊戲，要與橋牌、魔術方塊、塡字遊戲等同樣看待，將它視同娛樂是走正途，如若當成賭博則是入了邪道。倘若正事不幹，通宵達旦沉迷，連續熬夜弄成乾眼症，肩臂癱麻，腰椎僵硬，當然不好。如果是服勤蹺班偷去打牌，那是違規，要受處罰。甚至弄到傾家蕩產，更不應該。故一般人主張暇時小玩，會有調劑之功，可以促進大腦快速思考，訓練反應力，防止老人癡呆失智（Alzheimer's disease，又名阿耳滋海默氏病）。那些喜好築城的同志，就讓他們去玩好了。再者，過年春節長假，該是輕鬆尋樂佳期，日夜可能有萬桌麻將，等於是有四、五萬人都安守在室內。如果讓這麼幾萬人開車或步行外出活動，豈不是造成交通混亂，或者惹事吵架，甚至撞車傷人嗎？這樣看來，麻將對寧靜和治安似都蠻有幫助的。警政署應可鼓勵各家普玩衛生小麻將。

打麻將要精力充沛，反應快捷，如果注意力不集中，該碰的漏碰了，該胡的又走胡了，鐵定送錢。而且「牌運」十分邪門，當你後悔出錯了牌，這時牌運也跟著出走了。從此後你會一直不能進張，好不懊惱。反之，當你牌運旺時，想要進任何嵌張都會摸到，輕鬆落了聽，接著胡了牌。似乎背後有位牌神一逕在幫你佑你，你可不要得罪祂了呀。

請看二〇〇五年十二月廿六日中央日報報導：

「新竹縣高齡八十三的謝清國先生，參加縣政府舉辦的聖誕節麻將聯誼活動。限五十歲以上才可報名，共一百一十二人參加，在大禮堂擺下了廿八桌。縣長到場致意說：經常讓腦力激盪，會使人更年輕活潑云云。這是把麻將導入正當娛樂。」

由此推論，玩牌的效用有四：一是催活腦筋，二是享受刺激，三是增進友誼，四是排遣無聊。因有牌友歌之曰：「麻將非賭博，四人湊一桌，小玩不傷神，鬥智尋歡樂。」說來也不無可取吧。

有人建議：選女婿時，最好先邀他打場麻將。看他脾氣好不好，反應快不快，性情順不順，品格高不高？這些毛病，都將不自覺的在牌桌上會原形畢顯，憑此以定取捨，百不失一。此說似也不無道理。

從理論上說：方城之戲，乃在考驗智商。第一、必須心腦靈活，反應迅速；看穿三家牌路，隱藏自己實力；摸進一張，可由小牌變大胡；扣住一張，可使危局成亡局，具有高深的「技術性」。第二、臨場判斷，決心定於俄頃；何者是熟張，必無人要；何者爲險張，萬不能放；早打遲打，揣摩形勢，具有莫大之「冒險性」。第三、倘若高手相遇，互比功夫，常須欺騙上家給牌，扣死下家吃牌，看緊對方胡牌，以技巧爭勝負。此項牌技運用，存乎一心，半由穎悟，半由磨練，具有強烈的「挑戰性」。第四、麻將變化莫測，無一局相同者。有好牌不妨做大，清一色再加雙龍抱；是壞牌不宜貪多，混一色不必湊一條龍。即令此局不成，下局仍有希望，希望不絕，其樂無窮，具有濃厚之「趣味性」。因爲有此多項刺激，故產生衆多牌迷。

不要三元早胡牌

打麻將有運氣手風，但技術也是輸贏關鍵。今且舉一實例來助興。請見圖一「如何聽牌圖」所示：圖中前排是已經碰了的紅中、白皮兩坎在地，後排是留在手上的豎牌，這是一副混一色加小三元已經叫聽的牌。此時你摸來了七餅，請問你該打出一餅或七餅呢？還是該打掉發財呢？

高手說：應該打掉發財。爲甚麼？因爲紅中和白皮早已露了面，別家決不會再打發財，除非你自摸，那卻太難了。當你打掉發財後，下家跟著出發財，對家也隨著頂發財，此時你不必後悔，因爲你若不打，他們也扣著絕不會打，發財即令海裡不見，也僅剩下一張，天曉得會讓你自摸到嗎？說不定你還會打出別的生尖摸張而放銃讓人胡了。如今你雖犧牲了小三元，但你改爲一四七餅聽胡的機會就猛增加了三倍，別人會打出來，你也可能自己摸到，要訣是：打麻將要以「求胡」爲第一考量，若死等自摸發財，硬要個性，那是絕路一條，活生生把手氣逼壞了。

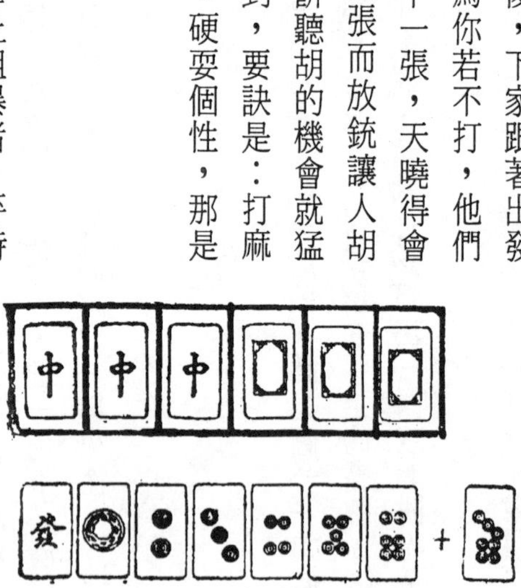

圖一　麻將如何聽牌圖

打牌要找好搭子

玩牌可窺人品優劣，信然。凡脾氣急躁，舉止粗暴者，平時可能深藏不顯，在牌桌上卻會惡形畢露。夫玩牌本是四家逗趣，互競智謀，消極者不令下家成牌，積極者速求自己胡牌；故有時惡性硬碰，不讓上家吃牌，爲規則所許可，不能生氣。有時剋扣下家，乃是理所當然，也不能抱怨。若是當別人胡牌之後，自己偏頭去看上家手上所扣之牌，責問他爲何孤張不出，尤其是萬不可以的。因此之故，打牌要找好搭子，有四個條件，一是牌品要好（甩牌罵人的不邀），二是技術不算最高（每次穩贏的不邀），三是隨叫隨到（推三阻四的不邀），四是絕不欠帳（輸錢不給的不邀）。打牌是找樂子，四位玩家都應遵守玩牌公德，任何遊戲都有規則，打牌自也有「牌規」，因此有人仿照那《軍人讀訓》十二條的款式，撰成《麻將十二守則》：

麻將守則與銘詞

一、按時赴約，不得有遲到早退之行爲。
二、圈數固定，不得有縮短延長之行爲。
三、說吃即吃，不得有反覆無定之行爲。
四、叫碰就碰，不得有猶豫不決之行爲。
五、落地生根，不得有取回另打之行爲。
六、輕拿輕放，不得有摔牌砸桌之行爲。
七、築牌要快，不得有慢手慢腳之行爲。
八、一團和氣，不得有指桑罵槐之行爲。
九、保持風度，不得有怨天尤人之行爲。
十、敦重牌品，不得有勾結叫張之行爲。
十一、入廁要少，不得有一圈數便之行爲。
十二、輸錢付帳，不得有扯皮賴帳之行爲。

以上這十二條，只算是起碼的消極要求，如果

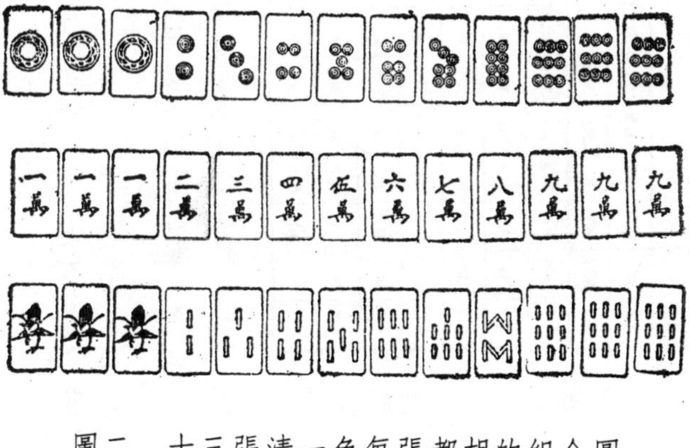

圖二　十三張清一色每張都胡的組合圖

犯了，就應列入「拒絕往來戶」，下次不邀了。

此外，有好事者模擬唐代劉禹錫《陋室銘》「山不在高，有仙則名；水不在深，有龍則靈。」的句法（全文見《古文觀止》卷三），寫成《麻將銘》曰：

「藝不在精，有錢則靈；人不在多，四位就行。斯是娛樂，惟麻將經。斷么獨聽門前清，海底撈月揁上摸坎心。可以健精神、活腦筋，有晝夜之遺興，無男女之區分。八圈分勝負，得意莫忘形。賭友云：『何厭之有？』」

這篇歪銘還不夠，有位文士，當然也是麻將高段，更學那南唐後主李煜《虞美人》詞「春花秋月何時了，往事知多少？小樓昨夜又東風，故國不堪回首月明中」的詞譜（全文見《白香詞譜》第十一），吟成《麻將詞》如下：

「劈哩叭啦何時了，子碼連連少，剛才順手卻搬風，上家打牌又像耍郎中。三六九萬應猶在，不見眞奇怪，問君還有幾多籌，只見大錢小錢向外流。」

No.	牌						型						
1	一萬	一萬	一萬	二萬	三萬	四萬	五萬	六萬	七萬	八萬	九萬	九萬	九萬
2	二萬	二萬	二萬	三萬	四萬	五萬	六萬	六萬	七萬	七萬	七萬	七萬	八萬
3	二萬	三萬	三萬	三萬	三萬	四萬	四萬	五萬	六萬	七萬	八萬	八萬	八萬
4	一萬	一萬	一萬	二萬	三萬	四萬	五萬	六萬	六萬	六萬	六萬	七萬	八萬
5	二萬	二萬	二萬	三萬	四萬	五萬	六萬	七萬	七萬	七萬	七萬	八萬	九萬
6	一萬	二萬	三萬	三萬	三萬	三萬	四萬	五萬	六萬	七萬	八萬	八萬	八萬
7	二萬	三萬	四萬	四萬	四萬	四萬	五萬	六萬	七萬	八萬	九萬	九萬	九萬
8	二萬	三萬	三萬	三萬	三萬	四萬	五萬	六萬	七萬	七萬	七萬	七萬	八萬
9	二萬	三萬	四萬	四萬	四萬	四萬	五萬	六萬	六萬	六萬	六萬	七萬	八萬

圖三　十三張聽胡清一色九種牌型圖
（來任何一張都可胡牌）

每張都胡清一色

讕讕子又說：身為麻將初學者，趁此機會，想要提出一個問題，請高段老手指教。問題是：一手清一色十三張，要想從一到九，張張都可胡牌，這牌型應當怎樣組合呢？

這就要像圖二「十三張清一色組合圖」所示。我們可以計算一下，從一到九的牌有九種，每種四張，共三十六張。我這副牌佔了十三張，還有二十三張，只要出現任何一張，我就胡牌了。

圖二是門前清的清一色，結構整齊美觀，它的組合是由一和九各三張，二至八各一張，沒有間斷的左右貫通的連續牌姿，九門聽牌，好不漂亮！

這種九聽組合，不僅只有圖二那獨一種型式，另外尚有多種，請參看圖三「十三張聽胡清一色九種牌型圖」，共有九種組合，你看這有多妙。

那麼十六張有沒有這種組合的牌型呢？答案是有的。請參閱圖四「十六張清一色聽胡牌型圖」，它也有九種組合。仍請想一想，清一色全部牌塊計有九乘四共三十六張牌，我今手上佔了十六張，外面還有二十張，任何一張出現，我都可叫胡，這該何等快意。

但是，請不要太高興，這種好牌，千年難遇一次。而且打牌是四人鬥狠，不容許你有時間將手上的牌提過來湊過去，讓你想通了到底可聽幾門？由於摸打速度的緊迫，由於三

雀牌口占

單打獨鬥我最喜
騙上欺下扣死你
可惜十場九場輸
牌神不佑沒天理

①
一萬 一萬 一萬 二萬 三萬 四萬 伍萬 伍萬 伍萬 伍萬 六萬 七萬 八萬 九萬 九萬 九萬
3 1 1 1 4 4 1 1
②
一萬 一萬 一萬 二萬 三萬 四萬 伍萬 伍萬 伍萬 伍萬 六萬 六萬 六萬 六萬 七萬 八萬
1 1 4 4 1 1 1
③
二萬 三萬 四萬 四萬 四萬 四萬 伍萬 伍萬 伍萬 伍萬 六萬 七萬 八萬 九萬 九萬 九萬
3 1 1 1 4 4 1 1
④
二萬 二萬 二萬 三萬 四萬 伍萬 六萬 六萬 六萬 六萬 七萬 七萬 七萬 七萬 八萬 九萬
1 1 4 4 1 1 1 3
⑤
一萬 二萬 三萬 三萬 三萬 三萬 四萬 四萬 四萬 四萬 伍萬 六萬 七萬 八萬 八萬 八萬
1 1 4 4 4 1 1
⑥
二萬 三萬 四萬 四萬 四萬 四萬 伍萬 伍萬 伍萬 伍萬 六萬 六萬 六萬 六萬 七萬 八萬
1 4 1 4 1 4 1
⑦
二萬 三萬 三萬 三萬 三萬 四萬 伍萬 伍萬 伍萬 伍萬 六萬 七萬 七萬 七萬 七萬 八萬
3 1 1 4 2 4 1
⑧
二萬 二萬 二萬 三萬 四萬 伍萬 伍萬 伍萬 伍萬 六萬 六萬 七萬 七萬 七萬 七萬 八萬
1 4 2 4 1 1 3
⑨
二萬 三萬 三萬 三萬 三萬 四萬 四萬 伍萬 伍萬 伍萬 伍萬 六萬 七萬 八萬 八萬 八萬

圖四　十六張聽胡清一色九種牌型圖
（來任何一張都可胡牌）

方的催促，由於你的猶豫而被人懷疑，甚至識破你正在做清一色，他一張萬子也不放出來，這就糟了。當你有十張以上的同一色牌時，若非身經百戰，反應快捷，就算是雀齡有三十年的老手，有時也會漏胡，該胡而不胡，還要包別家的牌，這種啼笑皆非的慘遇，只有啞巴吃黃蓮，暗往肚內吞下。

牌友人人聰明，玩久了後，就常常出些主意來增加花樣，以故新發明若干格外的胡牌名目：例如「孔雀東南飛」，是指東風南風與一索（刻的是雀形）共有三坎的牌。「三打白骨精」是指三筒三索三萬共有九張再加白板一對的牌。「五大郎賣餅」是四句牌裡都有五，再加兩個一筒作麻將對子的牌。至於在十六張的牌局裡，如果某一家將八張花牌一人摸到，這時不論手中的牌很亂，都算胡牌，台數算到頂，三家給錢。又如某家已經有六張花牌，另一家也有一張，只要那已有六張的這家摸到了最後一張花牌，湊成了七張，就叫「七搶一」，也胡了。

兩家都聽三六萬帶五萬

麻將學會不難，求精卻不易。但它能使人興奮、喜悅、盼望、驚奇，且有逗樂、添趣、快意、娛情之效，則似爲大家所公認，否則也不會如此具有誘惑力了。各位牌友如果還感興趣的話，不妨再猜下述這場麻將的組合來解頤。有人問：四人同桌玩十三張，某一牌局進行中，上家打出一隻三萬，下家莊家說：「我胡了，我聽三六萬帶五萬。」推倒牌一看，他是三隻四萬帶一隻五萬聽牌，另外加上已組合完成的三句牌，能胡，沒錯。此時對家嚷道：「我是清一色，也聽三六萬帶五萬，卻被你攔胡了，眞倒霉！」今特請教你：這對家清一色十三張萬子是怎樣組成落聽的？（讀到這裡，請你暫停，想到答案後，再續看下一段）

原來這對家清一色十三張的組合是：

「一二三四五五六七七七七八九」

恰巧也是聽三六萬帶五萬。由於在十三張的牌戲規則裡，只准一家胡牌，故有攔胡、擋胡、截胡之制。但在十六張牌戲規則裡，卻有「一砲雙響」「一砲三響」之制，都有權利胡牌，放炮的必須通賠。

老美也愛摸八圈

麻將不但在我國吃香，甚至風行到歐洲美洲。據二〇〇六、一、卅一、經濟日報刊載：駐台北的歐州商務執行長紀維德在過年時，就會習慣性的打打麻將。又請看紐約出版的世界日報中文版二〇〇五、六、十五 B 1版由記者馮鳴台撰寫的《老美退休打麻將》專題（附照片見第五圖）自美國拉斯維加斯的報導，節略說：

「在太陽市遜麻林（Sun City Summerlin）退休住宅區，每週二都有百多名老美聚集打中國麻將。其中以蘇珊（Susan）的牌齡最久，她以前在紐約從小就學會了。

老美退休族打麻將 花樣多

■老美的麻將玩法簡單易學，但是每年都有新的胡牌組合統一標準。(本報記者馮鳴台攝)

第五圖　美國男女打麻將圖

第六圖　老美也愛摸八圈
（每人前面都有胡牌說明圖文）

「老美打麻將，每人面前都有一張麻將胡牌說明圖文（見第六圖），他們的花樣比中國傳統的還要多。大家只顧自己的牌，不盯下家的牌。『賠法』也不高，多則三角錢一局，少則廿五分。蘇珊說：打麻將比玩角子老虎省錢，樂趣卻很大（但要在東西南北這些牌的右上角加刻EWSN等單個字母，萬子也刻阿拉伯字以利識別）。」

「記者問：爲何不見中國人來此打麻將？葛利亞（Golria）說：老中要打自己的那一套，不肯學這一種。」

「她又說：中國麻將從一九二〇年就傳入美國。最早在紐約市，一九三七年組成了『麻將俱樂部』，至今會員約有廿萬人。每年全美國都舉辦麻將大賽。」

由此可知，美國人玩麻將，也是著重娛樂性和趣味性，賭資很小，並不注重輸贏，應算是一種健康的消遣。

四家都聽二三萬

說到這裡，不禁又想起另外一個麻將猜胡趣聞。謎面是四家都聽胡二三萬。四家下聽時，公海裡只見到一個三萬，推算這二三萬還有七個，胡牌機會太大了。可是直到牌摸完了，四家都沒有胡牌。這時莊家沉不住氣，把牌推倒亮相說：「我是清一色的萬子，聽二三萬，你們扣住不放，我又摸不到，眞衰透了。」下家接著說：「你看，我也是聽二三萬。如果來三萬，我是連三數，如果來二萬，更成了對對胡，沒胡豈不更糗？」對家也不平說：「三數沒啥稀奇，我是硬碰硬的連兩數對子胡，同樣也聽二三萬，硬是不來，太菜了。」上家最後才說：「我也是聽二三萬，如果來三萬，那是三數，如果來二萬，便是全帶一再加姊妹花，老天不幫忙，太慘了吧！」四家都是大牌，現在、請高手猜一猜，這四家的牌是怎樣相配而聽胡的？

且慢，各位高段玩友，你們如有興趣接受挑戰，請不要急著找答案，自已先湊湊看這四家牌型是如何組合的？然後再去對照文末的第七圖「四家都聽二三萬」圖示（或許你的解答更加神妙）。由此可證麻將有時很邪，它讓四家互相牽制。例如從這一局來看：四個二萬已佔盡了，三萬還缺一個，但早已出現在海裡，等到最後大家一算總帳，才知道二三萬全光，誰都不能胡牌，直到亡莊爲止。四家齊喊倒霉，我也替他們叫屈。

麻將歪經求轉運

總括來說：麻將是消遣，要抱遊戲之心，重在找樂，不在勝負。輸錢不影響生活，故只宜小玩，不可大賭。誰也不能靠打牌發財，除非他是「郎中」。那些心想贏錢的老哥，請他去打劫銀行好了。其次，打牌有開銷，車錢、飯錢、頭子錢，都是花費。何況手順時少，手背時多，十賭九輸，這話不假。若要不輸，除非金盆洗手。以下戲湊八段「麻將歪經」，專講孬話，逗你一笑，希望你心情放開，得失淡然視之，勝敗無所謂的享受玩牌的淳味，你不會在意吧？或許你就從此收山戒斷也好，阿門！

麻將歪經

(一)麻將是遊戲
鬥智兼消遣
手氣太邪門
請你看下面

(二)四圈不開張
十場九場光
多對不出碰
下家槓上花

(三)起牌不相靠
連摸都不叫
拆餅多來餅
想吃吃不到

(四)摸牌摸不進
要吃別人碰
一吃就漏張
牌完還未聽

(五)上家同一道
下家張張要
早聽不胡牌
胡牌上家攔

(六)落聽出手砲
開槓槓上砲
連放三響砲
跟熟也是砲

(七)下叫叫得晚
大牌小胡劇
三家看死你
今天輸得慘

(八)自摸別人碰
胡牌已出盡
少輸就算贏
慢慢求轉運

尾語

孔子曰：「飽食終日，無所用心，難矣哉。不有博奕者乎，為之猶賢乎已。」註解說：「博者、局戲也。奕者、圍棋也。」這意思是：「你們整天無所事事，還不如玩一場博戲，或者下一盤圍棋。」

孔子把博戲（古代博戲又稱局戲，已失傳了。今之麻將，當也是博戲之一種）與下棋視為同一種心智活動，牌友們應當向至聖先師深深一鞠躬才是。如今有人美稱它為衛生麻將，這只要限制它僅是一項娛樂逗趣的遊戲，也就無傷大雅了吧。

圖七：四家都聽二三萬

（二萬已無，三萬剩一，已先捨在公海裡了）

①莊家　萬子清一色：

②下家　連三數或是連三數對子胡

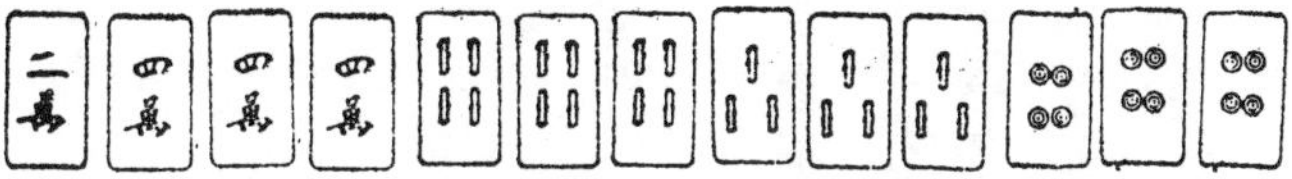

③對家　連兩數對子胡：

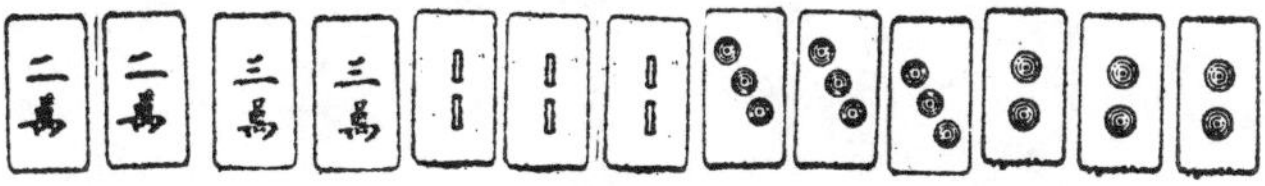

④上家　連三數或為全帶一：

時人有疵第九

五四　中華民國國號改不改

聯合報民國九十三（二〇〇四）年九月四日「要聞」版刊載特派記者劉寶傑自中美洲貝里斯國（Belize）的越洋報導：

「陳水扁訪問貝里斯國，昨天在該國與隨行記者茶敘。他說中華民國最好的簡稱是『台灣』。他直接表示：『ROC 不好，別人會疑惑 ROC 是甚麼碗糕』。」

讕讕子說：首先，國號要新改稱呼，這是何等大事？竟然可妄在「別的國家」，對象是陪著跟去的「隨行記者」，場合是「茶敘之時」隨便宣告的嗎？再則「碗糕」之說，也太輕漫，拿它來比喻神聖莊嚴的國號，糟蹋得極不適合。無論是人、事、時、地、言、無一相宜，十分不得體。

其次，國號不是不可以改，叫它「中華民國在臺灣」「台灣共和國」「台灣 ROC」，或直叫「台灣」都可以（以上這些名稱都出現過，都是有權人說了就算的，但初一十五說的不一樣），這是要循正規途徑，從修訂憲法著手，要諮詢專家，集思廣益，充分討論，然後全民公投同意，才能正式定案。絕不可以由某一個人憑著官大學問大、官大嘴巴大、逞口而說，就算定數的呀！（今後參加奧運，中華隊要改名「台灣」隊，也是由一個人說了算數的）外交部不怕違憲，竟然立即決定優先使用「台灣」，而監察院則聾盲不加理會。

說到這裡，有必要提醒善變的陳水扁一下，可不要忘了你在二千年總統就職演說中說過：「作爲中華民國總統，要遵守中華民國憲法。」（也是他這位大人物正式宣告的），這話還算不算？

但是，中華民國這塊招牌卻是老字號，是安全安定的護身符，比中共早了三十九年，中共面對她都很感冒，不敢造次。如果我們自動拆掉，等於替中共搬開了這塊擋路的大石頭，對岸會十分感謝。而當我們掛出另一塊「台灣共和國」新招牌之際，正好給中共一個武力犯台的大藉口（你搞分裂，我執行「反分裂法」，一定開打）。請問屆時國際間誰會認同你？誰會站在你這一邊來與中共爲敵？

中共攻台，戰場就是台灣本島，那時節處處焦土，老百姓家破人亡，想想看究竟誰是當初的惹禍者呢？

——本文完稿於二〇〇四年九月，如今已進入二〇〇六年，此文只算是明日黃花。更改國號之議，雖然一直未見冷卻，但也沒能眞正實現。猜想不是不改，而是難處太多。故仍保留本篇，以備將來驗對。

五五　舉著紅旗反紅旗

中華民國九十三（二〇〇四）年九月四日聯合報「要聞」A4版記者李曜丞報導：「李登輝昨天到台中參加李登輝之友會，他說：『現在如果再自稱爲中華民國，那就是瘋了。因爲中華民國自一九七一年退出聯合國之後，就已經不存在了』。」以上原文照錄，一字未改。

讕讕子曰：請問李登輝：

(一)你是在我國退出聯合國之後才接任總統的（該時總統是蔣經國）。既然你認爲中華民國那時已經不存在，請問你那時是接任哪個國家的總統？是接任一個「不存在」的國家總統而竟然幹了十二年之久嗎？那你豈不是神經錯亂眞的「瘋」癲了？

(二)你說中華民國早已不存在了，你今棲身在何國？你每年每月，是向哪個國家領取優厚的退休俸給？

(三)你還多次去日本朝覲，拿的是哪一國的護照？

(四)你一面長期領受了中華民國退休總統無比優渥的待遇（優於美英法德），又享有中華民國特種勤務組織對卸任元首的安全護衛，花的是全中華民國人民的血汗錢，另一面卻不承認有個中華民國，這是不是兩面佞人，一面笑臉按時向他要錢，一面惡臉宣佈他早已死了。正反兩塊臉皮，何以不知羞恥到如此地步？

上述特優待遇絕非假話，二〇〇六、五、卅、聯合報載：李的薪俸不打折，有六輛車，六名司機，八名職官，十六名衛士，每年要花七千六百萬台幣，供養到死。

㈤說眞格的，倘如另外一個從未沾享中華民國半點好處的人，自謀生活來反對中華民國，雖然他錯了，我會尊重他，因爲人人都有言論自由的權利。但你本是中華民國的公僕，現在仍然應該還是靠國家供養，卻不承認中華民國的存在，這才眞是豈有此理！

㈥二〇〇四年十二月二十八日聯合報載：李登輝在世界二次大戰，他二十來歲時，正在日本名古屋高砲部隊任皇軍陸軍少尉，日本姓名叫岩里正男。後來台灣光復，回歸中華民國，你又兩次參加過共產黨。「舉著紅旗反紅旗」，就是你呀！你既不認同中華民國，大可離開此地，沒人攔住你。但你卻長期賴在中華民國境內不走，有甚麼顏面屢屢興風作浪呢？

五六　台灣之父

孫中山先生（一八六六——一九二五），名文，字逸仙，畢生獻身革命，辛亥一役，推翻了滿清「帝」制，創建了中華「民」國。不幸於民國十四年逝世，葬於南京。民國二十九年，國民政府明令尊爲「國父」。但中共不承認，改稱他爲「革命的先行者」。

讕讕子曰：「先行者」如譯爲白話，僅僅是說「走在前面的人。」那「創建」的功勳不見了，這和「走在後面的人」並無多大分別，豈不是貶抑了他？（無怪乎即使是秦皇漢武，也被視爲「略輸文采」，因爲不可以把後人的氣勢和光輝遮蓋了）。沒有中華民國，哪有中共？這不應該。

至於在台灣，「國父」之稱，也漸受漠視。且另有人被捧爲「台灣之父」，又有人自稱爲「台灣之子」，父子是誰，人人知道。被捧者受之不羞，自稱者居之無愧，兩者臉皮都太厚了，讕讕子只好停筆長歎。

五七　呂秀蓮恕己責人

「呂秀蓮副總統公開抨擊高科技產業稅負過輕，受政府輔助過重。現在高科技壯大了，賺了大錢，花巨額鈔票把尾牙辦得太風光，但對社會的回饋卻太少。她呼籲社會上還有許多凍死骨和餓肚皮的貧民等待救援云云。可是、呂副總統在任內一再搬家，光是她的官邸裝潢修繕費即已花掉了公帑四千多萬台幣，豈不也是不知民間疾苦嗎？」

以上是二〇〇五年一月十四日台北聯合報「民意論壇」彭慧明先生的評論。

讕讕子曰：每逢農曆十二月十六日，是一年中最後一次打牙祭（員工餐會）叫尾牙。此事有三點不能不饒舌一吐，理應給他們雙方各打五十大板。

其一：相隔不到一月，二〇〇五年二月七日各報又載：

「國內最大的科技製造鴻海集團，在林口體育園區舉行年終尾牙大宴和晚會，參加員工近萬人。尾牙採馬拉松式，自中午舉行到晚上，由鴻海董事長郭台銘主持，有綜藝天王、著名歌星及紅牌藝人助興。共頒發了四四二〇個獎項，及一八四〇張鴻海股票，總獎額高達台幣四億。沒有中獎的也有三千元紅包可拿。」

這不正是杜甫《自京赴奉先縣詠懷》興歎的「朱門酒肉臭，路有凍死骨」的寫照嗎？也不正是白居易《秦中吟》第三首「廚有臭敗肉，庫有貫朽錢，豈無貧賤者，忍不救飢寒」的慨歎嗎？大企業主該收斂收斂才對。不要自己撐得腸肥肚脹的而旁邊有人啼飢號寒，富老闆於心何忍？

其二：如果稅負眞的過輕，這應由呂副總統循正規途徑責由政府有關部門立即檢討修正，照新規定課稅才是，如今大企業家按照「稅率」繳稅，若政府設定的稅率太輕，難道也怪高科技不對？難道對外公開放話就可了事？

其三：呂秀蓮租修副總統官邸，亂花掉國家許多錢。而且屢次搬家，多次高價租住。爲何不反省自己高築圍牆，美化廳室浪費之不當，卻只罵別人，是不是有雙重標準？如果他是花自己的錢，旁人無權講話，如果是花老百姓納稅人的錢，人人皆可責問。這不正是「人不知自醜，馬不知臉長」的壞例嗎？

五八　所謂「去中國化」

「行政院長游錫堃在立法院宣示：海峽對岸是『中國』，我們是『台灣』。他要求外交部及相關部會從現在起，一律稱對岸爲『中國』。」

「北京表示：這是『一邊一國』的具體實踐，使『台灣』和大陸分離搞獨立，再次推動『去中國化』。從李登輝、陳水扁的『修改教科書』『把中國歷史歸作國際史』，都爲了不承認是中國人，這是製造分裂危機。」

以上兩段，是摘自二〇〇四年九月五日台北聯合報A４版的報導。

讕讕子曰：所謂「去中國化」，當非逞嘴空吠就可成事，必須堅決要將台灣完全與中國割斷，要徹底實行才算數。不可玩成半弔子，變爲半中半台就收攤；也不是唱唱戲，鬧個半眞半假便謝幕，那會騰笑國際。因此，務必趕快分頭並進，今我且越俎代庖，替當政者提出幾個重點，立即兌現：

㈠政治方面：建國大業，最好在二〇〇七年成立「台灣人民共和國」。因爲中共正忙於籌辦二〇〇八年奧運，投鼠忌器，不好反對。過此吉時，恐將永無成功之望。

㈡憲法方面：⑴要製訂台灣憲法：以確定國號及疆土爲何？⑵有關新的國家體制：是

實施總統制或內閣制？⑶政府架構：採行三權或五權？都要在建國前先期確定。新憲製頒必然內外都有阻力，但為了神聖建國宏圖，絕對不可退縮迴避。

㈢外交方面：既稱「台灣國」，主權理應限於台灣本島。那麼釣魚台就可送給日本（李登輝早就公開瘋言釣魚台是日本的）；東沙島、南沙島送給菲律賓；西沙群島給越南；以換取對「台灣國」的承認。如果日本不肯，可再送上彭佳嶼、龜山島；如果菲律賓不肯，可再送綠島、蘭嶼、小琉球。如果越南不肯，可再送中沙群島。或者另加豐厚的賄賂，免得他們反對。

㈣金門與馬祖，太靠近大陸，不屬「台灣國」範圍，理應讓給中共，小禮物一樁嘛！

㈤內政方面：澎湖是離島，距台灣五十公里，如果將來要另外建立「澎湖共和國」，應准其獨立（請看民進黨旗裡，原只有「台灣島」，沒有澎湖金馬）。同一道理，如果台灣島內原住民要建立「高砂國」，也該照准。

㈥為徹底「去中國化」，南京東路應改稱烏來路，延平郡王是中國明朝賜封的，因此，延平南路應改為淡水路，各縣市的北平路都應改為高砂路，其他亦然。凡是用中華或中國為名的如中鋼、中油、華視、中視都要改名，而基金會冠以中國字樣的如中華民國環境保護基金會等超過八十個，應予改稱或解散。

㈦忠烈祠不應供奉外國人，凡非台籍者，都應撤掉。各地所立的紀念館，如廣東籍孫中山（二〇〇四年國父誕辰日，考試院長姚嘉文宣佈孫中山是外國人），浙江蔣介石、蔣經國，以及其他個體如安徽胡適之、山東傅斯年、江蘇李國鼎、湖南尹仲容等，都應屬外國人。

(八)軍事方面：北京對台文攻武嚇，應視為敵國（教育部新修歷史課本說「國父革命是『中國』史，中國是外國，也是敵國」）。台獨建國，即使北京打過來，把台灣島毀成一片焦土，也絕不改悔。至於二〇〇四年規劃的六一〇八億購買武器，這不足以保衛台灣「國」，應增五倍，升為三兆台幣，才可以勉強讓總統睡覺安心（因為陳水扁說：他不能安心睡覺）。

(九)文化方面：中華民國史應攔腰切斷，以民國三十九年即一九五〇年分界，以前的國父革命算作中國史，中國史是外國史，以後的才叫台灣史。台灣史才算本國史。至於現今使用的中文文字是「中國」的，為了兌現「去中國化」，應該廢掉，另創新字（例如「台灣」是中國字，禁用，要變為厶弓，李輝變木光，陳扁變陎冊。這是第一步，但雖然改了，仍是「中國」字，應再進一步創造「高砂」文才對。）此外「閩南語」是大陸福建話，要另改原住民腔，才算完全有分隔。

(十)所有孔子廟、太上老君廟、關帝廟、岳飛廟、玄奘寺、觀音大士、媽祖天后宮，鄭成功祠，都是中國貨，全該拆毀，這才叫「去中國化」。然後另行籌建「台灣之父」「台灣之子」生祠（有人叫「摩西」——Moses，有人自稱「約書亞」——Joshus）

(十一)所有圖書館原有藏書，博物館原有古物，都該歸入外國類，與日、韓、菲、泰同列為東亞區。學校應採用新的台文教材，「中國」史列為國際史，世界地圖應將台灣繪在中央，大學「中文系」改為「敵」文系。（二〇〇四年十一月十九日聯合報載：「考試委員林玉體表示：『中國不但是外國，也是敵國。』那麼孔子、司馬遷、李白不都是外國人了嗎？」）

(十一)經濟方面：台商投資大陸太多，把台灣掏空了。中國既爲敵國，就該把台商全部召回（在大陸工作的台商已逾七十萬人，兩岸貿易達七一〇億美元，其中台灣順差爲四九七億美元，台胞在大陸投資逾七〇〇億美元，這應算是資敵。依據二〇〇六、二、廿聯合報載。補註），拒絕三通（十六年來前往探親旅遊的已逾三千萬人次）。爲了防止偷渡，應在台灣海峽，裝置南北向的海上分隔鐵鍊，使敵我雙方都不能在這鎖海巨鍊之間作東西向橫渡。但可讓日本韓國的運油巨輪，仍能安全循南北縱向通過海峽，諒他們不會抗議。至於飛機空運，本就未開放直航，如抓到有轉機潛往「中國」的，都按「台奸」以通敵論罪不貸。其他還該有許多新措施，不多說了。

(十二)美國方面：美國太遠，鞭長莫及。他正被伊拉克內亂及伊朗核武斷油弄得進退失據，抽不開身，對我們只能口頭宣示警告。我們搞獨立，成功的改稱「台灣國」後，自然就會天下太平。等到獨立變爲生米煮成了熟飯，那時再作外交修補，賠個大禮就是了。

這時有位正台生曰：讕讕子囉唆個啥？你雖來台六十年，也爲台灣獻出了一些汗馬功勞，但你仍是「台皮中骨」。而凡是台皮中骨的人，鐵定不會愛台灣。這般人的兒子、孫子雖都在台出生，卻仍不算是正港台灣人，因爲他們都犯了「原罪」，「台灣國」並不認同你。你講的這些話，那個會聽呀！

（完稿於二〇〇四年十一月）

五九　只見吳淑珍的鏡頭

台灣台南市《中華日報》二〇〇四年十一月十七日「每日談」說（其他平面媒體，也有相同的報導）：

「根據一項『台灣人之國際觀』調查發現：有百分之八十的台灣民眾不知道聯合國會址在紐約，有百分之六十的民眾不知道二〇〇四年奧林匹克運動會主辦城市雅典是在歐洲，更有百分之五十的民眾不知道對岸中共國家主席是胡錦濤……」

讕讕子曰：台灣是個海島，國家處境艱難，為求生存，應該眼觀世界，知彼知己，力求開放。雖然我們自認是個國家，但全球一百九十多個國家中只有被二十多個小邦承認。因而台灣在國際間待努力之處太多了。

台灣不是許多年都在爭取要進入聯合國而一直不得其門而入嗎？卻原來仍有八成民衆連聯合國大門開在紐約市曼哈坦區都不知道。

台灣二〇〇四年參加奧運不是奪得金牌二銀牌二銅牌一，成績不賴嗎？卻原來有六成人民連雅典是希臘首都而希臘位在歐洲都不知道。

對台灣命運影響極大的中共國家主席胡錦濤，竟然有五成台灣人不知道這頭號人物的名字。我們可以這樣無知，閉眼摀耳就會太平無事了嗎？

有句流行話，沒有知識也要有常識。如今台灣人民欠缺常識，又不看電視新聞，形同白癡，眞有夠嗚呼哀哉的了。

台灣人民不是不看電視，據調查：每人每天呆在電視機前平均達三個半小時。但看的多是連續肥皂劇，逗笑歡樂鬧，臭事挖挖挖等，不用思考，就只圖打發時間。

而有心想看電視新聞的觀衆，看到的內容又多是名流私養二奶，富商子女爭遺產，明星談隆胸整形，酒醉開車肇禍，電話中獎騙錢，因爲這些才有收視率。至於國際新聞則少得可憐，而且都偏了。例如二〇〇四年世界殘障奧運，只播總統太太擔任隨團顧問吳淑珍的鏡頭，眞的比賽場面全漏了，想看也看不到。

近半年來，「本土化」呼聲日高，便形成了鎖國政策。對岸中共進步一日千里，台灣新聞界漠然不予理會。政客們關起國門內鬥鬧得沸沸揚揚，遇到日本人霸道無理拘扣台灣漁船四個月都縮頭不敢去救援抗議，卻只會在桃園國際機場裡舞關刀，揮棍棒，砸石頭，打群架（二〇〇五年四月廿六日連戰赴大陸暴民在機場逞威）丟人丟到國外，怎會讓人瞧得起？

我國與萬拉杜國（Vanuatu）建交，每年援助五千萬美元。但中共出價更高，使得台萬建交在短短三十八天斷了，騰笑國際。料想許多人都不知道萬拉杜國位在哪裡？

有句諺語道：「立足台灣，胸懷大陸，放眼世界。」這才不會孤立。如果閉門不理天下事，恐怕終會自取滅亡。

六〇　李登輝掩耳盜鈴

台北電視台的政論節目中，有位特別來賓評論說：

「陳水扁總統在民國九十三（二〇〇四）年國慶文告中宣示『中華民國就是台灣，台灣就是中華民國。』被李登輝批判爲『騙人騙己！因爲中華民國已經不存在了。』但是、中華民國今天確然仍舊存在的呀，這李某人乃是睜眼說瞎話。文雅一點來說，只算是『掩耳盜鈴』，到底誰在騙誰呢？」

讕讕子說：李登輝所稱中華民國已不存在一節，讕讕子已在前文中駁斥過了，這裡不再重複。至於成語「掩耳盜鈴」，本該是「掩耳盜鐘」，出自《呂氏春秋・自知》篇裡，原文說：

「范氏之亡也，百姓有得鐘者，欲負而走，則鐘大不可負。以椎毀之，鐘況然有聲。恐人聞之，遽掩其耳。」

這是說盜鐘。摀住耳朵，以爲自己既然聽不到，旁人當然同樣也會聽不到。又《淮南子・說山第十六》亦有相同的盜鐘故事曰：

「范氏之敗，有竊其鐘負而走者，鎗然有聲。懼人聞之，遽掩其耳。憎人聞之可也，自掩其耳，悖矣。」

這也是說盜鐘。再如《史通・書志》同樣是說「掩耳盜鐘，自云無覺。」後來卻變爲「掩耳盜鈴」了。至於《紅樓夢・第九回》賈政也對賈寶玉和李貴說道：

「哪怕再唸三十本詩經，也只是掩耳盜鈴，哄人而已。」

鐘大而聲洪，鈴小而聲微，旁人眞還聽不到，掩耳盜「鐘」才合理。但不合理的話說多了，聽慣了，積非成是，大家也就接受而不以爲怪。時至今日，如果仍要改說掩耳盜鐘，恐怕會被別人譏笑爲迂腐而不通竅的冬烘先生了吧？

但有的成語，用字不能弄錯。例如做事有層次，循序漸進，叫「按部就班」。出自《文選・陸機文賦》：「然後選義按部，考辭就班。」不可寫爲按「步」就班。又如在迫切關頭做冒險的事，叫「鋌而走險」。出自《左傳・文十七年》：「鋌而走險，急何能釋？」鋌是疾走之意，不可誤爲「挺」而走險。

有的詞語是不通的。例如「恢復疲勞」，哪能使疲勞又恢復過來，豈不是再度感到疲勞了？應該是「消除疲勞」或「恢復體力」才對。

又如「病況進步」也欠通。應當是「病況好轉」或「健康進步」才對。

又如「日以繼夜」也說不通。應當是「夜以繼日」，乃是說工作太多，白天做不完，必須延長到夜晚來繼續趕辦完成才對。

六一　總統挨罰款

「陳水扁總統夫人吳淑珍自九十一年到九十三年，漏報了六次千萬元以上的股票交易。經監察院調查屬實，處罰申報義務人陳水扁四十四萬元罰鍰。」

「監察院的罰款，只是針對陳水扁未申報這一部份而處罰，至於社會質疑的這六次交易有無走內線操作投機等違法問題，卻十分遺憾並未觸及。」

以上是引自台北聯合報二〇〇四年九月二十三日社論前段大要。

讕讕子說：國家元首的妻子，行事爲全國觀瞻之所繫，竟然貪圖私利去做股票，創造了第一夫人捨身下海的新紀錄，眞是空前絕後之謬舉，此其一也。

買股票如作長期投資本算正常，但逢低買進，逢高賣出，這是短線炒作賺暴利，若無內線情報，預知漲跌，怎敢出手砸下超過六千萬台幣？如說沒有利用總統府的近水樓台之便在事先獲得有利消息，其誰能信？此其二也。

這內線交易是違法的，所獲的橫財是不該的，監察院不肯查，證管會不敢問，只掀出他「漏報」的小錯來罰款，這是避重就輕，此其三也。

陳水扁是台大法律系出身的高才生，三級貧戶出身，如今財產逾億（見二〇〇四、十

一、卅、聯合報）。他的月俸，僅是正薪即有四十六萬二千元，其他政務加給等等大筆錢另外再算。此事諒他不是忘了漏報，而是故意匿報，此其四也。

附記三點：

㈠監察院在處理過程中，曾經函請總統府答覆漏報「理由」。陳水扁不予理會，迄無回應，不但藐視監察院，也不敢藉此向國人作個表白，必是心虛理虧之故。

㈡替吳淑珍推輪椅的傭人羅太太（羅施麗雲），竟由國安局每天派公務車下班專送，又指揮國安局的幹員替她做家務雜事，還有資格冒領國安局的情報經費七十多萬元公款，如果主人不替她安排，哪能辦到？

㈢根據以前報載：吳淑珍表示：如果我的女婿（趙建銘），敢對我的女兒（陳幸好）不好，我就會找黑道給他斷手斷腳云云。這便是她的德性。

這宗案子，原不值得多所辭費，但因有這麼些花樣出現，仍當留下紀錄，也好添作歷史的一章，姑且記之。

六二　正副總統都告狀

二〇〇五年二月二十三日中央日報報導：陳水扁總統控訴飛碟電台董事長趙少康，因為趙在飛碟廣播中說：「台灣（陳水扁）送了一百萬美元給巴拿馬前總統莫斯卡索當生日贈禮，這是金錢外交。」認爲趙少康有傷總統清白，台北地院已於今日首度開庭。

二〇〇五年九月廿二日中央日報第四版「新聞短波」報導：陳水扁控告趙少康誹謗案，台北地方法院又於昨日開「言詞辯論」庭。

陳水扁既已控告了趙少康，事後陳又再度公開發言，以「人何寥落鬼何多」的談話，譏諷趙少康是「鬼」。趙不甘緘默，就反控陳水扁損害名譽。據二〇〇五年十一月二日中央日報刊載：「台北地方法院已於十一月一日第二度開庭審理，看樣子似乎不可能很快結案（二〇〇六、一、七、聯合報載：台北地院已判陳水扁敗訴）。

聯合報二〇〇五年十一月七日報導：「陳水扁說：『去年一月，花蓮地檢署檢察官李子春為游盈隆賄選案傳他作證。他身爲總統，有豁免權，本可不去，但還是出庭了，卻在場被罰站兩個半小時。』而李子春則說：『當時他請陳總統就坐，但他說喜歡站，我也沒法。總不能押著他坐吧？』」自己不坐，反怪對方。他這罰站的話，二〇〇五年十一月八日聯合報「總統糟蹋司法」及「說謊阿扁」兩篇報導，都說他失格可厭。

至於副總統呂秀蓮，以前曾為「嘿嘿嘿」案控告新新聞雜誌總編輯楊照，喧騰國際。今茲中央日報二〇〇五年二月十六日又有新聞刊載：「呂秀蓮以誹謗罪控告英業集團董事長葉國一，原因是葉不該在二千年總統大選時昌言呂秀蓮向廣達董事長林百里施壓，必須支持陳水扁。」因此提出損害名譽之訴，正在地院審辦中。又據聯合報三月十七日報導：「台北地院已為本案開庭，法官決定傳喚呂秀蓮出庭作證。」

讕讕子曰：身為國家元首，不論他以往是甚麼出身和德性，變為最高領導人之後，言行應該比一般人嚴謹，度量應該比一般人寬大，才可為民表率。古語說：「宰相肚裡好撐船」，何況是身分地位都超乎宰相的那種人物呢？

茲既貴為總統之尊，遭遇到批評的機率必定特多。如果自認為別人的話不順耳就去告狀，行見三幾天就要跑法院，若如是則國家大政哪有時間再管？

這裡且另加插註李登輝一事：台北聯合報二〇〇五年十一月十六日及十七兩日，中央日報十一月十七、十八、十九三日，都登載前總統李登輝在二〇〇四年四月二十四日公開誣指宋楚瑜在四一〇之夜棄離群眾去打麻將。台北地院判決李應賠一千萬元，並登報道歉，俾遏阻抹黑歪風。

至於陳水扁的另幾場官司，據中央日報二〇〇五年十二月二日所載，無黨籍立委邱毅以誹謗罪控告陳水扁在自由時報刊登大幅廣告及照片，違背事實。要求五億元賠償金。

又十二月九日聯合報及中央報載海軍退役中將雷學明控告陳水扁誣指雷在拉法葉購艦案中受賄兩千萬美元，並民事賠償廿億元，創求償最高紀錄。

更重大的訴訟案件是：依據二〇〇五年十二月廿二日聯合及中央兩都刊載：二〇〇四年十一月立委選戰期間，陳水扁不止一次公開譴責連戰及宋楚瑜在上屆總統大選敗選後，發動「七日政變」「柔性政變」。政變乃是叛國死罪，連宋認為是栽誣，提出告訴。台北地院昨日宣判陳水扁因提不出證據而敗訴（告人及被告都輸了，且被司改會評列為十大司法新聞的第五名，見二〇〇六、一、十一、中央日報），應在三家大報刊登半版篇幅的道歉啓事。

讕讕子又曰：奉請大家要小心了。任何人講話如果太直率，正副總統隨時會告上法院打官司，他倆人不思反省自己，行為乖謬，只顧和小百姓相鬥，雙雙創正副總統告狀的歷史首例，該列入金氏世紀錄（The Guinness Book of Records，有中英文版），為我國爭光。而司法院長及大法官都是由總統提名，官司的勝負有數。這種白色恐怖，將會永無寧日，今後說話撰文都難了，可不慎歟？

聯合報

中華民國九十四年十二月二十二日 星期四

udn.com

司法首例 扁敗訴

柔性政變說 連宋提告 法官認總統應

20億 後年起

陳水扁官司敗訴

文章到此已算結束，最後轉述一段臭聞作爲收尾。二〇〇五年十二月十四日聯合報及中央報兩都登載（其實不僅這兩報，別的報紙及電視都當作熱門新聞），陳水扁用重話罵呂秀蓮「吃人夠夠」「不堪其擾」，呂秀蓮反譏陳水扁「太過近視」「可笑到家」。正副總統同處一個屋頂下，一個在三樓，一個在四樓，竟然不肯面談，不接電話，卻公開互相對外界發「新聞稿」攻訐，品格不值半文。今後之發展如何？已不當再糟蹋筆墨了。

總統府相關官司一覽

時間	事件	府方立場	處理／判決結果
89.11.16	「新新聞」報導「嘿嘿嘿事件」，指呂暗鬥阿扁	呂副總統要求播放錄音帶，最後決定提告	93.04.29 三審定讞，新新聞應登報道歉並負損害賠償責任
91.12.04	中國時報指扁83年市長選舉接受新瑞都政治獻金	新聞自由不能昧於事實真相，立即委請律師提告	中時道歉，府未提告
93.10	劉文雄等人指扁送巴拿馬女總統一百萬美元「遮羞費」	絕無此事，為維護元首尊嚴，立刻採取法律行動	95.01.06法院判決趙少康免責，劉文雄及蔡中涵登報道歉
95.03.29	張友驊指稱年初扁曾二度與陳哲男私下會面	三日內公開道歉，否則採取法律行動	張未道歉，府決定提告
95.04.08	李全教指扁接受梁柏薰一百萬元	胡亂指涉，三日內道歉，否則提告	95.04.09李重申指控，府決定提告
95.04.08	李全教指控吳淑珍收受數十萬元SOGO禮券	三日內道歉，否則提告	95.04.09李重申指控，府決定提告

製表／劉永祥

（2006.4.10.聯合報）

六三　洋務三原則

台灣加入了世界貿易組織（WTO——World Trade Organization），進口關稅（Costom Duties）依協議決定，不能片面隨意調高來企圖保護本國產業。以致美國牛肉、華盛頓州蘋果、韓國梨、泰國米，都低價進入台灣搶市場。我國農產品成本偏高，銷路受阻，農民的日子很不好過，還鬧出楊儒門事件。

讕讕子說：加入世貿，有利卻也有不利之處，談到關稅不能獨立自主的滯碍，不禁令人連想起曾國藩的「洋務三原則」，值得參考。

曾國藩是中國人（籍貫湖南湘鄉），現在抬出他來，豈不觸犯了「去中國化」的忌諱？但總不可能由於中國人每天吃飯，我們就該不要吃飯，那會餓死。不論何人，祇要是對國家大政提供了正確的決策方向，不論他是誰，都該聽聽。

話說清代中國海關總稅務司（Chief—Commissioner of Customs），因爲都是與洋人打交道，於同治二年，乃聘了一位精通漢語的英國人叫赫德（Robert Hart，一八三五—一九一一）

來擔任。海關稅收來自外國貿易，尤其英國那時是海上霸主，中英貿易頻繁，是主要的進出口對象國。但赫德是英國人，卻替中國服務，如果執行寬鬆了，中國人會怪他「通敵賣國」；如果嚴緊了，英商又罵他是「英奸賣國」。究竟該如何效忠，分寸要如何拿捏，頻生困擾；因此他特赴南京，去拜會那時官任兩江總督（轄江南與江西，即今江蘇安徽江西之地）的曾國藩，求他指教。

曾國藩像

曾國藩當場指導赫德「三原則」：

「第一、對雙方有益，馬上贊同。

第二、如對洋人無損，對我有利，力促其成。

第三、如對我方有損，雖對洋人有益，當必反對。」

赫德認爲這三個原則簡明而正確，務實而有卓見，十分贊佩。於是照此施行，竟然中英雙方兩都信賴。他在這關務頭子職位上幹了五十年，光緒三十四年退休回國，其後病逝倫敦時，滿清政府還頒賜聖旨去褒揚他。

曾國藩不愧是國之重臣，但他沒有去過外國，不懂洋務，對關稅也全非內行，卻能把握重點，抓住要害，提供中肯有效的指示，這眞是謀國以忠的優良史範。

回頭請注意一下兩岸三通及班機直航問題，說了十年，仍是僵局。台灣如今外交受到中共封鎖，雙方軍力又相差懸殊，全靠對外貿易來活命。根據政府統計，台灣出口銷往大陸及香港金額二〇〇五年高達七一六億美元，這就是上述的關稅收入所賴。台商在大陸已超過七十萬人，每年有三百五十萬人次往來兩岸，既幫助大陸經濟起飛，盈餘也仍回饋本島，可謂雙贏兩利，爲何兩岸通航必須繞道、必須中停香港，而不能直達（從高雄直飛上海，只要七十分鐘，若在香港等候轉機，則需耗大半天）？這種無謂的時間浪費（爭取商機就要搶時間），和不必要的金錢付出（成本增加就削減了競爭力），爲的是哪一樁？

二〇〇六年一月廿一聯合報及中央日報都有報導：即將卸任的行政院長謝長廷說：兩岸直航對台灣有利，應該開放，但因受政治因素的遏阻，而未實行，殊爲遺憾。

筆者不是商人，但替他們叫屈，也爲台灣經濟擔心，主政者若是眞愛台灣，就應該幫助進出口商節省時間，降低成本才對。這兩岸三通，乃是雙好互利，正合乎曾國藩的第一原則，應「馬上贊同」。退一步說，必也合乎第二原則，應「力促其成」才是。如今，我方卻遲不鬆口，眞不明白當政者是假愛台灣還是眞害台灣？前有李登輝的「戒急用忍」，那是鎖國政策，後有陳水扁的「積極管理」，更是一輪緊箍咒，將使台灣經濟窒息死亡，能不能請掌舵人公開作一場信服的解釋？解釋不了就該趕快直航。

六四　陶淵明五子不爭氣

作爲名人的兒子，要想勝過老爸很難。因爲在父親盛名的覆罩之下，出頭太不容易。如果有少數兒輩的成就比老父還強，就會被贊爲「跨竈」（見《書言故事》王朗「雜箴」）。跨是超越。竈上必會有鍋子，叫釜。釜與父諧音，跨釜就是超過父親）。但多數人的後代都比不上，被稱爲虎父犬子。陶淵明的兒子就是如此，洵爲遺憾。

東晉時代的陶潛（三六五—四二七）又名淵明，字元亮，號五柳先生，是「惜寸陰」陶侃的曾孫，謚號靖節。寫過《桃花源記》，做過彭澤縣長。因爲不願爲五斗米折腰（爲了微薄薪俸而向長官彎腰），就辭官不幹，寫下《歸去來辭》，情願過隱居生活（以上兩文，都見《古文觀止》卷三）。他也曾爲自己作《輓歌詩》曰：「有生必有死，早終非命促。昨暮同爲人，今旦在鬼錄。……千秋萬世後，誰知榮與辱。但恨在世時，飲酒不得足。」何其曠達。

陶潛

他有五個兒子：舒儼、宣俟、雍份、端佚、通佟。註解說：第一字都是小名，第二字都是人字旁本名。這五個兒子似乎都不太爭氣，在《陶淵明全集·卷三》中，他寫下《責子詩》曰：

白髮被兩鬢（被就是披），肌膚不復實，（髮白肌衰老矣）
雖有五男兒（不能跨竈），總不好紙筆。（五子都不好學）
阿舒已二八（一十六歲），懶惰故無匹，（阿舒只想偷懶）
阿宣行志學（應志於學），而不愛文術。（阿宣不愛文學）
雍端年十三（雍端兩兒），不識六與七，（雍端不甚識字）
通子垂九齡（幼子通佟），但覓梨與栗。（阿通只是好吃）
天道苟如此（只好認命），且進杯中物！（我且飲酒寬懷）

名人有詩，就會招人評論，《責子詩》哪能例外。宋代黃庭堅號山谷道人評說：觀陶潛此詩，想見其慈祥戲謔可親也。俗人所說陶潛兒子都不肖，因而老爸愁歎寫詩，這種論調是不對的云云。

清代義門先生何焯也說：陶潛感歎老夫耄矣，兒輩凡劣，所以有《責子詩》之寫作也。又說：人不學，安知忠

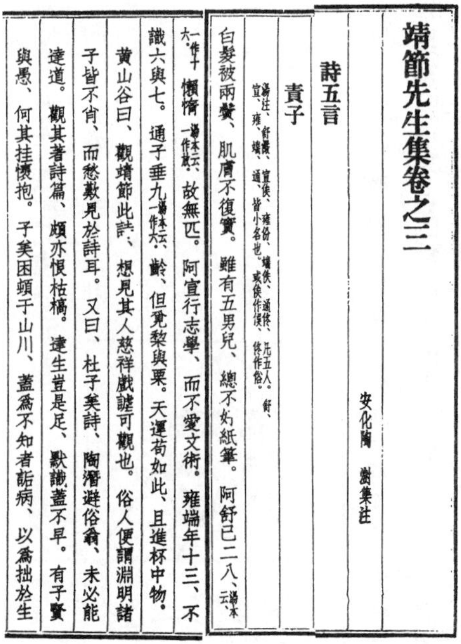
靖節先生集卷之三

安化陶　澍集注

詩五言

責子

湯注、舒儼、宣俟、雍份、端佚、通佟、凡五人。舒、宣、雍、端、通、皆小名也。或佚作俟、佟作佾。

白髮被兩鬢、肌膚不復實。雖有五男兒、總不好紙筆。阿舒已二八、（湯本云、一作十六。）懶惰（湯本云、一作放。）故無匹。阿宣行志學、而不愛文術。雍端年十三、不識六與七。通子垂九（湯本云、一作六。）齡、但覓梨與栗。天運苟如此、且進杯中物。

黃山谷曰、觀靖節此詩、想見其人慈祥戲謔可觀也。俗人便謂淵明諸子皆不肖、而愁歎見於詩耳。又曰、杜子美詩、陶潛避俗翁、未必能達道。觀其著詩篇、頗亦恨枯槁。達生豈是足、默識蓋不早。有子賢與愚、何其挂懷抱。子美困頓于山川、蓋爲不知者詬病、以爲拙於生

陶靖節先生集

孝爲何事？這乃是陶潛俯仰家園，而盛歎於「天運」如此也云云。

詩聖杜甫對這事也寫了一首《遣興》詩（見清代仇兆鼇《杜詩詳註》卷七）。詩云：

陶潛避俗翁，未必能達道，
觀其著詩篇，頗亦恨枯槁。
達生豈是足，默識蓋不早，
有子賢與愚，何其掛懷抱？

杜甫說陶潛還不夠達觀。兒輩的賢不賢，何必這樣掛心呢？這好像是批評，但杜詩的題目叫「遣興」，乃隨興而發，算不上是正規的指責。因爲杜甫的兩個兒子宗文宗武也欠有成就。他有《熟食示宗文宗武》詩句曰：「汝曹催我老，回首淚縱橫。」及《又示宗武》詩句云：「試吟青玉案（青玉案是好詩詞，訓子要向學），莫羨紫羅囊（紫羅囊是戲具，不要嬉戲）。」（前詩見《杜詩詳註．卷十八，後詩見卷二十一》）。兩家後代都差不多。

杜甫圖（三才圖會）

清代大學士張廷玉則說：我看陶潛襟懷曠達，高出他人多矣。大概他的兒輩們天資只算中等，無法與老爸相比，因而寫下一些不太滿意的話，這也休怪。況且三子四子雍份和端佚雙雙剛十三歲，幼子通佟纔九歲，哪能就斷言都不肖？這似是陶淵明望子成龍之心太急切之故呀。

這首《責子詩》，同時也見於宋．魏慶之《詩人玉屑．卷十三．責子》，又見於明．

李暉吉《龍文鞭影・二集下卷「責子淵明」條》，可知此詩含有至情，引用廣泛。除了杜甫稍有挑剔之外，其餘各人都認同陶潛的情見乎詩。

另外，對兒子期望殷切，還有宋代邵雍，字堯夫，諡康節，邵與司馬光、富弼等人為友。他的《示兒詩》，顯露父愛彌深。詩曰（見《龍文鞭影・二集下卷・示兒康節條》）：

我今行年四十五，生汝乃始為人父，
鞠躬教誨誠在我，壽夭賢愚繫於汝。
我若壽年六十歲，眼前見汝一十五，
我欲願汝成大賢，未知天意肯從否？

末了，這裡且再穿插一則兒子勝父的趣曲。據《世說新語・排調第二十五》載：

蒼梧太守張鎮（字遠義，官太守，後封侯）是張憑的祖父。有一天，張鎮對張憑的父親說：「我比不上你。」張憑父親不懂其意。張鎮解釋說：「你有個與眾不同的好兒子。」（意謂我的兒子是你，你不出衆，你的兒子是張憑，他人品出衆，所以我比不上你嘛）。這時張憑年紀尚幼，恭敬地接話道：「爺爺呀！你怎可拿我來戲弄我的爸爸呢，不好吧？」

張憑年紀輕輕，就顯得穎異，眞個後生可畏也。

天下父母心，誰不想望子成器，克紹箕裘，蘭桂騰芳，大恢先緒。尤其現今工商社會，進步很快，如果未能培植下一代有一項專長，將來他們的日子就很艱困了。

六五　學不可以已

戰國時代，有位荀子，名叫荀況（約元前三一五—二三六），生在孟子（約元前三七二—二八九）之後。當時稱爲荀卿，到了漢代，爲避漢宣帝諱，改稱孫卿。太史公司馬遷《史記》卷七十四有《孟子．荀卿列傳》，將他與孟子相提並論，可見其學術地位之高。

荀卿撰有《荀子》三十二篇，第一篇就是《勸學篇》，篇中的議論很有說服力，勸勉也十分殷切，値得一讀，文曰：

「學不可以已（求學不可以停止）。青、取之於藍，而青於藍（青色出自藍色，卻濃於藍色，後世因有「青出於藍」之諺語）。冰、水爲之，而寒於水（冰生於水，卻更冷）……木受繩則直（木板用繩墨彈染直線，就可鋸成直木），金就礪則利（金屬刀劍，磨礪就變銳了）。君子博學（士子讀書多而廣），則智明而行無過矣（智慧懂了，品行端了，無過失了）。故不登高山，不知天之高也。不臨深谿（不到深邃的溪谷），不知地之厚也。不聞先王（先哲先賢）之遺言，不知學問之大也。

「吾嘗終日而思矣，不如須臾之學也（整天空想，不如用少許時間來求學）。吾嘗跂而望矣，不如登高之博見也（抬高腳跟遠望，不如登上高山使視界更廣博）。登高而招

（在高處招手），臂非加長也，而見者遠（遠人都可見到）。順風而呼，聲非加疾也（聲音沒有加快），而聞者彰（聽得很明白）。君子生非異也，善假於物也（大家差異不多，只是有人很會利用學問來充實自己）。」

讕讕子說：替《荀子》一書作「集解」的清代學官謝墉寫「序」說：「荀子之學之醇正，文字之博達，自四子而下（指愼子、公孫龍子、尸子、墨子），洵足冠冕群儒。非一切名法諸家（名家主張正名辨義如鄧析，法家主張以法治國如商鞅），所可同類共觀者也。」都是贊美的話。

近人郭洙若《荀子的批判》說：「孟子文章的犀利（詞鋒敏銳），莊子文章的恣肆（放縱無忌），荀子文章的渾厚（樸實淳和），韓愈文章的峻峭（高偉陡頓），都各有千秋。」我們不要以人廢言，這段論評也很有見地。

上述《勸學篇》，與孔伋《子思子》外篇．無憂第四的內容相同，可以互參。我們再看王肅《孔子家語》卷之五．顏回第十八（亦見劉向《說苑》卷三．「建本」篇，內容相同）

孔聖立像

敘述子路受教的過程：

「子路起初不想讀書求學。他問孔子說：『南山有竹，不必加工就很堅直，製成竹箭，可以射穿皮革。這樣看來，何必讀書呢？』孔子回答道：『如果把竹箭刨削光滑，使阻力減小；箭尾加裝羽毛，使射程穩定；箭頭配上利鏃，使穿透力增強；豈不是射得更深更遠嗎？為甚麼不要讀書求學呢？』子路開竅，懂了，才說：『我就受教讀書吧！』」

以上兩篇勸學文，都算透徹扼要，而且並不難懂。尤其現今進入了工商科技時代，人若不向學，沒有知識，幾乎無法求生。我們不必說甚麼「學問為濟世之本」，這口吻太誇，淺白的說，我們起碼要活得下去，總不能啥也不懂去當一輩子的搬運工人吧。俗話說：「不讀書，必定輸。」求學才是正途，祝你努力前進。

六六　台北捷運三不好

台北捷運說：「捷運服務從清晨到半夜，每天載客百萬人次，而且正在增建內湖、新莊諸線。」大台北地區市民的確少不了它。

讕讕子曰：若從乘客的角度來看，台北捷運似乎尚有三事欠周，且容我「試說心」中私「語」，建言如下：

第一、路線名稱欠妥——交通路線、必須顯示起迄地名，讓陌生人一看就懂。北市捷運路線，只一條板南線（板橋↔南港）含起訖地名，其餘各線（淡水線、新店線、木柵線……）都只標出單個起站，不夠清楚。假如：我們將飛機航路的北高（雄）線和北花（蓮）線只叫爲台北線，定不合宜。

能否把淡水線與新店線本是一條合稱淡新線？木柵線改稱爲松木線（松山↔木柵）？南勢角線改稱爲投南線（北投↔南勢角）？其餘比照著辦。

第二、路線顏色不符——淡新「綠」線（淡水↔新店）和投南「橙」線（北投↔南勢角）實際上往返都是直通車（中途不換車），列車車窗上的到達站名也一直是用綠色或橙色螢光字顯示到底（並無紅色線）。但在車廂裡的路線圖上、車站裡的路線板上，都將綠線及橙線一齊在古亭站與中正紀念堂站之間的半途上換接爲「紅」線，這都不符實況。
如此必然產生兩項疑問：第一是從來沒有紅色列車，何來紅線？第二是換接處在兩站之間的半途上，看似應換車轉乘，但在那半路上既無月台，也無備份軌道，不可能換車，實際上也不要換車，似乎需要改一改。
以上第一項是說起訖站名，第二項是說路線顏色，如果將來台北捷運路線增多後，起訖站名繁雜了，可能難以分辨，那就不如簡化只用顏色來區分。如說綠線就是淡水到新店，淡新線三字口頭上省略不出現了。以此類推，如說橙線就是指北投到南勢角。若從板橋去南港，也只說坐藍線就夠表達了。如此一來，那第一項問題就消失了，反而簡單清楚。歐美各大都市的捷運（就是地下鐵路，紐約叫 subway，倫敦叫 underground or tube）每條路線都是用不同的顏色作代表來識別的。
第三、台北站轉車困難——例如欲自新店市公所前往台北市政府，應乘新店線到台北車站轉車。你坐列車第二車廂，到了台北車站後，在地下第4層一號月台下車，去轉板南線。你登上扶梯升到地下第3層，那正是旅客第一、二進出口處，南來北往的乘客很多。再直前要走完那通道，然後上樓到地下第2層，仍須再前行到一過堂，會遇到從右邊來的旅客要去左邊三、七、八號出口，又有左邊旅客要去右邊的四、六號出口，大家趕路，橫向互相碰觸擠挿。你繼續前行，又有兩邊橫來要下中間扶梯去趕淡水或新店線的旅客。你走到盡端，找梯子降到第3層，這才是板南線，可由四號月台上車前往市政府。

朋友說：本來地下4層和3層近在咫尺，爲何要爬經第2層呢？爲何要走完那漫長的通道呢（從最北端地下通道的起點，一直走到最南端的盡頭）？爲何全程都要挨近那自第一到第八號共八個進出閘口呢？由於升降轉折太過麻煩，年高腿弱的人便害怕去台北車站轉車，寧可改搭公車，以免暈迷勞累。

我們都知台北站旅客最擠，但人潮與路線，總比不上紐約的中央車站吧（也兼有地鐵站。自一九〇四年啓用，每天平均載客四百萬人次）？那裡旅客進出，動線規劃極佳，少有橫向碰擦的干擾，台北站當初設計不良，似已難得變好了吧。

但願北市捷運，能俯聽芻蕘，而高雄市及台中市興建捷運時，也該留意。

——本篇刊登於二〇〇五年十月份出版的《湖南文獻》第三十三卷第四期。也曾函寄台北捷運公司，但未回應。

六七　回刺守門人

春秋時代，魯國有位大夫叫陽虎（正名叫陽虎，字陽貨），想要專攬魯國國政，還想要孔子在他手下任官。《論語・陽貨篇》說，陽貨想要孔子來見，故意先送禮物給孔子，那時依禮必須回拜；但孔子不想見他，也故意打探到陽貨不在時才往拜的故事。

明人馮夢龍《增廣智囊補・卷十・雜智》記有陽虎另一異事：

「陽虎爲亂於魯，敗。魯人閉城而捕之。虎奔及門，門者出之，虎揚劍提戈而出，顧反、取戈以傷出之者。出之者怨之曰：我非子友也。爲子脫死，而反傷我？既而魯君聞虎脫，大怒，問所出之門，有司拘之，不傷者被罪，而傷者獨蒙厚賞。」

上段文言文如譯爲語體，便是：

「陽虎在魯國抓權，想要劏除公族三桓的勢力而作亂，失敗了。魯國關閉城門來搜捕他。陽虎跑到城門口，守門人私自放他出城。他已經逃出城外好遠了，卻又跑回來，故意用戈矛刺傷那守門人。守門人怨道：『我本來不是你的朋友，只不過同情你大禍臨頭，放你出城，免你一死。你卻倒回來刺傷我，天理何在呢？』不一會，魯王得知陽虎走脫了，大怒，查問是從哪個城門逃出的？派人把看門的一組人全都抓來，將沒有受傷的人都判了罪，獨對那受傷的給予厚賞。」

讕讕子曰：開門放你逃生，反而刺我一槍，是何道理？君子要以德報德，哪能以怨相報？殊不知此中有深意藏焉。傷人乃是護其人，護其人則是利其人也。須知私縱凶犯脫逃，這是大罪，事後追究屬實，須受重罰，甚至判死。陽虎預料到後果的嚴重性，必然大不利於守門人。如何酬報這番宏恩呢？唯有回頭刺傷他，既脫其罪，又得厚賞，這便是及時報恩的高招。當初在表面看來，似是不識好歹，以怨報德。最後的結果，卻正是恩惠轉厚，以德報德。難的是陽虎在生死危急逃難保命之頃，居然還有餘暇來想得這麼深遠，做得這麼俐落，當時哪可說明白，事後才知計慮高，刺傷讓他得厚賞，豈是常人所可及？這些典故，都可給我們以啓示。

六八　破鏡重圓

鏡子是照人的，閨房中少不了它。唐代孟棨《本事詩・情感》有「破鏡重圓」的故事，發生在南北朝時代。說到南朝的陳後主（陳叔寶）之妹樂昌公主，嫁給太子舍人徐德言爲妻，事情發展如次：

「世局危亂，徐德言對樂昌公主說：『國家就要亡了，你我定會分散，倘若緣分未斷，來年或能相見，要約定一件信物爲憑。』於是打破一面鏡子，一人保有一半，預約明年正月十五元宵節，在街上賣鏡相會。不久，隋朝滅了陳朝，樂昌公主爲隋朝大臣楊素所得。明年，徐德言到京都，見有一老僕人在元宵節當衢賣破鏡，德言取出另一半鏡，兩者正好相合，還題一詩曰：『鏡與人俱去，鏡歸人不歸；無復嫦娥影，空留明月輝。』公主見到詩，哭著不肯吃飯。楊素便請來徐德言，讓他倆夫妻團圓。」

這個故事，又見於《古今詞話》。有文人贊道：「茫茫離散後，切切覓前緣；半鏡雙雙合，婚姻順順圓。」另外以破鏡入詩的，如唐人王昌齡有句云：「漫道閨中分破鏡，猶巡市上覓伊人。」又袁桷「竹枝詞」曰：「聞郎腰瘦寄當歸，望盡天邊破鏡飛。」分而復合，以溫馨謝幕。

讕讕子說：古昔用的都是銅鏡。我們看《三國志・卷三十・魏書・東夷》就記載著賞賜日本銅鏡一百面，魏明帝出手十分闊綽。原文謂：

「景初二年十二月，詔書報倭（日本國）女王曰……特賜汝龍錦五匹，文錦三匹，白絹五十匹，銅鏡百枚……使知國家哀汝，故賜汝好物也。」

銅鏡用上好青銅鑄成厚板，將照臉的正面磨平發亮，光可鑑人。背面則多雕刻成花紋或人獸作裝飾，有圓形、菱形、方形多種。《貞觀政要・卷二・任賢》唐太宗有名句說：「以銅爲鏡，可正衣冠。」大約到清朝才逐漸用塗上水銀的玻璃當鏡子，比銅鏡更爲清晰明亮了。緬想那南北朝時代，要把青銅厚鏡一破爲二，如何砸開的？似乎相當爲難。這故事可能眞確不假，但方法仍覺存疑難解。

六九　哈利波特讓羅琳成富婆

美聯社二〇〇五年七月十八日紐約報導（見北京七月十九日《參考消息》報紙轉載）：

「羅琳女士撰寫的第六集《哈利波特與混血王子》在發行當天在美國就賣出了六九〇萬冊。出版商斯科拉斯蒂克出版社將印量從一、〇八〇萬冊增加到一、三五〇萬冊。至於第五集《哈利波特與鳳凰社》在二〇〇三年的發行當日也賣出了五〇〇萬冊。出售的書店從八百多家猛增到五千家。以上數字僅代表美國一國。售價每冊＄二九．九九美元，輕鬆創造了一億多美元的銷售額。」

又俄新社莫斯科七月十八日報導（見北京發行的七月二十日《參考消息》轉載）俄人阿納托利・拜羅廖夫《哈利波特：至高無上的神話和世界幼稚病》文中評曰：

「二〇〇五年七月十六日，第六集《哈利波特與混血王子》首售，從英國到澳大利亞，平均每八秒就賣出一本，這一銷售額，足以令世界上任何一位大文豪汗顏。它締造了世界圖書銷售的傳奇，在二百個國家出版，在十七個國家高居暢銷書榜首，總印量突破十億冊，作者羅琳女士成爲歷史上第一位『收入逾十億美元』的作家。」

「這套小說的藝術水準近爲零，它是一個家庭婦女用淺顯語言寫出的平庸無奇的故事，卻擁有巨大的市場。它是絕妙的鎮靜劑，所有的困難都能解決，只需揮動哈利手中的魔棍。」

「全球都患上了幼稚病。這個鼻梁上架著眼鏡的哈利成爲世人模仿的對象，將文化迥異的中國小孩或是智利小孩都同化爲英國小孩，變得興趣相同，連心願都一模一樣。總之，浸淫在哈利波特的世界中，人們逐漸遠離了現實，沒有伊拉克戰爭，沒有飢餓，唯一的問題只是可樂不夠喝。」

讕讕子說：最暢銷的《哈利波特》共有七册：一、神祕的魔法石。二、消失的密室。三、阿茲卡班的逃犯。四、火盃的考驗。五、鳳凰會的密令。六、哈利波特與混血王子（中國大陸的書名），或哈利波特——混血王子的背叛（台灣的書名）。原名是：Harry Potter and the Haf-Blood Prince。作者是英國女作家J.K.羅琳（J. K. Row-ling，如下圖）。台灣由皇冠文化出版社公司印行，原售價台幣六九九元，現在優待價五二九元。

二〇〇五年九月三十日台北聯合報消息：

「該書英國版及美國版同在七月十六日上市。台灣繁體中文版近卅六萬字於十月一

J. K.羅琳對自己的最新作品信心十足

日上市（不遲於三個月）。比中共簡體字版於十月十五日上市還早了兩週（台灣哈迷較為幸福），僅比越南、塞內加爾稍晚，與德文版、法文版同列第三名。這第六集中文版相信可賣出八十萬冊以上，較之第五集（哈利波特與鳳凰社二〇〇三年出版）總售量七十二萬本高出多多。」

這次上市的是第六集（如下圖），不久還會有第七集，依據法新社倫敦電訊說：《哈利波特》作者四十歲的羅琳表示：即將動筆撰寫那最後的一集，希望在二〇〇六年內完成。她已經想好了這第七集的內容。負責印行羅琳作品的書商表示：哈利波特已在全球賣出三億多本，第一到第六集已翻譯成六十三種文字，前四集且已拍成電影上映（以上見台北中央日報二〇〇六、一、三十、讀書版報導）。

哈利波特第六集中文版

至於各集的思路演進，中文版譯者彭倩文說（二〇〇五、九、卅、聯合報記述）：

「第一集鋪陳故事，第二集交代佛地摩的過往，第三集講述上代的恩怨情仇，第四集建構了完整的魔法世界，第五集探討主角的內心世界，第六集是作者成功的收復成年讀者的代表作，將來的第七集則是大結局。至於誰正誰邪，不無可能在末集裡來個大翻身。」

哈利波特如此熱賣，今且揷敘一樁歪事。那見錢眼紅的中國大陸不肖出版商，便趁機趕印「僞書」來搶先推銷賺銀子。依中國大陸南方航空提供閱讀的《南方航空報》第一〇九期（二〇〇五年八月十四日版）說：

「《哈利波特》第六集英文版還未首發（尚未開始售賣）之前，竟然在合肥與北京的書店裡就可買到中文版（如下圖）。何故？原來是僞書。這本僞書的第一章是鄧不利多的新信差，第二章是海德薇失蹤，第三章是從女貞路到對角巷，第四章是走在對角巷。全都與眞本不同，當然是另起爐灶，而由專門的僞書寫手快速撰成，居然也造成熱潮。」

盜版的《哈6》中英文版本北京熱銷

羅琳女士是位家庭婦女，最早以前還靠領政府救濟金生活，現在單論稿費收入即超過十億美元，比英國女王依麗莎白二世還富有。眞是了不起。

回頭看看我中華大國，稿酬最豐的恐怕要算漢代的司馬相如了吧？依據梁朝昭明太子《昭明文選》中《長門賦序》記述付費的原因及經過如下：

「孝武皇帝陳皇后（孝武就是漢武帝，陳皇后就是阿嬌），別在長門宮（失寵獨居），愁悶悲思。聞司馬相如工爲文（善於寫文章），奉上黃金百斤，爲相如取酒（作爲酒資，就是潤筆稿費），爲撰解悲祛愁之辭。相如爲作《長門賦》，以悟主上（讓漢武帝醒悟），皇后復得幸（漢武帝與陳皇后又和好了）。」

這裡且插敘一段漢武帝與陳皇后的趣事。陳皇后小名阿嬌，是漢武帝姑媽叫館陶長公主的女兒，兩人本是姑表兄妹，從小就熟，互相喜愛。漢武帝年幼時，姑媽抱著他坐在膝腿上，問他道：「你想要成親嗎？」又指著阿嬌說：「阿嬌嫁給你好不好？」漢武帝答道：「如果娶到阿嬌，我會用金屋藏起來。」後來兩人成婚，漢武帝登位後，立即封阿嬌爲陳皇后，事載《漢武故事》書中。這就是「金屋藏嬌」成語的由來。

這樁「長門賦」美事，唐代李白《白頭吟》贊曰：「但願君恩顧妾深，豈惜黃金買詞賦。」宋代辛棄疾《摸魚兒》詞曰：「長門事，準擬佳期又誤。千金縱買相如賦，脈脈此情誰訴。」稿酬爲黃金一百斤，未寫先付。若按今二〇〇六年一月廿四日台北經濟日報刊載的黃金牌價爲每兩台幣二一〇〇元，因此每斤爲台幣三三、六〇〇元，一百斤爲台幣三三六萬元，一次給足。若再依字數來分攤，這篇《長門賦》只有六二八字，平均每字値台幣五、二六六元，折算美金每字約値一六二美元，折算人民幣每字約値一、三一六元。看起來司馬相如的稿費已極豐富，但和羅琳比較，卻是小巫見大巫了。

七〇 易經「潤之以風雨」

易經是由伏羲作卦，文王繫辭，孔子作十翼而合成。東漢經學大師鄭玄說：易有三義：一是變易，二是不易，三是簡易。鄭玄另又詮釋說：周易者、言易道周普，無所不備也。它是一部形而上學的經書。我們看《周易・繫辭上傳》第十一章說：

「天尊地卑，乾坤定矣。卑高以陳，貴賤位矣。方以類聚，物以群分，吉凶生矣。在天成象，在地成形，變化見矣。是故剛柔相摩，八卦相盪。鼓之以雷霆，潤之以風雨，日月運行，一寒一暑。」

這是說明乾坤之理，見之於天地，可以視爲統言易經大旨的提綱，不是嗎？

THE APPENDIXES

繫辭上傳

THE GREAT APPENDIX. SECTION I.

第一章

CHAPTER I.

天尊地卑．乾坤定矣．卑高以陳．貴賤位矣．動靜有常．剛柔斷矣．方以類聚．物以羣分．吉凶生矣．在天成象．在地成形．變化見矣．

Heaven is lofty and honourable; earth is low. (Their symbols), *Kh*ien and Khwăn, (with their respective meanings), were determined (in accordance with this).

Things low and high appear displayed in a similar

中英對照易經

讕讕子曰：易經文意簡古，應是極好寶章。不過、請容筆者提一淺見向高賢求教：我們運用文字時，似宜遵守兩個原則：一是「明白」，二是「準確」。如果忽略，就有毛病，細究起來，便欠妥當。舉個例子：《論語・鄉黨》有「沽酒市脯不食」一句，原注說沽和市都是買來，恐怕不精潔，因此不食云云。但依常情來看：「食」乾肉是說得通的，「食」酒則欠妥適。假如改寫為「沽酒不『飲』，市脯不食」就很通順了。

同理、這易經「潤之以風雨」（有人取名「潤之」，就是採自此語）句中，潤與風兩不相干，潤是指雨水能滋潤萬物，而風卻是不能「潤」物的。這在另一處《易經・說卦》第四章所述「風以散之，雨以潤之」就完全正確了。

又例如《孟子・告子上》所言「是其日夜之所息，雨露之所潤，無非萌孽之生焉」句中的雨和露，都能潤澤萬物，也完全正確。由此觀之，潤之以風雨中的風字，便有不明白和不準確的毛病。

有人說：為甚麼要寫成「風雨」呢？或許是由於要全部配成韻文，才可與上句「雷霆」形成平仄對偶呼應的駢儷排句吧。

附錄一：或曰：中文裡有種「連詞」的組合，比單詞讀來順口。例如：《史記・扁鵲倉公》傳中說「生子不生男，緩急無可使者」句裡的緩急，實單指「急迫」而言，緩字只是搭配，沒有意義。《易經》中的「風雨」，風字也僅是不表意的連詞而已。此說亦通。

附錄二：二十年前，《大易類聚》刊行，收集了七十一本有關易經的書籍。筆者曾為其中《周易訓義》寫過一篇小序，附請參閱：

「周易訓義」識小

朱子謂「經書」難通，尤以「易經」為甚。循「周易訓義」之助，可為「易經」解疑。

「周易訓義」識小

清康熙帝曾有御纂《周易折中》，乾隆帝復有御纂《周易述義》，雖謂普收衆粹，備絜精微，仍感義富文繁，初學難曉。迨嘉慶中，有湖南寧鄉碩彥蓮峰喻遜時敏氏，於授讀之餘，合上述折中、述義二者之旨，輯纂《周易訓義》壹書，辭簡意明，入深出淺，生徒肄習，頗獲嘉助。

唯是書限取材於《周易折中》及《周易述義》，二書之外，概不採焉。觀其編排次序，則含「正文」、「訓義」、「集說」、「御案」、「總論」諸段。「正文」者、分章錄經文也。「訓義」者、釋經文旨意也。「集說」者、合上述二書衆家各說，併存備論也。「御案」者、諸家皆無此解，由帝獨發其義；或他書雖有此說，由帝指陳其謬者也。「總論」者，於每「卦」之末，或採錄先儒正論，或由喻氏玩其義而述己意者也。都為四卷，由受業門人刊印，於嘉慶十八年九月成書。

朱子謂經書難通，而《易經》尤甚。讀喻氏《周易訓義》，倘鴻儒宿學，或嫌其譾薄，若啓蒙後進，似可由約而博，尚不失為《易》解之一助也夫。

湘潭朱培庚謹識

——本篇簡序刊於《大易類聚初集》第十七冊，是該「集」的第七十一種。乃是《周易訓義》的首頁。民國七十二年（一九八三）十月台北新文豐出版公司印行

七一　論語「攻乎異端」

儒學津梁的《論語·爲政第二》中，有一篇說：

「子曰：『攻乎異端，斯害也已。』」

宋代大儒朱熹集註的原文解釋爲：

「攻者、專治也。異端者、非聖人之道，而別爲一端，如楊墨是也。」

合起來解釋是：專事研究一些不合聖人之道的異端邪說，例如相信楊朱墨翟的偏見，那他就會受害也云云。這是將「攻」解釋爲「治」，將「已」視爲語助詞。

讕讕子說：似乎還可以作另外的解釋吧。假如我們將「攻」解釋爲「攻擊」，又將「已」解釋爲「終止」。如此綜合其意便是：「攻擊」那些異端邪說，破解它的迷惑歪論，那麼它的爲害就會「終止」了。比朱子之說似乎還較爲積極一點，能否算是說得通的第二種解釋呢？

讀書欠博，淺學有慚。後來翻閱舊籍，發現清代大儒錢大昕（一七二八——一八〇四·他博通群經，擔任三個書院的講習，著述很多）早已闡述過這第二種解釋了。姑且錄此以供參閱，或亦可乎？

七二　女子小人為難養

四書中的《論語・陽貨第十七》篇中說：

「子曰：唯女子與小人為難養也。」

讕讕子曰：孔子的話，一半說對了，一半卻未必盡然。孔聖所說的「小人」常會害人，這是對的。小人古今多有。今僅舉一例：北宋大臣寇準，很欣賞丁謂之才，屢向宰相李沆推薦，久無消息。寇準追問，李沆答道：「丁謂品格低卑，可使這種小人位居人上嗎？」寇準說：「像丁謂這種高才，你能壓著他久居人下嗎？」李沆笑道：「將來某天，你會想起我的判斷會是不錯的了（請參閱《宋史》二百八十二、列傳第四十一）。」

這中間還有一段插話：丁謂官任參政，對寇準十分恭敬。某次同桌吃飯，菜湯流滴到寇準的鬍鬚上。丁謂起身，替寇準揩淨了污湯。寇準笑道：「參政是國之大臣，竟然替長官擦拭鬍子嗎？」這本是一句玩笑話，言者無意，但小人丁謂卻記恨在心，不忘將來找機會報復（事見明代《御製賢臣傳》相鑑、卷之十一）。

後來、寇準也升任宰相了，當然重用丁謂，豈知丁謂卻反過來陷害他，逼著他免掉了宰相，遠貶到邊荒的海南島去了，這時他才佩服李沆的遠識。最後寇準死在南方。

這是正史實事。李沆看重的是人品，寇準欣賞的是媚才，誰算正確呢？有才無品的小人，善於諂奉阿諛，以撈取權位；但一受羞辱，也善於媒孽構陷。這種小人，不用他，會想造反（例如有人倡言台獨）；若用他，恐將禍世（例如有人主張炸掉三峽大壩）。這種人我們身邊就有，大焉者如說國父是外國人，小焉者如替高官太太抱小孩，這都是小人的行徑。倘若他身居顯職，那就正是《孟子．離婁上》所指的「不仁而在高位，是播其惡於衆也。」可不愼乎？

孔子說的另一半「女子」則不見得全對。孔子生於公元前五五一年（比耶穌早生五五一年），即周靈王二十一年。孔子之前，就有女人禍國的例子：《國語．晉語一》說：夏桀王討伐有施國，有施送來美女叫妺喜作妃，夏桀歡喜，爲她建造酒池，可供三千人牛飲。荒怠國政，夏朝乃被商湯王滅了。其次《國語．晉語一》又說：商紂王討伐有蘇國，有蘇將女兒妲己獻來，紂王寵她，被周武王打敗，紂王自焚死了。再有《史記．周本紀》說：周幽王的愛妃褒姒不肯笑，周幽王故意舉烽火，褒姒才笑。周幽王被犬戎殺死於驪山之下。所以《幼學故事瓊林》綜合云：「三代亡國：夏桀以妺喜，商紂以妲己，周幽以褒姒。」這都是壞女人的著名故事，孔子已全知，才不免有「難養」的感歎。

但女人也有可敬的，例如晉代陶侃之母截髮延賓，漢代淳于意之女緹縈上書救父，東漢班固之妹班昭續完漢書，唐代花木蘭代父從軍，宋代梁紅玉擊鼓敗金兵，這些都是女中豪傑，巾幗英雌，只可惜都是後來的事，孔子無法見到，否則他會另有一番贊語吧？

七三　孟子「與傷惠」

《孟子・離婁章句下》第二十三章：「孟子曰：『可以取，可以無取，取傷廉。可以與，可以無與，與傷惠』……。」

《孟子》「取、與」原文

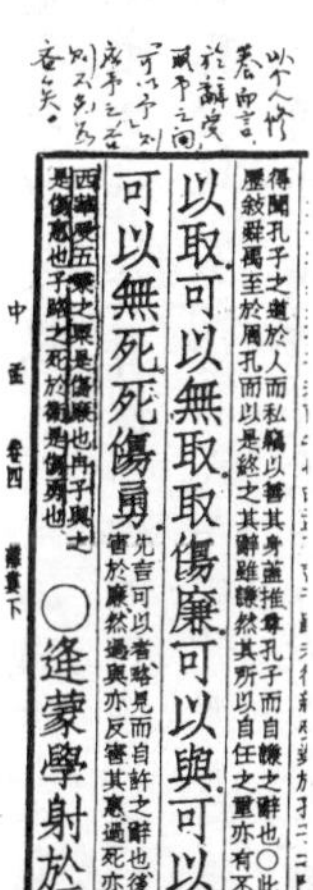

傳聞孔子之道於人而私竊以善其身蓋推尊孔子而自謙之辭也○此又承上三章歷敘舜禹至於周孔而以是終之其辭雖謙然其所以自任之重亦有不得而辭者矣

○孟子曰可以取可以無取取傷廉可以與可以無與與傷惠可以死可以無死死傷勇 先言可以者略見而自許之辭也後言可以無者深察而自疑之辭也過取固害於廉然過與亦反害其惠過死亦反害其勇蓋過猶不及之意也林氏曰公西華受五秉之粟是傷廉也冉子與之是傷惠也子路之死於衛是傷勇也 ○逢蒙學射於羿盡羿之道思天下

中　孟　卷四　離婁下　一一七

孟子講的前三句是說：如果他人給我財物，我起初覺得是可以拿取（收受）的，後來考慮又覺得是不可以拿取的。在這可以取和不可以取之間，正確的決定應是不取。因爲倘若拿取了，那就是「苟取」，會對自己的「廉潔」操守有損傷，不可貪心亂取。

它的後三句是說：如果我們給與別人財物，覺得可以給他，又覺得可以不給。在處於兩可之際，這時的正確決定是不給。倘若給了，便對「施惠」有反害，不可亂給。

讕讕子說：孟子這兩段話，前段很正確。我們在「辭受」之間，要能潔身自愛，嚴以律己。只要有一絲不可取的理由存在時，都必須拒而不取，這才是君子正人。

但是、後段話卻似有待商榷。我們對別人應該寬厚，要泛愛衆。《論語・公治長》子路說：我願將我的車馬衣裘，與別人共用，用壞了也沒有遺憾，這才是宏胸大量。因此，如果我們要送東西給別人，既然覺得是可以給與的，就顯得給與是合宜的，而不會是過分濫給。本諸「寬則得眾，惠則足以使人（論語陽貨篇孔子語）」的原則，可以給就應當給。不然的話，該給的竟爾收回不給，這不但違背了「惠」，進而凸顯出自己的小器（小氣）、慳嗇、不大方、捨不得，這不是反會招來「鄙吝」之譏而良心不安嗎？

註：過份超額的「給與」也是不對的。今舉一例，《論語：雍也第六》「子華使於齊」章說：孔子派遣學生子華前往齊國，他的同學冉求替子華的母親向孔子面請發給養家的米糧。孔子說：「給她六斗四升吧。」冉求請再增加，孔子說：「那就加十斗吧！」冉求覺得還是太少，就自作主張給了八十斛。孔子事後說：「子華這次到齊國去，駕車用的是肥馬，他自己穿的是高級皮裘。我們若要發給米糧，應該周濟那些餓人的急迫需要，而不是去爲富有者增添財物。」這故事是指出子華並不貧窮，冉求超量給他米糧是錯的，這種「與」是「傷惠」。子華受了也是不對的，這種「取」便是「傷廉」。附此存參。

七四　孟子膽敢亂講話

朱元璋建立明朝天下，爲了培養人才，成立國子監，等於是國立最高學府，學生授讀四書五經。以洪武二十六年爲例，在學人數已達八千一百二十四名，規模很大。

四書五經是儒家的基本經典，治國平天下的大道理都在裡面。孔子的「君君臣臣父父子子（見《論語・顏淵第十二》第十一章）」這番理論，最合朱元璋的胃口。只不過《孟子》一書中，卻有好些對君王不賣帳的言論，朱元璋很不以爲然。有次他對人說：「孟子這老頭好大的狗膽，隨口亂講話。要是他活到今天，非嚴辦不可！」（朱元璋搞了好多文字獄，殺戒大開）。

依《明史卷一三七劉三吾傳》《明史卷一三九錢唐傳》全祖望《鮚琦亭集卷卅五辨錢尚書爭孟子事》等綜合來看，洪武廿七年，朱元璋下令組成「孟子審查會」，派劉三吾主持審查，把許多反動的章節都刪禁了，例如

「時日曷喪，予及汝偕亡。」（梁惠王章句上第二章）

「國人皆曰賢：國人皆曰可殺。」（梁惠王下第七章）

明太祖朱元璋像

「聞誅一夫紂矣，未聞弒君也。」（梁惠王下第八章）

「桀紂之失天下也，失其民也。失其民者，失其心也。」（離婁章句上第十章）

「君之視臣如草芥，則臣視君如寇讎。」（離婁章句下第三章）

「天視自我民視，天聽自我民聽。」（萬章上第五章）

「天與賢，則與賢。」（萬章上第六章）

「貴戚之卿，君有大過則諫，反覆之而不聽，則易位。」（萬章下第九章）

「民爲貴，社稷次之，君爲輕。」（盡心章句下第十四章）

以上僅是部份例句，全册一共刪廢了八十五條，只剩一百七十多條，幾乎少了一半，刻版頒行，稱爲《孟子節文》。

讕讕子曰：孟子（約元前三七二—前二八九）生於戰國時代，那時周天子勢弱，諸侯互相攻伐（因叫戰國）。秦始皇更焚書阬（阬是活埋）儒（見《史記·秦始皇紀》），君王殺人不眨眼。

唯有孟子，主張民貴君輕。他走訪梁惠王齊宣王等國君，提倡王道、仁義、人性本善等思想，但曲高和寡，未被採用，乃退而撰《孟子》七篇。書中辯辭汪洋磅礴，文筆犀利暢達。元代至順元年封爲「亞聖」，意思是僅次於「至聖」孔子之尊。

朱元璋爲鞏固皇權帝位，對所有反專制反獨裁的論調，都要剷除，《孟子》一書，正是罪魁禍首。但亞聖名望崇高，不敢盡廢，該書且已列爲十三經之一（漢代立五經，唐代增爲九經，宋代加孟子諸書爲十三經），故只能刪棄刺眼的章句，刪後欽定爲《孟子節本》，作爲科舉考試之範書。

我們有幸，明代之後，節本未曾繼續通行，恢復了全本。但這番波折，不可不知，以故敘此雪泥，留供追憶。

註：這裡補述兩則孟子的故事。其一：孟子小時候，住家靠墓地很近，他仿學著埋葬之事。媽媽說：「這不是適合你住的地方。」便搬到市場邊，孟子又仿學小販叫賣之事。媽媽說：「這也不是適合你住的地方。」再搬家到學校旁邊，孟子才仿學那唸書之事。媽媽說：「這地方就對了。」才定居下來。這叫「孟母三遷」。其二：孟子童年時，不好好讀書，逃學回家。媽媽正在織布，爲了要教訓他，就拿刀把布割斷了，說：「你這樣逃學，等於把織好的布割斷了一樣，沒有成就。」以上都見漢代劉向《列女傳．孟母》篇中。大凡偉人背後，都有一位賢母。

七五　信耶穌就赦罪

《聖經》中有許多格言，十分珍貴：

例如馬太福音十七章廿六節、馬可福音九章卅六節、路加福音九章廿五節都說：「人若賺得全世界，卻賠上自己的生命，有何益處？」

又如馬太福音廿二章卅九節說：「愛人如己。」

又如提摩太前書六章七節說：「我們沒帶甚麼到世上來，也不能帶甚麼離去。」

又如羅馬書三章十七節說：「不要以惡報惡。」

又如使徒行傳廿章卅五節說：「施比受更爲有福。」

又如路加福音六章卅一節說：「你們願意別人怎樣對待你們，你們也要怎樣對待別人。」

又如舊約傳道書五章十五節說：「人們生下兒子，兒子在墮地時一無所有。他從母胎赤身而來，臨終時也必赤身而去。他生前勞碌所得的，分毫不能帶走。」

以上所引，都堪作垂訓千古的金言。

但是也有若干言詞，似仍有尚待商榷之處：

例如約翰福音三章十八節說：「信他的人，不被定罪。」

又如馬太福音六章十四節說：「你們禱告，天父必饒恕你們的過犯。」
又如馬可福音十六章十六節說：「信的必然得救，不信的必被定罪。」
又如使徒行傳十章四十三節說：「凡信他的人，得蒙赦罪。」
又如舊約德訓篇廿一章一節說：「應爲你過去的罪祈禱，以獲罪赦。」
又如德訓篇廿八章廿七節說：「當祈求時，你的罪也會獲赦。」

這些話都是說如果你信天父、信耶穌、做禱告，你就「不被定罪」了，你以前的罪就都「獲赦」了。《聖經》用這樣的說詞來勸人信天父，勸人禱告，似將引發疑問，因爲依常理推斷，對犯罪的赦免，不可能如此簡單廉價吧？

讕讕子曰：我也曾經犯錯，小時候偷過一元銅幣。後來良心不安，一直無由補贖。如果信天父、信耶穌、做禱告，口頭上說幾句懺悔的空話，就可把從前的罪過無條件一筆勾銷，未免太過便宜，有欠公平公正。想想看：如果某人犯了罪，一經信主祈禱就被饒恕而無罪了，這眞是輕鬆容易。又由於每次禱告一下就獲寬赦，這實在太划算，豈不是鼓勵壞人去再度犯罪？如果全球五十億人，大家都向我主祈禱，讓天下所有殺人放火的罪犯，全都不問是非黑白，一概赦免不究，這恐怕不是耶穌的本意吧？

註：聖經先後版本的篇數不相同。古版舊約有四十六篇，今版

MARK 16
Taken Up into Heaven

馬可福音第十六章

16 He that believeth and is baptized shall be saved; but he that disbelieveth shall be condemned.

17 And these signs shall follow them that believe: in my name shall

16 信而受洗的必然得救；不信的必被定罪。

17 信的人必有神蹟隨着他們；就是奉我的名趕鬼；說新方言；

只有三十九篇（少了七篇）。而且篇名也不同（例如編年紀改稱歷代志、若蘇厄書改稱約書亞記、默示錄改稱啓示錄）。今引介古版篇名如下：

引用經書簡字表

經書	簡字
以下舊約	
創世紀	創
出谷紀	出
肋未紀	肋
戶籍紀	戶
申命紀	申
若蘇厄書	蘇
民長紀	民
盧德傳	盧
撒慕爾紀上	撒上
撒慕爾紀下	撒下
列王紀上	列上
列王紀下	列下
編年紀上	編上
編年紀下	編下
厄斯德拉上	厄上
厄斯德拉下（乃赫米雅）	厄下
多俾亞傳	多
友弟德傳	友
艾斯德爾傳	艾
瑪加伯上	加上
瑪加伯下	加下
約伯傳	約
聖詠集	詠
箴言	箴
訓道篇	訓
雅歌	歌
智慧篇	智
德訓篇	德
依撒意亞	依
耶肋米亞	耶
耶肋米亞哀歌	哀
巴路克	巴
厄則克耳	則
達尼爾	達
歐瑟亞	歐
岳厄爾	岳
亞毛斯	亞
亞北底亞	北
約納	納
米該亞	米
納鴻	鴻
哈巴谷	哈
索福尼亞	索
哈蓋	蓋
匝加利亞	匝
瑪拉基亞	拉
以下新約	
瑪竇福音	瑪
馬爾谷福音	谷
路加福音	路
若望福音	若
宗徒大事錄	宗
羅馬書	羅
格林多前書	格前
格林多後書	格後
迦拉達書	迦
厄弗所書	弗
斐理伯書	斐
哥羅森書	哥
得撒洛尼前書	得前
得撒洛尼後書	得後
弟茂德前書	弟前
弟茂德後書	弟後
弟鐸書	鐸
費肋孟書	費
希伯來書	希
雅各伯書	雅
伯多祿前書	伯前
伯多祿後書	伯後
若望一書	若一
若望二書	若二
若望三書	若三
猶達書	猶
默示錄	默

聖經古版篇名表

七六　「三年不飛」的事人時地

西漢史學大師司馬遷寫成《史記》一書，爲中國第一部「通史」（連續記載歷代事蹟者曰通史。班固的《漢書》則是斷代史）。凡是中國人，都該一讀。

但由於史料太繁，疆宇太廣，難免偶有重複而出現時、地、人俱皆相異之事。例如《史記卷四十・楚世家》記述道：

「楚莊王（約爲西元前六一四—前五九一年）即位，三年不出號令，日夜爲樂。今國中曰：有敢諫者死。伍舉進隱語曰：有鳥在阜，三年不飛不鳴，是何鳥也？楚莊王曰：三年不飛，飛將沖天；三年不鳴，鳴將驚人。於是乃罷淫樂，國人大悅。」

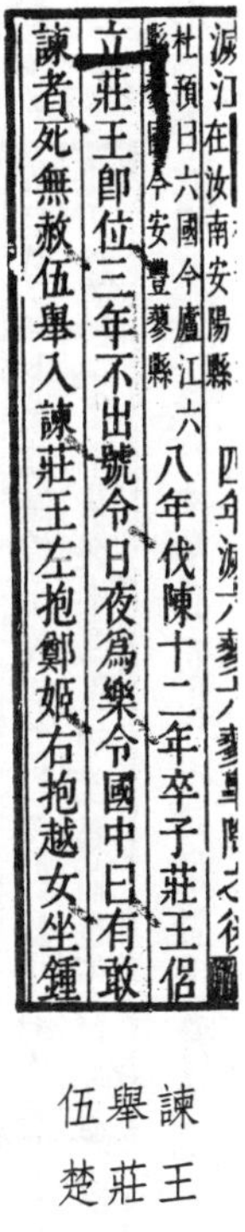
滅江在汝南安陽縣 四年滅六蓼
杜預曰六國今廬江六縣蓼國今安豐蓼縣 八年伐陳十二年卒子莊王侶
立莊王即位三年不出號令日夜爲樂令國中曰有敢
諫者死無赦伍舉入諫莊王左抱鄭姬右抱越女坐鍾

伍舉諫楚莊王

相同的事，又重見於《史記卷一百二十六・滑稽列傳》的記述是：

「齊威王時（約爲元前三五九—前三二〇年），好爲長夜之飲。諸侯並侵，國且危亡。淳于髡說之曰：國中有大鳥，三年不飛不鳴，此鳥何也？齊威王曰：此鳥不飛則已，一飛沖天；不鳴則已，一鳴驚人。於是奮兵而出，諸侯皆還齊侵地，威行三十六年。」

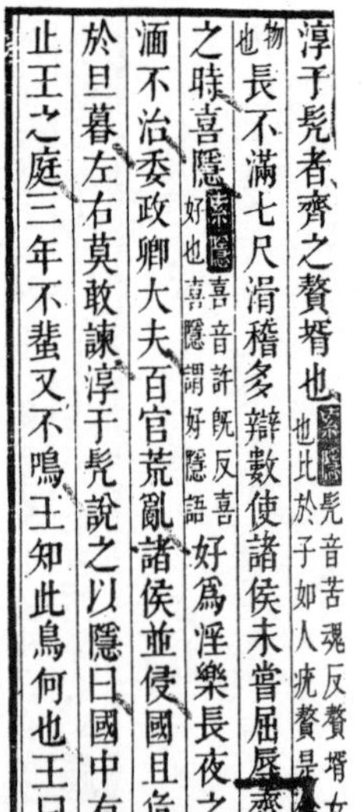
淳于髡者，齊之贅壻也【索隱】髡音苦魂反贅壻女之夫也比於子如人疣贅是餘剩之物也長不滿七尺滑稽多辯數使諸侯未嘗屈辱齊威王之時喜隱【索隱】喜音許既反喜好也喜隱謂好隱語好爲淫樂長夜之飲沉湎不治委政卿大夫百官荒亂諸侯並侵國且危亡在於旦暮左右莫敢諫淳于髡說之以隱曰國中有大鳥止王之庭三年不蜚又不鳴王知此鳥何也王曰此鳥

齊威王喜隱語

讕讕子曰：國王荒廢國政，是伍舉糾勸楚莊王呢？或是淳于髡諷諫齊威王呢？似乎已無法查證了。無怪乎《史記一百二十六》卷末「考證」第一條也挑明來說：「不飛不鳴之語，楚世家卷中說是楚莊王，本卷說是齊威王，孰是孰非耶？」恐怕只好前後兩說併存吧。

不僅《史記》自我重覆且人地相異，此外《呂氏春秋・卷十八・審應覽第六》則說：

「荊莊王立三年，不聽政而好隱。成公賈入諫。王曰：不穀禁諫者，今子諫，何故？對曰：臣非敢諫也，願與君王隱也。王曰：胡不施隱言於不穀？對曰：有鳥止於南方之阜，三年不動不飛不鳴，是何鳥也？王射之曰：有鳥止於南方之阜，其三年不動，將以定志意也。其不飛，將以長羽翼也。其不鳴，將以覽民則也。是鳥雖無飛，飛將沖天。雖無鳴，鳴將駭人。賈出矣，不穀知之矣。明日朝，所進者五人，所退者十人，群臣大悅。」

又劉向《新序．卷二．雜事第二》也有事同人異的記載，原文說：

「楚莊王蒞政，三年不治，而好隱戲，國將亡。士慶問群臣曰：王蒞政三年不治，國將亡，胡不入諫？左右曰：子其入矣。士慶入，進曰：隱有大鳥，來止南山之陽，三年不飛不鳴，其故何也？王曰：子其去矣，寡人知之矣。士慶曰：願聞其說。王曰：此鳥不飛，以長羽翼。不鳴，以觀群臣之慝。是鳥雖不飛，飛必沖天；雖不鳴，鳴將驚人。士慶稽首曰：所願聞已。王大悅士慶之問，拜之以為令尹，授之相印。」

這兩個記載更詳，但進說諫言的人卻是成公賈和士慶。綜上以觀，同此一事，卻有伍舉、淳于髡、成公賈、士慶等人之不同，莊王威王時代之相異，及楚國齊國地域之有別，姑且並存，因已無從深究了。

七七　嗜魚不受魚

宰相喜歡吃魚，有人送魚來，卻拒而不受，這事在《史記》《韓詩外傳》《新序》及《增廣智囊》四書中都有記載。今分引原文，以供參閱。

一、司馬遷《史記・循吏列傳第五十九》述：

「公儀休，爲魯相。客有遺相魚者，相不受。客曰：聞君嗜魚，故遺君魚，何爲不受也？相曰：以嗜魚，故不受也。今爲相，能自給魚。若受魚而免相，誰復給我魚者？故吾不受也。」

二、韓嬰《韓詩外傳・卷三》述：

「公儀休相魯而嗜魚，一國人獻魚而不受。其弟諫曰：嗜魚不受，何也？曰：夫欲嗜魚，故不受也。受魚而免相，則不能自給

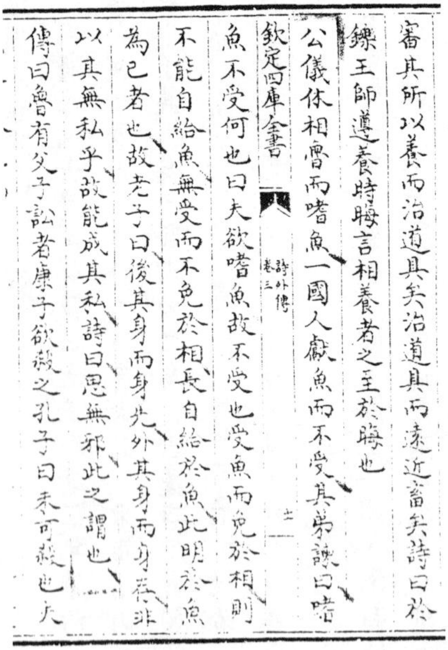
審其所以養而治道具矣治道具而遠近畜矣詩曰於
鑠王師遵養時晦言相養者之至於晦也
公儀休相魯而嗜魚一國人獻魚而不受其弟諫曰嗜
欽定四庫全書　詩外傳 卷三
魚不受何也曰夫欲嗜魚故不受也受魚而免於相則
不能自給魚無受而不免於相長自給於魚此明於魚
為己者也故老子曰後其身而身先外其身而身存非
以其無私乎故能成其私詩曰思無邪此之謂也
傳曰魯有父子訟者康子欲殺之孔子曰未可殺也夫

魚。無受而不免於相，長自給於魚，此明於魚爲己者也。」

三、劉向《新序・卷七・節士上》述：

「昔者，有餽魚於鄭相者，鄭相不受。或謂鄭相曰：子嗜魚，何故不受？對曰：吾以嗜魚，故不受魚。受魚失祿，無以食魚。不受得祿，終身食魚。」

四、馮夢龍《增廣智囊補・卷上・上智》述：

「公孫儀相魯而嗜魚，一國爭買魚獻之，公孫儀不受。其弟諫曰：夫子嗜魚而不受者，何也？對曰：夫惟嗜魚，故不受也。夫既受魚，必有下人之色，將枉於法。枉於法，則免於相。免於相，雖嗜魚其誰給之？無受魚而不免於相，雖不受，能長自給魚。」

讕讕子曰：宰相官居極品，國人送魚給你，能收受嗎？原文解釋得很好。理由是：既然受魚，就欠對方人情，難免會曲解法律，以好處回報送魚者；一旦東窗事發，宰相官位削了，有誰還會送魚呢？我今不受，可以將俸祿長久買魚。《孟子・萬章上》說：「非其義也，一介不以取諸人」。嚴於辭受取與的分寸，是做公僕的起碼條件。至於篇中一說是魯相，一說是鄭相。一說是公儀休，一說是公孫儀，究竟是多人還是同一人，反而不見得重要了。

七八　「五百金」事同人異

太史公司馬遷撰成《史記》鉅著，上起黃帝，下迄漢武，共一百三十卷。他取材豐廣，文字高雅，誠爲不朽的史書。但或許由於卷帙浩繁，便難免會有重複而事同人異之處。

例如《史記一百十一・大將軍衛青傳》記述：

「是時，王夫人方幸於上。甯乘說大將軍，大將軍乃以五百金爲王夫人壽。天子聞之，乃拜甯乘爲東海都尉。」

可是、《史記卷一百二十六・滑稽列傳》篇末，又錄有「褚先生曰」的補充資料，共有六人，其中第三人是東郭先生，但內容與上段甯乘是相同的故事：

「齊人東郭先生，遮衛青大將軍車，言曰：王夫人新得幸於上，將軍如以五百金賜王夫人，此所謂奇策也。於是衛將軍以五百金爲王夫人壽。武帝召東郭先生，拜爲郡都尉。」

讕讕子曰：送禮五百兩黃金給漢武帝的寵妃王夫人，究竟是甯乘對衛青的建議？還是東郭先生攔住衛青的座車而貢獻的主意？事相同而人卻不同。在同一書中鬧出雙胞，眞難斷誰是誰非也。

七九　不死與長生

從古到今，人人都想長壽。由於我國歷史悠久，諸書中述及長生不死者特多。今蒐集眾多短條，也可謂「猗歟盛哉」了。請看：

◎一、漢、司馬遷《史記》卷六、秦始皇本紀、**「徐市求不死藥」**：

「二十八年，徐市（《史記考證》說：徐市又叫徐福，並非二人）等上書，言遠海中有三神山，名曰蓬萊、方丈、瀛洲，仙人居之。於是遣徐市發童男女數千人，入海求仙藥。」

「三十二年，始皇使韓終、侯公、石生，求仙人『不死之藥』。」

◎二、《史記》卷二十八、封禪書第六、**「仙人不死藥」**：

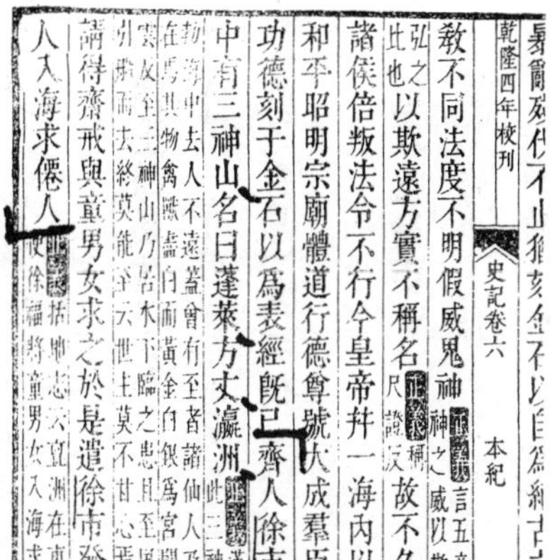

史記

「自齊威宣時，騶子之徒，論著終始五德之運。及秦帝而齊人奏之，故始皇採信之。自宣威燕昭，使人入海求蓬萊方丈瀛洲，此三神山者，在勃海中，諸仙人及『不死之藥』皆在焉。」

「後五年，始皇南至湘山，遂登會稽，並至海上，冀遇海中五神山之奇藥，不得，還至沙丘，崩（始皇死了）。」

◎三、《史記》卷一百十七、司馬相如列傳、**「西王母長生不死」**：

「司馬相如見始皇好仙道，因曰：臣嘗撰大人賦，有句曰：吾乃今目睹『西王母』皬（音霍，白也）然白首，亦幸有三足烏（就是青鳥）爲之使。必『長生』若此而『不死』兮，雖濟萬世不足以喜。」

◎四、《史記》卷一百十八、淮南衡山列傳、**「延年益壽藥」**：

「又使徐福入海求神異物。還爲僞辭曰：臣見海中大神，言曰：『汝西皇之使邪？』臣答曰：『然。』『汝何求？』曰：『願請「延年益壽藥」。』海神曰：『以童男女獻之，即得之矣。』秦始皇帝大悅，遣童男女三千人而行。」

◎五、《史記》卷二十八、封禪書、**「卻老方」**：

「是時、李少君（山東人・術士）亦以『卻老方』見漢武皇上。少君嘗自謂七十，能使物『卻老』。人聞其能使物不死，更饋遺之。」

◎六、《史記》卷二十八、封禪書、**「不死之藥」**：

「欒大（漢代方士）爲人長美（身長貌美），而敢爲大言。曰：臣常往來海中，見安期、羨門之屬（安期王、羨門都是古仙人）。臣之師曰：黃金可成，而河決可塞，『不死之藥』可得，僊人可致也。」

○七、秦、呂不韋《呂氏春秋》、卷二十二、愼行論第二、壹行、**「不死之鄉」**：

「（倘若）虞用宮之奇，吳用伍子胥，此二國者，雖至如今仍存，可也。今壽國有道，禹、東至青丘之鄉、黑齒之國，南至交阯之國，九陽之山，羽人裸民之處，『不死之鄉』（原注：鄉亦國也）在焉。」

247 戰國策

◉有獻不死之藥於荊王者

有獻不死之藥於荊王者，謁者操以人，中射之士問曰：「可食乎？」曰：「可！」因奪而食之。王怒，使人殺中射之士。中射之士使人說王曰：「臣問謁者，謁者曰可食，臣故食之。是臣無罪，而罪在謁者也。且客獻不死之藥，臣食之而王殺臣，是死藥也。王殺無罪之臣，而明人之欺王。」王乃不殺。

○八、漢、劉向《戰國策》卷十七、楚四、**「荊王不死藥」**：

「有獻『不死之藥』於荊王者，謁者操以入。中射之士（古時重視射箭，此指皇宮中門守衛的武官）問曰：可食乎？曰：可。因食之。王怒，欲殺中射之士。中射之士曰：臣問謁者，謁者曰可食，故食之。是臣無罪，而罪在謁者也。且客獻不死之藥，臣食之而王殺臣，是死藥也。王殺無罪之臣，而明人之欺王。王乃不殺。」

○九、漢、班固《漢書》郊祀志、**「不死之藥」**：

「三神山者，在勃海中，諸仙人及『不死之藥』皆在焉。不死之藥可得，仙人可致也。」

◎十、南朝宋・范曄《後漢書》志第十、天文上（鼎文書局印行）第二段文、注解四、**「無死之藥」**：

「臣昭以張衡天文之妙，所著《靈憲》曰：『羿（古代有窮國之國君）請「無死之藥」於西王母，姮娥（姮音恆，羿之妻。後因漢文帝名恆，避諱改稱嫦娥）竊之以奔月。將往，枚筮之於有黃。有黃占之曰：「吉、翩翩歸妹，獨將西行，逢天晦芒，毋驚毋恐，後其大昌。」姮娥遂托身于月，是爲蟾蜍。』」

◎十一、《後漢書》卷八十五、東夷（日本）列傳、**「無不死藥」**：

「會稽海外有東鯷人（東鯷、古國名，後稱「大倭國」，見《漢書》地理志下），又有夷洲及澶洲。秦始皇遣徐福入海，求蓬萊神仙，不得，『無不死藥』。徐福畏誅，遂止此洲，世世相承，此時已有數萬人矣。」

◎十二、《後漢書》卷八十六、西南夷列傳、**「長年神藥」**：

「莋都夷者，武帝所開，以爲莋都縣，土出『長

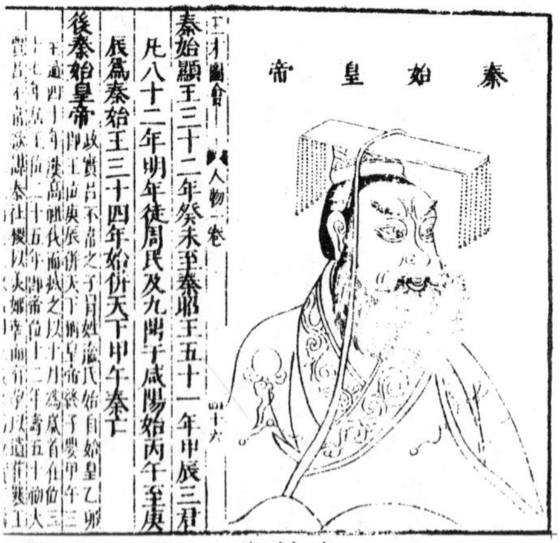

秦始皇

年神藥』，仙人山圖所居。〔注〕：劉向《列仙傳》曰：山圖、隴西人，好乘馬，馬蹋折腳，山中道士教服地黃、當歸、羌活、元參。服一年，病愈身輕。追道士問之，自云：五嶽使者，之名山採藥。能隨吾，汝便『不死』。山圖追隨，行不復見，莫知所之。」

◎十三、秦、呂不韋《呂氏春秋》六論、別類、**「起死人」**：

「魯人有公孫綽者（公孫綽一作王孫綽），告人曰：我能『起死人』（救活、治癒已死的人）。人問其故？對曰：我固能（本來能夠）治偏枯（醫好那半身不遂，肢體癱瘓的偏枯人），今吾倍（加倍給藥）所以爲偏枯之藥，則可以起死人矣。」

◎十四、趙伯平《通鑑雋語》唐紀、中宗、李邕、**「神仙不死」**：

「李邕（唐玄宗時任北海太守，世稱李北海，《新唐書》有傳）上疏（呈上奏疏向皇帝論事），以爲若有神仙能『令人不死』，則秦始皇、漢武帝應得『長生』矣……」

◎十五、唐、房玄齡《晉書》卷四十九、列傳第十九、稽康傳、**「黃精久壽」**：

「稽康好老莊，常修養性服食之事。如導養得理，則安期彭祖（安期生是神仙，彭祖壽高八百餘歲）可及也。乃著《養生論》。又聞道士言，餌朮黃精（黃精是植物，根莖都是良藥），令人『久壽』，意甚信之。」

◎十六、宋、司馬光《資治通鑑》卷七、秦紀二、始皇帝下、**「勃海不死藥」**：

「始皇南登瑯琊，築瑯琊臺。燕人宋無忌稱：自齊威王齊宣王燕昭王皆使人入海，求蓬萊方丈瀛洲。云：此三神山，在勃海中，諸僊人及『不死之藥』皆在焉。於是遣徐市發童男女數千人入海求之。」

◎十七、《資治通鑑》卷二十、漢紀十二、孝武皇帝中之下、**「長生甘露」**

「（漢武帝）起造柏梁臺，作承露盤，高二十丈，大七圍，以銅爲之。上有僊人，以掌承露，如玉屑飲之，可以『長生不老』。」

◎十八、後晉、劉昫《舊唐書》卷三、本紀、太宗下。又見：清、趙翼《廿二史劄記》卷十九、唐諸帝多餌丹藥、**「唐太宗延年藥」**：

「古詩云：服食求神仙，多爲藥所誤。唐貞觀二十二年，唐太宗使胡僧造『延年』之藥。」

◎十九、《舊唐書》卷十四、本紀第十四、憲宗上**「漢武帝求不死藥」**：

「憲宗顧謂宰臣曰：神仙之事，信乎？李藩

漢武帝

唐太宗

（字叔翰，諡貞簡）對曰：神仙之說，出於道家。秦始皇遣方士入海求仙，漢武帝嫁女於方士求『不死藥』，二主受惑，卒無所得。」

◎二〇、《舊唐書》卷十七上、本紀十七上、敬宗**「長生久視」**：

「唐敬宗遣使往湖南、江南採藥，道士劉從政，說以『長生久視』之道，請求訪尋靈藥。帝惑之，封劉從政爲光祿少卿，號昇玄先生。」

◎廿一、《舊唐書》卷十八上、本紀、武宗、**「長年之術」**：

「唐武宗尊道士趙歸眞爲教授先生。帝學神仙，師事歸眞，造望仙臺於南郊壇。歸眞舉羅浮道士鄧元起有『長年之術』，帝遣使迎之，服食『金丹』修攝，藥躁，旬日不能言，崩。」

◎廿二、《舊唐書》卷十八下、本紀、宣宗、**「不死丹」**：

「唐宣宗遣使往羅浮山迎軒轅先生，至京師，召入禁中，問曰：長生可致乎？《廿二史劄記》云：宣宗服方士『不死丹』，棄天下（死了）。」

◎廿三、《舊唐書》卷一百九十一、列傳一百四十一、方技、張果、**「長年祕術」**：

「張果者，不知何許人也。武則天時，隱於中條山，時人傳其有『長年祕術』。自云年已數百歲矣。唐玄宗迎之入宮，詢及神仙方藥之事。有邢和璞者，

張果

能知人夭壽，玄宗令推算張果，邪則懵然不知。又有師夜光者，善視鬼，玄宗召張果，坐於密室，令夜光視之。夜光問曰：張果安在？夜光雖對面，終莫能見。玄宗號張果爲通玄先生。乃入恒山，不知所之。」（此事又見：南唐沈汾《續仙傳》卷中、張果。到宋朝，乃有八仙之說，張果是八仙之一，俗稱張果老。）

◎廿四、《舊唐書》卷九十六、列傳第四十六、姚崇傳、**「長命」**：

「經云：『求長命』得長命，求富貴得富貴。」

◎廿五、宋、歐陽修《新唐書》卷七十七、列傳第二、后妃下、**「長年不死」**：

「唐武宗賢妃王氏，有寵，進號才人。帝惑方士說，餌藥『長年』，後寖不豫。才人謂曰：陛下日服丹藥，言可『不死』，然膚澤消槁，妾獨憂之。俄而帝疾侵，不久，崩。」

◎廿六、元、托克托《宋史》禮志十五、**「延壽帶」「續命縷」**：

「端午節前一日，以金鏤『延壽帶』，金塗銀結『續命縷』，緋絲羅『延壽帶』，綵絲『續命縷』，分賜百官，節日戴以入，以綵絲繫臂，可以『延年益壽』。」

◎廿七、《宋史》卷四百八十九、外國五、勃泥國傳、**「藥膏不死」**：

「勃泥國在西南大海中，去三佛齊（古國名，在蘇門答臘東南岸）四十日程。其國鄰於底門國，國有『藥樹』，取其根，煎爲膏，兵刃所傷皆『不死』。前代未嘗朝貢，故史籍不載。」

○廿八、清、趙翼《廿二史劄記》卷十九。又見《舊唐書》卷八十四、列傳第三十四、郝處俊傳、**「長年長生藥」**：

「有胡僧盧迦阿逸多，受詔合『長年之藥』，唐高宗將餌之（服食之意）。郝處俊諫。先帝命婆羅門僧那羅邇婆娑，依其本國舊方，合『長生藥』，徵求靈草異石，歷年而成。先帝服之，大漸（病況嚴重），名醫束手。」

○廿九、莊周《莊子》外篇、在宥、**「廣成子長生」**：

「黃帝聞廣成子在空同，往見之，問曰：敢問治身，奈何而可以長久？廣成子曰：善哉，吾語汝至道。至道之精，窈窈冥冥，至道之極，昏昏默默。無視無聽，抱神以靜，無勞汝形，無搖汝精，乃可以『長生』。汝神將守形，形乃『長生』。我守其一，以處其和，故我修身千二百歲矣。」

○三〇、戰國、列禦寇《列子》卷五、湯問第五、**「食之不老不死」**：

「勃海之東，不知幾億萬里，有大壑焉，實爲無底之谷，名曰歸墟。八紘九野之水，莫不注之，而無增無減焉。其中有五山：一曰岱輿，二曰圓嶠，三曰方壺，四曰瀛洲，五曰蓬萊。臺觀皆金玉，珠玕之樹皆叢生，華實（華是花，實是果）皆有滋味，食之，皆『不老不死』。所居之人皆仙聖。」

○卅一、管仲、《管子》卷八、中匡第十九、**「長年」**：

「齊桓公問曰：請問爲身？管仲對曰：道血氣以求『長年』長心長德，此爲身也，是謂長生長壽長命。《陸機・嘆逝賦》：『嗟人生之短期，孰『長年』之能執？』」

◎卅二、戰國、韓非《韓非子》卷第七、說林上、**「不死之藥」**：

「有獻『不死之藥』於荊王者，謁者操之入。中射之士問曰：可食乎？曰：可。因奪而食之。王大怒，使人殺中射之士。中射之士說王曰：臣問謁者曰可食，故食之，是臣無罪，而罪在謁者也。且客獻不死之藥，臣食之而王殺臣，是死藥也，是客欺王也。夫殺無罪之臣，而明人之欺王也，不如釋臣。王乃不殺。」

◎卅三、漢、劉安《淮南子》卷第四、墜形訓、**「不死樹」**：

「禹、以息土塡洪水，以爲名山（原注：名山者，大山也），上有木禾（一種植物名），其修五尋（修、長也。八尺爲一尋），『不死樹』在其西。」

◎卅四、《淮南子》卷第四、墜形訓、**「丹水飲之不死」**：

「疏圃之池（池在崑崙山上），浸之黃水。黃水三周，復其原本。是謂『丹水』，飲之『不死』。涼風之山，登之而『不死』。」

◎卅五、《淮南子》卷第四、墜形訓、**「南方不死草」**：

「中土多聖人，皆聚其氣，皆應其類。故南方有『不死之草』（原注：南方溫暖，故草有不死者），北方有不釋之冰（原注：北方寒冷，故有不冰釋者）。」

◎卅六、《淮南子》覽冥、**「西王母不死藥」**：

「后羿（上古有窮國的國君，又叫羿）請『不死之藥』於西王母（神話中的女神之王），嫦娥（本名姮娥，因漢文帝名恒，避諱改稱嫦娥）竊之以奔月。」

○卅七、東晉、葛洪《抱朴子》內篇、卷十一、仙藥、**「石蜜芝壽萬歲」**：

「五芝者，有石芝、有木芝、有草芝、有菌芝、有石蜜芝。生少室石戶中，有深谷，不可得過。以石投谷中，半日猶聞其墜撞聲也。去戶外十餘丈，有石柱。戶上刻石爲蝌蚪字曰：得服石蜜芝一斗者，『壽萬歲』。」

○卅八、《抱朴子》內篇、卷二、論仙、**「神仙不死」**：

「或問曰：『神仙不死』，信可得乎？抱朴子答曰：夫雖有至明，而有形者，不可畢見焉。雖稟極聰，而有聲，不可盡聞焉。萬物云云，何所不有？況列仙之人，盈乎竹素（謂竹簡與縑素也，意爲充滿在書籍裡）矣。『不死』之道，曷爲無之？」

○卅九、梁元帝《金樓子》卷五、志怪篇十二、**「神州不死草」**：

「神州之上，有『不死草』，似孤苗。人已死，以此草覆之即活。秦始皇時，大苑中多枉死者。有鳥如烏狀，銜此草墜地，以之覆死人，即起。」

○四〇、漢、班固《漢武帝內傳》、列四庫全書、子部、**「延年不老」**：

「西王母謂漢武帝曰：太上之藥，有風寶雲子、玉液金漿、中華紫蜜、太眞紅芝，若得食之，後天而老，此**太上**之所服，非眾仙之所寶也。次藥有斑龍黑胎、香風石髓、白鳳丹肺、蒼鸞靈血，若得服之，後天而逝，此**天帝**之所服，非下仙之所聞也。其次藥有九丹金液、紫華紅芝，五雲之漿、太玄之酪，若得服之，白日升天，此**天仙**之所服，非地仙之所見也。其下藥有松柏之膏、枸杞茯苓、昌蒲門冬、巨勝黃精，子得服之，可以『延年不老』。」

◎四一、漢、趙君卿注、北周、甄鸞重述、唐、李淳風釋《周髀算經》卷下之一。列入文淵閣四庫全書第七八六册、**「中衡不死草」**：

「中衡去周，七萬五千五百里。中衡左右，冬有『不死草』。此地陽彰陰微，萬物不死，五穀一歲再熟。」

◎四二、秦漢間、未注作者姓名、《山海經》第十一、海內西經、**「崑崙不死樹」**：

「崑崙南淵，深三百仞（周朝的尺，八尺爲仞，或又七尺爲仞）。北有肉珠樹、文玉樹、玗琪樹、『不死樹』。」

◎四三、《山海經》、大荒南經第十五、**「大荒不死國」**：

「大荒之中，有『不死之國』，阿姓，甘木是食。原注：甘木，即『不死樹』，食之不老。」

◎四四、《山海經》、大荒西經第十六、**「大荒不死之人」**：

「大荒之中，有山，名曰大荒之山，日月所入。有人焉，『不死』。」

◎四五、《山海經》、第十八、海內經、**「都廣不死草」**：

「黑水之間，有都廣之樹，爰有膏菽、膏稻、膏黍、膏稷。百穀自生，草木所聚。

此草也，冬夏『不死』。」

◎四六、《山海經》、第十八、海內經、**「不死之山」**：

「流沙之東，黑水之間，有山，名『不死之山』。」

◎四七、漢、東方朔《海內十洲記》、祖洲**「不死草、養神芝」**：

「祖洲在東海之中，去西岸七萬里。上有『不死之草』，人死以草覆之皆活，服之令人長生。秦始皇遣使者以問鬼谷先生，鬼谷先生曰：吾知東海祖洲上，有不死之草，或名『養神芝』，一株可活一人。始皇遣徐福入海尋祖洲，未返。」

◎四八、《海內十洲記》又稱《十洲記》、聚窟洲、**「反生卻死香」**：

「聚窟洲，在西海中，地方三千里。北接崑崙二十六萬里。洲上有大山，形似鳥，因名神鳥山。山多大樹，花葉香聞數百里，名爲反魂樹。將花葉枝枒煮汁作成丸，名曰驚精香，或名震靈丸，或名『反生香』，或名震檀香，或名人鳥精，或名『卻死香』，一種六名，斯靈物也。香聞數百里，死者聞香乃卻活不復亡也。」

◎四九、《海內十洲記》、元洲、**「長生漿」**：

「元洲之上，有五芝、玄澗。澗水如蜜漿，飲之『長生』，與天地相畢。服此五芝，亦得『長生不死』，且多仙家。」

◎五〇、南朝、梁、宗懍《荊楚歲時記》、五月五日、**「長命縷」**：

「荊楚人（古楚國荆州住民）端午節，五月五日……以五彩絲繫臂，名曰辟兵，令人不病……一名『長命縷』。」

◎五一、漢、郭憲《洞冥記》，又稱《武漢洞冥記》、**「不老之草」**：

「漢武帝末年，彌好仙術，與東方朔狎暱。帝曰：朕所好，甚者、『不老』，其可得乎？朔曰：臣能使少者不老。帝曰：服何藥耶？朔曰：東北有地日之草，西南有春生之草。帝曰：何以知之？朔曰：三足烏（一解是古代神鳥，一解是西王母駕前青鳥，一解是鳥足有三趾，並非有三隻腳），食此草，能『不老』。」

◎五二、晉、張華《博物志》、卷五、方士、**「黃精長生益壽」**：

「黃帝問天老曰：天之所生，豈有食之令人『不死』者乎？天老曰：太陽之草，名曰『黃精』（植物名，百合科，可供藥用），餌而食之，可以『長生』。太陰之草，名曰鉤吻（植物名，又名斷腸草，馬錢科，全株有劇毒），不可食，入口立死。人信鉤吻之殺人，不信黃精之『益壽』，不亦惑乎？」

◎五三、《博物志》卷一、物產、**「不死草」**：

「地性含水土山泉者，引地氣也。名山生神芝『不死之草』……名山大川，孔穴相納，和氣所出，則生石脂玉膏，『食之不死』焉。」

◎五四、《博物志》卷一、物產、末條**「不老泉」**：

「員丘山（古代傳說海中有五仙山，其一為員嶠山）上，有『不死』之樹，食之長壽。

有赤『泉』，飲之『不老』。」

◎五五、《博物志》卷八、史補、末條**「不死美酒」**：

「君山有道，與吳包山潛通。上有『美酒』數十，得飲者『不死』。漢武帝齋七日，遣男女數十人，至君山，得酒，欲飲之。東方朔曰：臣識此酒，請視之，因一飲至盡。帝欲殺之，朔曰：殺朔若死，此酒不驗。如其有驗，殺亦不死。乃赦之。」

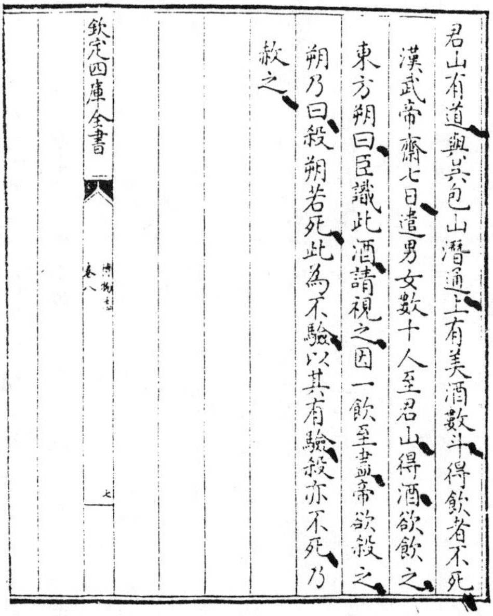
君山有道與吳包山潛通上有美酒數斗得飲者不死
漢武帝齋七日遣男女數十人至君山得酒欲飲之
東方朔曰臣識此酒請視之因一飲至盡帝欲殺之
朔乃曰殺朔若死此為不驗以其有驗殺亦不死乃
赦之

欽定四庫全書 博物志 卷八 七

博物志

◎五六、晉、李石《續博物志・三》、**「返魂香」**：

「東方朔曰：月氏國使者獻香，曰東風入律，百旬不休，青雲千呂，連月不散。能起夭殘之死疾，續生機之神藥也。後元六年，長安疫死者大半，分香燒之，死未三日皆活。此『返魂香』又名返生香、驚精香、震靈丸、卻死香。」

◎五七、宋、晁載之《續談助・十洲記》、**「卻死香」**：

「聚窟洲在西海中，有大山，似人鳥形，因名人鳥山。山多大樹花葉、香聞數百里。伐其根心，於玉釜中煮，取汁，更微火熟熬之，名驚精香，亦名返生香，或名震靈丸、人鳥香、震檀香，或名『卻死香』，一種六名。死屍在地，聞香馥乃活。」

◎五八、北涼、天竺三藏曇無讖、譯梵《大般涅槃經》卷第二十三、菩薩品、第二十二之五、**「不老不死」**：

「無相者、無有十相，所謂色相聲相香相味相觸相生相住相滅相男相女相。何爲如法修行？即是修行般若波羅蜜，『不生不老，不病不死』，不飢不渴，不苦不惱，不退不沒，畢竟入於涅槃……」

◎五九、北涼、沙門、曇無讖譯《涅槃經》、二十五、**「雪山不死藥」**：

「雪山（佛經中的雪山，即喜馬拉雅山，喜馬拉雅是梵語 Himalaya，意思是雪藏）之中，有上香藥，名曰娑訶（佛家語，源出梵語 Svaha，又譯爲薩婆訶、莎訶，有吉祥、消災之意）。有人見之，得壽無量焉。無有病死，往生十因，曰『雪山不死藥』。」

◎六〇、唐、于闐國、三藏實叉難陀、譯《大方廣佛華嚴經》、卷二十五、十迴向品、第二十五之三、**「阿伽佗不死藥」**：

「菩薩摩訶薩，施湯藥。願一切眾生，永離病身。願一切眾生，滅除一切不善之病。願一切眾生，成『阿伽佗』（梵語 agada 的音譯）藥。願一切眾生，成如來藥。願一切眾生，永除眾病。願一切眾生，得金剛不壞身。」另有唐、釋、慧琳《一切經音義》又名《慧琳音義》釋文曰：「阿是普，伽佗是去，言投此『阿伽佗』藥，普去眾疾也。此藥功高，價值無量。」又有唐、釋、慧苑《慧苑音義》、上、釋文曰：「阿、無也。伽佗、病也。服此『阿伽佗』，是無價、無病、『不死藥』也。」

○六一、李涵虛《呂祖年譜・海山奇遇》卷之三、度僧大雲、**「不死仙丹」**：

「呂祖（呂洞賓）僞裝爲回處士（回字兩口就是呂，有學問但不做官者叫處士）遊大雲寺，隨堂會食（跟大家在食堂用飯），月餘不厭。因謂掌院僧（又叫住持、方丈）曰：汝饌精潔，但少麵耳。遂攜少許麵至，分食數百僧人，皆甚飽足，殊驚訝之，掌院遂烹佳茗（泡了好茶）請處士共啜。處士出示『仙丹』一粒曰：服此可以『不死』，後竟仙去。」

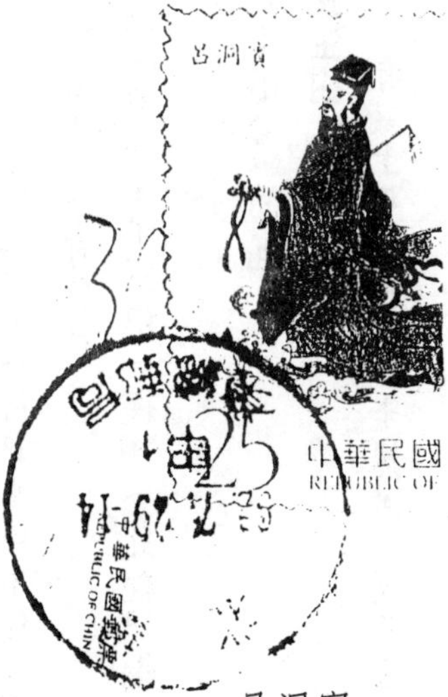

呂洞賓

○六二、《呂祖年譜・海山奇遇》卷之六、**「不死玄門」**：

「乩，又作卟，與稽同，卜以問疑也（請神以問吉凶的巫術）。後人以仙降爲乩批，名之曰乩仙，亦稱箕仙，又叫扶鸞。崇禎末，張報韓、董萬憲、王人玉等，稱天仙弟子。一日，天仙各賜仙桃數枚，諸生皆食之。逾年，張生物故，王生董生亦亡。問曰：食仙桃者，可百歲而上之（可活一百歲以上），爲何該生等不能『長命』？曰：若求『不死』，非拜爲『玄門』弟子，不可得也。」

○六三、清、丁福保、道號「守一子」《太上純陽眞經・了三得一經》（此經已編入《道藏精華錄》第二册，共五册）、**「長生不老」**：

「精食萬化，滋養百骸，賴以永年，而『長生不老』必也。」

○六四、漢、劉歆《西京雜記》卷一、**「萬年長生樹」**：

「初修上林苑，群臣遠方，各獻名菓異樹……有『千年長生樹』十株，『萬年長生樹』十株。」

○六五、晉、干寶《搜神記》卷一、**「駐衰之術」**：

「淮南王劉安，喜好道術，設廚宰（設廚房，宰雞豕以待客）以候賓客。正月，有八老公（見高誘《淮南子序》說：淮南王好道，有左吳、李尚、蘇飛、田由、毛披、雷被、晉昌、伍被等八老人來訪）詣門求見。門吏白王，王使吏難之曰：吾王好『長生』，先生們無『駐衰之術』，未敢以聞。八公乃更形爲八童子（老人即刻變更形體爲八位童生），色如桃花。王驚而見之，盛禮以享八公。」（此事又見：晉、葛洪《神仙傳》卷六、淮南王）

◎六六、唐、蘇鶚《杜陽雜編》卷中、**「靈草不老」**：

「唐憲宗好『神仙不死』之術，有處士伊祁玄解（伊祁是複姓，玄解是名），縝髮（黑髮）童顏，皇上問曰：先生春秋既高，而顏色不老何也？玄解曰：臣家於海上，常種『靈草』食之，故得然也。即於衣間出三等藥：一曰雙麟芝，二曰六合葵，三曰萬根藤。玄解請皇上自采餌之，頗覺神驗，由是益加禮重。」

◎六七、《杜陽雜編》卷下、**「長生久視之道」**：

「羅浮先生（羅浮、山名、相傳葛洪于此修仙）軒轅集（軒轅是複姓，名集），年過數百，而顏色不老。或與人飲酒，則袖出一壺，纔容一二升，縱客滿座，而傾之不竭。有病者，以布巾拭之，無不癒。及皇上召入內庭，每與從容論道，率皆叶於上意。皇上因問曰：『長生之道』可致乎？集曰：徹聲色，去滋味，哀樂如一，德施無偏，自然與天地合德，日月齊明，則『長生久視』之術，何足難哉？」

◎六八、唐、歐陽詢《藝文類聚》菓部、益智、**「續命湯」**：

「安帝元年，盧循爲廣州刺史，盧循送劉裕益知粽（增益智慧的粽子），劉裕回送『續命湯』（延續壽命的仙湯）。此外，邵雍《首尾吟》詩云：『返魂丹』向何人用？『續命湯』於甚處施？」

◎六九、明、李時珍《本草綱目》卷二十四、**「返魂香」**：

「返魂香、集解、珣曰：按《漢書》云：武帝時，西國進『返魂香』。《漢武帝內傳》云：西域國有『返魂樹』，花葉香聞百里。采其實，於釜中煮汁，煉之如漆，乃香成也。其名有六，曰返魂、驚精、回生、振靈、馬精、卻死。凡有疫死者，薰之再活，故曰返魂。」

○七〇、晉、張華《博物志》、「返生神藥」：

「西域月氏國貢此香，值長安大疫，燒此香，病者聞之即起。香聞百里，疫死未三日，薰之皆活，乃『返生神藥』也。此說雖涉詭怪，然理外之事，容或有之，未可便指爲謬也。」

○七一、清、李汝珍《鏡花緣》第六回、「壽與天齊」「起死回生」「同天共老」：

「眾仙子替百花仙姑餞行。只見百獸、百鳥、百介、百鱗諸仙子道：仙姑此去，我等小仙特贈『靈芝』一枝。此芝受日月之精華，至今二百餘萬年，無論凡仙服食，莫不『壽與天齊』，望仙姑哂存。又見百草、百菓、百穀諸仙子也說：我等覓得『回生仙草』一枝。此草生於開闢之初，其功有九轉之妙。無論凡仙服食，不唯『起死回生』，並能『同天共老』，也望仙姑笑納。」

○七二、宋、李昉《太平廣記》卷二、彭祖、「彭祖不死之道」：

「彭祖者，殷代末年已七百餘歲，而不衰老。殷王令采女往問延年益壽之法。彭祖曰：得天地之道，則有『不死』之壽，得陰陽之術，則得『不死』之道。」

○七三、《太平廣記》、再生、楊大夫、「返魂丹」：

「楊大夫……能製『返魂丹』。註：古代方士所煉，可以起死回生丹藥。認爲人死後靈魂便離竅而去。如服此『返魂丹』，靈魂便可返歸進入軀體復活。」

◎七四、《太平廣記》、女仙、封陟、**「壽倒三松」**：

「我有還丹（道家語，煉丹時，將丹砂燒成水銀，再又還成丹砂，叫還丹。循環愈多，藥力愈足。《抱朴子・金丹》說：「一轉之丹，服之三年成仙……若是九轉還丹，服之三日成仙。」），能駐汝命，許其依托，必寫襟懷、能遣君『壽倒三松』（松樹壽長，今壽比三倍松齡，極高之壽也）。」

◎七五、《太平廣記》、卷四、神仙四、徐福**「祖洲不死之草」**：

「徐福、字君房，秦之方士（能煉丹求仙的人）。始皇時，大宛中多枉死者，有神鳥含草，覆死人面即活。鬼谷先生謂是東海祖洲上『不死之草』。始皇乃遣徐福往求之，徐福領童男童女各三千與偕，乘船入海，一去不返。」

◎七六、《太平廣記》第五十、神仙、裴航。又請參閱：明、龍膺《藍橋記》。又：明、楊之炯《玉杵記》、**「裴航不死之術」**：

「唐穆宗長慶年間，有裴航，經藍橋驛，遇仙女雲英，結爲夫婦。以玉質杵臼擣藥，

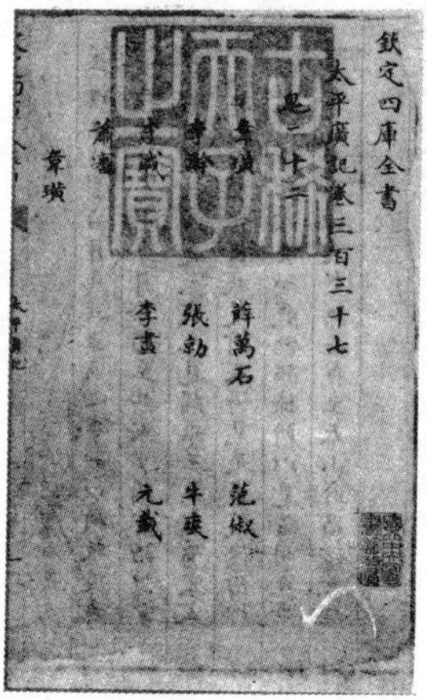

太平廣記

曰絳雪瓊英丹。後入玉峰洞，爲上仙。唐文宗時，友人盧顥問曰：兄既得道，乞一言而教我。航曰：老子云：虛其心，實其腹。今之人，心愈實，何由得道？繼曰：凡人自有『不死之術』，但子今未可教，俟異日言之。然後世莫有遇者。」

●七七、宋、司馬光《稽古錄》卷十一、始皇、二十八年、**「蓬萊不死藥」**：

「秦始皇二十八年，東遊海上，登瑯琊，便齊人徐市入海，求蓬萊『不死之藥』。」

●七八、宋、孔平仲《續世說》卷第一、言語、**「長生不老藥」**：

「唐憲宗季年銳於服『長生不老』之藥，裴潾疏曰：君之藥，臣先嚐之。親之藥，子先嚐之。臣子一也。臣願所有金石煉藥人，皆先服一年，以考其眞僞，則自然明驗矣（按裴潾言甚有理，卻被貶官。後爲穆宗召還，爲兵部侍郎）。」

> 文宗召趙宗儒、問以理道．對曰．堯舜之化、慈儉而已。願陛下守而勿失．上嘉納之．
> 韋溫在朝時、與李珏楊嗣復周旋．及楊李禍作、歎曰．楊三李七、若取我語、豈至是耶．初溫勸楊李徵用德裕、釋憾解慍．二人不能用、故及禍．
> 憲宗季年銳於服餌、裴潾疏曰．君之藥、臣先嘗之．親之藥、子先嘗之．臣子一也、臣願所有金石鍊藥人及所薦之人、皆先服一年、以考其眞僞、則自然明驗矣．
> 訓注之禍、宦者氣盛、凌轢南司．延英議事、中貴語必引訓注以折文臣．李石鄭覃謂之曰．京師之亂、始自訓注．而訓注之起、始自何人．仇士良等不能對．其勢稍抑、縉紳賴之．
>
> 續世說　卷一　一三

續世說

●七九、《續世說》卷九、惑溺、**「天竺長生延年藥」**：

「唐太宗俘虜天竺國人，得方士那羅邇娑婆昧，自言已二百歲。云：自有『長生之術。太宗館之於金飆門內，造『延年』之藥，令兵部尚書崔敦禮監主之。發使天下，採奇藥異石，不可勝數。延歷歲月，藥成，服竟不效，放還本國。」

○八〇、《續世說》卷十二、假譎、「**柳泌長生藥**」：

「柳泌為唐憲宗合『長生藥』，自云壽已四百整歲。憲宗服藥多躁，為宦官陳弘志所殺。」

○八一、《續世說》卷十二、假譎、「**李抱眞長生金丹**」：

「唐代李抱眞（刺史、觀察史）晚好『長生』之術。方士孫季長為抱眞鍊『金丹』，曰：服之當升仙。又曰：此丹秦皇漢武皆未能得，唯我遇之。抱眞服三千丸，卒。」

口方朔詼諸有本

子路與顏淵浴於洙水，見五色鳥，顏淵以問子路，子路曰：「此名熒熒之鳥。」又一日，二人浴於泗水，復見前鳥，顏淵又問子路曰：「此同同之鳥。」顏淵曰：「何一鳥而二名？」子路曰：「譬諸絲，絹者則為帛，染則為皂，二名不亦宜乎？」漢武帝見上林一樹，問東方朔，朔曰：「名善哉。」後數歲，又問朔，朔曰：「名瞿所。」帝曰：「朔欺矣！名與前異，何也？」朔曰：「夫大為馬，小為駒；長為雞，小為雛；大為牛，小為犢；人生為兒，長為老。昔為善哉，今為瞿所，何足怪乎？」荊王時有獻不死之藥者，謁者操以入，中射之士問曰：「可食乎？」曰：「可。」遂奪而食，王怒欲殺之，士曰：「臣問謁者曰可食，臣故食之，是罪在謁者，不在臣也。且客獻不死之藥，臣食而見殺，是死藥也。王殺無罪之臣，而明人之欺王。」王乃不殺。漢武帝時，亦有獻不死酒者，東方朔竊飲之，帝欲殺朔，朔曰：「殺臣，臣亦不死，臣死，酒亦不驗。」以上二事觀之，朔之恢諧，亦有所本也。

口千古之恨

魯郡有先聖手植柏樹，自漢歷晉，莫敢傷犯，後為江夏王義伏敗。謝靈運鬚美，臨刑施祇洹寺，為維摩詰鬚，寺僧

文海披沙筆記　四九

文海披沙筆記

○八二、明、劉基《壽山福海圖歌》、「**壽與天地同長**」：

「劉基（助朱元璋得天下，封誠意伯）壽山福海圖歌曰：吾聞軒轅之國，乃在大海之

中央，其不壽者八百歲，『壽者』乃與『天地同久長』。」

●八三、明、謝在杭《文海披沙》、方朔詼諧章、**「不死之酒」**：

「昔荊王時，有獻不死之藥者。漢武帝時，亦有獻『不死之酒』者。東方朔竊飲，帝欲殺朔。朔曰：殺臣，臣亦不死；臣死，酒亦不驗。」

●八四、明、王圻《三才圖會》、外夷人物、**「不死國」**：

「有『不死國』，在穿胸國之東。其民長壽不死。園丘上有『不死樹』，食之壽。有赤泉，飲之『不老』。」

●八五、明、蕭良有《龍文鞭影》初集、卷下、**「欒大不死藥」**：

「方士欒大，漢武帝封爲五利將軍，尚公主。欒大上言曰：臣嘗往來海上，見安期（仙人安期生，受學於河上丈人）羨門（古仙人，詳高唐賦）之屬。臣之師曰：黃金可成，『不死之藥』可得，仙人可致也。帝信之，使治裝，入海求其師。後坐誣罔，腰斬。」

●八六、明、馮夢龍《增廣智囊補》卷

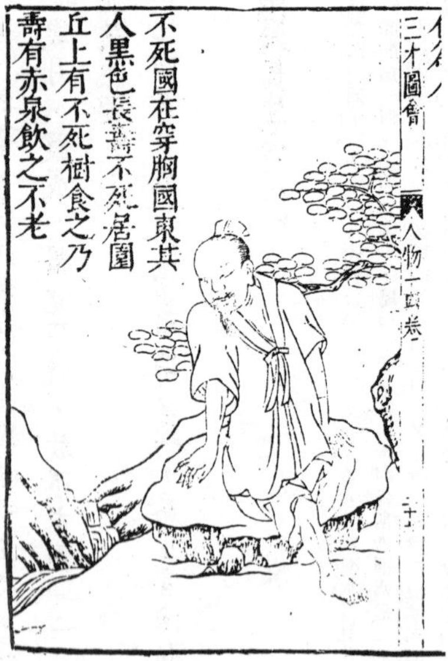

不死國

下、術智、**「天上神仙不死藥」**：

「漢武帝好方士，使求『神仙不死之藥』。東方朔進曰：陛下所使取者，皆『天下』之藥，難能使人不死。獨『天上』之藥，乃能使人不死。上曰：天何可上？朔對曰：臣能上天。帝知其謾詐，大笑曰：齊人多詐，欲以喻我止方士也。由是罷諸方士。」

◎八七、清、丹陽、黃葆眞《增補事類統編》卷五十六、人品部、壽考、原注錄自《天眞夫人傳》、**「煉丹不老不死」**：

「按『煉丹』有九返九還（循迴返復多次冶煉，九轉還丹最精）之法。服半劑爲地仙，令人『不老不死』，若全服，即升天矣。」

◎八八、《增補事類統編》卷六十三、釋道部、仙下、原注錄自《典故紀聞》、**「金丹不死令自食之」**：

「明、永樂十五年，歐寧人有進『金丹』及方書者，明成祖曰：此妖人也。秦皇漢武，一生爲方士所欺，欲求『長生不死』之藥。朕無所用，金丹『令自食之』，方書即毀，勿令別欺人也。」

◎八九、清、陳夢雷原編、民國、楊家駱重編、鼎文書局版：《古今圖書集成》、博物類編、神異典、第三百四卷、服食部、**「不老之草」**：

「武帝末年，與東方朔狎暱。帝問：『不死』其可得乎？朔曰：臣能使人『不老』。帝曰：服何藥耶？朔曰：東北有地日之『草』。帝曰：何以知之？朔曰：三足烏，食此草，能不老。帝曰：汝何以知之？朔曰：臣小時掘井，陷落地下，數年無所托寄。有人引臣，欲往食此草，中隔紅泉，不得渡。其人以一隻屐與臣，臣泛紅泉，得至此草之處，臣求而食之，得活。」

◎九〇、《古今圖書集成》博物類編、神異典、第三百四卷、服食部、**「千歲不饑，萬歲延齡」**：

「岱嶼山北，有玉梁千丈，駕元流之上。紫苔覆漫，味甘而柔滑，食之『千歲不饑』。有遙香草，其花如丹，光耀如月。葉細長，而白如忘憂之草。其花葉俱香，扇馥數里，故名遙香草。其子如意，中實甘香，久食『延齡萬歲』，仙人嘗採食之。」

◎九一、宋、張君房《雲笈七籤》（雲笈是道教藏書之器，七籤指道經的三洞四輔。此書是集道藏之大成）卷一〇六、**「長生要訣」**：

「周義山，字季通，西漢丞相周勃之後人。常於日出時，東向服氣百次，自號紫陽眞人（古神仙每以紫陽爲稱號，如周穆王時李八百，年八百歲，故名八百。又如宋代張伯端，遇劉海蟾，授他金液還丹，都號紫陽）。其後入蒙山，遇仙人羨門子，學成『長生要訣』，遂乘雲駕龍，白日升天成仙。」

◎九二、清、李汝珍《鏡花緣》第二十九回、**「不死國」**：

「行了幾時，談起海外各國，林之洋曾提到有個『不死國』，因問多九公，才知就在鄰近。並聞國中有座員邱山，山上有株不死樹，食之可以『長生』。國中又有赤泉，飲之可以『不老』。林之洋心裡也想飲些泉水，希冀長生。唐敖因古人有『赤泉駐年，神木養命，稟此遐齡，悠悠無竟』，因此打起羅盤，逕朝不死國進發去也。」

讕讕子曰：服幾帖藥就可不死，這可要請問那些煉丹的仙師們，爲何不自己先服而永享長生呢（必是自知無效，方士們不都全死了嗎）？倘眞此藥有靈，爲何不大量生產，讓衆多凡人皆可服用，都可由今日存活到永遠（最貴也有人買）？行見殯儀館葬儀社都將關門，土葬火葬都將絕跡，那多美呀！

所謂「不死」與「長生」的眞僞究竟如何？我們不妨讀一讀清代那位督修《四庫全書》的總纂官大學士紀曉嵐（紀昀）的「馮巨源」條，作爲本文最末的第九十三則，這卻是破解「不死」「延年」的不可信，理由充足，不可不看，文曰：

◎九三、清、紀曉嵐《閱微草堂筆記》卷八，如是我聞第二，馮巨源條、「生必有死」：

「馮巨源，官赤城教諭（一縣的正學官）時，言赤城山中一老翁，相傳元代人也。巨源往見之，呼爲仙人，曰：『我非仙人，但吐納導引（吐納有似深呼吸，導引使血氣暢通），得「不死」耳。』叩其術（問他的不死術）而不離乎丹經（精煉的藥劑曰丹，指導煉丹的書曰丹經），而非丹經所能盡。稍一失調，或結爲癰疽（惡性毒瘡），或滯爲拘攣（抽筋），竟至於顛癇（即羊癲風），是非徒無益已也。問彭祖之術可『延年』乎？曰：『此邪道也。不得法者，禍不旋踵；眞得法者，亦僅使人壯盛。壯盛之極，必有決裂橫潰之患。譬如悖理聚財（違法攢錢），非不驟富，而斷無久享之理，公毋爲所惑。』又問『服食延年』，其法如何？曰：『藥力乃以之攻除疾病，而非所以「養生」。方士所餌，不過草木金石。草木不能不朽腐，金石不能不消化，彼且不能自存，而謂借其餘氣，反「長存」乎？』又問仙者果能『不死』乎？曰：『生必有死，物理之常。煉氣養神，皆逆而制之者也。逆制之力不懈，則氣聚而神亦聚；逆制之力或疏，則氣消而神亦消，消則死矣。如多財之家，儉勤則長富，不勤不儉則漸貧，如再加奢蕩則貧立至。彼神仙者，非內丹（體內吐納叫內丹，外服藥物爲外丹）一成，即萬劫不壞也。』此事乃戈君爲余述之，稱其言皆篤實，不類方士之炫惑云。」

美國總統林肯說：「生命像文章，不在乎長短，乃在乎內容。」這話確有至理。自古到今，人人都想長生不死，究其實，我們不應該問壽命要有多麼長？而該問死前要幹些甚麼有價值的事？這才是重點。

歷史提醒我們：古今有不少年紀輕輕就捨生取義的雄傑，其英烈流芳千古，勝過那些空有高壽的老朽諸公遠矣。由此看來，長生不死也就不值錢、無所謂了。而服藥就可不死的誑語，衡之現代科學，應是無稽之談。但歷朝爲國君的，富有四海，貴爲天子，所欠缺的就是長生不死，故多惑於方士之邪說，反而促其速死。有關不死藥、不死丹、不死酒、不死草、不死樹、不死露、不死漿、不死水、不死鄉、不死國等之紀載，見於前人書中者，今集摘九十三篇（必然未臻齊全），諒皆屬於虛妄。而本篇續貂已長，有違林肯之意，就此打住。附歌曰：

「不死本來無妙藥，
長生哪會有仙丹，
秦皇漢武今何在？
應笑痴人續命難。」

八〇　空籠獻鵠三書見異同

籠中的鳥兒飛了，送鳥攜鳥者編出一番說詞，原本只想免罪，豈知反而有賞，頗饒趣味。此一故事，在三種書中都各有記載，錄供閒賞。

(一)、漢代司馬遷《史記卷一百二十六・滑稽列傳》記曰：

「齊王使淳于髡獻鵠（鳥名，全體純白，一名天鵝）於楚。出邑門，道飛其鵠。徒揭空籠，造詐成辭，往見楚王曰：齊王使臣來獻鵠，過於水上，不忍鵠之渴，出而飲之，鵠去飛亡。吾欲刺腹而死，恐人之議吾王以鳥之故令士自傷也。吾欲買而代之，是不誠而欺王也。欲赴他國奔亡，又痛吾兩國使節不通也。故來叩頭受罪。楚王曰：齊國有信士若此哉！厚賜之，財倍鵠也。」

(二)、漢代劉向《說苑・卷十二奉使》末條記曰：

「魏文侯使舍人毋擇獻鵠於齊侯，毋擇行道失之，徒獻空籠，見齊侯曰：寡君使臣獻鵠，道饑渴，臣出而飲食之，而鵠飛。念思非無錢以買鵠也，惡有爲使而欺君者乎？念思非不能拔劍刎頸，恐陷吾君貴鵠而賤士也。念思非不能去陳蔡之間也，惡絕兩國之使也。故來獻空籠，願受誅。齊侯大悅曰：寡人今得茲言，三賢於鵠遠矣，欲賜以封邑，毋擇不受而返。」

(三)、漢代韓嬰《韓詩外傳・卷第十》記曰：

「齊使使獻鴻（大的雁叫鴻）於楚。鴻渴，使者飲鴻，鴻飛矣。使者至楚，曰：齊王使臣獻鴻，鴻飲飛失。臣欲亡，將失兩國之使不通。欲拔劍而死，人將以吾君賤士而貴鴻也。願領罪。楚王賢其言，因留以爲上客。」

譾譾子曰：三篇互有小異：送鳥的究是齊王，還是魏文侯？受鳥的是楚王，還是齊侯？攜鳥的是淳于髡，還是毋擇？獻的鳥是天鵝，還是鴻雁？三書所記，各不相同，倒也毋須細究。我們應體察這三段文中的寓意是：辦事出了差錯，只要揑造出一堆合情順理的解釋，聽者都可能相信。古今來某些辯士和騙士，大都具備了這套能耐，憑其聰明機智，似乎無往而不利也。

甚焉者、有如《孟子・萬章上》所記：有人送魚給鄭國宰相子產。子產要僕人養入魚池。僕人私下將魚烹煎吃了，卻騙子產說：「我將它放入魚池裡，起初它呆呆的，一會兒，才活潑地搖著尾巴游去了。」子產說：「它的歸宿眞好呀！」這更證明只要言語入情當理，正人君子都可能被騙而接納的，這也正是正人君子的弱點所在，要避免不經意被別人的花言巧語所矇蔽才是呀。

八一　玩法者判死刑

五代後晉劉昫撰《舊唐書・卷一六五・柳公綽傳》有一小段文曰：

「至鄧縣。二吏犯法：一贓賄，一舞文。縣令以公綽崇法，必殺贓吏。獄具，判之曰：贓吏犯法，法在。姦吏壞法，法亡。誅舞文者。」

這是兩宗二審定讞的刑案，文言簡略，請看左面白話譯文：

「唐代柳公綽，官任節度使，巡查到河南省鄧縣時，該縣有兩個吏員犯了法：一是收受贓財賄賂，一是舞弄法律條文。該縣縣長認為柳公綽素來恪遵法律，肯定會將犯贓者斬首。縣長將一審訊問的案卷呈請公綽核奪。柳公綽判曰：㈠、該名贓吏犯法收賄，應按法律治罪。所據的法律條文安然具在，並未受贓吏之影響而有所改變，仍將永久作為核定犯罪深淺之準繩。該犯既招供屬實，但罪不至死，判有期徒刑三年，即發監執行，贓款沒收。㈡、另一名姦吏玩弄法律，顛倒黑白，扭曲法條的是非，作成錯誤的引申解釋，將會為今後壞人所利用，恣意以邪說侵犯正理而脫罪，使得該法律名存而實亡。此罪不可輕饒，改判斬首。」

讕讕子說：法者天下之平也（張釋之對漢文帝的話見《史記》）。誰來維持法律的尊嚴？

就有賴這些執法的人。但今日若干法官，以及律師，難免舞文弄法，鑽法律的漏洞，從中獲得好處。

有位哲人說：天下未有無漏洞之法。都會有縫隙可尋。想想看：幫殺人犯強辯判成無罪，替欠債者曲解為不必還錢，這算公平公正嗎？反而鼓勵凶殺案件增多，債務官司擁塞，以致法院生意興隆，律師進帳豐厚。無怪乎大學裡法律系常是熱門搶手的第一志願。經由此門出師的，可做高官，可發大財，眞太美了。

諸子有問第十三

八二　老子「含德之厚」

老子姓李名耳，字聃，撰《老子》一書，又名《道德經》，全書只有五千多字。它闡發無爲思想，文約而義豐，言近而旨遠，且經翻譯爲外文。但該書第五十五「含德之厚」章，似有乖疑，原文（依據《老子》甲本）曰：

「含德之厚，比於赤子。蜂蠆虺蛇不螫，猛獸不據，攫鳥不搏。」

先對這一小段的字詞釋義：含是包容。赤子是嬰孩。蜂是毒蜂。蠆音徹，是尾端有毒刺的蠍。蜂蠆連詞是泛指毒蟲。虺蛇是有劇毒之蛇。螫是用尾部毒針刺人。據是用爪按拏。猛禽用足爪捕物叫攫，用翅膀撲取叫搏。

整段文意是說：包容道德到了深厚程度的人士，就比如嬰孩一樣，毒蜂毒蠍不會用毒針來刺他，毒

趙孟頫畫老子像

蛇不會來害他，凶暴的虎狼不會來捕殺他，猛禽也不會來撲捉他云云。

讕讕子說：《老子》一書，說的話都有理。唯獨這一段，似乎與情理欠合。大家憑常識便能判斷得知：當那有毒的蜂蠍虺蛇視你爲敵時，當虎狼鷹鷲饑餓難耐時，哪管你是嬰孩或成人，你都是它們被刺被吃的對象，它們哪會有智慧有時間來先行分辨你的思想言行是有厚德或無厚德呢？這宗疑問，要請高人破解。

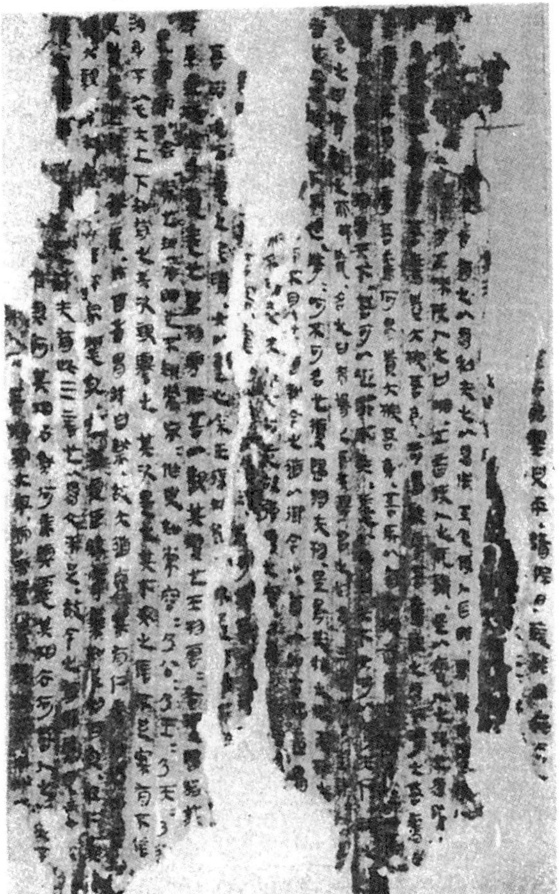

老子甲本

八三　謗書一篋四見

歷史上有兩位樂羊，一位是東漢時人，他拾到一錠黃金，回家拿給妻子看，妻說志士不飲盜泉之水，廉士不貪非分之財，不要。後來他離家求學，剛過一年，突然歸家，妻說中途輟學回來，何異斷織（這是「斷機勸夫」，另外孟母有「斷機教子」故事，見第七十四篇）。以上都見《後漢書・列女傳・樂羊子妻》，因非本篇範圍，暫不贅述。

這裡說的另一位樂羊是戰國時人，魏文侯命他去討伐中山國，因有本篇「謗書一篋」故事。這在《戰國策》《說苑》《呂氏春秋》《新序》四書中都有記載。首先《戰國策・秦策》中說：

「魏文侯令樂羊攻中山，三年而拔之，樂羊反而語功。魏文侯示之謗書一篋。樂羊再拜稽首曰：此非臣之功，主君之力也。」

其次在《說苑・卷六・復恩》書中說：

「魏文侯攻中山，樂羊將。已得中山，還，反報文侯，有喜功之色。文侯命主書曰：群臣賓客所獻謗書，持以進覽。主書者舉兩篋以進，文侯令將軍視之，盡責難久攻中山之事。將軍北面再拜曰：中山之克也，非臣之功，君之功也。」

其三在《呂氏春秋・卷十六・先識覽第四・悔過》書中說：

「魏攻中山，樂羊將。已克，反報文侯，有貴功之色。文侯命主書曰：群臣賓客所獻書者，操以進之。主書舉兩篋以進。令將軍視之。書、盡難攻中山之事也。將軍北面再拜曰：中山之舉，非臣之力，君之功也。當此時也，論士殆之日，幾矣。中山之不取也，奚宜篋哉？」

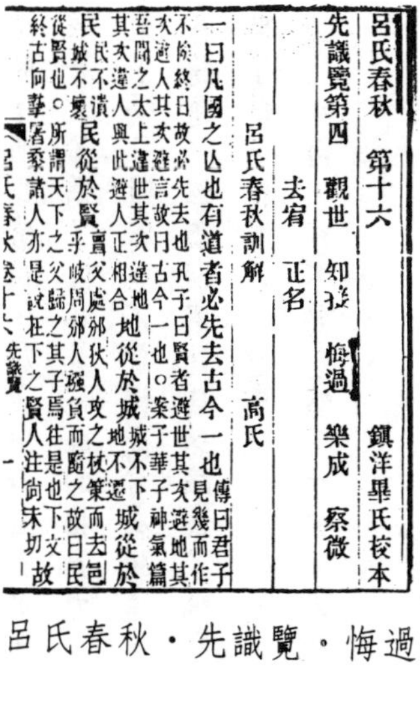
呂氏春秋　第十六　鎭洋畢氏校本
先識覽第四　觀世　知接　悔過　樂成　察微
去宥　正名
呂氏春秋訓解　高氏
一曰凡國之亾也有道者必先去古今一也傳曰君子見幾而作不俟終日故必先去也孔子曰賢者避世其次避地其次避人其次避言故曰古今一也○案子華子神氣篇吾聞之太上違世其次違地其次違人與此避人正相合地從於城城不下地不遷城從於民民不遺其城不壞民從於賢亶父處邠狄人攻之杖策而去邑乎岐周邠人強負而隨之故曰民從於賢也○所謂天下之父歸之其子焉往是也下文終古向摯蠶黍諸人亦是說在下之賢人注尚未切故
呂氏春秋卷十六　先識覽　一

呂氏春秋・先識覽・悔過

其四在《新序・卷第二・雜事第二》書中說：

「魏文侯令樂羊爲將，攻中山，三年而拔之。樂羊反而語功。魏文侯示之謗書一篋。樂羊再拜稽首曰：此非臣之功，主君之力也。」

讕讕子曰：爲甚麼四種書中都引述此事？原來《戰國策》《說苑》《新序》都是西漢劉向同一人撰寫的，或許乃是抄自《呂氏春秋》的，以故不足爲奇。只是《說苑》《呂氏春秋》記爲謗書二篋，多了一倍，這也不足深怪。只請體會那樂羊國之大將，統率全國精兵，遠征在外，長達三年，必是作戰不力。若非魏文侯心志堅定，不信謗語讒言，何能立功異域？因有分教曰：

樂羊專戰擁多兵，遠役三年縱虎征，倘使魏君猜忌重，謗書盈篋鑊油烹。

八四　爲官貪財因罪死

戰國時代，有位魏公子牟，撰著《公子牟子》一册，成書在《莊子》之前，莊子稱贊他清辯滔滔，在「子」書中列爲道家，書中有一篇說：

「魏公子牟出國遠遊，秦國宰相魏冉（封於穰，故叫穰侯。他曾薦舉白起爲大將）特來送行，問道：『先生要遠離了，難道沒有一言半語指教我嗎？』魏公子牟答道：『若不是你提醒，我幾乎忘記說了。你是知道的：所謂官位，原是服務百姓的，官位並不曾與權勢有關連，但權勢不就自然跟著來了嗎？權勢是施政的推動力，並不曾與財富有關連，但財富不就自然跟著來了嗎？財富並不曾與高貴有關連，但高貴不就自然來了嗎？高貴並不曾與驕傲有關連，但驕傲不就自然跟來了嗎？驕傲並不曾與犯罪有關連，但犯罪不自然跟來了嗎？犯罪並不曾與死刑有關連，但死刑不就自然跟著來了嗎？這層道理，你必然明白，可不要忽略了才好。人死了，後悔豈不是太遲了嗎？』」

讕讕子曰：讀書人學而優則仕，可是仕途凶險，不知道官場乃是個大染缸，如果把持不牢，當年純潔的初志，因擋不住周遭的誘惑，就會生起負面的連鎖反應，末了便多是壞的結局，無藥可救了。公子牟子遠在戰國時代，看透了這一串串的關連性，也說破了這一步步的必然性。文字寫來像是老生常談，但道理卻是眞實切要的，爲官者都該讀一讀，藉以自警自勵。

清代有位和珅，他是正紅旗的滿族人，姓鈕祜祿氏，字致齋。在乾隆年間，以生員身分到皇宮充當侍衛，深得乾隆皇帝的寵信，一路升官到大學士。他權大勢大，貪財瀆職。乾隆死後，王念孫等人彈劾他。嘉慶皇帝判他二十款大罪，下獄賜死。抄沒家產時，他的財寶富可敵國。這個實例，正好說明官大使得權大，權大方便撈錢，撈錢就是貪污，案發即成罪犯，犯法嚴重便是死罪。即令死前想要後悔，畢竟也嫌太遲了呀！以上僅舉一例，其實則歷朝歷代多有。即今是到兩千五百年後的今天，情況仍然少有改善，甚至變本加厲，可眞叫人徒歎奈何呢。

八五　顏駟馮唐誰眞誰假

一、南北朝時代，南齊有位王儉，撰寫《漢武故事》一書，其中有「顏駟」一篇說：「漢武帝乘坐御車，巡行郎署（郎是低階官職，辦公之處叫郎署），見到一位年老郎官，鬚眉都已花白。武帝問他：『你何時開始做郎官？而今這麼老了？』答道：『臣叫顏駟，漢文帝時就做了郎官。』武帝又問：『爲何這久沒有遇到升官的機會？』顏駟說：『漢文帝時代喜歡文學，我習的是武學。後來漢景帝時代喜歡老成可靠的人，我那時還年輕。如今你武帝陛下喜歡少年，我卻已老了。』漢武帝深受感動，便升顏駟爲會稽都尉。」

二、可是司馬遷《史記》卷一百二，列傳第四十二，則說是「馮唐」：「馮唐者，漢代時官任中郎署長。漢文帝車駕經過，問他道：『老先生何時爲郎？』馮唐具實答了，文帝升他爲車騎都尉。後來漢武帝登位，徵求賢才，多人推舉馮唐，但他已九十多歲，精神體力都不克擔任高職了。」

三、梁朝昭明太子《昭明文選》中，有張衡的《思玄賦》，李善在「注解」中說的仍是「顏駟」：

「顏駟、漢文帝時爲郎。漢武帝車過郎署，問道：『先生爲何這麼老了？』顏駟答道：『漢文帝喜文我喜武，漢景帝喜美我貌醜，你武帝陛下喜少我卻老了。』漢武帝乃升他爲會稽都尉。」

四、東漢王充《論衡》卷一「逢遇篇」則沒有提到姓名：

「從前周代有人要仕進爲官，久久沒有機會，年老頭髮花白了，在路邊哭泣。有人問他：『老先生爲何傷心呢？』他說：『我想做官想很久了，但一直不遇時，現在年歲老大，忍不住哭了。』旁人問：『爲甚麼長久沒有任官呢？』他說：『我年輕時，學文，學成了，想要做官，但國君愛用年老的人。等到這位國君死後，新國君愛用武人，我改去學武，武學成了，但這愛武的國君又死了。如今由年輕的國君繼位，喜歡用青年人，我卻已經老了，所以一輩子都沒有遇到機會。』」

五、明代蕭良有《龍文鞭影》，全書都是引錄故事，在該書初集卷下「顏駟爲郎」一條說：

「漢代顏駟，年歲老大，任職爲郎。漢武帝問他：『何以這般年老？』顏駟答道：『漢文帝好文我好武，漢景帝中意美男子而我貌醜，如今陛下喜歡少年而我已老了，以是三個朝代沒有升官。』漢武帝因升他爲都尉。」

六、顏駟馮唐，混殽不清，誰是本尊，誰是冒牌呢？宋代王楙（清高儒士，奉養母親不做官，在家著書，人稱講書君）著有《野客叢書》，其中「顏駟事與馮唐同」一條說：

「《漢武故事》載顏駟一事，和馮唐相同。說是『武帝到郎署，見一老人，問他何以這樣年老？回答說：我名顏駟，三代未升官。』但別人錯把此事誤爲馮唐。例如《白氏六帖》（又叫《白孔六帖》，唐白居易撰）說：『馮唐白頭爲郎，漢武帝問他，他說三個朝代未遇。』白樂天有詩也說：『重文疏卜式，尚少棄馮唐。』楊巨源也有詩：『此地含香從白首，馮唐何事怨明時。』劉孝標《辨命論》文曰：『賈大夫沮志於長沙，馮都尉皓髮於郎署。』都說白頭不遇，乃是把顏駟的故事錯用在馮唐身上了。蘇東坡有詩句云：『爲是先帝白髮郎』，李注也解述是馮唐的事。如此甚多，都誤引了。」

七、還有、唐朝王勃，寫了一篇《滕王閣序》的駢文說：「嗚呼！時運不齊，命途多舛；馮唐易老（即本篇故事），李廣難封（漢代李廣，爲右北平太守，匈奴號爲飛將軍，但到老沒有封侯）……所賴君子安貧，達人知命。老當益壯，寧知白首（頭髮白了）之心；窮且益堅，不墜青雲之志。」

譋譋子曰：顏駟馮唐，誰個才眞，前人已有評斷，毋須多話。至於一個人的窮通否泰（否音鄙，命運不亨通。成語有否極泰來），似乎與命運和際遇有關。《論語顏淵篇》孔子說：「死生有命，富貴在天。」《莊子讓王篇》說：「古之得道者，窮亦樂，通亦樂，所樂非窮通也。」《文選．潘岳．西征賦》說：「信人事之否泰。」《荀子宥坐篇》說：「遇不遇者時也。」權位富貴，只是一時的，道德文章才是永久的。我們看清了這一番眞理，看破了這一層迷障，才能做一個坦坦蕩蕩的君子正人。

八六　射石沒鏃十二記

古人說：精誠所至，金石爲開，由射石沒鏃故事中可以參證。這故事有十多種史書子書集部書籍都曾提及，例如：

㈠、李延壽《北史・卷五十九・列傳四十七》：**「李遠射石」**：

「李遠，字萬歲，嘗獵於莎柵，見石於叢薄中，以爲伏虎，射之，鏃（箭頭叫鏃）入寸餘。視之、乃石也。周文帝聞而異之，賜書曰：昔李將軍親有此事，公今復爾，可謂世載其德矣。」

㈡、吳均《西京雜記・卷五》：**「李廣射石」**：

「李廣與兄弟共獵於冥山之北，見臥虎，射之，一矢即斃。他日、復獵於冥山之陽，又見臥虎，射之，沒矢飲羽。進而視之，乃石也，其形類虎。退而更射，鏃（箭頭）破簳（箭桿）折，而石不傷。余嘗以問揚子雲。子雲曰：至誠則金石爲開也。」

㈢、呂不韋《呂氏春秋卷第九・季秋紀・精通》**「養由基射光」**：

「養由基射光（原註：光乃兕之或體，舊誤作先。校者欲改爲虎，非也。筆者按：康熙字典中有此字，音泗），中石，矢乃飲羽。」

(四)、荀卿《荀子・解蔽篇》：「**見石為虎**」：

「冥冥（冥冥乃是暮夜）而行者，見寢石（寢石是臥倒的大石），以為伏虎也（草叢中斑斕的大石，有似臥伏之虎）。」

(五)、韓嬰《韓詩外傳・卷六》：「**熊渠子射石**」：

「昔者、楚。熊渠子夜行，見寢石，以為伏虎，彎弓而射之，沒金飲羽。下視，知其為石。」

(六)、班固《前漢書卷五十四、李廣傳第二十四》：「**李廣射石**」：

「李廣在右北平，匈奴號為漢之飛將軍。廣出獵，見草中石，以為虎而射之，中石沒矢。視之，石也。他日射之，終不能入矣。」

(七)、唐、令狐德棻《周書、卷二十五、列傳第十七、李賢之弟李遠傳》：「**李遠射兔**」：

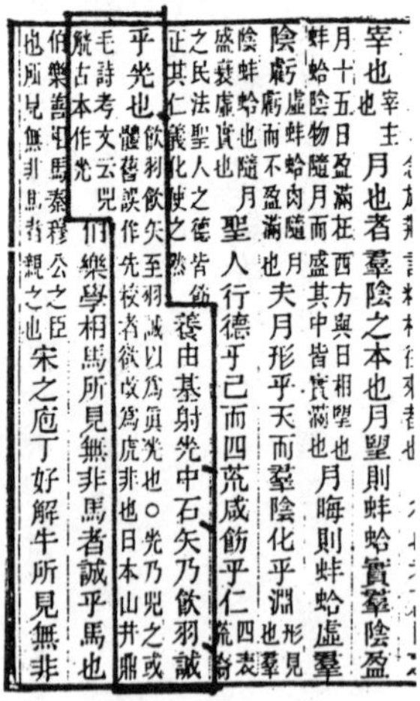

宰也宰主月也者羣陰之本也月望則蚌蛤實羣陰盈
月十五日盈滿在西方與日相望也蚌蛤陰物隨月而盛其中皆實滿也月晦則蚌蛤虛羣
陰虧虛蚌蛤肉隨月虧而不盈滿也夫月形乎天而羣陰化乎淵形見也羣
陰蚌蛤也隨月盛衰虛實也聖人行德乎己而四荒咸飭乎仁四表荒裔
之民法聖人之德皆飭正其仁義化使之然養由基射兕中石矢乃飲羽誠
乎兕也飲羽飲矢至羽減以爲眞兕也○兕乃兕之或體舊誤作兕校者欲改爲虎非也日本山井鼎
毛詩考文云兕觥古本作兕伯樂學相馬所見無非馬者誠乎馬也
伯樂善相馬秦穆公之臣也所見無非馬者親之也宋之庖丁好解牛所見無非

《呂氏春秋》書頁

畧守戰之備無不精銳每厚撫外人使為間諜敵中動
靜必先知之至有事泄被誅戮者亦不以為悔其得人
心如此嘗校獵於莎柵見石於叢蒲中以為伏兔射之
而中鏃入寸餘就而視之乃石也太祖聞而異之賜書
曰昔李將軍廣親有此事公今復爾可謂世載其德雖
熊渠之名不能獨擅其美東魏將段孝先率步騎二萬
趣宜陽以送糧為名然實有窺窬之意遠密知其計遣
兵襲破之獲其輜重器械孝先遁走太祖乃賜所乘馬
及金帶牀帳衣被等并雜綵二千匹拜大將軍頃之除
尚書左僕射遠白太祖曰遠秦隴匹夫才藝俱爾平生
乾隆四年校刊　《周書卷二十五　列傳　九
念望不過一郡守耳遭逢際會得奉聖明主貴臣遷以
至於此今位居上列爵邁通侯受委方面生殺在手非
直榮寵一時亦足光華身世但尚書僕射任居端揆今

《周書》李遠傳

「李遠嘗校獵於莎柵，見石於叢蒲中，以爲伏兔，射之而中，鏃入寸餘，視之乃石也。太祖（後周太祖郭威）聞之曰：昔李將軍廣，親有此事；公今復爾，可謂世載其德。」

◎(八)、司馬遷《史記卷一百九、列傳第四十九、李廣傳》：「**李廣射石**」：

「李將軍廣者，漢武帝時爲右北平太守，匈奴不敢犯。廣嘗出獵，見草中石，以爲虎也，射之，中石沒簇。視之石也。因復更射之，終不能入石矣。」

◎(九)、漢、班固《前漢書卷一百上、敘傳第七十上、頁十八》：「**養由基射猿**」：

「養（養由基、楚之善射者，楚王要他射猨）游睇（游是眼睛游動，睇是斜視流盼）而猨號（猨就是猿，號是悲叫，知道必會射中也）兮，李（李廣）虎發而石開（見到老虎，發箭射中，卻是一塊大石，射裂了）。」

◎(十)、漢、劉向《新序・卷四・雜事第四》：「**熊渠子射虎**」：

「勇士一呼，三軍皆辟，士之誠也。昔者、楚、熊渠子夜行，見寢石，以爲伏虎，關弓射之，滅矢飲羽，下視、知石也。卻復射之，矢摧無跡。熊渠子見其誠心，而金石爲之開，況人心乎？」

◎(十一)、晉、張華《博物志・卷八・史補》：「**熊渠射石**」：

「楚熊渠子夜行，射寢石，以爲虎伏，矢爲沒羽。」

◎(十二)、晉、干寶《搜神記・卷十一》：「**熊渠李廣射虎**」：

「楚、熊渠子夜行，見寢石（倒下的或躺臥著的大石頭），以爲伏虎。彎弓射之，沒金鏃羽。下視、知其石也。因復射之，矢摧無跡。漢世復有李廣，爲右北平太守，射虎得石，亦如之。」

◎(十三)、宋、劉昌詩《蘆浦筆記》末篇「射寢石」（三事合一）：**「熊廣萬歲射虎」**：

「劉向《新序》載：熊渠子夜行，見寢石，以爲伏虎，射之，滅金飲羽，視之而知其石也。復射之，矢摧無跡。《漢書》李廣出獵，見草中石，以爲虎而射之，中石沒矢，視之石也。他日再射，終不能入。《世說》（應是《北史》即本篇第一條）又云：李萬歲（李遠字萬歲）獵沙柵，以石爲伏兔，射之，鏃入寸餘。三事如一，漫錄載前二事，而不及李萬歲，豈偶忘之耶？」

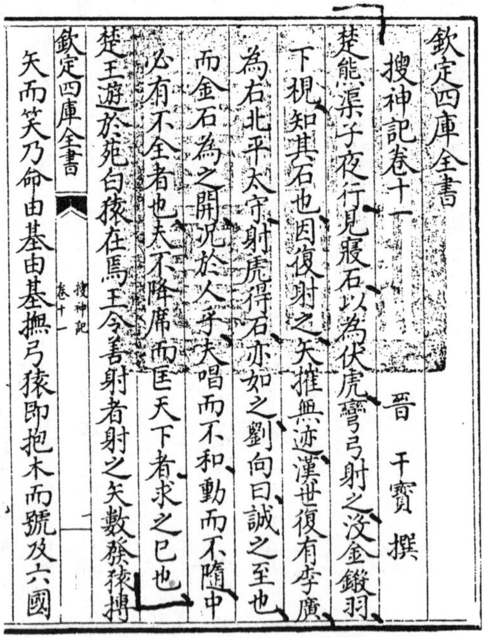
欽定四庫全書
搜神記卷十一　　晉　干寶　撰
楚熊渠子夜行見寢石以為伏虎彎弓射之沒金鏃羽
下視知其石也因復射之矢摧無迹漢世復有李廣
為右北平太守射虎得石亦如之劉向曰誠之至也
而金石為之開況於人乎夫唱而不和動而不隨中
必有不全者也夫不降席而匡天下者求之已也
楚王遊於苑白猿在馬王令善射者射之矢數發猿搏
矢而笑乃命由基由基撫弓猿即抱木而號及六國
欽定四庫全書　搜神記 卷十一

干寶《搜神記》熊渠子射虎

◎(十四)、清、趙翼《陔餘叢考・卷三十九》「射石沒羽有四人」：**「養熊廣遠射虎」**：

「《呂氏春秋》養由基射虎中石，矢乃飲羽。《韓詩外傳》楚、熊渠子夜行，見石，以爲伏虎而射之，沒金飲羽。下視、乃知其爲石也。《史記》李廣爲右北平太守，嘗出獵，見草中石，以爲虎也，射之，中石沒矢；視之、石也。他日再射，終不入矣。《北史》李遠出獵，有石在叢薄中，疑爲伏虎，射之，鏃入寸餘，視之乃石。」

讕讕子曰：猛虎突然出現在眼前，乃是人獸頃刻之鬥，死生在匆促之間。那時唯有凝聚全部精神，使出渾身神力，求這一箭射中，故有沒鏃之功。古書記載了十四處之多，主角也分別有李廣、李遠、養由基、熊渠子等四位。我們只好全都視爲眞確，毋須再事嘮叨了吧。

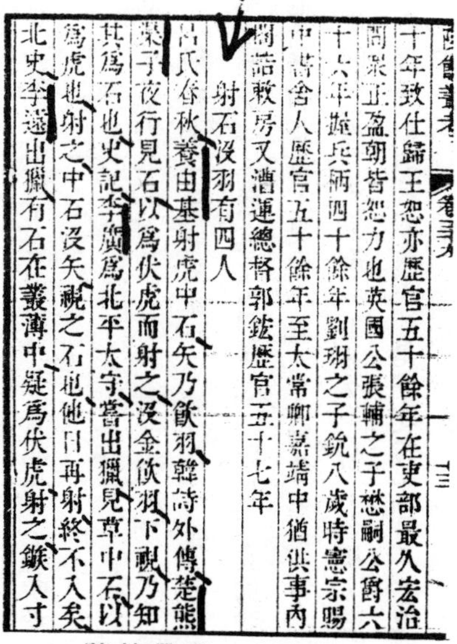

十年致仕歸王恕亦歷官五十餘年在吏部最久宏治
間正人盈朝皆恕力也英國公張輔之子懋嗣公爵六
十六年掌兵柄四十餘年劉珝之子鈗八歲時憲宗賜
中書舍人歷官五十餘年至太常卿嘉靖中猶供事內
閣誥敕房又漕運總督郭鋐歷官五十七年
射石沒羽有四人
呂氏春秋養由基射虎中石矢乃飲羽韓詩外傳楚熊
渠子夜行見石以爲伏虎而射之沒金飲羽下視乃知
其爲石也史記李廣爲北平太守嘗出獵見草中石以
爲虎也射之中石沒矢視之石也他日再射終不入矣
北史李遠出獵有石在叢薄中疑爲伏虎射之鏃入寸

陔餘叢考・射虎貝

八七　鄰人竊財偷刀討薪柴

多疑的人，遇到可疑的對象，便暗地裡懷疑他做了可疑的事。這個疑心病，犯的人還不少，《列子・說符》篇說是「疑心生暗鬼」。今舉數例：

(一)「鄰居父親偷我財」——戰國・韓非《韓非子・說難》篇：

「宋有富人，天雨牆壞（住宅外牆坍塌了）。其子曰：不築（若不修砌好），必將有盜（會有小竊來偷盜）。其鄰人之父亦云（好心腸的鄰居父親也如此說）。暮而果大亡其財（夜晚果然大批財寶被偷了）。其家甚智其子（主人十分稱贊兒子有識見），而疑鄰人之父（鄰父知道牆壞，一定是他偷的）。」

(二)「隔壁兒子偷我刀」——戰國・列禦寇《列子・說符篇》：

「鄉人有亡鈇者（鍘草的長刀不見了），意其鄰之子（懷疑鄰家兒子偷了）。視其步行，竊鈇也（看他走路的神態，是竊刀小偷的模樣）。顏色、竊鈇也（瞧他面孔的臉色，是小偷的表情）。言語，竊鈇也（聽他講話的語氣，更像小偷）。動作態度，無爲而非竊鈇者也（總之，沒有哪一樣不是小偷的形像）。俄而（不多久）扣（音胡，發掘）其穀而得其鈇（在穀倉裡刨開穀堆時，發現那柄遺忘的長刀卻是埋在穀子裡）。他曰、復見鄰人之子，其動作態度，無一似竊鈇者。」

㈢「勸我砍樹給他作薪柴」——《列子・說符篇》：

「人有枯梧樹者（梧桐樹已枯死了）。鄰人之父曰：枯梧之樹不祥（死梧樹留著不吉利）。其人伐之（主人便將枯樹砍倒）。鄰父因請以爲薪（請求給他當柴火燒飯）。其人不悅曰：鄰父徒欲爲薪，而教吾伐之也（他只是想要薪柴才勸我砍樹的）。與我爲鄰，若此其險（原是好意勸人避凶而已。今又請薪，使主人生疑，怪他心險），豈可哉？」

讕讕子曰：第一例懷疑鄰父竊財，第二例懷疑鄰子偷刀，第三例懷疑鄰人心險，都是疑心作祟。歷史上還有其他事例：譬如「杯弓蛇影」是說杜宣疑心喝下了小蛇而生了大病，眞正的原因是杯中酒受陽光反射映出了弓的幻影。又譬如「曾參殺人」是曾母疑心兒子犯了大罪而竟投杼逃禍，眞正的原因是同縣同名的另一曾參殺了人。以上「杯蛇疑」有李東陽詠曰：「疑蛇已辨杯中影，病鶴長懷海上心。」「投杼疑」則有沈佺期詩云：「吾憐曾家子，昔有投杼疑。」蓋疑心動於中，則視聽惑於外也。

「杯蛇」「投杼」兩事，杜宣是自己說給別人知道的，曾母是別人說給她知道的，都有旁人參與，不難找出眞相。最壞的是：一個人獨自猜疑，這就難有解藥了。家財遭盜，愈想愈覺得鄰家之父是竊財犯。長刀不見，愈看愈覺得隔壁兒子是偷刀賊。這都是僅憑我的主觀意識咬定的，暗藏在我的心底，沒有講出來。對方完全不知，連剖白的機會都沒有。如果懷疑錯了，豈不是天大的冤案？

抑有進者，試看某些東方守舊國家，其判罪理論，是先認定你有罪，你必須提出無罪的證據，才會開脫。至於西方進步國家，其判罪理論，則是先認定你無罪，控方必須提出有罪的確證，方可論刑。這便是「疑」與「不疑」的分野。《史記‧淮陰侯傳》說：「疑者、事之害也。」又黃石公撰《素書》曰：「自疑不信人，自信不疑人。」同書又曰：「危莫危于任疑，敗莫敗于多私。」《戰國策‧趙策二》說：「疑事無功，疑行無名。」可不愼歟？

八八　五歲聽熟六經

我們都知道《四庫全書》的四庫，乃是把古書分爲經史子集四部。《四庫提要・集部》說：「集部以楚辭最古，總集次之，別集又次之，詩文評論又爲晚出也。」因之集部包羅最廣，書籍最多，幾乎無法遍讀。今人時間寶貴，似乎只須選取對自己有助益有興趣的予以檢閱，應就夠了。

苻秦時代王嘉，著有《拾遺記》，屬集部。其「前漢」篇中記「賈逵」曰：

「賈逵、年五歲，聞鄰家讀書，其姊旦夕抱逵隔籬聽之。逵靜聽不言，姊以爲善。至十歲，乃暗誦六經（十歲時就能背出六經的文句）。姊問曰：「吾家貧困，未嘗有教書者入門，汝安能誦無遺句耶？逵曰：往年姊抱逵於籬間聽鄰家讀書，今萬不遺一。乃剝庭中桑皮以爲牒（將桑皮剝下作紙），且誦且記。期年、經文通，遍於閭里（城鄉人普遍知道他博學），門徒來學，不遠萬里，贈獻者積粟盈倉（用稻麥交學費堆滿了倉庫）。」

到了唐代，李亢撰《獨異志》，書中也述及「賈逵」之事：

賈逵年五歲，姊抱聽鄰家讀書。及長，俱能通經籍（對六經等古籍都能通曉）。姊問曰：吾未嘗教汝，何得致然（何以能得到這麼深廣的學問）？逵曰：姊抱我，聽讀書，吾皆省之（省是省悟、懂得）。及成人，更博通群書，天下聞名。載粟帛受業（用牛車運來穀麥布匹作學費求學），而家大富，時人以爲賈逵舌耕（用口舌教書謀生，故稱舌耕。農人用力氣耕田，稱爲力耕）。

讕讕子說：以上兩部書，從晉代（苻秦屬五胡十六國，即東晉時期）的《拾遺記》到唐代的《獨異志》，都說賈逵五歲能「聽熟六經」，以後成爲天下聞名的教育家，可證他的聰慧高人百倍，其智商（IQ——Intelligence Quotient）應無人可及。可是，他僅只用耳聽，沒有老師啓蒙，即使口誦背得六經，能不能默寫得出來呢？而且年僅五歲，心腦還未成熟，能夠理解到多少呢？

例如《詩經・周頌・烈文篇》說：「於戲，前王不忘。」這個「於戲」要讀成「嗚呼」，賈逵能夠口誦嗚呼而手寫於戲嗎？又例如《易經・上經・噬嗑・震上離下卦》說：「九四、噬乾胏，得金矢，利艱貞，吉。」以及《春秋・昭公八年》說：「秋蒐于紅」，《左傳》釋云：「秋、大蒐於紅，自根牟至於商衛。」再如較爲淺近的《論語・子罕第九》說：「子曰：法語之言，能無從乎？改之爲貴。巽與之言，能無說乎？繹之爲貴。」以上這三段短文，即使都聽熟了，要怎樣正確書寫出來？其含意又怎樣講解和演繹？

再者、《論語・述而》孔子說：「加我數年，五十以學易，可以無大過矣。」那易經義理深奧，倘若年僅五歲，智力尚未成熟，恐怕是懂不了的吧？

還有一點：漢字裡的同音字太多，以致語言學大師趙元任曾經用同音字寫過「施氏食獅史」的故事（用一個音寫出一一四個字的文章），在美學人楊富森博士也寫了「余與于瑜欲漁遇雨」的趣文（請參閱拙撰《且讓痴人話短長》一書）。如果文字只是用耳聽來，下筆臨寫時可能就會出錯。例如聽到唐代大臣李勣替老胞姐生病而「煮粥」，可能誤以為是「舉燭」。聽到水滸傳中說「李逵」，會以為是「理虧」。聽到三國時代有個「竇輔」，會以為是「豆腐」或是「杜甫」。聽到宋朝宰相「王旦」，會以為是「完蛋」。聽到「蜥蜴」，以為是講「西醫」。但願這些差誤不致發生，卻難說絕不犯錯。

我們這些凡夫俗子，接受教育時固已不是五歲幼童，而且必有老師親自講授，但還是半懂或者不懂。真不知道那賈逵是怎樣做到無師自通的呢？

八九　觸龍與觸讋

清代吳楚材《古文觀止．卷二》「觸讋（音哲）說趙太后」篇，文曰：

「趙太后新用事，秦急攻之，趙求救於齊。齊曰：必以長安君爲質，兵乃出。太后不肯。左師觸讋，願見。……」

今將上文譯爲白話，便如下述：

「戰國時代，趙國的趙孝成王新登皇位，由母后惠文太后當權，掌理國政。趙國局勢尚待穩定，秦國乃趁機出兵急速來攻。趙太后以趙國兵弱，恐難抵擋，便向齊國求取救兵。齊國說：可以，但必須將你趙國那位封爲長安君的你最珍愛的小兒子送來我齊國當質押人，我齊國才會出兵相助。趙太后寵愛幼子，不肯應允。這時朝中有位官任左師的大臣姓觸名讋（ㄓㄜˊ音折）的，願意晉見趙太后來討論這件大事。……」

上文是引自《戰國策》的，我們對照漢代劉向《戰國策。趙策㈡》所記：

「趙太后新任事，秦攻之。趙求救於齊。齊曰：必以長安君爲質。太后不肯。左師觸讋（音摺），願見太后。……」

這《戰國策》與《古文觀止》內容相同。若再看漢代司馬遷《史記・卷四十三・趙世家》則人名不同了。《史記》說：

「趙王新立，太后用事，秦急攻之，趙氏求救於齊。齊曰：必以長安君爲質。太后不肯。大臣彊諫，太后明謂左右曰：有復言長安君爲質者，老婦必唾其面。左師（官名）觸龍（人名）言（說道）：願見太后。太后盛氣而胥之入（胥是等待，太后忍著怒氣等他進來）。……」

以上敘事相同，但人名觸讋變成觸龍了。觸龍是誰呢？經另外查閱漢代劉向《說苑・卷十・敬愼篇》中的記載：

「孔子對曰：昔夏桀貴爲天子，富有天下，沉酗於酒。其臣有左師觸龍者，諂諛不止。湯誅桀，左師觸龍者身死。」

夏桀是夏朝的末代皇帝，文中提到他的大臣觸龍，這觸龍當然是夏朝時代的人了。但是再行翻閱《荀子・卷上・議兵篇》則另有異說：

「微子啓封於宋，曹之觸龍斷於軍（觸龍被斬於軍中）。」

微子啓是商紂王的哥哥，這裡的觸龍，自當是商朝時代的人了。

讕讕子說：這就產生了若干疑問：

㈠、觸龍是何代人？《說苑》認爲是夏代，《荀子》說是商代，《史記》《戰國策》《古文觀止》都說是戰國時代，五本書各說各話，不知誰對？

㈡、此人姓名究是觸龍，還是觸讋？

㈢、是兩人，還是一人？也存疑。

不過，依據《史記・卷四十三》卷末的「考證」說：「左師觸龍言願見太后（此句有兩種「斷句」法：一是「左師觸龍言，願見太后」，一是「左師觸龍，言願見太后」），《戰國策》將龍字與言字合爲一字，誤作觸讋，錯了，應是觸龍。此外、《荀子》的註解提出了三點：㈠《說苑》認觸龍是夏代人，錯，應是商代人。㈡《戰國策》將龍言兩字併爲讋字，也錯。㈢商代有觸龍，戰國又有觸龍，是不是本來爲兩人而同名，註解也沒有說出答案，到現在仍然是未解的疑點。距今兩千七百年前的疑團，恐怕難以查考了吧？

九〇　韓康口不二價

晉代皇甫謐（二一五—二八二），自號玄晏先生，終生以著書爲務，正史《晉書》中有他的傳記。他撰有《高士傳》，其中「韓康」一條說：

「韓康，字伯休，京兆霸陵人（霸陵在長安之東）。常遊名山採藥，賣於長安市中，口不二價者三十餘年。時有女子買藥於康，怒康守價，乃曰：公是韓伯休耶？乃不二價乎？康嘆曰：我欲避名，今區區女子，皆知有我，何用藥爲？遂遯入霸陵山中。」

同此一「韓康」故事，又見於明人鄭瑄《昨非庵日纂》（覺昨天之非，用作自己書室的稱號，每日纂言，成二十卷），書中「韜穎第十九」敘云：

「東漢韓康，採藥名山，賣於長安市。有女子從康買藥，康守價不移。女子怒曰：公是韓伯休耶？乃不二價。康曰：本欲逃名，乃女子皆知，何用藥爲？遂遁入灞陵山中。」

讕讕子饒舌道：韓康賣藥，口不二價，除出現於上述兩書之外，在《後漢書・逸民傳》中，也有記載說：

「韓康，東漢京兆霸陵人，字伯休，一名恬休。常至名山採藥，賣於長安市，堅持不二價，童叟無欺。三十餘年，老少盡知，後乃遁入霸陵山中。」

韓康是位逸民。逸民者，遁世隱居之高人也。《論語・微子》說：「逸民：伯夷、叔齊、柳下惠、少連。」可是，好好的韓康，何必躲起來呢？

第一、他賣藥口不二價，童叟無欺，已三十年，老少盡知，似乎只有他自己不知，才會說「我本欲逃名，今小女子都知有我」的話。連女子都知道有個韓伯休（這本是贊語），爲何自己聽來還要歎氣？

第二、不二價是好事，他已經堅持了三十年，是他長期永守的鐵則，這項美舉，若再持續三十年，行見自京都長安推行到全國，讓討價還價的劣質買賣風氣爲之丕變，使得整個商貿活動徹底革新，澤惠何其偉大，爲何要逃走呢？

第三、韓康逃入深山，與他先前的理念相違背。以往他公正（口不二價），公平（童叟無欺），公道（藥材道地，價格廉宜，才會支持到三十年），獲有公評（老少盡知），合乎公益（賣藥是救人性命的善行）。他逃了，這些理想全都終結了。三十年的堅持，止於一旦，韓康呀，你爲甚麼要躲脫呢？

九一　武則天與譚延闓

唐人校書郎段成式，撰有《酉陽雜俎》（書名「酉陽」，取義於南北朝梁元帝賦「訪酉陽之逸典」。「雜俎」即是雜記，猶如菜肴雜陳於俎上）。書中第一卷「忠志」有段記載說：

「駱賓王（初唐文壇四傑之一）爲徐敬業作檄（徐敬業反對武則天作皇帝，駱賓王替徐撰檄文。檄是宣傳討伐的官方文書），極疏大周的過惡（大周是武則天的朝代名）。武則天覽及『蛾眉不肯讓人，狐媚偏能惑主』，微笑而已。至『一抔之土未乾，六尺之孤安在？』（都是檄文裡罵武則天的話）曰：『宰相何得失如此人』！」

到了宋代，進士出身、中書舍人朱翌《猗覺寮雜記》（上下卷，具有學術價值）書中，也有同一事件的記載：

「武后（武則天）見駱賓王徐敬業作檄（「討武曌檄」，武曌就是武則天），讀至『一抔之土未乾，六尺之孤何在？』曰：『宰相安得失此人』。」

我們再看正史《舊唐書・卷二百一・文藝類・駱賓王傳》也說：

「駱爲徐敬業傳檄天下，斥武后罪。后讀之，但輕笑。至『一抔之土未乾，六尺之孤安在？』矍然曰：誰爲之（這文章是誰寫的）？或以駱賓王對。后曰：宰相安得失此人？敬業敗，賓王亡命，不知所終。」

更查閱《資治通鑑・卷二百三・則天后傳》也有簡敘：

「太后（武則天）見檄（討武曌檄），問曰：誰所爲（何人所寫）？或對曰：駱賓王。太后曰：宰相之過也。人有如此才，而使之流落不偶乎？」

讕讕子說：駱賓王（六四〇—？）七歲能賦詩，與王勃、楊炯、盧照鄰號爲初唐文壇四傑。《新唐書・文藝類》中有他的傳記。《唐詩三百首》收有他的五言律詩。《古文觀止・卷三・唐文》選錄了這篇檄文，全名是「爲徐敬業討武曌檄」。檄文略謂：

「僞臨朝武氏者，性非和順，地實寒微（出身微賤）……洎乎晚節，穢亂春宮（荒淫穢亂）……蛾眉不肯讓人……狐媚偏能惑主……殺姊屠兄，弒君鴆母。人神之所同嫉，天地之所不容……爰舉義旗，以清妖孽……言猶在耳，忠豈忘心？一抔之土未乾，六屬之孤何託（上句說唐高宗埋葬不久，下句說唐中宗誰來護託）……請看今日之域中，竟是誰家之天下（天下仍是屬於唐朝的）。」

這篇檄文，先寫武則天之罪不容誅，次寫起兵之事不可暫緩，雄文勁采，義正辭嚴，檄文傳到朝廷裡，武則天在朝堂唸看。好個武則天，雖然她在後宮裡養了男人，但胸懷寬大，實非他人所可及。當她唸到「蛾眉不肯讓人，狐媚偏能惑主」（另一說是大臣唸，他靜聽），侮辱詆毀已很厲害，她只是微笑而已。往後又唸到「一抔之土未乾，六尺之孤何託？」才抬頭問道：這是誰寫的？有人稟奏說：駱賓王。這話已戳到了武則天的心臟，她沒有動氣，反而責怪自己人道：「能寫出這種文章的好手，才氣如此之高，我們的宰相不知，疏失而不任用，讓他投奔敵陣，此宰相之過也。」

各位看官，從武則天這段話，豈不該對她刮目相看？

讕讕子又說：武則天（六二四—七〇五）原是唐高宗的皇后，高宗死了，中宗繼位。武則天廢了中宗，自己做皇帝，改國號爲「周」，時在公元六八四年，她在位二十一年，是我國歷史上唯一的女皇帝。她被駱賓王侮罵，沒有動怒已如上述，此事無獨有偶，到了民國時代的譚延闓，也發生了類似的事。

依據《民國誌》說：國民政府主席譚延闓（一八九七—一九三〇。他三任湖南督軍，兩任國府主席），當民國十八年他五十歲壽誕時，湖南有位文士張冥飛，撰了一篇《祝壽文》來挖苦他，用駢體文寫道：

「茶陵譚氏（譚爲湖南茶陵人），五四其年（五十四歲了），喝紹興酒（譚之酒量豪），打太極拳（遇事推卸責任）。寫幾筆嚴嵩之字（譚書法佳，但嚴嵩卻是明代奸臣宰相），做一生馮道之官（馮在五代時，做過四姓十皇帝的宰相，譚也在清朝做過翰林院編修）。用人唯其人，老五之妻舅呂（任媳婦之兄弟爲官）；內舉不避親，夫人之女婿袁（派女婿任職不避嫌疑）……」

這篇祝壽文，極爲尖酸刻薄，經報紙刊出，眾口傳播，大家都引爲笑談。譚當然也讀到了，竟發帖請張冥飛吃飯，還邀約政界學界聞人如魯蕩平等作陪。

張冥飛猜想可能惹上了大禍，但又不敢不去。哪知在見面後，譚延闓待之以上賓，申言道：「足下才是我的諍友。當今人人都恭維我，足下有膽罵我，眞是難得。湖南有你這樣的高才，我延闓不知，深爲抱愧。……」還要任以官職。事後，張冥飛說：「譚公氣度恢宏，眞是宰相肚裡好撐船也。」譚逝世時，張冥飛往弔，撫棺痛哭，知者莫不感動。

反觀近代大人物肚量全無，請見第六十二篇總統告狀，爲何爛到這種程度？

譚延闓像

九二　黃絹幼婦雙胞

東漢時代，有位孝女曹娥（一三〇—一四三），她的故事，且牽涉到曹操。我們先看南朝宋代黃門郎劉敬叔撰的《異苑》（十卷，其中含有陶侃謝靈運諸人異聞）的記述：

「孝女曹娥者，會稽人也。曹父於漢安帝二年五月五日因迎神溺死，不得屍體。娥年十四，乃循江號哭，晝夜不絕聲七日，投江而死。三日後，與父屍同出。元嘉元年，縣長改葬娥於江南道旁，爲立碑焉。蔡邕字伯喈，過吳，讀曹娥碑文，以爲佳作，因刻石作「黃絹幼婦外孫韲臼」八字。魏武（魏武帝即曹操）見而不能了（不了解），以問群僚，莫有解者。有婦人浣（洗滌衣服）於江渚，曰：第四車解（第四車中之人能予解釋），既而禰正平（禰衡字正平，孔融愛其才，推薦給曹操）也。衡以離合義解之（未敘解法，請看下篇）。或謂此婦人，即娥靈也（曹娥的靈魂）。」

我們再對照南朝宋的劉義慶撰《世說新語》「捷悟第十一」所載：

「魏武（曹操）嘗過曹娥碑下，楊修（好學能文，才思敏捷）從。見碑背刻有『黃絹幼婦外孫韲臼』八字。魏武問修曰：解不（懂嗎？）？修曰：解。魏武曰：卿未可言（你不要說），待我思之。行三十里，魏武乃曰：吾已得。令修別記所知（要楊修另外寫記出來）。修曰：黃絹，色絲也，於字為『絕』（色絲合為絕字）。幼婦，少女也，於字為『妙』。外孫，女子也（女兒之子，稱外孫），於字為『好』。韲臼，受辛也（盛韲之臼，所以受辛味者也），於字為『辤』（辭亦寫成辤）。所謂『絕妙好辭』也。魏武亦記與修同，乃歎曰：我才不及卿，乃覺三十里（走過三十里才覺悟）。」

曹操像

由於曹娥至孝，投江殉父而死，故那條江水就改稱為「曹娥江」，在今浙江省紹興縣之東，流入錢塘江。《後漢書、列女傳》且有孝女曹娥的傳記：

「曹娥，東漢時孝女。其父於端午迎神，不幸溺死江中，不見屍首。娥沿江痛哭十七晝夜，亦投江死。越五日（隔了五天），抱父屍浮出江面，時年十四。縣長為之立碑。三國魏人邯鄲淳（字子叔，一說字子禮，官給事中）為作『曹娥碑』文，文見《古文苑．邯鄲淳．曹娥碑》。」

讕讕子道：對看各篇內容，發現有二疑點。第一點，《異苑》說曹娥哭了七晝夜，投江三天後抱父屍浮出江面。而《後漢書》則說哭了十七晝夜，投江五天後浮出水面，兩者的記載不相同。但這些差誤尚不是篇中主要重點，非關宏旨，似可存而不論。

至於第二點則甚爲重要，《異苑》說曹操是與禰衡對談，而《世說新語》則說是與楊修對談。這禰衡與楊修，都是三國時代的有名之士，兩人個性也不一樣（楊修反應敏迅，性柔。禰衡文才高卓，性剛）。今在同一事件中，不可能此書出現的是某甲而彼書出現的是某乙，其間必有一誤。

若依常情來揣測，《異苑》的作者不太出名，讀者不會很多，但《世說》則已風行海內。又《異苑》對此事的敘述簡淡平庸，只說「禰衡用離合義解之」，卻未述及「解」的內容，把緊要處省掉了，似是畫龍沒有點睛的誤失。至於《世說》則問答多次，一層推進一層，將「絕妙好辭」解說得入情入理，敘來引人入勝，且饒風趣。把曹操與楊修的個性都表露出來了，令人悅賞。從文字的運用上來比較，《世說》自是勝過一籌。

九三　字音誤讀誤寫

清代內閣中書梁紹壬，號晉竹，撰有《兩般秋雨盦隨筆》，其中有「尋常音誤」一條，今摘要錄舉如下：

「尋常之字，本有專音。古昔之文，或多假借。信口訛傳，貽譏大雅。今茲特予臚舉，以免見笑文人（罕見字未錄）：

老媼——媼音襖，不讀溫。媼是年老婦人。

暴露——暴音卜，不讀抱，就是顯露。

土著——著音酌，不讀注。土著指本地人。

狻猊——狻音酸，不讀俊。狻猊就是獅子。

酗酒——酗音煦，不讀凶。酗酒是飲酒沒有節制。

可汗——音克寒，不讀本音。西域各國稱其君王叫可汗。

吐谷渾——音突浴魂，不讀本音，青海地區民族之名。

酈食其——音歷異基，不讀本音，西漢人名，《史記》有傳。

万俟卨——音木其屑，不讀本音，南宋人，誣害岳飛至死的奸臣。

樊於期——於音烏，人名，荊軻的好朋友。

後來，清代咸豐同治時人黃協塤撰《鋤經書舍零墨》，書中有「廣字音訂譌」一條，乃是對上述「尋常音誤」的補充推廣。文中說：

「秋雨盦字音訂譌一篇，搜求詳善，足爲字學功臣。然限於篇幅，未免僅見一斑。余爲推而廣之（罕字免錄）：

忸怩——忸音濾，今則讀如紐，忸怩是羞慚難爲情之態。

稽首——稽音起，不讀基。叩頭令首至地也。

悖戾——悖音貝，不讀勃。乖謬悖戾。

伍員——員音云，不讀圜。人名。

太行——行音杭，不讀刑。太行山，在山西河北省。

讕讕子說：有些中文字，的確難唸難認。除了上述兩位先賢所舉之外，今也效顰，增列若干則。附記成語用字的正誤，成語精粹簡潔，能以少勝多，含意豐富，值得熟記：

哂納——哂音審，不讀西。送物給別人的客氣話。

攻訐——訐音孑，不讀甘。揭發他人的隱私讓他受害之意。

拈鬮——鬮音鳩，不讀龜。數人抽取決定先後的通俗方法。

斡旋——斡音挖，不讀幹。設法挽回的動作。

齊衰——音咨催，不讀原音。是喪服。

蒐集——蒐音搜，不讀鬼。搜尋聚集之意。

罰鍰——鍰音還，不讀援。罰錢叫罰鍰。

款識——識音志，不讀濕。原指鐘鼎上刻的文字，現在用作書畫上的題贈及姓名等的稱謂。又稱落款。

帑藏——帑音倘，不讀奴。儲存金幣的庫房。

牀笫——笫音子，不讀弟，床簀也。

姦宄——宄音軌，不讀究。指犯法作亂的人，也寫成奸宄。

扶乩——乩音機，不讀占。求神賜示以解疑惑也。

犒賞——犒音靠，不讀高，在物質上給予賞勞之意。

破綻——綻音站，不讀定。衣縫脫線也。

龜裂——龜音均，不讀歸。皮膚因冷而生裂紋之意。

厭惡——惡音務，不讀哦。不喜歡而且帶恨。

贍養——贍音善，不讀蟾。對老貧者分發的給養。

針灸——灸音救，不讀這。寫爲針「炙」便錯了。

番禺——番音攀，不讀翻。番禺是縣名，在廣東省。

忠告——告音谷，不讀窖。勸以直爽的話。

皈依——皈音歸，不讀返。身心歸向佛門之意。

訛傳——訛音鵝，不讀化。指錯誤的傳言。
倔強——音決降，不讀屈羌。強硬不屈服之意。
敵愾同仇——愾音慨，不讀氣。是說共同抵禦痛恨的敵人。
暴殄天物——殄音忝，不讀珍。太浪費不知愛惜之意。
倜儻不羈——倜音替，不讀周。灑脫不受拘束之意。
草菅人命——菅音姦，不讀管。輕率殺人之謂。
良莠不齊——莠音友，不讀秀。好壞夾雜不分之意。
效命疆埸——埸音意，右邊是易，不讀場，疆埸指邊界。
一人向隅——隅音魚，不讀禹。大家都有好處，只一個人沒有。
居心叵測——叵音頗，不讀巨。心思陰險之意。不是居心「巨」測。
剛愎自用——愎音匹，不讀復。固執己見之謂，不是剛「復」自用。
飲酖止渴——酖音鎮，與鴆同義，不讀丹。是說喝毒酒來止渴。
瞠目結舌——瞠音撐，不讀堂。張大眼睛說不出話來。
惱羞成怒——不是「老」羞成怒。
一哄而散——不是一「轟」而散。
夜以繼日——不是「日」以繼夜。
喧譁哄鬧——不是喧譁「橫」鬧。

相形見絀——不是相形見「拙」。
默默無聞——不是「沒沒」無聞。
墨守成規——不是「默」守成規。
按部就班——不是按「步」就班。
爲國捐軀——不是爲國捐「驅」。
每下愈況——不是每「況」愈下。
莫名其妙——不是莫「明」其妙。
鋌而走險——不是「挺」而走險。
屈指一算——不是「曲」指一算，也不是「出」指一算。
汗流浹背——不是汗流「夾」背。
發憤忘食——不是發「奮」忘食。
釜底抽薪——不是「斧」底抽薪。
詭計多端——不是「鬼」計多端。
和藹可親——不是和「靄」可親。
金榜題名——不是金榜「提」名。
如「惡」惡臭，如「好」好色——上惡好二字應讀去聲，吟爲「務」「浩」，是
把形容詞變爲動詞。語見《大學》。

解衣「衣」我，推食「食」我——下衣食二字應讀去聲，唸爲「異」「四」，是將名詞改作動詞用。見《史記淮陰侯傳》。

春風「風」人，夏雨「雨」人——下風雨二字應讀去聲，讀成「奮」「愈」，也是把名詞活用作動詞。見《說苑》。

「雨」我公田，「風」乎舞雩——風雨都應讀去聲，要唸成「愈」「奮」，同樣是將名詞化爲動詞。上句見《詩經》，下句見《論語》。

范增數「目」項王——目是名詞，轉作動詞，是「使眼色」之意，見《史記・項羽本紀》。

驢不勝怒「蹄」之——蹄是名詞，轉作動詞用，是「驢用蹄腳去踢老虎」之意。見《柳宗元（黔之驢）》文。

春風又「綠」江南岸——綠是形容詞，轉作動詞用，是說「將兩岸的嫩草和樹上的新葉都變綠了」之意，見王安石《泊船瓜洲》七絕。

以上仍僅是一些普通的例子，若有錯漏，敬請指正。

小說有漏第十五

九四　石頭記是不是紅樓夢

你我都看過曹雪芹的《紅樓夢》。旅美學者唐德剛說：「學人不讀紅樓夢，方帽加頭也枉然。」既然如此捧場，旁人似乎毋須多費口舌。但這部大頭書內蘊實在太豐，其中若干情節，仍然值得敍論。

胡適曾經在《傳記文學・卅五卷・第一期》有一篇評述《紅樓夢》的長文說：

「許多人研究紅學，大略可分三類。第一、認爲《紅樓夢》是反映清朝順治皇帝的戀愛故事，賈寶玉是順治，林黛玉是順治的董鄂妃。第二、蔡元培認爲是漢族反抗滿族的政治小說，賈寶玉是胤礽（康熙庶子），林黛玉是朱彝尊（清初文史大師）。第三、認爲是描寫滿族名士納蘭性德身世的故事。」

胡適說這都不是。胡大師把這本書作爲學術性的研究，他考證出曹雪芹寫了前八十回，再由高鶚補足殘篇續成後四十回。此論大家認爲正確。

在前述的同一文章裡，旅美學者唐德剛則說：

「近六十年來的『紅學家』，我把他們分爲三派：一是猜謎附會派如蔡孑民、潘重規。二是傳記考證派如胡適。三是業餘牛皮匠如趙岡。集三派大成的是周汝昌撰的《紅樓夢新證》，認爲《紅樓夢》是曹雪芹的自傳，那是輕率判定的。」

唐先生又說：我三十年來讀閒書，閱盡諸公「考紅」之作，感觸頗多，林黛玉是我們的大衆情人。此書近百萬言，是古典言情小說中的傑作，錯過可惜。

讕讕子說：歷來研究紅樓夢的不下二三百位，「紅學」已然成爲顯學（毛澤東就說他看了六遍），而且還將它譯爲英文，今穿插一小段唐文裡的英譯趣事如下：

「林語堂先生英譯『紅樓夢』，我問那三十三回『大受笞撻』中，寶玉向老媽媽說：『老爺要打我……要緊，要緊！』這老媽是個聾子，聽成『跳井，跳井』。這話如何英譯呢？林先生說他是這樣翻譯的：寶玉說『Very important—Very important—』（非常重要的）。老媽媽聽成『Very innocent—Very innocent—』（非常無罪的）。這譯得傳神。」

本來嘛，中外每種文字，都各有其獨特的妙處，尤以中文裡的「歇後語」，幾乎無法翻譯。舉個淺例，昔日文人有遊戲之作曰：

「當初只謂將勤補（勤能補拙），
到底翻爲弄巧成（弄巧成拙）」

這幅妙聯，無論平仄對仗詞性和意義都極爲勻稱，句末各隱藏了一個關鍵性的「拙」

字。如要英譯，神仙也難。這是題外之話，不克多贅。

這部《紅樓夢》的書名很多，原先叫它《石頭記》，前後歷經六次改變：

石頭記——從此書的緣起來說：是由茫茫大士和渺渺眞人在青埂峰下見到女媧煉石補天剩下的一塊通靈「石頭」。

情僧錄——書中第一回說：後來有個空空道人，因空見色，由色生情，傳情入色，自色悟空，遂改名情僧，改石頭記爲《情僧錄》。

金玉緣——此書在清代曾經列爲禁書，書坊將書名改爲《金玉緣》，才能售賣。

風月寶鑑——書中第一回記載：東魯孔梅溪題書名爲《風月寶鑑》。

金陵十二釵——書中第一回說：曹雪芹披閱十載，增刪五次，纂成目錄，分出章回，題書名爲《金陵十二釵》。另外第五回也說：賈寶玉神遊太虛，見到「金陵十二釵正冊」。

紅樓夢——現今書名。書中第五回裡，有兩處寫記：警幻仙姑對寶玉說：有「新製紅樓夢十二支（曲）」。又取來「紅樓夢原稿」給寶玉看，首段紅樓夢引子曰「……因此上、演出這悲金悼玉的紅樓夢。」

既有這麼多書名，就莫怪一般人記不住分不清《石頭記》是不是《紅樓夢》了。

在美國紐約發行的《世界日報》中文版二〇〇五年六月十四日F４版有篇劉典復先生的文章《香港人不知石頭記》內容是：

「最近欲購『脂硯齋重評石頭記』，香港書店的店員都不知石頭記是何書？回答我說：『對不起，我們沒有寶石學的專書。』『是不是女媧煉石的故事？』『是武俠小說嗎？都在這裡，找找看有沒有？』另有一些懂得將石頭記歸類爲『中國古典文學』的書店，已算很了不起，不過店員卻未必知道石頭記就是紅樓夢，都不見將兩書並排而放，而是一在東，一在西，顯然並不知是同一本書。我要找的那「脂硯齋」本，在大陸是熱門書，但香港都沒進貨。也許書店對不知名的石頭記並不看好，所以不願買進。書店選書往往決定了讀者的視野範圍，香港書店的『文化水平』似乎不太高，難怪港人的讀書品味也沒有高到哪裡去。」

同書而異名的不僅《紅樓夢》而已，例如《屈賦》就是《楚辭》、《短長書》就是《戰國策》、《鴻烈》就是《淮南子》、《南華經》就是《莊子》、《道德經》就是《老子》、《沖虛至德眞經》就是《列子》、《洞冥眞經》就是《亢倉子》、而《狐鬼傳》就是《聊齋志異》（請參看拙撰《上好短篇選》第三十六篇）。可不要眼花撩亂弄混了。

中國大陸在二〇〇五年也掀起了紅學熱潮。劉心武在中央電視台講紅樓，有高收視率，他的書也暢銷。別家央視也請九十高齡的紅學泰斗周汝昌上電視。此外、中國紅樓夢研究會理事鄭鐵生也出了書。該研究所副所長張玉明估計，每年有關的紅學著作約有兩三百種，好不熱鬧！只恐怕仍然難以滿足紅樓夢入迷者的探索胃口吧？

九五　關公無頭怎能稽首

羅貫中《三國演義》第七十七回「玉泉山關公顯聖」敘述關雲長被孫權斬首之後：「卻說關公英魂不散，蕩蕩悠悠，直至玉泉山。山上有一老僧，法名普靜，聞空中有人大呼曰：**『還我頭來！』**普靜仰面諦觀，認得是關公，遂曰：『雲長安在？』關公英魂領悟，即乘風落於菴前，問曰：『今吾已遇禍而死，願求指點迷津。』普靜曰：『昔非今是，一切休論。後果前因，彼此不爽。今將軍爲呂蒙所害，大呼「還我頭來。」然則顏良、文醜、五關六將等眾人之頭，又將向誰去索耶？』關公恍然大悟，稽首而去。後於玉泉山顯聖護民，鄉人建廟題聯云：

赤面秉赤心，騎赤兔追風，馳驅時未忘赤帝。
青燈觀青史，仗青龍偃月，隱微處不愧青天。」

讕讕子曰：細究那羅貫中（約一三三〇——一四〇〇），原是一位「有志建功立業」的人，但在朱元璋強勢的環境之下，無所施爲，只好寄情稗史。他的生平簡略，史書著墨不多。

至於羅貫中撰《三國演義》一書，清咸豐時清溪居士作序說：「演義之作，絕不架空杜撰。言主忠義，而旨歸勸懲。語皆有本，而不與一般小說等量齊觀。」清金聖歎（金人瑞）也撰序說：「據實指陳，非屬憶造，堪與史册相表裏。三國者、乃古今爭天下之一大奇局；而演義者，又古今寫小說之一大奇手也。」論斷正確。

此外《三國演義》第一回正文之前，有一首詞，調寄「臨江仙」，似乎是爲全書寄意，詞曰：

「滾滾長江東逝水，浪花淘盡英雄；是非成敗轉頭空，青山依舊在，幾度夕陽紅。
白髮漁翁江渚上，慣看秋月春風；一壺濁酒喜相逢，古今多少事，都付笑談中」

這部巨著，氣勢磅礴，敘述傳神；但在這七十七回「索頭」故事中，卻有三處不符情理之小誤：

其一：關公已被斬頭，書中說他「大呼還我頭來。」無頭無嘴，哪能大呼喊話？

其二：關公已無頭了，普靜法師「仰面諦視，認得是關公。」既無頭臉，如何認得？

其三：普靜開導關公，說顏良文醜也會向他索頭，「關公大悟，稽首（俯首低頭行禮）而去。」頭沒有了，怎能稽首？

以上算是在雞蛋裏面挑骨頭，故意找碴。但瑕不掩瑜，演義仍是最佳，金聖歎評它爲第一才子書，萬人愛讀，百讀不厭。

關雲長繪像

（縮印自第一才子書）

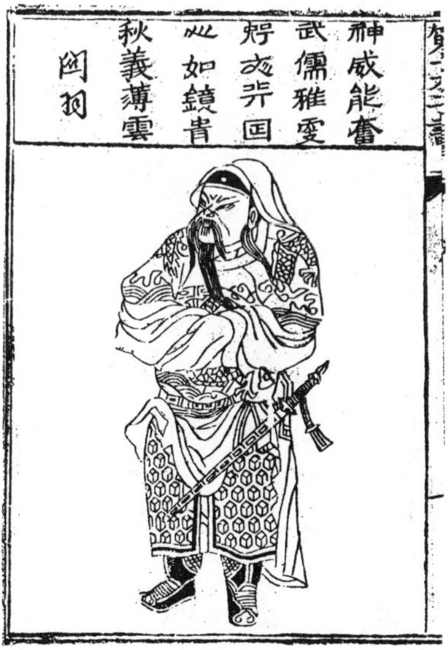

九六　吳著《西遊記》小評

家喻戶曉的《西遊記》是明代吳承恩（約一五〇〇—一五八二）所撰，請參閱清代吳玉搢《山陽志遺》作爲證明：

「嘉靖（明世宗）中，吳承恩，字汝忠，號射陽山人，吾淮才子也。英敏博洽，凡金石碑銘及祝贈之文，多出其手。唯數奇不遇（命運欠佳，沒有遇到好機會），貧老無子，遺稿多散佚失傳。所著雜記，名震一時。及覽『淮賢文目』，載《西遊記》爲先生撰。書中多吾鄉方言，其出淮人手無疑也。」

他的爲人，也可以從明熹宗天啓年間的《淮安府志》（今江蘇淮安縣）中查閱到：

「吳承恩，性敏而多慧，博極群書，爲詩文，下筆立成，清雅流麗，有秦少游之風。所著雜記幾種，名震一時，惜多散亡。」

可惜他空有才華，未能施展，就寫些雜書如《西遊記》來傳世。

讕讕子曰：讀《西遊記》（一百回，近九十萬字），會使你笑口常開，心花怒放，原因是書中寫活了孫悟空和豬八戒。單說那孫悟空，凹臉尖嘴，火眼金睛，自封爲「齊天大聖」，他大鬧天宮，再鬧龍王府，玉皇大帝都制服不了他。後來隨護唐僧赴西天取經，也是率性而行，才會有許多波瀾壯闊、曲折奇離，熱鬧非凡的虛構故事，乃使得《西遊記》與《水滸傳》《三國演義》《紅樓夢》列爲四大奇書，而且筆者看到過英譯本的《西遊記》。

《西遊記》是神話文學的代表作品，但唐僧則確有其人，他就是玄奘大師。梁啓超贊譽他是「千五百年前之留學生」（見《改造》雜誌四卷一號）。關於此書，初步發覺有兩項疑點：

孫悟空剪紙像

㈠玄奘大師是偷赴天竺，不是奉旨。

吳著《西遊記》第十二回說：

「唐太宗出榜，招僧修建『水陸大會』。經選得玄奘法師，開演經法。」

「貞觀十三年（這裡說的年代不符，玄奘在貞觀三年就出國了），玄奘法師開演諸品妙經，講的是『小乘』教法，但仍度不得亡者超升。應該去尋取那『大乘』教法，才能超度凡人脫苦。須知那『大乘佛法三藏』，卻遠在西天天竺國，途程十萬八千里。此時玄奘自請，願去求取眞經。唐王大喜，次日，賜他取經文牒，用了通行寶印。玄奘辭別，出關而去。」

但正史所記不同，唐朝在立國之初，暫時難以對抗強大的異族，便極力禁止中原人民出國。《舊唐書》卷一百九十一、列傳第一百四十「方伎」列有「玄奘傳」，但未詳細述及玄奘如何出國。《新唐書》中無「玄奘傳」。不過禁止出國之令，後來因饑荒嚴重而開禁了，新舊唐書中「唐太宗紀」都說：

「唐太宗貞觀元年，因災，免令歲租。八月、關東及河南隴右諸州霜害，秋稼，災情嚴重，人民無以爲食。太宗下詔說：『無論道俗，特准自由出關覓食。』」

玄奘出國志堅，便混在饑民群中，過秦州、涼洲、瓜州，前往天竺。

又佛教經典總集纂的《大藏經・續高僧傳・卷四》也有敘述：

「玄奘研讀過許多譯本的佛經，覺得難以融會貫通，因發宏願，要親往印度。時值貞觀二年(？)，朝廷有禁令，不許國人出境。玄奘曾上書請求，太宗不許。不得已，他乃混在西域商人群中，偷出玉門關，終於到達印度。」

玄奘

又《雙樹幻抄》也記載了玄奘赴印度，歷經多國，取經回來的種種經過，其前段說：

「玄奘以貞觀三年冬抗表辭帝，制不許，即私遁，出玉關，抵高昌……」

又玄奘的弟子沙門慧立撰寫的《大唐慈恩寺三藏法師傳》（此文在常州天寧寺有刻本），說到玄奘當初起程的經過：

「於是結侶陳表（數名和尚聯合上書請求出國），有詔不許。諸人咸退，唯三藏法師不屈（別人都退縮了，玄奘仍堅其志）。時國政尚新，疆場未遠，禁止所有百姓不許出蕃（不准出訪番邦）。……乃晝伏夜行，出玉門關……。」

當時唐太宗開創未久，國力尚未拓展到西域（後來西北各民族之君長，才尊稱唐太宗為「天可汗」）。而玄奘大師，應是私自偷往印度取經的。

㈡豹頭山離城七十里變為三十里

吳著《西遊記》第八十八回敘說：

「豬八戒的九齒釘鈀，重五千零四十八斤，沙悟淨的降妖寶杖，也重五千零四十八斤，孫悟空的金箍棒，重一萬三千五百斤；都放置在玉華王王府前院大棚廠內。由於三件寶物瑞氣沖天，霞光罩地，惹來另一妖精，離城『七十里』遠近，山喚豹頭山，洞喚虎口洞；這妖精趁著半夜把這三件兵器都竊去了。」

到了第八十九回，發現三件兵器不見了，敘道：

「孫行者笑道：『定是那妖精歹人，偷將去了。』他叫道：『八戒、沙僧，你倆保著師父，等老孫尋訪去來。』好猴王，唿哨一聲，形影不見。早跨到豹頭山上，原來離城相去只有『三十里』，一瞬即到。」

以上七十里與三十里之差錯，有學者查對明代刊本金陵世德堂《新刻出像官版大字西遊記》，並參閱清代六種刊本《西遊眞詮》《西遊證道書》《新說西遊記》《西遊原旨》《通易西遊正旨》《西遊記評註》，都不能斷定孰是孰非，只好保持原文，兩處都不加改動。

＊　＊　＊

本篇敘述到此，應當可以結束，但尚有一要點，理該附帶說明：多人認爲，玄奘大師是中國第一位遠赴印度的留學生、佛教徒、譯經者、和旅行家。是嗎？非也！在玄奘（六〇二—六六四）之前，還有一位東晉時代的高僧法顯（三三七—四二二），也去過印度。今引述台北三民書局《大辭典・中册》第二五七四頁「法顯」條文，提供參證：

「法顯、東晉高僧。他深感佛經的殘缺，乃於晉安帝隆安三年（三九九），與同學慧景、道整、慧應、慧嵬等人，從長安度戈壁沙漠，越蔥嶺，到印度。歷十四年，經三十餘國，再由獅子國（今斯里蘭卡）爪哇等地附商人大船載經回國。在建康翻譯經律六部，著有《佛國記》，是中古亞洲的重要史料。」

「法顯東歸時，曾飄流海上，有人以爲他曾到美洲。《太炎文錄初編・別錄・法顯發現西半球說》：『始發現亞美利加洲者，非哥倫布，而是支那人……紀元四五八年（?），支那有佛教僧五人，自東亞直行六千五百海哩而上陸，其主僧爲法顯。據其上陸地點，確即今墨西哥。』按上述發現美洲之事，當在法顯東歸飄流失路時。」

「八十年代，美洲西海岸不斷發現數千年前中國文字和木船的遺物，更增加此說的可能性。」

也請參閱《大藏經・高僧傳・卷第三・譯經下・釋法顯一》，內容相同。總之，中國人眞是値得驕傲。

《西遊記》有日文譯本，且常在日本的暢銷書排行榜上列名。

九七　未若貧而樂「道」

林之洋、唐敖、多九公，是清代李汝珍《鏡花緣》書中的主要人物。他們遊歷了君子國、不死國、淑士國、無腸國、兩面國、女兒國等十多個異邦，想像力極爲豐特。書中反對封建陋習，反對壓迫女性，反對迷信，反對八股。作者博聞廣識，談文說藝，見解宏闊。而且應欣賞那文字背後的餘意。

請看李汝珍的《鏡花緣》第十七回所述：

「多九公來到黑齒國，遇到兩個讀私塾的女孩，向多九公請教毛詩、易經、禮記、左傳、爾雅諸書的義理，把多九公難倒了。他想還擊，因回問道：「《論語・學而》有云：『子曰：未若貧而樂、富而好禮者也。』這裡說的貧而樂，難道貧了還有甚麼好事可樂麼?」不料引起女孩一番高論，答道：「論語遭秦代焚書之禍，到漢代時，出現了三種版本：一是古論，二是齊論，三是魯論。今世所傳的是魯論。魯論也有今本古本，應當照梁人皇侃古本《論語義疏》的解釋，在『貧而樂』之下應有一『道』字，使這句『貧而樂道』和下句『富而好禮』相對，這才通順才合理呀。」

譋譋子曰：朱熹作論語集註，對此處並無解釋，卻由《鏡花緣》作者李汝珍藉女孩子之口來述說李氏的見解，訂正爲「貧而樂道」，應是相當正確的。

另外例如《論語・里仁》「子曰：古者言之不出，恥躬之不逮也。」古本作「古者『妄』言之不出。」此另一例也。

又如《論語・顏淵》「雖有粟，吾得而食諸？」古本作「吾『豈』得而食諸？」豈或作焉，或作惡，此另第二例也。

又如《論語・公冶》「再斯可矣。」一作「再思可矣」，又作「再思斯可矣。」此另第三例也。

又如《孟子・盡心下》末章「然而無有乎爾，則亦無有乎爾。」一作「然而無乎爾，則亦有乎爾。」此另第四例也。今併集錄於此，有請方家考正。

九八　十二金牌

南宋岳飛，字鵬舉（一一〇三—一一四二）。他的傳記，前有明人焦大木《武穆演義》，明人余登鰲《岳王傳演義》，明人鄒元標《精忠全傳》；後有清人錢彩《精忠演義說本岳王全傳》，簡稱《說岳全傳》，以此書最爲完整。全書共八十回，對忠佞的敘述對比強烈。寫岳飛精忠愛國，風波亭壯烈屈死，人人景仰。寫奸相秦檜，用莫須有之罪謀害忠良，遺臭萬年，人人痛恨。

我們看《說岳全傳》第五十九回「召回兵矯詔發金牌」篇中寫道：

「那岳元帥調兵養馬，打算『直搗黃龍』。忽報有聖旨下，卻是叫岳飛班師，暫回朱仙鎭……且說岳爺在朱仙鎭上，專等北伐，忽報又有聖旨下，卻是說因和議已成，命岳飛回京……正議論之間，又報有金字牌來，催岳飛起程，岳爺慌忙接過，又報金牌來催。不一時，一接連『十二道』金牌，欽使傳詔說：皇上命即刻起程，延遲就是抗旨。岳爺上馬南歸，朱仙鎭上的百姓，哭著跪送。……」

若再對照翻閱《宋史・卷三百六十五》「岳飛傳」也敘說：

「岳飛進軍朱仙鎭，距汴京僅四十五里。岳飛說：我要直搗黃龍府，和各位痛飲黃龍。正準備北渡黃河，但秦檜說岳飛孤軍不可久留，一天之內，連發十二道金牌，即令班師回京。岳飛哭道：十年之力，廢於一旦。……前些時，金兀朮寄信秦檜說：你早晚都講議和，而岳飛正進兵河北，必殺岳飛，才可談和。秦檜也知道，倘如岳飛不死，自己必將受禍，故也亟想殺他。……岳飛回京，秦檜誣賴他造反，被捕下獄。審問兩月，不能定罪。秦檜手寫一小紙條交付監獄，即報岳飛死了，時年三十九歲。」

岳飛塑像後方牌匾的四字，是以岳飛筆跡刻繪而成。

杭州西湖岳王廟正殿岳飛像

（聯合報記者羅建怡攝影）

以上這兩部書（一是演義，一是正史），都說接連發了十二道金牌。這一點不妨請問讕讕子，你是否認爲那金牌乃是最高最急的皇命，需要一連頒下十二道嗎？

讕讕子說：古時沒有電報、傳眞及郵局，官方公文的遞送靠「驛傳」。每三十里設一驛站，驛站備有快馬待命。傳令者每到一站就換馬趕路（限時傳遞，換馬急跑不換人）。依據《夢溪筆談・十一》的解說：宋代的驛傳分爲三等，到熙寧年間，又增加「金字牌急腳遞」，每天可趕五百多里，是最快的急令。所謂「金字牌」，乃是一塊精製的好木紅漆金字御牌，如遇急務，便自皇殿御前發下，也簡稱「金牌」。

由此可知，金牌令的急速性和重要性都高於一般性的紙寫聖旨，接牌後就應立即遵奉執行。今以皇帝之尊，且已下過聖旨，再發一道金牌應就可以了。若爲加重效果，三道金牌就絕對足夠了。何致於在一天之內，連頒十二道金牌，豈不賤視了那金牌的神聖性？更恐怕那沿途的第三等小驛站裡，一天之內，似難準備十二匹良駒供作換馬之用（驛站還有其他路線要供馬）。這一點，應算是合理的懷疑吧？

申言之，爲何一天連下十二道金牌？譋譋子大膽揣測說：岳飛的壯志，在《五嶽祠盟記》文中宣告的「迎二聖歸金闕，取故地上版圖」這兩事，都偏離了當時的政治環境。試問，倘若將宋徽宗，宋欽宗接回來，那宋高宗豈不要讓出帝位，行得通嗎？又倘若收復了失地，那私通敵國，力主和議的宰相秦檜豈不是死路一條，辦得到嗎？因此秦檜建議發金牌促歸，皇帝也就欣然照准。十二金牌是何等大事？秦檜豈敢一手遮天，實則宋高宗的私心更爲可議也。

九九　聊齋種梨四十千

清代文人蒲松齡（一六四〇—一七一五）撰《聊齋誌異》，這部書談狐說鬼講靈異，寓嚴肅於荒誕奇談中，情節譎幻，文詞簡練，公認是優秀作品之一。例如《聊齋》卷十二的「孫必振」故事，他只描寫經過，不加評論，其中寓意爲何，全留給讀者去思考。文章不長，今將原有文言語譯如下：

「孫必振登上渡船過江，船剛啓行，離岸不遠，突然狂風大作，雷鳴電閃，渡船被強風刮得左搖右晃，全船乘客，十分驚恐。此時，忽見天上烏雲中出現一位金甲天神，手持金字令牌，緩緩下降。乘客們一起抬頭細看，只見金牌上寫著斗大的孫必振三個字，人人認得眞切，大家對孫必振說：『你肯定是犯了天條，金甲神指名要抓你。請你另換一條船，不要拖累我們一同遭殃便了。』孫必振正要辯解，眾人不由分說，把他推趕到旁邊的一條小漁舟上。他將身子站穩，這漁舟也就隨著江流盪向岸邊。他回頭一瞧，豈知那艘渡船被狂風一刮，突然翻覆，船底朝天了。」

《聊齋》共有十六卷，四百多篇故事，包含廣博，讕讕子你的讀後感如何？

譋譋子說：蒲松齡善用一枝健筆，寫出的每個故事都有奇趣，耐人尋味。盛時彥寫「序」說：「此書俶詭奇譎，無所不載；洸洋恣肆，無所不言。」寫「跋」又說：「先生學問文章，名滿天下。」這些話並非胡亂誇的。記得筆者在十多歲唸小學時，週末喜歡到外祖父家去享受美食。有一次，外公翻出《聊齋》，要我講述其中「勞山道士」的故事，我努力把文言原文口釋爲白話，大意略是：

「勞山道士有仙法，可以穿墻入室無礙。王生拜師，求授此術。道士教他訣咒，經實際演練，果眞靈驗。王生大喜，辭別回家，向妻誇試功夫，卻頭撞硬墻跌倒不靈矣。實乃王生歪心不正，想學會後去幹小偷。道士豈有不知，故意傳他假咒，師父在旁時，穿墻都順利，離開師父，必然就碰壁不靈了。」

外祖父點頭認可，賞我銅幣一枚，從此我對此書也增添了好感。

蒲松齡博覽群書，《聊齋》中很多故事，他都連帶引述內容相同或十分近似的其他文獻作爲附錄，以佐證此一故事不是妄語胡言，這項舉措很好，如：

卷三「林四娘」附林西仲另寫林四娘記一則

卷三「織成」附柳毅龍女傳一則

卷三「香玉」附沙叱利柳氏傳及王仙客無雙傳各一則

卷五「小獵犬」附池北偶談朱衣小人一則

卷五「大力將軍」附觚賸雪遘查孝廉事一則

卷十二「王桂菴」附寄生一則
卷十二「張不量」附蔣自量一則
卷十四「妾擊賊」附池北偶談妾驅賊一則
卷十四「陽武侯」附池北偶談薛祿一則
卷十四「五羖大夫」附池北偶談暢體元一則
卷十四「劉姓」附李永康一則
卷十四「齕石」附王嘉祿一則
卷十五「武孝廉」附霍小玉一則
卷十五「邵士梅」附池北偶談邵士梅一則及陸次山邵傳一則
卷十五「農婦」附俠女聶隱娘一則
卷十五「張貢生」附池北偶談張某一則
卷十六「蔣太史」附北池偶談蔣超一則
卷十六「花神」附飛燕外傳、韓詩外傳、九江記、江湖紀聞、博異記共五則

他如此不憚煩的蒐羅查證，已經做得很可觀了。我今且再替他增添一則附錄，作為該書卷一「種梨」的補證。《聊齋》正文大意是說：

「鄉下人裝滿一車山梨停在城市街旁賣梨，遇一道士要討一顆梨吃，鄉人不給，反而訕罵道士。旁觀者過意不去，好心代買一梨給他。道士說：『我本有好梨，但

須用此梨作種。』於是大口吃掉梨肉，留下梨核，用小鋤挖地數寸，把核埋入，蓋上浮土，求取熱水澆灌。好事者在街邊餐館裡提來滾湯一鍋，道士趁熱淋灑土上。剎時、只見苗出枝伸，扶蘇成樹，開花結實，梨果纍纍，道士隨摘隨送觀眾品嚐，直到梨盡。道士將樹砍倒，扛在肩上，連幹帶葉拖走了。當道士作法時，這鄉人也擠身在看，直到道士走遠，才回頭去看自己的梨車，哪知全部的梨都光了，才醒悟大眾吃的原都是自己的梨呢。」

這個故事的寓意，在勸戒我們不要吝嗇過甚。一車幾百個梨，挑個小的劣的應無大礙吧？此一寓言在四庫全書・子部十二・小說家類・異聞・東晉・干寶《搜神記》卷一中有類似的記事：

「吳時，有徐光者，常行幻術。於市里從人乞瓜（向賣瓜人討個瓜來嚐嚐），其主勿與（主人不給）。便從索瓣（說文：瓣是瓜中實也，就是討一顆瓜子），杖地種之（將瓜子種在土裡）。俄而瓜生，蔓延花成實（頃刻結出鮮瓜果實）。乃取食之，因遍給觀者。鬻者反視（賣瓜人回頭去看自己的瓜），所賣皆亡耗矣。」

此一幻戲，或可作爲「種梨」的附補。此外、《聊齋》卷十三「四十千」記述「索討前世欠債」一則，簡練而寓警惕之意。譯其大意是說：

「某甲，家財殷富。某日，夢到有一人跑來訴說：『你積欠我四十千錢，該還我了。』邊說邊往內室跑不見了。某甲醒來，女僕報說太太剛生一男嬰。某甲心知這是孽債，便將四十千錢，存在另一私室中，凡是嬰兒所需，都從這堆錢裡來支用。過了兩年，錢已只剩七百了，此時奶媽抱著小孩來玩，某甲提醒他說：『四十千錢快花完了，你也該走了吧？』話剛說畢，這小孩臉色突變，全身抽筋，俄而斷氣死了，那餘錢正好用來治喪，這該是欠債不還者的鑑戒。」

以上這個寓言，與清代紀昀字曉嵐（一七二四—一八〇五）的《閱微草堂筆記卷五・灤陽消夏錄第五》中第三則「殤子爲債鬼」之寓言近似：

「世稱殤子爲債鬼（未成年而死叫殤，多稱爲討債鬼），是固有之。盧南名言：朱元亭一子病瘵（有肺癆病），綿惙時（快要死了之際），呻吟自語曰：『是尚欠我十九金。』俄而醫者投以人參，煎成未飲而逝，其價恰值十九金，此近日事也。或曰：『四海之中，一日之內，殤子不知凡幾。前生逋負（前世拖欠債務的人），安得如許之眾？』夫因果循環，不可測算，君子寧信其有，或可發人深省也。」

紀曉嵐是在蒲松齡死後九年才出生，蒲氏當然看不到此書。這則「十九金」與晉代《搜神記》「種瓜」兩篇寓言，只能待以後若再補輯《聊齋》時，考慮可否收爲附錄？此時此地提出，只是貢奉一番善意，想要代爲湊齊，求其完備焉耳。

名畫有評第十六

一〇〇　牛鬥必會夾尾

宋代曾敏行，自號浮雲居士，又號獨醒道人，善畫。在他的《猛醒雜誌・卷一》中記述了一則畫牛的故事：

「馬正惠公嘗珍其所藏戴嵩《鬥牛圖》。暇日、展曝於廳前。有輸租氓見而竊笑。公疑之，問其故。對曰：農非知畫，但識眞牛。方其鬥，夾尾於髀間，雖壯夫膂力不能出之。此圖皆舉其尾，似不類矣。公爲之歎服。」

這個故事，同時又見於宋代郭若虛的《圖畫見聞志》已編入《四庫全書・子部・藝術類》。但古文頗爲艱澀，今且語譯如左：

「宋代馬知節，謚正惠，宋眞宗時任樞密副使。他珍藏了唐代戴嵩的一幅『鬥牛圖』。那戴嵩師事韓滉學畫，尤對畫牛最精，超過了老師韓滉，當時稱爲獨步。」

「有一天閒暇，馬知節將這幅畫攤在廳堂前曝曝潮氣，被一個前來送租穀的佃户農人看到，偷偷地笑了。馬知節心生疑惑，問他爲何發笑？那農夫答道：我只會耕田，不懂『畫』事，但懂得眞正的『牛』事。當兩牛相鬥時，尾巴會緊緊地夾在後大腿和臀股之間，即令是體強勁大的壯年人使盡全力也不能把牛尾拉出來。但這畫中的牛尾都翹得高高的，似乎不像眞的吧！」

「馬知節這時才嗟歎信服。」

讕讕子曰：繪畫如同寫文章，文字偶不檢點，便生紕謬，例如「耿耿於懷」，很容易誤爲「梗梗於懷」，遺人笑柄，這就是粗心之故。按耿耿心中掛懷，《廣雅・釋訓》說：耿耿、不安也。《詩經・邶風・柏丹》說：耿耿不寐。都是掛念不釋之意。至於梗梗，則是正直堅定，《孔叢子・執節》說：馬回之爲人，梗梗亮直，有大丈夫之節。《三國志・吳志・潘濬傳評》說：潘濬陸凱，皆節概梗梗，都是風骨剛挺之意。這有分別。（倘如尚有興趣，不妨參閱本書第九十三篇）

本篇是名畫家繪出鬥牛翹尾的失誤。究其實，古今失誤並非只此一樁。正如明代謝在杭《文海披沙》「畫病」章節裡指出的：有人畫陶侃的母親「截髮圖」（陶侃家貧，范逵一行人來訪，他母親剪下長髮換來酒菜待客），卻畫成她手腕上戴著金釧（有金釧何須賣髮）。又有人畫「飛雁圖」，將雁腳畫成左右展開（飛行時雁足應收攏才對），這都是疏忽云云。我們可要注意了。

一〇一　正午牡丹

戰國列禦寇所著《列子》湯問篇說：楚國的伯牙很會彈琴，當他彈奏志在高山時，好友鍾子期贊道：「峨峨兮若泰山。」當伯牙改奏志在流水時，鍾子期又贊道：「洋洋兮若江河。」伯牙是演奏家，鍾子期則是鑑賞家，鑑賞家就是「知音」，他察音聽曲的水平絕不在演奏家之下。這是屬於音樂的領域，繪畫也不當例外。畫家繪一幅好畫已不容易，而鑑識者能夠評賞出一幅丹青佳作，揭示出畫中的祕奧，更要有深邃的藝術修養。且看宋代沈括《夢溪筆談．卷十七．書畫類》第一則「正午牡丹」：

「歐陽修嘗得一古畫，牡丹叢下（衆多牡丹花朶之下）有一貓。未知其精粗（未能判斷這畫的優劣）。丞相正肅吳公（吳育，謚正肅，官任宰相，《宋史》有傳）一見，曰：此「正午牡丹」也（中午十二時的牡丹花）。何以明之（怎樣可以證明呢）？其花披哆而色燥（牡丹花瓣披開無力，而且顏色枯燥），此日中時花也（以上評花，以下說貓）。貓眼早暮則睛圓（貓的眼睛在早上和傍晚時，瞳孔放鬆爲正圓形），日漸中則狹長（漸近中午時，瞳孔畏光，漸漸收縮變爲狹長），正午則爲一線耳（正午陽光特強，瞳孔縮到只剩一線了）。」

讕讕子說：內行人見識廣，懂得多，眼力尖，經驗足。從花瓣的困頓燥澀和貓眼的只剩一線，就確認必是正午的景象，這位博識的吳育丞相功力確屬不淺，此處應還只是牛刀小試吧。

再者，正午的景物最難描畫，《宣和畫譜》（作者不詳）說：唐代張詢爲昭覺寺作「早午晚三景圖」於壁間，唐僖宗見之，歎賞彌日。爲甚麼？因爲早晚之景，今昔人皆能爲之，但「午景」則最爲難狀也云云。

有些景狀，的確難於在畫中表達。《晉書・顧愷之傳》有云：顧愷之常說：「手揮五弦易，目送歸鴻難。」這意思是：如要繪一幅用手撥弄五弦琴的圖畫很容易，但如要繪一幅用眼神送走那歸巢鴻雁的圖畫就很難表達了。

西晉・中書令張華《博物志・校證・佚文》說：

「漢桓帝時代，畫家劉袞畫了一幅「雲漢圖」，比喻旱暑（乾旱酷熱的夏天）。看畫的人都感到炎熱出汗，他又畫了另一幅「北風圖」，比喻

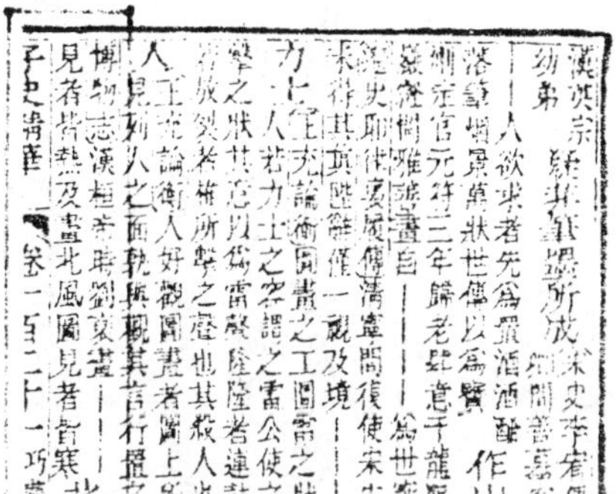

《子史精華》「雲漢圖」文

凜冽嚴寒（冬季北方刮來的刺骨朔風），看畫的人都感到一陣哆嗦冰涼。」

這種畫藝，才是臻於妙境。

有人出繪畫題目：「踏花歸去馬蹄香」，這該如何落筆表意呢？有位畫家便繪出一位士人騎馬歸來，正在村野鄉間得得緩行，而後蹄揚起之處，有二三蝴蝶，在馬蹄左右翔飛。這意謂此馬曾經在滿地落花的叢瓣之間踏過返回，蹄趾間仍留有花瓣的餘香，引來蝴蝶追香嗅舞，這才堪謂切近題意吧。

一〇二　擲骰喊六不張嘴

聰明人只用眼角瞟一瞟，笨人看一年也懂不了。

宋代李龍眠（一〇四九—一一〇六、名公麟，號龍眠山人，善畫，《宋史》有傳）的名畫，被蘇東坡一瞄就看出了缺點。這事是在宋代岳珂《桯史》和明代曹臣《舌華錄．慧語第一》這兩册書中都有詳記：

「宋（哲宗）元祐間，黃庭堅（山谷）秦觀（少游）諸君子在翰林院，黃庭堅展示出李龍眠所作「賢已圖」，圖中博奕之儔（賭錢的人）咸列焉。博者六七人，方據一局，投迸盆中（六顆骰子投入淺盆，骰子在蹦跳），五枚皆六（其中五顆已靜止，六點朝上），而

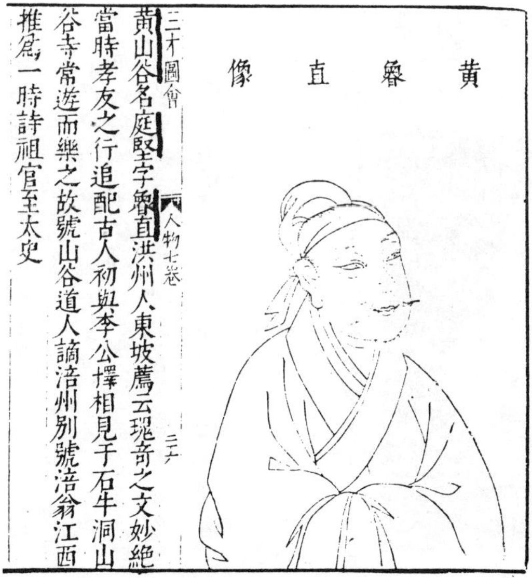

黃山谷名庭堅字魯直洪州人東坡薦云瑰奇之文妙絕當時孝友之行追配古人初與李公擇相見于石牛洞山谷寺常遊而樂之故號山谷道人謫涪州別號涪翁江西推爲一時詩祖官至太史

黃庭堅像

一猶旋轉不已。一人俯盆疾呼（俯首看盆，緊張叫喊），旁觀者皆變色（臉色變慘，將要輸定了）。」

「適（恰好）東坡從外來，睨之（斜眼瞟看）曰：李龍眠天下士，顧（難道）效（學）閩人（福建人）語耶？眾賢怪之，請問其故？東坡曰：四海語音，言六皆合口，唯閩音則張口。今盆中皆六，一猶未定，法當（依理應當）呼六。而疾呼者，乃張口何也（喊六為何張開大嘴）？」

「龍眠聞之，亦笑而服。」

讕讕子說：為甚麼叫「賢已圖」？因為《論語．陽貨篇》說：不有博奕者乎？為之猶賢乎已！」意思是說擲骰子還比那飽食終日，無所用心要好一點。李龍眠因取「賢已」二字繪成一幅賭博圖。畫中有六七個人在賭，盤中已有五顆骰子都是六點朝上，剩下一顆仍在旋轉未停。這個賭徒彎身對著骰子叫喊，畫得傳神極了。恰巧蘇東坡進來，斜眼瞟了一下，卻說李龍眠畫錯了。為甚麼？蘇東坡說：各省口音，說到「六」時，嘴巴都是合起來，唯獨福建話是張嘴。如今盤裡五顆骰子都是六，一顆還在轉個不停。這位擲骰的賭徒，必定大聲叫「六」，但畫中

眉州三蘇祠東坡塑像

的他卻是張著嘴在喊，豈不是學福建人講話嗎？

畫家要觀察細微，才可免除疏失，畫來便不會失真。清末齊白石畫蝦，潤筆費以隻數計價，紙上畫的比眞蝦貴多了。齊白老說：有人不多去了解蝦子，隨意下筆，常把腰身少畫一節，小處不謹，畫格就低了。雖非大錯，卻也不可原諒。總之，繪畫是一種高境界的藝術追求，在這領域裡，無限無極，無涯無際，如果懶得鑽研，那豈不用一具簡單照相機代替就行了嗎？

齊白石　群蝦圖

一〇三　目隨人轉

前篇說「鬥牛圖」不該翹尾，翹尾算是失眞；又「賢已圖」喊六應當合口，張嘴算是異象，這都指出了畫家的疏誤。似乎是破懷性的，對畫値會產生貶低作用。至於那「正午牡丹圖」由行家闡釋畫意，顯出畫中的精藴之祕，則是建設性的，對畫値會產生提升的作用，都是値得我們參考的。

「求眞」是繪畫的首要條件，這要多觀察，多接觸，才不會「畫虎類犬」。宋代《宣和畫譜》（作者不詳）說：

「韓幹善畫馬，王維見其畫，薦之入宮。唐明皇召爲供奉（對一技之長的人封的官名）。時陳閎（也是任職供奉，最會畫鞍馬，稱爲妙品）以畫馬榮遇一時，明皇令師之（命韓幹師事陳閎），幹未奉詔。他日問幹，幹曰：臣自有師（我自己已有老師了）。今陛下內廄馬（御廄裡的馬群），皆臣之師也。於是明皇奇之。」

讕讕子說：畫馬而以眞馬爲師，這才最直接了當。近人葉醉白也長於畫馬，家中就養了馬，其意欲向韓幹看齊，洵是美事。

繪事進入最高境界後，更會練出特殊本領，我們試看唐代段成式《酉陽雜俎》（保存了許多唐人瑣事和掌故）所述：

「佛畫中有天藏菩薩（佛家語，菩薩名。《酉陽雜俎・廣知》：近佛畫中，有天藏菩薩、地藏菩薩）、地藏菩薩（常現身地獄中，救度苦難眾生之菩薩）。近觀之，目若放光（兩眼會放出光芒）。或言，以曾青（曾青是一種有色礦石，可用於繪畫）和壁魚（就是蠹魚）設色，則目有光。又往往目隨人轉（目睛隨著人們轉視）。奇特。」

蒙娜麗莎
（羅浮鎮宮之寶）

這個「目隨人轉」的高招，非獨我國爲然，外國更不遑多讓。十五世紀，歐洲文藝復興期間，意大利的達・文西（Leonardo da Vinci 一四五二——一五一九）畫了一幅「蒙娜麗莎」的像，如今展示在法國巴黎羅浮宮國家藝術博物館（Louvre National Art Museum in Paris）的萬國廳內。每年吸引數百萬觀光客排隊瞻仰（禁止閃光燈攝影）。你無論走到哪個角度瞧去，她的目光也老是對著你瞧過來。而她那一抹微笑，世界馳名，被譽爲「蒙娜麗莎的微笑」（Mona Liza's Smile）。確是鎮館之寶不假。

一〇四　眞畫牛睛有牧童

畫師繪畫，如能畫出來和眞物一模一樣，應算不錯了吧？但還不夠（只能稱爲畫匠），尚須再進一步，邁入神境，才是絕藝（可稱大師）。至於賞畫的人，也要具備獨特眼光，才是精於鑒識的行家。

宋代學者周煇，藏書萬卷，撰有《清波雜志》，書中有段賞畫的趣事，語譯如下：

「北宋米元章（一〇五一—一一〇七，著名書畫家，名米芾，號鹿門居士。因做過南宮舍人，又稱米南宮。性近顚狂，又號米顚。《宋史》有傳），精於繪畫，尤其善於臨摹（臨是把原件攤在左旁，照著原件學寫。摹是用透明薄紙覆蓋在原件上，依著原件倣描）。當他在漣水（地名）時，有位客人，要賣掉戴嵩（唐代著名書畫家，師事韓滉，尤善畫牛。那時韓幹會畫馬，人稱爲韓馬戴牛）畫的「松牛圖」。米元章詭說借來觀賞，他私下臨摹出同樣的一幅，完全分辨不出眞假，竟然把摹本送還，眞的留下。

「隔不多久，這位客人帶來這幅假畫，要換回眞畫。米元章很怪異，問道：你從何看出是哪裡不對？

「客人回答道：這只需仔細端詳一下就會知道。那眞畫中，牛的眼珠裡，看得到有牧童的影子，這幅假畫中卻沒有，不是很容易分辨嗎？」

讕讕子說：這位賣畫的人，眞不愧爲十足行家，眼睛特尖，才可察微觀細。他的鑒識功力，令人生敬，我想連米元章也無從巧辯，只得折服。

至於米元章的爲人，周煇在《清波雜志》中批評說：「老米酷嗜書畫，嘗從人借古畫，自臨搨，搨竟，併與眞贋本歸之，俾其自擇，而莫辨也。巧偷豪奪，故所得爲多。」錄此以供參考。

米元章像

一〇五　畫非易事

晉代畫家顧愷之（三四五—四〇六），字長康。《晉書・文苑傳》說他「博學有才氣，工詩賦，尤善畫，筆法如春蠶吐絲，有人繪畫只畫出『肉』，有人只畫出『骨』，他卻能畫出『神』，精靈莫測。」東晉宰相謝安最器重他，說是有生以來未有者。時人贊他有三絕（才絕畫絕痴絕）。他撰有《畫評》，書中略謂：

「畫人最難，如果畫女人，臉龐尖削，畫不出秀氣，又添些男人型的肢體，便欠自然。如果畫壯士，雖現奔騰之勢，但未見昂揚之態，不佳。如果畫藺相如，畫出了恨意，卻未顯英賢，也非上品。凡初學畫的人，要多推究，才有進步。」

顧愷之另有一趣聞，見《晉書・文苑傳・顧愷之》內容是：

「愷之每食甘蔗，總是從尾部咬起。別人覺得奇怪。他說：這叫『漸入佳境』，因爲愈到根部愈甜也。」

這就是「漸入佳境」成語的由來。此事也見於《世說新語・排調第十五》：

「顧長康（顧愷之字長康）噉甘蔗，先食尾。人問所以？云：漸至佳境。」

此外，明代有位畫家唐寅，字伯虎（一四七〇—一五二三），是世俗所附會的「三笑點秋香」的主角，被稱爲大才子。在《唐伯虎全集》中有《畫譜》，摘其要點爲：

「世之繪畫者，大都繪人物、山水、花木、鳥獸。顧人物有神仙仕女之別，山水有遠近淺深之別，花木有澹濃榮瘁之別，鳥獸有鳴食牡牝之別，皆當究心焉。」

「學畫山水，有似神遊物象。山、大物也。其形欲聳拔、欲軒豁、欲盤礴、欲雄豪，此山之大體也。水、活物也，其形欲靜深、欲迴環、欲柔滑、欲遠流，此水之活體也。山得水而活，水得山而媚，此山水之布置也。山無雲則不秀，無水則不媚，無道路則不活，無林木則不生。」

「世人只知落筆作畫，卻不知『畫非易事』。」

「畫是有形詩，詩是無形畫。」

「凡畫山水，意在筆先。丈山尺樹，寸馬豆人，此其法也（若畫一丈高的山，畫樹只能高一尺，畫馬僅可一寸，畫人則只是一顆小豆）。遠人無目，遠樹無枝，遠山無皴，遠水無波，此其式也。非無也，如無爾。」

有句俗語說：「畫虎畫皮難畫骨（語出《元曲選・孟漢卿・魔合羅劇》）。」畫虎僅祇畫出皮相，那只是寫出其「形」，繪畫的人仍僅是「畫匠」而已。若是能超出骨相，那就繪出其「神」，繪畫的人已然是「畫師」，進入化境了。習畫的路程是漫長而辛苦的。唐伯虎說「畫非易事」，由畫家口裡講出來，應是吐自肺腑的眞心話，體會有得的老實話，不可不信。請大家靜默想一想：世上的事，要想做好，哪一件是容易的呢？

吟哦有惕第十七

一〇六　剪下一段彩虹

好友閒聊道：「我觀察現代新詩的寫作法：它不講規則，不受拘束，不必押韻，不計平仄，不須對仗，不管體裁，不論字數，不限行句，完全採放任主義。假如我把一篇散文拆開，每句寫成一行，不也是新詩嗎？這樣是否可以？」

讕讕子曰：新詩是新興文學。一般說來，這是胡適和陳獨秀等人倡導文學改良才蔚為風氣的。新詩萌芽之初，大約是五四運動時代，有白話派，以胡適為代表；有浪漫派，以徐志摩為代表；後來又有現實派，以艾青為代表。新詩起步至今不算很久，尚待精熟，也許是濫作頗多，似乎令人冷感；或又倣學西化，不合國人口味。俟將來假以時日，新詩定會放出光芒。

例如胡適《嘗試篇》新詩云：「『嘗試成功自古無』，放翁這話未必是；我今為下一轉語，『自古成功在嘗試』。」這是初試啼聲階段，似乎仍接近於七言舊體詩。

譬如徐志摩《再別康橋》：「我揮一揮衣袖，不帶走一片雲彩。」這是一九二〇年時代的詩句，至今仍有人傳誦，是好詩。

又如田漢《七夕》新詩：「草兒扶白露同眠，蘆葉捉秋風私語。」詩意境界高越，其中「扶、眠、捉、語」用字極美，卻也類似駢文古賦的對比聯，近乎精練的文言文，不像白話句子。

又如余光中有句新詩：「星空非常希臘。」語意似乎有些晦澀，以致許多人不太了解。不禁讓人想起金代元好問的舊體詩《論詩絕句》說李商隱的詩難懂，云：「望帝春心托杜鵑，佳人錦瑟怨華年，詩家總愛西崑好，獨恨無人作鄭箋。」甚麼叫「西崑」？原來詩體中有一種西崑體，特點是模倣李商隱，堆砌典故，很難懂。甚麼叫「鄭箋」？原來是東漢鄭玄，替《詩經》作箋註，加以解釋說明後，使人易懂。如今余光中的詩句，由於無人明釋，故其寓意也難於評量，但思維極度奔放。

又如沈尹默《人力車夫》詩句：「出門去，雇人力車。街上行人，往來很多。車馬紛紛，不知幹些甚麼？」這很合於口語白話，但卻似乎有點像散文的腔調。

我也試著想學寫新詩，但才氣不如人，總是隔了一層霧障、塵障、翳障。但一想若無新手上場，怎能顯出老手們的高妙，因此也不妨大膽湊上一首：

剪下一段彩虹

是誰在高空的天幕上彩繪出那一抹錦繡弧屏？
它好像是彎拱在日月潭與洞庭湖間的跨海長虹——
牽繫著離鄉遊子久埋在內心深處的伶仃！
又有似天宮裡的七仙女舞罷後拋下的七色綢綾，
但怎會鋪排熨貼得如此柔燦輕勻？

我想要剪下一段絢麗的彩虹，
甭問怎樣才能將它綴入我的幻想之穹？
你可知當太陽神阿波羅御駕倦遊而臱返皇宮——
這斑斕的璀璨也就會隨逝無蹤。
原本企盼它那純澄之美得以長駐永恆！

唯望藉助那明豔的彩虹來照亮我矇瞀的人生，
讓我在崎嶇的探索中能分享到些許光明！
都緣以往嬉皮成性，而竟一向懶散、因循——
揮霍了寶貴的青春；
難道我甘願留下這份白卷到終生？

一〇七　邐延萬里是長城

另有一位文友問道：「我想學做舊體詩，可是規則太嚴，拘束太緊，又要押韻，又論平仄，又須對仗，又講呼應，字數太少，句數限死。這麼多緊箍咒，那有餘地讓我來施展功夫呢？」

讕讕子曰：這就要用上「熟能生巧」的經驗了。我們看：新體白話詩，由於全無限制，其毛病是可能讓人「跑野馬」「兜圈子」「故弄玄虛」或「不知所云」。舊體詩之有規則，就如同打排球也應當有規則一樣，必須三擊過網，一人不准重複兩次擊球，殺球時手不能遠伸過網。做舊體詩也必須遵守已定的規則，在既定的軌範裡去運用和發揮。熟練之後，自然會游刃有餘甚至有人樂此不疲了。

舊體詩最短的是五言絕句，五四只有二十個字。但每個字都有它各自的「使命」、要負擔的「責任」、和該發揮的「功效」，才可同齊開創力量，共撐全局，成為一首好詩。例如《千家詩》裡王之渙《登鸛鵲樓》五絕云：

白日依山盡　黃河入海流
欲窮千里目　更上一層樓

字數只有二十個，含義卻何等豐富！這二十個字，除了平仄及押韻都合乎規則之外，又是整首全用對仗組成（絕句詩不必講對仗，但能講豈不更妙）。也就是說：前兩句和後兩句都是字字兩兩對仗（名詞對名詞，動詞對動詞，顏色對顏色，數字對數字）。，前一聯是「正名對」，後一聯是「流水對」。假如讀者不留意，還恐不會即時發現。這番巧藝，確是異常成熟，餘音繞梁，有人贊是獨步千古的不朽之作。

最長的是七言律詩，也只有七八五十六個字（古體詩樂府詩不論）。《唐詩三百首》杜甫《聞官軍收河南河北》（又名《收兩河》，時爲唐代宗廣德元年，即西元七六三年）七律曰：

劍外忽傳收薊北　初聞涕淚滿衣裳
卻看妻子愁何在　漫捲詩書喜欲狂
白首放歌須縱酒　青春作伴好還鄉
即從巴峽穿巫峽　便下襄陽向洛陽

這首七律，一氣呵成，輕快流利，悲喜緊接，酣暢淋漓。《杜詩詳註》引王嗣爽評曰：「此詩曲折盡情，絕無粧點，愈樸愈眞，他人不能道也。」《聖歎選批杜詩》金聖歎評曰：「好、穿、都是詩眼，不可改換他字。巫峽順流至襄陽爲水路，故用下字；洛陽須走陸路，故用向字。在杜律中，此詩爲最上乘也。」

男士詩豪太多，不能盡舉。即使是女士詩友寫下錦心繡口的佳句，也當讓我們愛不釋手。例如清代吳筠《贈夫君李杏村》句云：「柳絮因風傳謝女，梅花何幸作林妻」見錢泳《履園叢話》（按：以上兩句是依據謝道蘊詠雪曰：「未若柳絮因風起」。及林和靖號爲「梅妻鶴子」而來。）。又如沈佩玉《清明有懷》句云：「走馬路迷紅杏雨，啼鶯聲斷綠楊煙。」亦見《履園叢話》。又如姚鳳翽《有寄》句云：「無錢可買歸時棹，有恨難傳別後書。」見段荃孫《衆香詞》。又更如鑑湖女俠秋瑾《感懷》詩曰：

莽莽神州歎陸沉　救時無計愧偷生
摶沙有願興亡楚　博浪無錐擊暴秦
國破方知人種賤　義高不礙客囊貧
經營恨未酬同志　把劍悲歌涕淚橫

秋瑾是女革命家，清光緒年間留學日本，參加同盟會，辦中國女報，創明道女學，組織光復軍，響應徐錫麟起義推翻滿清，失敗殉國，死時三十二歲。此詩豪氣干雲，不愧鬚眉，的是好詩。

這時，文友打岔問道：你說了這麼些大話空話，你自認在詩的苗圃裡扮演個甚麼樣的野客呢？

讕讕子答道：我嘛，我只是一個：詩園籬外偷窺客，不會吟詩但喜詩。有一次，朋友得一奇木，擺在客廳，囑余詠之。我以《寄旅人寰》五絕自訴云：

「我本隱深山，逍遙多自在；
而今入世間，笑看炎涼態。」

又有《登長城》七律未定艸（都請指教）詩曰：

登八達嶺長城訪古（一九八九年）

蟠龍蜿踞勢崢嶸
忍令先民血砌成
雲冪風凝三徑阻
壘巍堞聳五丁擎
蒙恬督役千人殉
孟女尋夫七世情
驀目蒼茫何所見
邐延萬里是長城

一〇八　憶我故鄉

胡適在《談新詩》中說：

「中國近年的新詩運動興起，可算得是一種詩體的大解放。因爲有了這一層詩體的解放，所以豐富的材料、精密的觀察、高深的理想、複雜的感情，方才能跑到詩裡來。」

諷諷子說：胡先生所指的「新詩」，乃是對舊體絕詩律詩、或者逕稱爲古典詩而言。舊詩講求平仄、押韻、對仗，字數和句數都有限制，規則較緊。至於新詩，又稱白話詩，溯自中國新文學運動伊始，文學界就掀起一陣反封建、反傳統、反格律、反八股的聲浪，因此提倡新詩，用語體來表達，成爲我國近代流行的新體詩。它的格律極爲自由，一切全無限制，也可說是詩史上的一次革命。

詩、不論古典詩或近代詩，都是文字的菁華，都是可以陶冶性情的。如果不會欣賞詩，那我們的人生，就好似天天只吃陽春麵，鹽拌飯、白水湯，雖然免飢免餓，但都全無滋味，僅是滿足了尋求活下來的初民時代的基本生存欲望而已，這種淡灰色的人生，終究是美中不足的吧？

詩人寫詩，有賴靈性的發揮，促令詩思泉湧，耕耘不輟，痴狂地展開想像的翅膀，讓吟緒恣意飛翔。倘若對生命缺少關愛、對文學缺乏喜好、對萬物缺失敏感，就會使詩材枯竭，但願不要變成江郎才盡方好。

此外，詩人請不要自鳴清高，獨自躲藏在脫離現實社會及人群、形成孤立的象牙塔（ivory tower）中討生活。詩人寫詩不僅是只寫給詩人看的，要朝向大衆化發展，但也不可過於庸俗化。世人說白居易寫詩「老嫗能解」（見《墨客揮犀》和《詩人玉屑》卷十六），這是過甚其詞，老太婆能懂的詩，定歸是白口俚語，若眞如此，那白居易怎麼可能與元微之齊名而並稱「元白」呢？他又怎能寫出《琵琶行》《長恨歌》這些「同是天涯淪落人，相逢何必曾相識」「在天願爲比翼鳥，在地願爲連理枝」又敘事又抒情的名句？吸引住千百年來的讀者群呢？

新詩的作者不少，正處於茁壯期中。例如《余光中詩選》有「鄉愁」一首：

鄉愁是一灣淺淺的海峽／我在這頭／大陸在那頭

詩人的愁，最好凝聚大衆的愁來寫愁，乃能獲得共鳴，以上這三句詩是值得吟詠的。又例如《管管世紀詩選》有「十六把剪刀」說：

只要你有一把剪刀／就可以把鄉愁剪掉／……

剪了月色／剪了晚霞／剪了秋霜……

這是一首共一六六行的大型組詩，聯想萬端，心緒奔放。除此之外，大陸出版的《艾青詩選》則有「礁石」詩云：

一個浪／一個浪／無休止的撲過來，
每一個浪都在它腳下／被打成碎末，散開……
它的臉上和身上／像刀抹過的一樣，
但它依然站在那裡／含著微笑，看著海洋……

藉礁石來描述艾青本人被定罪爲右派卻不畏強暴的自尊精神，此詩用字平易，但內涵深厚。同樣的，大陸詩人兪平伯《冬夜》一詩，滿有音樂感：

疏疏的星／疏疏的林／疏林外／幾盞疏疏的燈。
燈火漸漸的稀少／送來月光的皎皎／眼光也微微的倦了。

用重複的疏疏漸漸皎皎微微等疊字，堆成韻律的和諧，傳達悠優的感受。旋律並不高昂，顯得輕淡合度，不禁想要多讀它幾遍。

前面提到白居易，今且引述他另一趣談。元・辛文房《唐才子傳》及唐・張固《幽閑鼓吹》都說：白居易來到長安，帶著詩稿，去拜見顧況。顧況官大才高，很少稱贊別人。在接見年輕後輩的白居易時，半嘲半譏說道：「京都米珠薪貴，你要在長安『居』住，可大不『易』呢？」（言外之意是：想要在首都長安住下來混口飯吃很不容易）及至看到白的《賦得古草原送別詩》云：

離離原上草，一歲一枯榮；

野火燒不盡，春風吹又生」

遠芳侵古道，晴翠接荒城；

又送王孫去，萋萋滿別情。

顧況一看，確是好詩，乃改口說：「有詩如此，居也容易了。」並廣為延譽云云。這豈不是說：有了詩、就拿出來讓人評量評量，不也是求取改進之道嗎？既有上例作為遮護，因在下面刊出未定稿拙詩一首候教：

憶我故鄉

㈠

故鄉在哪裡？在海峽的那一邊！

憶當年——洞庭南嶽風光麗，

　　湘水沅江錦鯉鮮；

別離六十載，相思兩岸牽。

㈡

我的故鄉情，在昨夜的夢魂中！

意縈縈——舊日家園何處覓，

　　兒時玩伴更難尋；

時空都已變，往事剩煙雲。

㈢
故鄉睽隔久，蹉跎白髮鬢邊生！
最歡欣——端午龍舟鑼搶搶，
元宵獅舞鼓咚咚；
水是原鄉美，月是故鄉明。
㈣
遊子像飄萍，落葉歸根盼好音！
想一想——何須你我爭長短？
都是炎黃好子孫；
凝冰宜化解，破凍慶昇平。
（二〇〇二年七月）

一〇九　排空巨湍尼加瀑

幾位狎客圍爐茶敘。快嘴趙說：「寫歪詩不難，寫好詩則不易。」

大嘴錢說：「前人提示了不少寫舊體詩的法則，例如清代嚴羽《滄浪詩話・詩辨》有云：『詩人之極致有一，曰入神。』不過，這話雖不錯，似太高深了，恐怕只有詩聖杜甫才可以達到『讀書破萬卷，下筆有如神』的境地。」

尖嘴孫說：「單挑『入神』，仍恐不足，還須同時參看近代文學家錢鍾書《談藝錄・論神韻》所述：『無神韻，非好詩。而衹有神韻，恐併不能成詩。須以神來氣來情來三者並舉也。』這就比較好懂了吧？」

闊嘴李說：「詩是由句綴成，句是由字組合，所以字是基礎。陶明濬《詩說雜記・卷七》談到用字之法曰：『若夫字法，所以組織成句者也。一字妥貼，則全篇生色。』也就是說如果一字不雅，則一句不工，一句不工，則全篇皆廢。由此看來，煉字不能不視爲首要之務。」

鷹嘴周說：「蘇東坡有云：『詩貴含蓄，尤貴精練。若句中無餘字，篇中無閒語，非善之善者也。必也句中有餘味，篇中有餘意，善之善者也。』這話說得很透，讕讕子你意云何？」

讕讕子說：諸位講的，各有道理。既然問我，姑且略抒淺見。對詩的本身而言，詩優於文，文是詩之基，詩是文之粹。詩是將文字運用臻入最高最美的境界。至於對習詩的人而言，也該由熟而漸巧，從所謂的詩奴詩囚詩魔而進步到詩家詩伯詩翁詩豪詩宗詩彥詩魁詩傑。字句也由詩匠而達到詩藝的化境，這就叫好詩。例如《千家詩》中杜甫有首題爲《絕句》的詩曰：

兩個黃鸝鳴翠柳　一行白鷺上青天
窗含西嶺千秋雪　門泊東吳萬里船

這首詩的前兩句太普通，幾乎是口語俗話，人人都能寫得出，沒啥希奇，不能算是佳構（《漫叟詩話》評說這是拙句）。可是、後兩句卻精闢閎闊極了。而且，依我們這般凡夫陋士的筆法，多半只會說憑窗外望，但杜甫卻說這雪景被窗所「含」，這便是煉字的高明之處，整首詩就有賴這個含字而生色多矣。而更在這四句中，每兩句都字字對仗（絕句詩原本不須對仗的），一點釜鑿痕都沒有，誰敢不贊佩他是詩聖？

至於寫作律詩，規則會多一點。依《滄浪詩話．詩體篇》說：「律詩有頷聯、有頸聯、有發端、有落句。」注釋引述宋代梅堯臣《續金針詩格》解曰：「第一聯（起頭兩句）謂之破題（又名起聯、發端），曰起。如狂風捲浪，勢欲滔天。第二聯（三四兩句）謂之頷聯，曰承。第三聯（五六兩句）謂之頸聯，曰轉。這兩聯（三四及五六共四句）須字字對（要合乎對仗）。第四聯（七八兩句）謂之落句（又名尾聯，就是結局），曰結。須含蓄旨趣。或如高山放石，一去不回。」以上這些話，仍只是形式上的規則，全然沒有說及內容，而詩的好壞，純由內容來決定的。茲舉作詩萬首、號稱古今詩家第一的南宋詩翁陸游字放翁《劍南詩稿》中的「書憤」爲例：

早歲那知世事艱　中原北望氣如山
樓船夜雪瓜洲渡　鐵馬秋風大散關
塞上長城空自許　鏡中衰鬢已先斑
出師一表眞名世　千載誰堪伯仲間

南宋偏安於杭州，他「北望中原」，亟思收復故土。豪情壯志，躍然紙上。可是，報國宏願，漸臻「空」談；「斑鬢」「衰」軀，「已」難成事。唯仍渴望「出師」北伐，此志不渝。這首詩蒼涼悲憤，確是放翁七律名篇之一。

我們寫詩，每每聽說要煉「詩眼」，這有似人的眼睛，是句中的靈魂所在，無眼就無著力處。例如《千家詩》王維《積雨》句云：「漠漠水田飛白鷺，陰陰夏木囀黃鸝」，飛字囀字都是詩眼字，有了它，句子就顯出活生生的動態，化平淡爲精妙了。又如王安石《泊船瓜洲》句云：「春風又綠江南岸」，綠是詩眼。綠字本是形容詞，他卻改變作動詞來活用，眞是出神入化。由此可證，動詞在句中確是非常重要的。

但高超的陸放翁，不須依賴動詞，這首詩的頷聯「樓船夜雪瓜洲渡，鐵馬秋風大散關」，兩句裡全是名詞接名詞，沒有加任何關連字，動詞已沒處安放，詩眼也不需要了。句中不夾帶任何動作，卻能繪出兩幅淒茫的動畫，意象足夠充實的了。紀曉嵐評曰：「此詩是放翁不可磨處，如人之有骨。」反觀我們連動詞都擺不穩當，如果抽掉動詞，恐怕只能擱筆了（元代馬致遠「枯藤老樹昏鴉，小橋流水人家」，也全不要動詞，同為千古絕唱）。

說到這裡，還想多囉嗦幾句。近人劉鐵冷《作詩百法・卷下》提出作詩有四忌，曰「可加可減，可多可少，可彼可此，可上可下」。此刻姑且花點時間來了解一下，似乎仍是值得的。

第一忌「可加可減」，毛病是「五言若加二字可變七言，七言若減二字可變五言是也。」劉文都沒有舉例，讀者體會不深。筆者今找出若干舊詩，權作例證，應可增進了解。茲引述南宋洪邁《容齋四筆・得意失意詩》曰：

久旱逢甘雨　他鄉遇故知
洞房花燭夜　金榜掛名時

有人挑剔說：這句子不夠明白：半個月算不算久旱？隔縣相鄰不也是他鄉嗎？痲面女花燭豈是喜？八十歲上榜哪叫歡？故須每句添加二字：

十年久旱逢甘雨　千里他鄉遇故知
美女洞房花燭夜　少年金榜掛名時

另外唐代杜牧有《清明》一首，收入《千家詩》中，詩曰：

清明時節雨紛紛　路上行人欲斷魂
借問酒家何處有　牧童遙指杏花村

有人挑剔說：何須濫用這多贅字？應可減省。如要說佳節逢雨，何必限於清明，一贅也。既說行人，必在路上，二贅也。何處有酒，已含詢求之意，不必借問，三贅也。遙指前村，即是回答，當時隨興而問，答者毋須僅限牧童，當更灑脫，四贅也。因而主張瘦身，每句縮減二字：

時節雨紛紛　行人欲斷魂
酒家何處有　遙指杏花村

又有人更予挑剔說：遇雨時何可一定限於時節？斷魂者豈必限定是行人？何處有就含問意，不必只問酒家；杏花村已是回答，不須遙指。因此尚可再施減肥術，每句略去兩個字，成爲：

雨紛紛　欲斷魂
何處有　杏花村

第二忌「可多可少」，劉著解釋其毛病是「一意分爲四句，四句仍歸一意是也。」他沒有舉例，文意尚不夠明白。我們看《千家詩》崔顥《長干行》五絕云：

君家在何處　妾住在橫塘
停船暫借問　或恐是同鄉

這詩很親切，似是一意分為四句，四句仍歸一意吧？

第三忌「可彼可此」，毛病是「詠桃可移而詠梅，詠山水可移用詠風月是也。」我們看《詩人玉屑卷五・不可泛泛條》引石曼卿詩云：

意中流水遠　愁外舊山青

原書續云：「此句膾炙天下久矣，然有山有水之處皆可適用。」這便是可彼可此的毛病。又宋人魏泰《東軒筆錄》說：「程師孟任洪州（今江西南昌）府尹（洪州府的首長），在府中建一靜室，甚愛之，無日不到，作詩曰：

每日更忙須一到　夜深常是點燈來

李元規見而笑道：「此乃是上廁所之詩也。」這一趣談，便是犯了可彼可此之忌。再有一例，《歐公詩話》載：詩句若語意淺俗，也是毛病。某人有句云：

盡日覓不得　有時還自來

原本是說寫詩的好句難尋，在潛思冥想之餘，偶或聰靈乍現，慧光一閃，豁然猛悟，佳句自來。但是《詩話》指出也可另作解釋為貓兒走丟了，遍尋不著，不尋時貓又自動回來了，這不是犯了「可彼可此」之失嗎？

第四忌「可上可下」。毛病是「絕詩的第一句與第四句平仄相同，苟無層次，上下可以互易是也。」這也借到一例，元代白珽《諶淵靜語》載：莫子山春日山行，過一寺，頗有泉石之勝，因口誦唐代太學博士李涉《題鶴林寺僧舍》絕句以快喜之（已選入《千家詩》

中）。詩曰：

終日昏昏醉夢間　忽聞春盡強登山
因過竹院逢僧話　又得浮生半日閒

及與寺僧談話，卻是庸昧不堪之俗和尚，與之語格格不入。因將上詩頭尾掉換唸道：

又得浮生半日閒　忽聞春盡強登山
因過竹院逢僧話　終日昏昏醉夢間

以上釋「詩有四忌」，佔了不少篇幅，只是想讓我們初學者少些錯失罷了。要知道：詩不是文，詩篇的組構比文章精省多了，還要顧到韻調協和。例如王勃「海內存知己，天涯若比鄰」的對句，爽闊卓偉。若請你譯爲散文，字數恐要增加幾多倍以上，還不見得完全盡意。正像一杯攙了大量淡水的咖啡，純馥的香味全失，誰想再喝它呢？

若問如何學作舊體詩，這可很難回答。我的體會是：作詩首先要蘊畜充沛的感情（不吐不快，若無病呻吟，那是劣詩），經過深刻的構思（抓住重點，丟掉枝節），運用洗鍊的文字（用詞精審，無一廢字），透過音韻的安排（平仄合律，不落韻，不湊韻），這樣的成品才叫詩。

綜合來說：寫詩沒有捷徑，第一、要多讀多背前人的詩，去領悟它的精華奧妙，來開拓自己的眼界和心胸。第二、要多寫多改自己的詩，草稿且冷藏一週再看，會發現仍有推敲之處。第三、甚至要大聲誦唱，聽聽它的音韻節奏高低抑揚是否順口或拗口？漸漸地便會進入詩之佳境。

說老實話，筆者也僅是初窺此門，少有心得。以上所講，有似班門弄斧，恐多舛錯。爲擬抛磚引玉，謹將陋詩草稿一首，附後請教。並先告罪曰：文詞有欠通順，敬請惠加指正；倘如獲得改進，在下拱手致敬。拙作是寫尼加拉瀑布（Niagara Falls）七律：

一九九四年三度遊尼加拉巨瀑

（瀑布雄跨美加邊界，湍流由伊利湖湧來，傾瀉時在懸岩邊被山羊島切爲兩匹：右爲平板直瀑，寬千呎，屬美。左爲馬蹄凹瀑，寬二千六百呎，屬加，以每秒十萬立方呎洪流直沖兩百呎之深谷，霧濺雷鳴，震天撼地。入夜有彩燈照射，洵爲世界奇觀。）

是誰劈斷陡崖巔　瀑吼如雷谷欲穿
伊利湖傾千匹練　尼加河削百尋川
洶濤潑辣爭鑽地　激霧顛狂競蔽天
且把浮名投逝水　長空萬里一鷗翩

——刊登一九九五年美國費城《明德季刊》中文版十月號

一一〇　鄭板橋論詩

清代鄭板橋（一六九二—一七六五）名燮，有狂名，是揚州八怪之首，自己雕刻了一顆印章，文曰：「康熙秀才，雍正舉人，乾隆進士」。做過兩屆縣長，因不慣逢迎而罷官。他既長於詩，又能書善畫，因有「三絕詩書畫，一官歸去來」之句。

值得一提的是，他見事深沉，言詞直率，在《鄭板橋全集‧家書》「范縣署中寄舍弟第五書」函中（在縣長官衙裡寫的第五封給老弟的家信），對當代一般詩家批評說：

「作詩非難，命題爲難；題高則詩高，題矮則詩矮，不可不愼也。試看近世詩家題目，非賞花、即讌集，非喜晤、即贈行。滿紙人名：某軒、某園、某亭、某齋、某樓、某叟、某村、某墅，皆市井流俗不堪之豎子。今日纔立別號，明日便上詩箋。其題如此，其詩可知。其詩如此，其人品又可知。吾弟可以終歲不作，不可以一字苟吟。所以端人品、厲風教也。」

讕讕子曰：鄭板橋雖是怪誕不羈，但他對詩文要求的標準很高，寫作很有深度。這番話觀察入微，說得淋漓暢快，卻是肺腑眞言。我們知道鋼是毛鐵冶鍛後的精華，也當了解詩是文字搥鍊後的絕品。做詩本就不易，一要有先天的優厚稟賦，二要有後天的磨練精進，兩者齊備，作品才擲地有聲。缺少了這些，詩句不會叫好。猶如一個步履蹣跚的病人，妄想去跑百米是不行的。

一般人隨意寫詩，吟詠的多是在祝壽、升官、喬遷、婚嫁等俗務中打轉，跳脫不出陳腔濫調的窠臼，庸俗而欠深刻。還自封爲夕暉軒主、抱甕山人、閒雲逸叟、慕白飯生。且經常流出一些俚句，如譽人才高則曰「揚雄陸賈今重見」。坎坷自歎則曰「學書學劍兩無成」。贊佩友情則曰「誼重金蘭誇管鮑」。祝人高就則曰「青雲直上一飛沖」（用一飛沖天作歇後語）。這恐怕都是酸腐老套的無病呻吟語，最好惜墨少寫。我們在下筆之先，應多讀前輩名家的集子，去領略他們的境界。杜甫不是有「讀書破萬卷，下筆有如神」的格言嗎？左宗棠不是也有「身無半畝，心憂天下；讀破萬卷，神交古人」的豪語嗎？但我們要讀「破」萬卷恐怕做不到，那麼勉力去讀「熟」十卷好了！讀多了之後，眼界變寬了，心孔開竅了，此際再來寫作，氣概自會不一樣了。

一二一　一詩多改始心安

文字有節奏韻律，符合平仄對仗，句子與字數都有限制而排比整齊的稱爲舊詩（有別於語體白話新詩），體裁可分爲五言七言和律詩絕句。

劉勰《文心雕龍‧煉字》說：「善爲文者，富於萬篇，貧於一字。」詩是文字粹鍊的極品，要把那複雜而曲折的情意，精心篩選，以最省約的文詞表達出來，字數雖少，寓意卻豐，這要具有深邃的才華始能辦到。

五言絕詩全首只有二十個字，七言律詩也僅五十六字，故必須字字著力，除了不許有一個廢字之外，還要挑揀最穩妥精當的字來塡入，最高境界要做到「平字見奇，常字見險，陳字見新，樸字見巧」。練字等於練兵，力求以一當十。這種推敲捶鍊的功夫，不但須搜盡枯腸，而且鑽研絕無止境。

一詩多改始心安

如何才可以進入到這一層次呢？杜甫詩說「讀書破萬卷」，李白詩曰「筆精妙入神」，此中最要緊的是一個「破」字「神」字。讀書未破，雖多也只是「飣餖」，只是「獺祭」，離「神」字遠矣。

宋代魏慶之《詩人玉屑・卷一》有「吳思道《學詩》」吟曰：

學詩渾似學參禪　竹榻蒲團不計年
直待自家都了得　等閒拈出便超然

同書同卷龔聖任也次其韻曰：

學詩渾似學參禪　悟了方知歲是年
點鐵成金猶是妄　高山流水自依然

這是說要到「了得」（領會、悟到、瞭解）、「自然」（不勉強、不造作、不拘束）的化境，才會有「超卓」的表現。宋代陸游《夜讀詩稿有感》更坦然自道：

我昔學詩未有得　殘餘不免從人乞
力孱氣餒心自知　妄取虛名有慚色

除了上述「破萬卷」「了得」「有得」之外，做詩還須含蓄而且要「有餘不盡」，抒感而要「意在言外」。倘如一首詩唸誦一過，字完意也完，不能使人有「餘音繞樑」的感受，便不是好詩。所以有人說：做詩合「格律」不難，欲求其「精當」卻甚難。這關鍵就在「用字」上。明代學者邱濬說：「詩中用字，一毫不可苟。倘一字不雅，則一句不工；一句不工，則全篇皆廢。」

作詩的滋味，前人多有體會。白居易云：「舊句時時改。」

杜甫云：「總爲從前作詩苦。」「新詩改罷自長吟。」「語不驚人死不休。」

李白云：「萬里舒霜合，長吟到五更。」「若問因何太瘦生，只爲從來作詩苦。」

孟郊云：「夜吟曉不休，苦吟鬼神愁。」

杜牧云：「欲識爲詩苦，秋霜苦在心。」

方干（唐人）云：「吟成五個字，用破一生心。」「纔吟五字句，又白幾莖鬚。」

明代越卓凡云：「偶見昔吟詩，慚怖幾無地；不知當時心，何以亦得志？」

清代隨園先生袁才子云：「愛好由來著筆難，**一詩千改始心安**；阿婆還是初笄女，頭未梳成不許看。」

《蔡寬夫詩話》云：「吟成一個字，撚斷數莖鬚。」

《詩說雜記》有云：「爲求一字穩，耐得半宵寒。」

這應都是眞心實話。

「推敲」「又綠」例證多

由此看來，字勘句酌，千錘百鍊，直是吟哦者在最後定稿之前必經的辛苦歷程，誰也不敢馬虎了事，有的人甚至廢寢忘食。而且，你認爲警策精當琢磨完成了已臻佳妙的好詩，一經高人過目，竟發現仍有欠妥之處，他只替你改換一個字，意境就變得高超多了，你不由得不佩服，這就叫「一字師」，對我們該有很大的啓示。

以往的《詩話》《詩評》《吟集》《隨筆》中，類此的例子還眞不少。今且引述多則，或可供同好研參。

㈠唐朝賈島，字浪仙，初爲和尚，後登進士。他剛到京都長安時，於驢背得句云：

鳥宿池邊樹　僧敲月下門（賈浪仙《題李凝幽居》詩句）

他起初欲用「推」字，又欲改用「敲」字，推敲難定，乃在驢背上引手作推敲之勢。當時韓愈以吏部侍郎身分權理京兆尹（就是首都市長），正擁車騎巡街。賈島低頭苦思不覺，竟衝撞入儀仗隊，左右拘執到韓愈駕前，詰問之下，賈島以所得詩句云云述告。韓愈說：「作敲字佳矣」。賈島敬服，自此詩名亦大著（見《佩文韻府》《隋唐嘉話》及《詩人玉屑卷十五》）。

這個「推敲」的故事，幾乎人人都曉，以故排爲第一。但也有人反駁它。明末船山先生王夫之《薑齋詩話》就說：「僧敲月下門」，衹是妄想揣摩，如說他人夢；縱令形容酷似，何嘗毫髮關心。知然者、以其沉吟『推敲』二字，就作他想也。若即景會心，則或推或敲，必居其一，因景因情，自然靈妙，何勞擬議哉？」王夫之的話意：是推好？

三才圖會賈島像

還是敲好？不必揣摩，只須體現當時的眞情實境，自然天成，「何勞別人來審酌選用？」高人自有卓見。

㈡唐代詩聖杜甫《聞官軍收河南河北》七律，人人稱誦。中有原句云：

白日放歌須縱酒　青春作伴好還鄉

清人錢謙益（有《列朝詩集》）說：「白日」宜改一字爲「白首」——蓋放聲高歌，豈僅限於白天？今若是白首已老而竟放歌縱酒，則更顯「喜」之極致也。

又《唐詩三百首》中杜甫的《宿府》有句云：「風塵荏苒音書絕，關塞蕭條行路難。」確是佳句。但有人主張要改爲「驛」路難，更爲貼切，錄此存參。

㈢唐人李嘉祐詩句「水田飛白鷺，夏木囀黃鸝。」王維將每句增二字：

漠漠水田飛白鷺　陰陰夏木轉黃鸝（《積雨輞川莊作》詩句）

加字之後，立刻氣象增生。點化之妙，有如仙丹在手，瓦礫俱金矣（請見：明、李日華《括致堂詩話》）。

此節還有進一步的說明。葉夢得《石林詩話》卷上云：詩下雙字極難，唐人記水田飛白鷺」爲李嘉祐詩，王維竊取之，非也。此兩句好處，正在添「漠漠」「陰陰」四字，有如李光弼將郭子儀軍，一號令之，精采數倍。不然、如嘉祐本句，只是詠景而已，人人都可辦到。要之，當令如杜甫「無邊落木蕭蕭下，不盡長江滾滾來」，乃爲超絕。近世王安石有句云「新霜浦溆綿綿白，薄晚林巒往往青」，與蘇東坡「浥浥爐香初泛夜，離離花影欲搖春」，皆可以追配前作也（同時又見於《詩人玉屑》卷六「下雙字極難」條）。

㈣唐朝祕書郎王建，後官陝州司馬，有《王司馬集》。他的「新嫁娘五絕」：

三日入廚下　洗手作羹湯
未諳姑食性　先遣小姑嚐

新婦婚後三天，下廚烹飪，此詩寫出用心微細，應是佳作。但姑字兩見，有人建議第一姑字改用「婆」（丈夫之母）字。又遣字含命令差使之意，似欠溫婉，或可換爲「請」字。

㈤唐朝高適，官兩浙觀察使。路過杭州，題壁《東山寺》詩云：

絕嶺秋風已自涼　鶴翻松露濕衣裳
前村月落一江水　僧在翠微閟竹房

他行離杭州未遠，覺得一江水不妥，思改「一」爲「半」。返杭索筆欲改。寺僧告曰：「有一官人過此，謂此詩佳矣，但一字不如半字，已代改矣。」高適驚問爲誰？乃駱賓王（爲初唐四傑之一）代改焉（見《詩話類編》）。

㈥上述第五則，又另有一說，據《唐音遺響》所記：任翻在台州東壁題詩曰：

前峰月照一江水　僧在翠微閟竹房

任翻題詩後，已行十餘里，忽覺「一」字不如「半」字好，立即回轉，想要改字，一看壁上已有人將「一」字改爲「半」字了。因嘆台州有高人，半字改得傳神。

㈦唐人李頻，與方漢爲吟友。李頻有《四皓廟》詩，自言奇絕。其中第三聯云（見陳京《葆光錄》）：

天下已歸漢　山中猶避秦
樓龍曾作客　鶴鷲不爲臣

方漢曰：「作」字太粗而難換，「爲」字甚不當，詩經小雅說：率土之濱，莫非王臣，「不爲臣」欠妥，宜改爲「不稱臣」（就是不做官）。李頻拜服而且慚悔前言「奇絕」之失。

㈧唐人鄭谷，任都官郎中，與李頻等人唱和，歐陽修《六一詩話》說：鄭谷詩名盛於唐末。他有《淮上與友人別》七絕云：

揚子江頭楊柳春　楊花愁煞渡江人
數聲風笛離亭晚　君向瀟湘我向秦

明人謝榛（號四溟山人，有《四溟集》）認爲意緩，不好，他將次序重排，少數文字更換，改寫爲「君向瀟湘我向秦，楊花愁煞渡江人，樽前行笛離亭晚，落日空江不見春。」改前原句好？還是改後新句好？很難判定。且看明末賀貽孫《詩筏》評曰：詩中每有極尋常語，作「發語」無味，倒用作「結語」方妙。如鄭谷此詩，其本題正意只有「君向瀟湘我向秦」七字而已。若開頭就說出，則淺直無味，此詩卻倒用作結，便悠然情深，覺尚有數十句在後未說完者。唐人倒句之妙，往往如此云云，併此錄存，請讀者評鑑。

㈨唐人賈至（唐玄宗時任官知制誥，有詩人集十卷）有詩云：

草色青青柳色黃　桃花零落杏花香
春風不爲吹愁卻　春日偏能惹夢長

黃山谷將後兩句各改一字，成爲春風不「解」吹愁卻，春日偏能惹「恨」長，詩意便深刻多了（見《山谷集》，又見《詩人玉屑》卷八）。

㈩《唐詩紀事》記載：王貞白（乾寧進士），唐末大播詩名。《御溝》一詩，評爲卷首，詩云：

一派御溝水　綠槐相蔭清
此波涵帝澤　無處濯塵纓
鳥道來雖險　龍池到自平
朝宗心本切　願向急流傾

王貞白自謂冠絕無瑕，送給僧人貫休（俗姓姜，字德隱，有西嶽集十卷）一閱。貫休說：「甚好，只是剩一字。」貞白不悅，揚袂而去。貫休心想：「此公思敏，必復返。」乃書一「中」字於掌以俟。移時，貞白返，忻然曰：「已得一『中』字：『此中涵帝澤』，何如？」貫休將掌中字示之，正相同。

(十一)上面這個故事，在《詩人玉屑・卷八》中，卻另有一說。內容是：皎然（僧人，顏眞卿、韋應物都推重他）以詩名於唐。有一僧人袖詩謁之，皎然指其中《御溝》詩云：「『此波涵聖澤』，『波』字未穩，當改。」僧怫然作色而去。皎然度其去必復來，乃取筆書「中」字於掌，握之以待。僧果復返，云：「欲換爲『此中涵聖澤』如何？」皎然展手示之，遂定交。《詩人玉屑》也在文末記曰：「二說不同，未知孰是？」

㈦唐代孟浩然，有一首《歲暮歸南山》五律，詩中有句云：

不才明主棄　多病故人疏

這一頷聯，經清代乾隆朝的詼諧大學士紀曉嵐移動兩字，變爲一付諷刺庸醫的謔聯（但無貝之才換成有貝之財），頗有小趣：

不明財主棄　多故病人疏

㈧唐代僧人齊己（俗名胡得生，有白蓮集）攜詩詣鄭谷（字若如，有宜陽集）。出示其《早梅詩》云：

前村深雪裡　昨夜數枝開

鄭谷說：「數枝非早也，未若『一』枝才佳。」齊己矍然，不覺下拜，自是士林以鄭谷爲「一字師」（見《唐詩紀事》）。

㈨同一個齊己，還有另一段佳話。宋人戴埴（字仲培）《鼠璞》書中說：南唐野史載：張迥《寄遠》詩中有句云：

暗鬢凋將盡　虬髭白也無

齊己看後，改爲「虬髭黑在無？」張迥拜齊己爲一字師。楊樹達說：「白也無」是遙問遠方友人髭鬚變白了沒有？意欲他早日衰老，太不厚道。「黑在無」是問黑髯鬚還保持存在沒有？關懷之意深，故改之爲好。

(十五)宋代蕭楚才知溧陽縣，張乖崖（即張詠，與寇準同時代）作牧（一州一省的長官，就是太守）。一日召食，蕭見張公几案上有一絕句云：

獨恨太平無一事　江南閑煞老尚書

蕭楚才將「恨」字改作「幸」字。張公返，視稿曰：「誰改吾詩？」蕭曰：「公功高位重，姦人側目之秋，獨『恨』太平何也？」幸字替換極爲得體，張乖崖佩服，曰：「蕭、一字之師也。」（見《詩話總龜》《陳輔之詩話》及明、鄭瑄《昨非庵日纂，守雌》）。

(十六)五代南唐詩人江爲（師事陳況學詩，南唐中主李璟看重他）有詩句云：「竹影橫斜水清淺，桂香浮動月黃昏。」原是分別描述竹和桂的，北宋詩人林和靖（名逋，隱居西湖孤山，種梅養鶴，人稱梅妻鶴子）改換兩字，移來詠梅，植入他的《山園小梅》七律中曰：

疏影橫斜水清淺　暗香浮動月黃昏

這「疏影」「暗香」一聯，公認是詠梅的千古絕唱，歐陽修說：「前人詠梅者多矣，未有此句也。」宋代龍圖閣學士王十朋吟曰：「暗香和月入佳句，盡壓千古無詩才。」而南宋詩人陳與義更贊曰：「自讀西湖處士詩，年年臨水看幽姿。」

(十七)北宋韓駒《室中語》載：韓駒字子蒼《送周表卿詩》云：

昔年東帶侍明光　曾見揮毫照御床

將爲驊騮已騰踏　不知鵰鶚尚摧藏
官居四合峰巒綠　驛路千林橘柚黃
莫戀鄉關留不去　漢廷今重甲科郎

周表卿行已久矣，韓子蒼仍要把峰巒綠改爲峰巒「雨」，橘柚黃改爲橘柚「霜」，如此乃益見其工（又見《詩人玉屑》卷之八）。

㈩唐代王駕《晴景》詩云：

雨前不見花間葉　雨後全無葉裡花
蜂蝶紛紛過牆去　應疑春色在鄰家

王安石將第二四兩句各改一字，成爲「雨後全無葉『底』花」及「『卻』疑春色在鄰家」，遂使全詩語工而意足了（見王安石《臨川集》）。

㈩《玉林》及《詩人玉屑卷十九》有曰：趙天樂《冷泉夜坐》詩云：

樓鐘晴更響，池水夜如深

他不厭求精，終於將每句各換一字：把「更」改爲「聽」，「如」改爲「觀」（聽和觀都是動詞，倍增生動鮮活）。他說這樣就「精神頓異」了。蓋因晴天清朗，鐘聲「聽」來較響：夜色昏暗，池水「觀」來變深。換字之後，曉明合理豐富多了。

㈩許顗《彥周詩話》云：謝貞的《春日閒居詩》有句云：

風定花猶舞

王安石將「舞」改爲「落」，舞是猶在枝上擺動，落則花已離枝飄墜，如此更能描述春風吹掃過後的情境。

(廿)《千家詩》中，蘇軾「上元詩宴」七絕云：

淡月疏星遶建章　仙風吹下御爐香
侍臣鵠立通明殿　一朵紅雲捧玉皇

這是元宵節夜間，群臣陪侍皇帝在宮殿裡宴飲的紀事詩。晚風徐來，將御爐中的清香吹送，滿殿的人都聞到了，因此仙風吹「下」之句，應改爲仙風吹「散」，才更貼切。

(廿一)宋代劉貢甫（即劉攽，與王安石同修資治通鑑）自館中出知曹州，有七絕云：

壁門金闕倚天開　五見宮花落古槐
明日扁舟滄海去　卻將雲氣望蓬萊

舊句原是「雲裡望蓬萊」，經王安石代改一字作「雲氣」，意境就提升了（見《詩人玉屑》卷六「一字之工」條）。

(廿二)《詩人玉屑・卷六、卷八》載：宋人王仲至，奉召入試館中，試罷，作絕句云：

古木森森白玉堂　長年來此試文章
日斜奏罷長楊賦　閑拂塵埃看畫牆

王安石見到此詩，甚爲歎愛，替他改爲「奏賦長楊罷」（長楊宮中，有垂楊數畝），更顯氣旺。並告王仲至曰：「詩家出語，如此乃健。」（培按：經查對《詩人玉屑》卷六及卷八，都記述了此詩，確然發現詩中「長」字都兩見。此詩雖僅顛倒字序，並非改字，然原句只是平鋪直敘，倒一字後則高下立判，值得錄參）。

(卅四)南宋洪邁《容齋隨筆》記曰：王安石有《泊船瓜洲》七言絕句，膾炙人口。詩云：

京口瓜洲一水間　鍾山祇隔數重山
春風又綠江南岸　明月何時照我還

《容齋》又說：後人發現王安石的草稿，初作「又到江南岸」，圈去「到」字，注曰「不好」，改爲「過」字：又改爲「入」，復改爲「滿」，凡如是十餘字，始定爲「綠」（培按：綠字本是形容詞，卻變成動詞來活用，成爲這句的「詩眼」，眞是出神入化了）。

以上所云最後定於「綠」的敘述，錢鍾書提出異議說：「綠」字在唐詩中已早見，且亦屢見。丘爲「東風何時至？已綠湖上山。」李白「東風已綠瀛州草。」常建「主人出門綠，小隱湖中花。」於此就有一連串的問題：王安石是忘記了唐人詩句而白費心力呢？還是明知道這些詩句而有心立異呢？他選定「綠」字是跟唐人暗合呢？是最後想起了唐人詩句而欣然沿用呢？還是自覺不能出奇制勝，終於向唐人認輸呢？錢先生這一系列的問題，都很尖銳，不容推脫，卻無法起王安石於地下而討得答案了。

另外徐特立說：「又到」江南岸，僅是文法句子；「又綠」才是文學句子，楊樹達稱許徐君，評曰「語頗有見。」因爲綠字具體，使人印象深刻，故佳。

(卅五)南宋洪邁《容齋隨筆》又說：宋黃庭堅（黃魯直、黃山谷）詩中有句云：

歸燕略無三日事，高蟬正用一枝鳴

黃庭堅這個「用」字，初稿為「抱」，又改為「占」，又改「在」「帶」「要」，最後改為「用」字乃定（另有他本，則作「殘蟬猶占一枝鳴」）。

(廿六)蘇東坡北歸，見王平甫所作《甘露寺詩》。王頗自負，中有句云：

平地風煙飛白鳥　半山雲木卷蒼藤

蘇東坡說：精神全在「卷」字上，但恨「飛」字不相稱耳。平甫沉吟久之，請東坡改易，東坡改「飛」為「橫」，平甫歎服，敬受一字之賜（見《詩人玉屑》卷八）。

(廿七)《詩人玉屑卷八》及《竹坡詩話》云：宋代汪彥章（即汪藻，官翰林學士，詔令多出其手，博極群書，老不釋卷）移守臨川，曾吉甫作詩迓之，詩中有句曰：

白玉堂中曾草詔　水晶宮裡近題詩

曾吉甫先將此詩示於韓子蒼，韓為他每句改換一個字，成為「白玉堂深曾草詔，水晶宮冷近題詩。」深字遠勝中字，冷字也強過裡字，這境界就迥然與前不同了。

以上這兩句是《詩人玉屑》書中的原句，但另書所引該詩是這樣的：

臨川內史詔除誰　里巷傳聞報客知
金馬門深曾草詔　水晶宮冷近題詩
行看畫隼旌旗入　定把書麟筆札隨
若訪毗耶舊居士　無人問疾鬢成絲

「白玉堂」變成「金馬門」了（金馬門，皇宮名，門有銅馬故名），不過這並非重點。詩人鍊字，要在「詩眼」上著力，七言詩每句的第五字常是詩眼。汪彥章曾在金馬門為皇帝撰寫詔書，非一般人所能做到，故「中」改為「深」，這也是汪的殊榮。又將「裡」改為「冷」，也才與水晶宮相配，全詩頓增「深」度。

㈩《朱子語類・卷百四十》云：張南軒先生（即宋代張栻，有《南軒集》詩云：

臥聞急雨打芭蕉

朱子曰：此句不響，不若作「臥聞急雨『到』芭蕉。」

㈩元代白珽，字廷玉，撰《湛淵靜語》記一趣事：莫子山暇日山行，過一寺，頗有泉石之勝，因口誦唐人李涉（太學博士，自號清溪子）七絕《題鶴林詩僧舍》以快喜之（已選入《千家詩》中）。詩曰：

終日昏昏醉夢間　忽聞春盡強登山
因過竹院逢僧話　又得浮生半日閒

莫子山入寺，及與寺僧談話，卻是庸俗不堪，與之語格格不入。因將上詩頭尾調換（第一與第四句換位）唸來意義就完全相反了：

又得浮生半日閒　忽聞春盡強登山
因過竹院逢僧話　終日昏昏醉夢間

㈩元代盛如梓（號庶齋）撰有《庶齋老學叢譚》說：張橘軒與元遺山（即元好問，號遺山，詩文爲一代之宗）爲斯文骨肉。張橘軒於壬辰北渡，寄元遺山詩曰：

萬里相逢眞是夢　百年垂老更何鄉

元遺山將「里」改爲「死」，將「垂」改爲「歸」，如此一改，何止精采百倍？

㈩明・黃溥《閒中今古錄》載：元朝薩天錫（即薩都剌，字天錫，詩文雄健）有詩句云：

地濕厭聞天竺雨

月明來聽景陽鐘

有個叫「山東一叟」者，建議將「厭聞」改爲「厭看」。薩公俯首，拜爲一字師。因爲「聞」就是「聽」，兩字含義相同，重複便非佳構。

薩天錫這二警句，清人顧嗣立（字俠君）的《寒廳詩話》中也引述曰：虞道園（虞集號道園）見了評說：詩則佳矣，然有一字不穩。「聞」與「聽」二字意同，何不改「聞」作「看」？由此可見古人論詩，用字如用兵。換一響字，則如聞號令，精神百倍，耳目一新矣。

㈪今引述一則改詩丟官的故事：明太祖時代，有位宿儒，名錢宰，爲國子博士。他奉編《孟子節文》一書（把「民爲貴，君爲輕」這些刺眼章節都刪掉，請參閱第七十四篇）。某日，散朝返家，有感吟曰：

四鼓咚咚起著衣　午門朝見尚嫌遲

何時得遂田園樂　睡到人間飯熟時

這首閒詩，被氣量窄小的明太祖朱元璋知悉了，責問他道：「我並沒有『嫌』你，何不把嫌字改爲『憂』字呢？你既然心嫌，朕今放你回鄉，好好去熟睡吧！」一個嫌字把京官削掉了。

㊸沈括《續筆談》末篇說：昔人詩句有「斷送一生唯有酒」「破除萬事無過酒」「寒夜客來茶當酒」。王安石戲將這幾句移動字序，吟曰：

酒、酒、酒，　破除萬事無過

寒夜客來茶當　斷送一生唯有

㊹清代葉炳霞（葉映榴，字炳霞，順治進士，官布政使）有《榆次道中》詩曰：

路出榆關西復西　荒原白草怪禽啼

行經百里無人跡　唯有秋風送馬蹄

有人評說：人向西行，秋多西風，迎面吹來，馬和風是逆向相對進行的，送馬蹄的「送」字不合理，宜改爲「迎」「阻」「逆」「礙」或其他字，寓有荒原西行、長途辛苦之意，也才切於事實。

㊺清代才子袁枚《隨園詩話》云：詩得一字之師，樂不可言。余《祝尹文端公壽詩》（尹繼善，大學士，謚文端）云：

休誇與佛同生日　轉恐榮恩佛尚差

尹文端公嫌「恩」字與佛不切，改爲「光」字，便和協了。

(卅六)《隨園詩話》袁枚又有《詠落花》詩云：

無言獨自下空山

邱浩庭說：「空山」是樹木落葉完盡了，不是「落花」，應改爲「春山」才好。

(卅七)《隨園詩話》袁枚《送黃宮巡邊》詩句曰：

秋色玉門涼

詩友蔣心餘（蔣士銓字心餘，詩負盛名）告余曰：「門」字不響，應改爲「關」字，氣概宏偉了。

(卅八)《隨園詩話》袁枚《贈樂清張令》詩曰：

我慚靈運稱山賊

劉霞裳文友說：「稱」字不亮，唸來不響，宜改用「呼」字爲佳。

(卅九)清人顧嗣立（字俠君，官中書，博學工詩）撰《寒廳詩話》云：古人有一字之師，昔人謂如李光弼臨軍，旗幟不易，一號令之，而百倍精采。如張桔軒詩：

半篙流水夜來雨　一樹早梅何處春

元遺山（即元好問，見本篇第三〇條）評曰：佳則佳矣，而有未安未妥之處。既曰「一樹」，烏得問「何處」？不如改「一樹」爲「幾點」，便覺飛動。

(卌)前述《寒廳詩話》另又說：元代虞道園（虞集號道園，世稱邵庵先生）嘗以詩謁趙松雪（趙孟頫號松雪道人，詩文奇逸），有句曰：

山連閣道晨留輦　野散周盧夜屬櫜

趙松雪孟頫說：美則美矣，如改「山」爲「天」，改「野」爲「星」，那就尤美了。

㈣依《雙竹居雜話》記載：清代兩江總督沈葆楨，早年有況《新月》詩，中有句云：

一鉤已足明天下　何必清輝滿十分

後來被林文忠公（林則徐，謚文忠）替他將「必」字改換成「況」字。僅此一字，便有霄壤之別。老成碩望，吐屬固自不同。於此，亦可見「煉字」之重要了。

㈣清代一才女，工於詩。其詠《菊花》詩云：

爲愛南山青翠色　東籬別染一枝花

她的閨友看到了，將下句中的「別」字省去一半，改爲「另」字，詩意更臻妙境，因稱其閨友爲「半字之師」。

㈣《胡適的日記》中華版六〇八頁：胡適做駐美大使，寓居美國時，衆友爲他設宴慶壽。隔日胡適又下鄉去搶購中國古書一批。好友楊聯陞教授陪往，楊贈胡以詩云：

才開壽宴迎嬌客　又冒新寒到草盧

積習先生除未盡　殷勤異域訪遺書

嬌客乃暗諷胡適的美籍女看護也，大有戲謔之意。胡適心知不妥，笑將「嬌」字改爲「佳」字，就迴避了尷尬，詩意也顯得廣泛多了。

㈣這裡穿插一則改詩爲詞的故事：清代沈雄《古今詞話》載：張綖有七律一首：

堤邊柳色春將半　枝上鶯聲喚客遊
曉月綺羅稠紫陌　東風弦管咽朱樓
少年撫景慚虛過　終日看花坐獨愁
不見主人留洞府　空教燕子占風流

後來不久，他將此詩改爲「虞美人」詞，只是變更標點，文字沒有改動：

堤邊柳色春將半　枝上鶯聲喚
客遊曉月綺羅稠　紫陌東風弦管咽朱樓
少年撫景慚虛過　終日看花坐
獨愁不見主人留　洞府空教燕子占風流

究竟是改之前的詩好？或是改之後的詞佳？留請讀者給評。

㊄也有換字改字後，反而變差的，今舉一例：張德瀛《詞徵》說：南唐李後主（李煜）的《浪淘沙》中，有這麼一句：

夢裡不知身是客

這是名句，但張蛻巖改成「客裡不知身是夢」，氣韻遜色得太遠了。

殘菊飄零滿地金

詩不厭改，王安石自是此中高手。但智者千慮，或有一失，下面再錄王公兩則有關改詩的趣聞，獻湊作爲本文結尾。

㊻王安石（他是江西臨川人）某次遠赴南方，見當地一士人作詩，詩中有句云：

明月當空叫　黃犬臥花心

王安石想：明月照九洲，哪能開口叫？黃犬再小，豈能睡入花心？他就每句改一字：

明月當空「照」　黃犬臥花「陰」

是日傍晚，王安石乘船夜遊，只見一隻大鳥，且叫且飛，掠過天空。王安石問船夫，回答說：此鳥名爲「明月」。次日，王安石去郊外踏青，瞥見一隻大黃蜂以花心爲床，正在採蜜。他詢問路人，回答說：此蜂名叫「黃犬」。王安石無論在老家或京都，都未見過此鳥此蜂，想起改詩之事，自愧見聞不廣，卻自以爲是，把對的改錯了。

㊼宋代蔡絛《西清詩話》載王安石寫了兩句詩：

黃昏風雨瞑園林　殘菊飄零滿地金

歐陽修閱後笑道：「百花都會落，唯獨菊花雖然凋萎，仍會留在枝上，不可能花瓣掉落下來，鋪成滿地金色。」因戲題兩句續成全詩曰：

秋英不比春花落，爲報詩人仔細看。

王安石見了，反問說：「難道你不知道屈原《楚辭》有『夕餐秋菊之落英』嗎？這是歐陽修不學之過也」。按楚辭「落」是始、初之意，如言新屋落成。歐陽修豈會不熟讀楚辭？大概是王安石執拗不肯認輸吧？（兩大文豪抬摃，有趣）

以上這段歐陽修挑毛病的故事，也見於《詩人玉屑》卷十七「秋菊落英」條，詳細清楚，是引自《西清詩話》來的。但《詩人玉屑》同時在同一條第二段又引述了宋人曾慥《高齋詩話》的記載，故事內容相同，可是挑毛病的主角卻變爲蘇東坡了，而王安石也同樣責怪「那是由於蘇東坡讀『楚辭』不熟的緣故。」

《詩人玉屑》在這條末尾，又加注了《梅墅續評》的話，說這秋菊落英故事，《西清》認爲是歐陽修，《高齋》認爲是蘇東坡，眞還不知道究是誰對誰錯呢？

豈知這段公案，竟然還有後續發展。到了明代，一位通俗文學家馮夢龍，著作等身，他撰有《喻世明言》《醒世恒言》《警世通言》，號稱「三言」。其中《警世通言》第三卷，題目爲「王安石三難蘇學士」，敘述的便是秋菊之事，且眞的看到菊花落瓣的實況，不能不作簡要介紹，主角則鎖定是蘇東坡。

話說蘇東坡見王安石寫了兩句起頭詩：「西風昨夜過園林，吹落黃花滿地金（此兩句與上面《西清詩話》所引的不同，似較明順）。」蘇東坡認爲：西風便是秋風，黃花乃指菊花。菊花最能耐霜，凋謝時也只是萎枯在枝上，並不掉落，這兩句直是「亂道」。忍不住將這未完的詩稿依韻續寫爲「秋花不比春花落，說與詩人仔細吟（此兩句與上段也不同，語句平易，用「吟」字則是同韻，續句應該如此）。」

王安石看到後，認爲語意輕浮，該給他教訓一下，也該讓他去見識一下，因奏准宋神宗，貶他去黃州當個團練副使。

蘇東坡在黃州待著，時逢重九（舊歷九月初九日叫重九，又稱重陽），氣爽風涼，因前往定惠院去賞菊。只見菊花棚下，滿地鋪金，枝上已無一瓣。詫得他目瞪口呆，半天不說話。原來黃州菊花果然落瓣，王安石貶他來看秋菊的呀，自己眞的錯了。

一年後，蘇東坡送疏表回到京都，特往拜見王安石，稟明親見黃州秋菊落瓣，專程請罪，王安石惜其才華，不久就恢復了他的翰林學士原職。

——刊載《湖南文獻》第二十六卷第二期。總號第一〇二期，民國八十七年（一九九八）四月出版。又經中國災胞救助總會編印之《關愛與服務》轉載，民國八十八年（一九九九）七月出版。

一一二　增廣詩韻全璧略釋

有位文友問道：「我想學詩，手頭有一册《增廣詩韻全璧》。這册厚書，內容繁富，在『自序』中說它『囊括古今，網羅巨細』，似是詩韻書中的圭臬。但如何去翻閱它、消化它，可否請指教一二？」

讕讕子說：我非詩家，但勉爲解說如下：

《增廣詩韻全璧》略釋

聲音和協叫韻，集合音韻的書叫韻書，爲作詩而編的韻書便叫詩韻。由於作詩首重押韻，故詩韻是必備的參考書。

韻書可以分爲古韻、等韻、今韻三類。茲大致就今韻來說：隋代陸法言以四聲編爲《切韻》、唐代孫愐《唐韻》、宋代陳彭年《廣韻》、丁度《集韻》，又有劉淵《新刊禮部韻略》，劉淵是平水人（平水是地名，今山西新絳縣），因稱爲「平水韻」；此書將以往的二〇六韻簡併爲一〇六韻，通用到今。此外還有元代周繼清《中原音韻》、明代樂韶鳳《洪武正韻》、清代張玉書《佩文韻府》、余照《詩韻集成》、湯文潞《詩韻合璧》。

《詩韻合璧》乃是依據《詩韻珠璣》《漁古軒詩韻》及參酌《詩韻集成》《詩韻音義注》《詩韻異同辨》等合編而成；又將《詩腋》《詞林典腋》二者分爲兩欄，刊在詩韻正文之上欄，由於搜羅浩博，門類燦備，成爲寫詩的重要參考書。

現在介紹的這本《增廣詩韻全璧》，「增」添了資料，「廣」事包含，故號「增廣」。因其內容超過了「合璧」，故稱「全璧」。但「序」中未露編者眞實姓名，只說此書更「囊括古今，網羅巨細，一覽了然，無美不備」，應是韻書中的善本。它收集了以下十三種珍貴資料，今略釋如下：

㈠**詩韻本文**（P1→P.522，佔每頁的下半段，是本書的主要部份）。

例如：「上平聲一東」裡的「風」字（見該書P.5）收錄的詞兒佔了四十六行。開始第一部份是將風字用在詞末，如「朔風」「破浪風」等。第一部份與第二部份用圓圈隔開，圓圈以下爲第二部份，是將風字用在詞首，如「風度」「風光好」等。第三部份是「典」的出處，例如「花信風」出自《歲時志》，「落梅風」出自《風俗通》，「花開時節雨連風」出自蘇東坡《冬日牡丹詩》等等。

我們的辭典（如辭源、辭海、辭通、辭彙）所收集的都僅限於按首字排列的詞兒，例如「風」字，只列有「風水」「風波亭」「風雨同舟」這些詞兒，若要查風字在詞末如「我願隨秋風」（是蘇東坡《和魯直詩》中的句子），便唯有翻看詩韻才知道（語言學家湘潭黎錦熙〔一八八九—一九七八〕評說：《辭源》無源，《辭海》非海，《辭通》不通，《辭彙》欠彙）。

在這本《增廣詩韻全璧》裡，有的字本身圍了框圈，乃是表示這個字在其他韻目中也有。例如「上平五微」中的「菲」字加了框圈（見P.44，意義是香，平聲，如「芳菲」），末尾注有「尾韻異」，我們便可在「上聲五尾」韻中查到另一個「菲」字（見 P.264，意義是薄，讀上聲，如菲才），這是同字異韻。

㈡虛字韻藪（P.527→P.566，見每頁的下半段）

虛字義意多，用途廣，這裡專對虛字作解釋，例如「下平一先」的「然」字（見 P.536），解釋佔了三十八行，如「愕然」出自《史記留侯世家》，「想當然」出自《後漢書孔融傳》，「有亭翼然」出自《醉翁亭記》，內容充實。

㈢初學檢韻（P.567→P.734，在每頁的下半部）

這是由單字去查屬於何韻，按部首檢字。如果不知道部首，可按筆劃在「檢字」頁中去查尋。例如「全」字，共有六畫，可以在「檢字」的六畫中查到屬於「入」部（見 P.573），再從「入」部查得全字屬於「下平聲一先」（P.583）。然後可從下平一先中查到全字（P.133）有「萬全」「性命全」等。

附帶說明：古代的讀音與現代的讀音因長時的異變而有不同，例如「蛇」的古音讀如「啥」，「爺」的古音讀如「牙」，因此都列入「下平六麻」韻中。又如「車」讀如「居」，此音編入了「上平六魚」韻中。還有、如「悲」「期」都入「支」韻，「嘶」「圭」都入「齊」韻，都是按古音歸韻。在還沒有按今音改韻之前，我們仍然只好遵守。

㈣類聯采新（見P.1→P.700，在每頁的上端）

分爲天文、歲時等三十五部，例如詠「清明」的聯句爲「柳絮因風起，桐花帶雨開」（見P.58頂端）。詠「花草」部的「玉蘭」聯句爲「亭亭形比玉，郁郁氣生蘭」（見P.583頂欄），可資參閱。

㈤月令粹編（P.1→P.586，見每頁的第二欄）

自正月到十二月，按月按日列出典故，加上補遺及附篇。例如正月初一，有「放鳩」（元旦放生，見P.62），又有「屠蘇酒」（初一飲屠蘇可除瘟氣，見P.63），八月有「孔子生」（八月廿七日陰曆，見P.323頁），閏月有「賜魏徵故宅」（閏三月事，P.442）。

㈥文選題解（P.587→P.729，在每頁的第二欄）

這是摘錄有關文、賦、詩、詞中的佳語金句，按韻目分類。例如「一東」的「空穴來風」出自宋玉《風賦》，其上一句是「枳句來巢」（見P.589）。又如「十八嘯」的「猛虎憑林嘯」出自陸機《苦寒行》，下一句是「元猿臨岸歎」（見P.692）。又如「十九皓」的「池塘生春草」是謝靈運《登池上樓》詩句，下一句爲「園柳變鳴禽」（見P.663）。

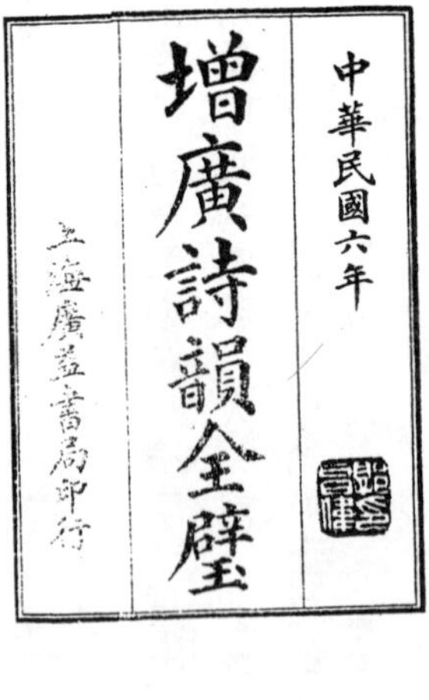

㈦詩腋（P.1→P.328，見每頁的第三欄）

分「帝治」「仕途」等四十二部，都是五言對句，摘出來供我們賞閱。例如詠「松」

云：「滿徑濤聲壯，空山月影深」，好似詩中有畫（見 P.188）。最後還有咏歷代偉人的如咏「岳飛、武穆」曰：「將軍方破敵，宰相竟和戎」，良深慨歎（見 P.320）。

(八)賦類錄要（P.329→P.734，見每頁的第三欄）

分「天象」「歲時」等二十八類，用對偶排句來咏事。例如「覽古部」的「滕王閣賦」寫道：「據百粵之上游，壯雄藩之重輔。朱門畫戟，號令肅乎風霜；繡闥雕甍，詩書被其閭里。誠東南水陸之都會，古今人文之淵藪。」（見 P.680）

(九)詞林典腋（P.1→P.505，見每頁的第四欄）

分天文、時令、人物、花卉等三十門，搜集二字三字四字五字的對仗句，供吟詩的參考。例如 P.50 描述「秋色」二字的有「山光、水色」，三字的有「秋水碧、晚霞紅」，四字的有「丹青霜葉、水墨雲煙」，五字的有「白鳥飛煙外、黃花細雨中」，都是好詞好句。也有用多個字使層巒疊起的，如 P.53 咏「中秋」曰：「匹練方橫、紅紗可卻」「或梯雲而取月、或曳杖而登峰」「何君得三字之占、周子赴去年之約」「濤聲逐白馬以俱來，桂子自金蟾而細落」，用了四、六、七、八字對句，都很雅。再者、末後的「外編」更有抬頭對、數目對、人名對、虛字對等八種，很實用。

(十)金壺字考（P.507→P.643，在每頁的第四欄）

分爲天地人物四部，糾正讀音。如「天部」P.508「斗杓」應讀斗標。如「地部」P.526「單父」音善甫，是山東省地名，不讀丹傅。又如「人部」P.552「吐谷渾」應讀爲突欲魂。又如「物部」P.621「蓴鱸」音純盧，指蓴羹鱸鱠。

(十一)賦學指南（見P.645→P.686，見各頁的第四欄）

摘錄排偶句提供參閱。例如 P.650「七夕」賦曰：「不是情如秋薄，但許飄零；總教恨比河深，幾多慰恤。」這是「繪景」。還有「疊字句」，請閱P.682「雁字」（這段賦句不抄了）。

(十二)字學正譌（P.687→P.709，每頁的第四欄）

將單個字分平上去入四聲，指出正字俗字。例如P.694「牆」是正字，「墻」是俗字。又如 P.702「妒」是正，「妬」是俗。又如 P.709「剋」是正，「尅」是俗。

(十三)校正詩學含英（在P.734之後，新編頁碼，自P.1→P.154，是本書的後篇）

包含十四卷，用二字到五字的對仗句子分類提供參閱。例如P.74「吟詩」題目之下，分有「搜奇、得句」「李百篇、杜千首」「染雲作句、鏤水生花」「吟成七個字、撚斷數莖鬚」，都值得細閱。

最後的「詩材增補篇」中，且多有七字對句的。例如「畫眉筆」云：「刻意端宜濃淡寫，入時只合淺深分。」這類佳句很多。

(十四)我的結語

這本《增廣詩韻全璧》，寶藏豐盈，取材深廣，增補扼要，徵引精詳，不但詩友們視爲寶筏，其他人也會開卷有益，我們隨時翻查，必會受惠良多也。

一一三　佩文韻府瑕瑜

詩友們寫詩，少不了要翻閱詩韻，而各種詩韻書籍中最優良的莫過於《佩文韻府》——一部依韻編列的詞典。這書是在清代康熙年間，以國家之力，集合諸多纂修大員，諸如文華殿大學士、文淵閣大學士、經筵講官、內閣學士、翰林院編修、翰林院庶吉士等共七十六人的博蒐廣集，歷時八年才完成。康熙帝在序言中說：

「朕又嘗論諸臣，從來著一大書，非數十年之功不能成……可見成書之不易。」

「佩文」乃是清代皇帝書齋之名，今以齋名書，寓有崇隆之意。全書依「平水韻」一〇六韻的次序編列，內容多是依據宋代陰幼遇《韻府群玉》及明代淩稚隆《五車瑞韻》

而大加增補，依詞語最末一字歸韻。

書中收集的詞兒極多，例如卷一、上平聲、一東這個韻裡的第一個「東」字，在「韻藻」的部份，就收集了南東、自東等屬於兩個字的詞兒共四十三個。又澗瀍東、首陽東等三個字的詞兒共四十六個。又宿西食東、有文者東等四個字的共二個。另外在「增」的部份，增收了震東、離東等兩個字的共九十個。又東不東、月在東等三個字的共二四〇個。另在「對語」部份，收集了渭北——江東、洛下——齊東等兩個字相配的對語共十六對。又北山北——東谷東等三個字的對語共十八對。另在「摘句」部份，收集了力障百川東五個字的摘句廿四句。又翠華拂天來向東七個字的摘句卅句。包羅之廣，可見一斑。

由於內容太豐富，《佩文韻府》的正篇已有一〇六卷，都一萬八千餘頁（尚有「拾遺」一百廿卷係續後編成者未計）。商務印書館將它翻印，以原三頁縮版拚成一頁，仍須分裝為七厚冊。

讕讕子說：這部優良大書，說它已臻「觀止」不為過，但任何大部頭的書，都難免會

佩文韻府卷一

上平聲　一東韻

清康熙版佩文韻府

商務印書館縮印

有小缺失，佩文韻府也逃不了。書中最不便的是：所引的詞語未曾指出原據典籍的篇章，所摘的詩句也未註原詩的題目，無從覆按。例如「河東」引自《史記》「河東股肱郡，特召君耳」；按《史記》有一百卌卷，此語出自何卷？查尋不易。又如「花影東」摘自陸游詩「花影漸東山月墮」；按陸游一生作詩萬首，這句出自何題？整首詩句爲何？未列詩題之名，太難找了。又如摘句「笑倚梅花月正東」未交待作者爲誰，這是何代何人之句？叫人無從揣測。以上僅是從「一東」這個單韻中抽舉的略例，這些白璧之瑕，似乎令人微憾。但確是一套難得的大部頭參考書。

不過，《佩文韻府》僅是按照每個詞兒的末字歸韻，例如上平三「江」，只收集九江、錦江、長江等詞兒，江字都是末一字，如果想要查閱江畔、江水、江湖這些以江字爲首字的詞兒，正文裡都沒有，只列入《佩文韻府》最後一本「索引」中。至於《增廣詩韻全璧》則是正式排入每個韻字下面，這是二者相異之處。

這本《佩文韻府》是詩韻的擴編，而《增廣詩韻全璧》（見第一一二篇）則除了詩韻之外（這部份確然不及《佩文》的詳盡），還有「文選題解」「賦學指南」「字詞正譌」「虛字韻藪」「金壺字攷」「詞林典腋」「月令粹編」「類聯采新」「賦彙錄要」等等這許多種寶貴資料，用途極廣，參考價值特高。

這兩書各有千秋，筆者就魚與熊掌兼備。

保健有方第十八

一一四　腳部運動保健康

醫學教授吳興鏞撰有「腳部運動簡介」一文說：「此一簡單運動，是早上醒來在床上做，不必下床來，不要找場地，不阻風和雨，簡便又容易。筆者十多年來做此運動，好處妙不可言。」原文見本篇文末附錄。

讕讕子曰：我也跟著在練，認爲有益。還將心得寫了一篇「腳腿運動的學習與回響」蕪文發表，內容如下：

撰文動機

吳興鏞教授的大作「腳部運動」一文（以下簡稱吳文），介紹湖南省政府前主席王東原將軍的足部健身方法，是一篇有益有效的好文章。

我們的雙腳，距離心臟最遠，血液循環最難；它一方面要負擔全身的重量，另一方面還要藉行走來移動身體。有人形容餐館裡跑堂的服務生內外奔忙，以及往年郵差徒步送信，都幾乎是日行百里，對他們那雙尊腳天天折磨，未免過於虧欠了它吧？

吳文的腳部運動，容易學，也容易做。筆者衰而未死，深感運動之重要，照著練習了好幾個月了，未曾間斷，仍會延續下去。在實際的操練過程中，又體會到有幾個動作，似乎尚可改進；而動作的順序，似乎也可由易而難作調整。因將練習心得，按每個動作分別敘說出來，希望高人指教。

第一動：一彎一抓

早晨醒來，不必急著起身，仰臥床上，還蓋著被子。運動時雙腳朝天，伸出被外，腳掌不動，只是把腳尖的十個腳趾頭叉開，儘量向前向下彎曲，好像要抓起小物件似的。然後腳趾恢復伸直，並儘量向腳背方向後張（腳趾反張很難，但要有這番意志）。如此一彎一伸，算為一次動作，反復彎抓，筆者做四十次為度（吳文主張六十四次，應可隨各人的體力自定）。諺語說：「寒從腳尖起。」因此要使腳趾多多活動。

這就是吳文「抓」的動作，動能不大，簡單輕易，故作為開始的第一課。但請不要小看腳趾頭的功用，我們行走跑跳，都要靠腳趾抓地著力才行。

古時有種「刖」刑，就是斫斷腳趾的重刑，使行路困難。《莊子・德充符》說：「叔山無趾，踵見仲尼。」是說叔山的腳趾斬掉了，行動不便，只能用腳後跟走路，顛顛的來見孔子。這第一動作的功用，便是預防腳趾僵硬，腳筋發痲，增強抓地的勁道。

第二動：外倒內倒

兩腳分開，腳尖朝天，以腳跟爲基點，將左右兩腳尖同時分別轉向外側倒下去（使兩腳的小腳趾外側都能接觸到床面）。然後將兩腳尖又轉向內側倒過來（若能使兩腳的大腳趾內側接觸到床面最理想，但很難，然而要有這個意念）。內外兩個側倒合成一次動作，做四十次。

吳文「拐」的動作只有向外倒，沒有向內倒，行程只有一半，功效也會少一半。增加內倒，對腳肌腱與踝關節的平衡及強化，應有助益。

第三動：左旋右旋

兩腳分開，腳尖朝天。將腳跟當成圓心，腳掌爲半徑，用腳尖旋轉劃圓圈，圓圈愈大愈好（腳跟是定點，腳尖旋轉構成一個圓面），劃出兩個上圓下尖的想像中的圓錐形。先按順時鐘方向兩腳同時旋四十次，再改按逆時鐘方向迴旋四十次。

吳文沒有這個動作。筆者覺得讓腳踝關節及韌帶做三百六十度迴旋的活動十分緊要，少做了實在可惜，加做了一點也不難。

第四動：前伸後蹺

兩腳朝天，將腳尖腳掌向前平伸，使腳尖與下腿儘量成一直線（很難做到，但心中要有此打算）。還原後，再將腳尖向腳背方向反蹺（這更難，但要做）。一伸一蹺合爲一動，做四十次。

這是吳文「蹦」的動物，但他只說前伸，沒有後蹺，故寧可補齊，使成爲前後全程活動，才夠平衡對稱圓滿。做這動作要慢，要確實，快是敷衍，難有實效，前伸時儘量用力求直，稍停。後蹺時要讓小腿肌腱收縮繃緊，仍要稍停，使腳踝關節得到充分的鍛練。

吳若石神父提倡足部按摩，那是別人捏我的腳，本篇則是我自己練習，主動的功效應比被動爲佳。

第五動：彎腿踢天

以上是腳部運動，可以蓋著被子，只要兩腳伸出被外就行。這第五動則不要蓋被，仰臥，雙腿伸直併攏貼著床面，右腿不動，屈左腿讓膝蓋縮向腰部，小腿自然放鬆不用力。然後再將小腿連腳尖用力踢向天空，愈高愈用力愈好，讓上下腿打直，停一下，再讓小腿還原，算是一次，共踢五次。再換右腿高踢，如此交互共做四十次。

這是吳文「蹬」的改良，作用在鍛鍊膝蓋骨（髕骨）及其關節使它靈活強健。今時患膝蓋退化性關節炎的朋友很多，每逢上下樓梯便膝蓋痠疼，故要多練。由於此時膝蓋沒有壓力負荷，即令用力踢出，也不會壞事。下床後，走路會感到輕快。

請不要疏忽膝蓋關節的保健。筆者於二〇〇五年鼓勇去攀登黃山，時已年逾八十，自恃體能尚可，輕視山險坡高。當我費力爬上光明頂時，膝蓋已發酸發軟，走平路還可對付，爬上坡則太吃力，遙望那遠在雲端的蓮花峰，石階又陡又峭又長，實在後繼無力，只好僱轎子代步，爲同伴所竊笑。

第六動：舉腿縮腹

不蓋被，仰臥，兩腿伸直貼床，用腰肌的力量，使雙腿抬高，舉向天空，膝蓋不可打彎，大小腿成一直線，最好與上身成九十度角。停頓片刻，再讓雙腿徐徐下降，要很緩慢，每降十度，就停頓一下，愈到後來停得愈久，效益就產生在這緩緩放下的過程中。這時爲了不讓雙腿快速下墜，你的腹肌非得用力收縮崩緊不可，你腰部的肥脂贅肉非得消去不可，甚至連呼吸都得閉住（俗話叫做「閉氣」），直到雙腿貼床，肚腹才開始放鬆，可以休息一下，調勻氣息，再做第二次舉腿縮腹，筆者做七八次就覺得已夠了。

這第六動吳文沒有，筆者卻認爲是不可缺少。這動作比「仰臥起坐」容易，功效則是相同，使肚腹減肥變小，達到瘦腰的目標。今人都有個水桶腰，孕婦肚，去年的長褲都穿不上了。須知腰圍粗凸，就是健康的兇兆，而腳腿腰應是三位一體，今將三者一併訓練，並未耗費很多時間，輕鬆易學，簡捷易行，懶人都沒有理由拒絕，益處倒是太多。（如果怕冷，這第五第六動自肚臍到胸口仍可蓋上薄被）。

醫生說：「衰老從腿腳開始。」年老人走路步伐變短，腳跟提不高，冬天每感膝蓋腳趾發冷，要加穿護膝厚褲、厚襪厚鞋，這便是不健康的徵兆，我們哪可忽視？

依筆者的經驗，從容做完這六個動作，最多不過花費二十分鐘。如果你不想要腳腿膝腰退化、僵化、老化，在每天二十四小時共一千四百四十分鐘裡頭付出二十分鐘，因而獲致健康，不能算它耗時太多吧？

附原文：腳部運動簡介　吳興鏞教授

中國一代硬漢哲學大師梁漱溟就曾說過：「人老從腳老起」。

從醫學觀點來看，腳有三項特點：第一、腳距離心臟最遠；第二、在站立時，腳在身體的最低處；第三、行走站立時，要承受全身的重量。因爲腳離心臟最遠，營養這部位的血管當然也最長，人老血管開始硬化，最長的血管當然最先受到影響，尤其它還要擔負全身的重量。更有甚者，從清早一起來，一直到晚上，一整天的活動中，站、坐、行，腳都處於全身的最低位置，腳部的血就最難回到心臟，因爲這些血需要經過靜脈瓣（向心臟單方向開的），經肌肉壓縮，更需要的是右心房的負壓，把血由一公尺多的腳部低處抽回來。這是對心功能的一項考驗。所以心臟機能退化，腳就開始變腫。

另外，血管硬化阻塞到某種程度，能夠步行的距離就開始縮短了，以前能不停地走十幾條巷子來回，現在只能走兩、三條，血液供給不足了嘛。等到「走幾分鐘路就要坐下來休息」時，距發生心臟冠狀動脈嚴重阻塞已爲期不遠了。

另外一些比較早期發生的腳部問題，就是退化性關節炎、生骨刺，神經性關節病變，腳趾麻木及感染等。一方面是由於腳部血液循環不好；另一面是腳從早到晚擔負全身重量不得修補，關節磨損。因爲目前幾乎所有運動都是站起來做的，一站起來，腳部就要受壓、受磨損，所以從腳的位置及功能來看，從人類進化到直立起來以後，就注定受到不公平待遇，要先「老起」；從另一角度來說，腳「不老」，腳部血液循環好，其他離心臟近的循環也就有保障了。

以上引言就是爲了說明「腳部運動」的奧妙之處。此一簡單的腳部運動是早上醒來在床上做，勿需站起來，不需覓場地，不阻於風雨，只要一睡醒來就做——午後小盹也可做。不站立，腳就無需背負全身重量，爲何要睡醒時做？因爲睡眠時，腳才完全休息。其實，除腳之外，身體其他負重關節，也才得休息。近來有人做實驗，剝奪正常人的睡眠，最先發生的症狀，除了精神煩躁不安外，身體各關節就開始疼痛，這說明了睡眠對關節保健的重要；另外一方面是睡眠可能讓身體產生一些未知的「生長素」，這些未知「生長素」可能可以刺激「修補」關節磨損，以及末梢微血管的生長等，使組織能在白天奔波之餘，在睡眠中得到修補。在清晨睡醒時，這些「生長素」可能處於分泌高峰，當我們於此時做腳部運動，因運動引起局部氧氣的需求，這些「生長素」就刺激一些新微血管，使腳部一直到趾部尖端的血液循環得以保持或進而改善。

這是我個人以多年從事醫學研究的基礎，對王東老（曾任湖南省政府主席的王東原將軍）的「腳部運動」做學理上的假設。正確與否，尚待進一步考證。但從近年發現各種新的「生長素」來看，以上這項假設爲「腳步運動」的學理基礎，是有可能成立的。此外在睡眠充分休息後做，比較不會引起因運動而發生冠狀動脈阻塞（心臟病），也是容易想見的。

另外，我國傳統醫學及民間醫術，認爲腳掌部位有「穴道」可控制全身各部位，印度民間醫術也強調腳掌按摩，可增進身體健康，也許都是實際經驗的累積，並且強調了腳部循環及運動對身體健康的重要性。

腳部運動很簡單，僅「拐」、「蹦」、「蹬」、「抓」四個動作。各八八——六十四次（八八——發發，中國人最愛的數字，除了討其吉利外，大概沒有什麼神祕性）。越多越好，開始時也不勉強，能做多少就做多少，但做此運動必須做到兩點，第一、在睡醒覺，起身前做（生理假設已如前述）；第二、必須有恆心，天天做，累月經年，效果才愈顯著。五分鐘熱度或一暴十寒，就辜負了王東原將軍這套簡單易行而有效的運動了。

「拐」：基本平躺體位（兩腿伸直，兩腳自然併攏），腳尖向外拐。右腳尖向右拐，左腳尖向左拐，雙腳同時做，做六十四次。這是踝關節運動或做爲整個運動的準備動作。

「蹦」：平躺體位，雙腳尖儘量向前平伸，使腳尖與小腿「蹦」成一直線。最初做時，膝部平貼床，如此做完六十四下仍覺太輕鬆的話，可試試把膝部微彎，再做同樣「蹦」的動作，就比較累人了。此動作妙處甚多，特別是強健雙腿肌肉，長途旅行，坐車搭機，想睡又睡不著時，平躺在椅子上，不妨多做此動作，一則可防止小腿血栓症，二則也許不知不覺您就睡著了。晚上失眠也可試做此一動作，但需輕點，別吵醒了身旁的他（或她）。

「蹬」：平躺體位，兩膝彎曲，兩腳抬起，然後用力蹬出去，做六十四次。這個「蹬」的動作，運動量較大，心、肺均得到鍛鍊，並可增強腹部肌肉，也使腹內器官，劇烈間歇壓縮，尤其增進腸的蠕動，對便祕症特別有幫助。此外，腹部肌肉強壯後，腰椎的壓力就減輕，對各種腰椎症都有幫助，特別是預防，如果已經有了退化性脊椎關節病。如骨刺、椎間盤脫出等等，則慢慢也會有效。但特別需要恆心！

「抓」：這是在「蹬」以後一項比較輕鬆的動作，是讓您想像腳掌像手掌一般，把腳趾盡力叉開，向外旋轉，像手掌般去「抓」，這個動作看似簡單，卻有意想不到的妙處。就像傳統醫學及印度民間醫術所強調的，這個動作等於是腳自己在按摩整個腳掌，做了六十四次以後，特別舒服，此時您就做完了起身前的運動了。可以起床步履輕快地去應付一天繁忙的公、私務了。

這四個簡單的腳部動作，很容易做，凡有恆心的，都是個案成功的例子。最主要的還是筆者十年來未間斷地做此運動，深深感到它的好處，幾乎可說達到妙不可言的地步。自己健康的改善，親友的成功實例，都可證明，可惜有些人覺得容易，沒啥稀奇，就一暴十寒，尤其是比較年輕的人，腳部沒有病痛的人就最容易五分鐘熱度了。個人經驗是它最適合中老年人做，因爲他們已經感到有需要，功效也就比較容易顯現。希望初做此運動的人，有個心理準備，不可能做三、五天就會見效的，而是每天不間斷地做，如果您沒有什麼重要器官的疾病，六個月後一定會覺得體力、腳力都有顯著的進步。

註：本文作者係浙江鎮海人，吳嵩慶將軍公子，曾任加州大學醫院教授。（本文刊載於傳記文學六十七卷一期，及湖南文獻第三十三卷第一期）

一一五　健走促康強

胖哥問道：「我年老體肥，腰圍粗大，體脂肪超過標準，血壓偏高，這都不是好兆頭，應如何獲致健康，請求指引。」

讕讕子說：你應該瘦身，早該去請教醫生。但我可以猜斷你有兩個缺點，第一是「運動不足」，第二是「飲食過量」，以致讓多餘的脂肪凝附在血管內壁上，使血管通道變狹或被阻塞。如果發生在心臟或腦部，就會形成心缺氧或腦中風，不可忽視。

如何節制飲食，那是另一專題，這裡不贅。至於倡導運動，茲特推介一種輕鬆容易、有百利而無一害、對任何人都有助益、值得提倡的活動，就是健走。

以前當過貴州省主席，來台後當過中華奧運會主席，活了九十六歲的楊森說過：「活動、活動，人要活著就要動。」

以前當過教育部長，來台後當過台中中國醫藥大學董事長，活了一百歲的陳立夫說過：「養身在動。」

奧運明星，有「飛躍的羚羊」之譽的紀政也說：「健走最好，方便易行。」

紀政在二〇〇五年三月，請到了研究健走二十多年的日本教授波多野義郎博士來台現身說法，爲健走全力宣導。

這位波多野教授，一九三五年生，日本神奈川縣川崎市人，現年七十一歲，東京學藝大學保健體育系畢業，美國密西根大學碩士，美國阿勒崗大學體育博士。目前他是東京學藝大學名譽教授，宮崎步行協會會長。他的著作有《奇蹟快步健康術》《成人病的健康運動處方及療法》以及《波多野義郎的步行健康法》。因而獲得「萬步博士」的雅號。

日本波多野義郎教授
有萬步博士之譽

健步的要領，要抬頭挺胸收小腹，兩臂放鬆，自然擺動。步幅大小隨各人的腿長而定。至於速度，初學者及年老的人，大約每分鐘走一百步。健步的目標爲每日一萬步，約需一個半小時多。習慣熟練之後，一分鐘可走一百廿步，一萬步只要八十三分鐘。如在早晨空腹時健走，可以口含糖果來補充糖份。飽腹時則宜先用緩步，慢走二十分鐘後再快走。晚上健走時，希注意安全第一，不走生疏小徑。波多野博士說：他每天要健走一萬三千步，故常保健康。

健走時，鞋子要鬆緊適宜，鞋底要厚實有彈性，腳趾距離鞋尖要有一公分的空隙，腳跟部份微高，以利起步。必要時，帶個計步器。

健走應該走多少步最好？波多野教授依據運動量和健康的相關性，認爲每天消耗三百卡路里，等於一萬步，對健康最有益。在我們的生活當中，如果是幹外勤工作的，每天會走到五千來步，爲了強身，一萬步並不太難。

健步的好處，是簡單易行，久暫隨心，不論何人，不論何地，不論何時，不論單人或多人，不需要特定裝備，都可輕鬆自在地開步走出去。

你如果半信或不信，就不妨先試走幾天看一看，也不會有甚麼損失；保證數天之後，就會覺得步伐輕快了，精力旺盛了，腰圍縮小了，便祕消除了，睡眠酣熟了，心情舒爽了，以至於個性都變得開朗了。

這一運動在財團法人希望基金會董事長紀政的全力推廣之下，台北醫學大學、屏東科技大學與世新大學都響應日行萬步的健走活動。新竹科學園區的廠商，也邀請紀政去演講。台北市大安森林公園、天母運動公園中的民衆，都以快步作爲運動，讕讕子希望大家都能學著去做，畢竟健康是珍貴的。

台北台灣大學附設醫院心臟外科主任王水深每天健走一萬步來養生，而且增向一萬五千步爲目標。他說：依據歐洲心臟學會提出的報告證實，每天一萬五千步更能保持健康及增進心臟功能。但各人體質不一樣，仍當量力而爲。健步時，最好讓自己走到流汗（請參看二〇〇五年八月卅一日聯合報E４版）。

國立成功大學體育教授林麗娟說：健走步伐要稍大，速度要較快，但雙腳要完全著地，這是要領。

國立屏東科技大學體育主任徐錦興說：健走只比慢跑少消耗百分之十的卡路里，優點很多。對不便做激烈運動的銀髮族來說，健走最合適、最方便、也最容易。朋友們要不要試一下呢？

總的來說：健康全靠自己，別人無法幫忙；有錢不能買來，練習保定有益；長命百歲不難，不做虧欠大了。

一一六　簡易保健六個字

讕讕子曰：爲了促進健康，我寫了一篇《腳部運動的學習與回應》蕪文，引起台北、台中、中國大陸湖南及美國的朋友們回話說要照著練習那六個簡要的動作（就是一抓一開、外倒內倒、左旋右旋、前伸後蹺、彎腿踢天、舉腿縮腹），認爲易學易行，且會長期做下去。

上文只是鍛練腳腿下半身，若要全身健康，當然還不夠。因此這裡再轉介另外六項保健做法，就是：一梳頭、二抹臉、三閉氣、四提肛、五轉腰、六屈膝；扼要說這就是「梳抹、閉提、轉屈」六個字。這六動比上期那篇文章所說的六個動作更爲簡單輕易，可以即學即做，且聽在下一一道來。

一、梳　頭

雙手十指略微分開，用手指自前額髮根處梳向腦後枕骨。若指甲太硬刮痛皮肉，可改用手指肉和手掌心用力，如此重覆梳頭四十次（多寡隨各人自定）。讓腦部血液循環暢旺，頭皮發熱。這樣做定可免除頭痛及頭部怕冷，也會刺激腦細胞使思緒敏銳，打麻將時反應快速，不會得痴呆症。

二、抹　臉

第一抹，抹額頭：十指貼在前額中央，同時由額中向兩邊橫抹，到太陽穴，抹十次。第二抹，抹鼻子：雙掌中指著力，由前額中央起，緊靠鼻樑兩旁往下抹，抹到嘴邊，做十次。第三抹，抹雙眉：十指貼臉，用手指由兩眉中間順著眉毛向兩旁抹去，到太陽穴，抹十次。第四抹，抹眼袋：用兩掌中指由眉間鼻樑的兩翼向下抹，然後循眼袋下緣浮凸的眼泡向左右抹開，重複十次。此動作目的是按摩臉皮，預防鼻塞，延緩老眼昏花，不讓眼袋下垂，使顏面永保青春美麗。

三、閉　氣

肺強身就強。坐臥站時都可以練，以臥式最省力，但睡處要空氣新鮮。要領是吸氣用鼻，吸到腹胸脹足。吐氣用嘴，吐到胸腹收緊。呼吸要細，切忌急促。做法是由鼻孔細細吸氣，先用腹式呼吸法，就是將橫膈膜下壓，使腹部向外鼓起，讓肺部下腔擴增，吸到腹脹時，再加用胸式呼吸法，就是將上胸肋骨撐高，使胸腔向外擴張，讓肺部上腔空間增大，繼續吸氣，直到腹胸全都吸滿了，就閉氣不吐，讓肺細胞吸飽氧氣。此時心中開始數數，初習時可能只數到五十，久練後可數到幾百。直到忍不住時，才慢慢從嘴裡細細吐出，不能有聲。吐淨後，腹胸都縮扁了，穢氣也吐完了，還須閉氣一陣子，才恢復到平常狀態。此時要作調息，平靜後再續做。初習時做三四次，久練後可做十次。這是增強肺臟功能，使支氣管末端的肺氣泡擴張，讓新鮮氧氣把髒血轉化為鮮血，是強身的根本之道。

四、提　肛

提肛就是訓練肛門肌肉的收縮，增加直腸的蠕動，紓解便祕的痛苦，有助於排洩功能的加強，又可促進肛門四周的血液循環，免生痔瘡。男的可預防攝護腺的增生肥大，女的可促進陰道的收縮彈性。連帶也會使膀胱括約肌變強，年歲大的男女多有頻尿、漏尿、尿滯留、及尿失禁的毛病，做此動作對膀胱無力管不住尿應會有助。坐立臥隨時隨地都可一提一鬆的做，一天應斷續做上四十次。一點也不難。

以上四動，乃是九十四高齡崔介忱老先生傳授的保健功夫，這是其中的四個要項。他是壯年時在察哈爾省清涼寺由光明法師親授的，至今崔老身強體健，百病不生。例如他做閉氣動作時，能數到一千個數。這是活的榜樣，我們追隨一下好嗎？下面還請增加兩動。

五、轉　腰

我們的腰部，下面連接腳腿，上面撐著頭胸，但我們常把腰的重要性忽略了，年歲大了後，漸感腰部痠痛，或腰彎僵變硬，俯仰都很費力，甚至不能彎腰撿東西，亟須解救。筆者有兩位朋友，上大號要用衛生紙時，因不能扭腰，手夠不到，十分苦惱。做法是兩腿分開站立，與肩同寬，手微握拳，兩臂隨身軀左右轉動而甩開。腰向左轉時，左手甩向後腰，順勢拍打後腰背的腎臟，同時右手也拍向左肩下的左胸肩胛骨處，使肺腔微震，這是半個動作。然後腰向右轉，動作相反，左右兩轉算成一動，做四十次。目的在促使腰椎及椎間軟骨鬆活。

六、屈　膝

兩腿分開站立，與肩同寬。練習時將雙膝向前屈彎，身體半蹲，姿勢愈低，收效愈大，上身保持垂直。稍停後，直立還原，如此屈伸四十次。作用在使膝部軟骨和韌帶牽磨靈活，鍛練膝蓋關節肌腱的伸縮力道。久練後，走路會感覺較前輕快。

七、結　語

以上六動，全都不難，易學易行，人人能做。尤其不要大場地，不費大力氣，不必挑時間，不誤正經事，不要器械幫忙，不要找人陪伴，有空就做，可停可續，全都算是懶人操。怕只怕沒有耐心，做幾天就放棄，那就沒話說了。如能繼續不斷，每個動作都做得認眞、用力，不必求快，但求確實，配合上一篇的腳腿六動做下去，保證你會康強永健。

一一七　養生有諺語

國人在漫長的生活實踐中，累積了豐富的養生經驗，而且多用簡鍊生動的語言來表達，形成了精萃的養生諺語。由於用字少，又押韻，易懂易記，以故流傳不衰。俗語說：藥補不如食補，此話不假。讕讕子偶然有幸讀到，今摘要錄供大家參看，不亦宜乎。

㈠

・蘿蔔抗癌，降福消災。
・韮根韮葉，散瘀活血。
・鼻子不通，吃點大葱。
・鮮藕止血，熟藕補血。

㈡

・若要不失眠，煮粥加白蓮。
・心血氣不足，桂圓煨米粥。

・蘿蔔小人參，常吃有精神。
・大蒜是個寶，抗癌效果好。
・只要三瓣蒜，疾病好一半。
・一日不吃薑，身體不安康。
・平常綠豆芽，通便催奶下。
・黃瓜鮮脆甜，多吃美容顏。
・番茄補血好，蓮藕解酒妙。
・一天吃三棗，終生不顯老。
・核桃山中寶，補腎又健腦。
・青龍白虎湯，喉病保安康。
（俗謂橄欖是治喉病的「青龍」，蘿蔔是治喉病的「白虎」）

㈢

・蘿蔔乾薑梨，治喉有效又便宜。
・早晨吃薑片，賽過人參鹿茸湯。

㈣

・紅蘿蔔，顯神通，降壓降脂有奇功。
・薑開胃，蒜敗毒，常吃蘿蔔壯筋骨。

㈤

・多吃芹菜不用問，降低血壓喊得應。
・常吃蘿蔔常喝茶，不用醫生把藥拿。
・冬天一碗薑茶湯，去風去寒賽仙方。
・常吃蘿蔔和蔥薑，保你身心兩健康。
・多吃紫茄煮米飯，黃疸肝炎好得快。
・蘿蔔纓子不要錢，止渴止痢賽黃蓮。
・多吃蕃茄營養好，貌美年輕疾病少。
・冬吃生薑夏吃蒜，年年不欠醫藥帳。

奇緣有巧第十九

一一八　憑彩囊姊弟重逢

人世間的死生悲喜，變化難測。我們看李用和一生的遭遇，算是相當離奇。《宋史・卷四六四・列傳第二二三》有李用和傳，以及宋代魏泰《東軒筆錄・卷二》也有李國舅的故事，今淺譯之如下：

「宋眞宗時，皇宮裡有位宸妃（九八七──一〇三二）姓李，後來追封爲皇太后。當她初選入宮時，還只有十多歲。家裡僅有一弟，剛七歲，名叫李用和。李太后在離家時，親手用縴絲編織了一個小型的五色袋囊（有似今時的繡花荷包）送給小弟，含淚對他說：即使因家道中落，顚沛流離，也不可丟了這個袋囊。將來我若顯貴了，必會來尋你，就用它作爲憑信。說罷禁不住哭著進宮去了。

「後來、弟弟在一家做紙錢（敬鬼神的冥紙）店裡當傭工，他經常把這絲囊掛在胸前。次年，他得了嚴重的痢疾，病情凶險，眼看無藥可救，快要斷氣了。這店家主人把他抬出丟棄在路旁，死活不管了。

「這時，幸而有位在皇宮裡當差的院子（宋代稱僕人叫院子）發現了，覺得他怪可憐的，發了善心，將他收養在家，漸漸康復了。可是見他衣衫破爛，胸前卻總掛著個五彩絲囊，問他從何得來的？他述告了一切，院子十分驚異，原來他曾經知悉李太后的旨意，叫人尋覓這個絲囊，以便找到她弟弟。院子再詳細問明他的姓氏、小名、生日、族系等細節，第二天，院子帶著絲囊，進宮面稟太后。

「此時、太后已封爲宸妃，且替眞宗生下了仁宗皇帝。宸妃得知了弟弟的消息，又悲又喜，當即稟告眞宗，眞宗便任命李用和爲右班殿直之職。他爲官小心靜默，推遠權勢，大家都贊他，以後升爲殿前都指揮使，一般人都稱他爲李國舅。」

讕讕子說：李用和的一生，初時潦倒，幾瀕於死，幸而遇到善人收養，憑一五色絲囊與皇太后姊弟重逢，嗣後乃一帆風順爲官。這種窮通存亡的遭遇，貴賤起伏的轉換，悲歡離合的因緣，與順逆甘苦的滋味，相當特異，眞是奇緣有巧。

李國舅胞姊李太后，依據戲劇與小說所述，也有一段悽苦的厄運：京戲裡有一齣「遇太后」（或叫「斷太后」、「斷后」），劇情說：

「宋朝包拯，行經趙州橋天齊廟前，忽遇大風，颳去轎頂，覺得事有蹊蹺，遂在天齊廟暫設訴堂。廟旁破瓦窰中有一瞎眼老婦，進廟申訴，自稱是當今皇帝宋仁宗生身之母李后。因遭劉妃陷害，流落乞討爲生。包拯以宮庭禮儀試之，瞎眼老婦應對無誤，遂允回京面聖，代爲辨冤。」

按李妃劉妃都確有其人（就是本篇所介紹的），至於李妃討飯而遇包拯，則純屬虛構。依《宋史・卷二四二》說：「李宸妃（後來封的）入宮爲劉妃侍兒……爲眞宗司寢……已而生仁宗……劉妃佔爲己有。仁宗即位，李妃默處嬪妃群中，未嘗自異。人畏太后，亦無敢言者，仁宗亦不自知爲李妃所生也。後來劉妃過世，燕王才說：陛下乃是李宸妃所生，而宸妃已死矣。仁宗號慟，追封宸妃爲皇太后，以上是正史的記載。但後人虛構情節，編成故事、戲劇（如上述「遇太后」）、小說則以《三俠五義》第十五回爲代表：

「三俠五義，現名七俠五義。第十五回『遇國母晚宿天齊廟』，說的便是李宸妃受難的故事，遇包公替她申冤，得慶團圓。」

京戲裡尚另有「狸貓換太子」大戲，是將劇情添加內容，設想頗爲獨特，提高了票房價值，簡介如下：

「狸貓換太子，又名『狸貓換主』，述說李宸妃生下男嬰，乃是太子，哪知被奸臣郭槐設計用狸貓替換。宸妃因此被逐出宮外，流落民間。男嬰被劉妃奪爲己子，就是太子。太子即位爲宋仁宗，不知道生母爲李宸妃。幸賴包公使宸妃回宮爲太后，屠奸雪恨。」

這齣戲雖然不盡符合史實，但情節曲折，結局使壞人終遭報應，邪不勝正，大快人心，故流傳至今不衰。

一一九　虬髯客花結闖天下

清代徐珂（一八六九—一九三八，字仲可，杭州人），好學不倦，他搜集各種野史遺聞，編撰爲《清稗類鈔》一書，分爲時令、教育、文學等九十二類，計一萬三千五百餘條，包羅詳富。在其《盜賊類》中，有一篇「虬髯客經手無所失」的傳奇，描寫江湖黑道行規，頗有新鮮趣感，原文係重新彙編爲《傳世藏書》，橫行排印，簡體字，由海南國際新聞出版中心出版，全套經史諸子小說等計數十巨册，珍存於台北國家圖書館，原篇爲文言文，較爲艱澀，今譯爲白話如次：

「武昌某甲，在四川替人幫傭，辛苦多年，積存了工銀五十兩。年紀已大，想回故鄉。但單身獨自帶銀遠行，很不安全。他把銀兩縫藏在半截破棉絮中，捲綑起來背在肩上，裝成乞丐上路。

「行到重慶，路過一座酒樓，雅座上有七八個人，衣帽體面，談話爽利，正在暢飲。某甲進去討錢，那群人先沒理他，某甲一味哀求，惹得一位豪俊的年輕人笑著責問他：『你已經有了五十兩啦，還不夠嗎？爲甚麼還要討？』某甲大驚，暗忖他們早都知道了，今天竟遇到了這幫惡煞。連忙跪下，儘賠不是。上座有位留鬍子的長髯公指著他說：『把那破棉絮拿過來！』某甲自知抗阻不了，乖乖地把那破棉絮包包奉上。長髯公解開那細紮的繩子，重新綁繫，縱橫纏繞了好幾圈，最後打了個大花結，丟向他說：『你走吧！千記不可解開這個結子，爛絮就始終是你的了。』某甲連忙謝過，趕快離開。

「到了石門（洞庭湖西邊的石門縣），只見對面來了兩個壯男，迎向他笑道：『元寶來了！』某甲一驚，這兩人合手搶過絮被，瞧到了花結，看了好久，竟然丟還給他，還拍著某甲的肩背說：『剛才是和你開玩笑的，你走吧！』

「他用破衣把棉絮包了，繼續走到巴陵（湖南岳陽縣），卻有一個漢子，或前或後的跟著他。某甲故意在路邊小歇想躲一下，那人竟趁機搶去絮被，一手把那件外面罩著的破衣扯開來，突然開口罵道：『勞累我大爺冤枉跟蹤了一整天，太不划算了！』某甲不明究裏，問他罵誰？那人道：『原來你認識虬髯公呀！江湖上誰不敬重他。凡是虬髯公親自細紮的包包，走遍天下都絕無失誤。但你不該把破衣罩住，別人看不到那個結子嘛！』

「某甲更爲驚駭，立刻揭下破衣，讓那花結子裸露著趕路，千里迢迢，回到武昌老家，五十兩紋銀，分毫無損。」

讕讕子說：「盜」之遠祖，應是春秋時代魯國的盜跖，他擁有徒衆九千人，橫行天下。他還誇說作大盜要具備五種德性，就是聖（能猜中對方有錢財）、勇（有膽子動手）、義

（保護盜群同伴全身而退）、智（決定何時下手最能獲利）、仁（均分財物，人人有得），這叫「盜亦有道」（請參見《莊子、胠篋》及《呂氏春秋・當務》）。雖是盜幫，卻也「幫有幫規」。例如青幫（沿長江及運河一帶發展）、洪幫（又稱洪門，俗稱紅幫，入門者叫洪家兄弟）、哥老會（不少「湘軍」入會）、道友會（哥老會的旁支）等幫派組織，自清初起至第二次世界大戰之前在民間都頗爲盛行。幫會中講究倫理、輩份、尊卑、服從。入門拜師時，禮儀莊肅。既入門後，必須恪守幫規，尊重江湖義氣。例如遇有幫內豪士，殺了貪官，爲民除害，逃往他邑。這位豪士只須去找那個地區的舵把子（地區頭頭）。即使互不認識，只要在問答對談時，夾說些幫會暗語；以及端茶敬客時，作出些特殊手勢，就知道原是一家兄弟。此時這位地區幫主不但要全力保護他，而且要義務提供食宿；臨別時還需贈送路費，及介紹下一個地區的舵把子接手，這才叫義氣。

青洪幫成立之初，原是「反清復明」的祕密會黨組織，但日子久了，難免要打劫一些不義之財來維持運作開銷，例如動腦筋到本篇某甲身上。但由於巧遇虬髯公，繫上花結，其他人便都不敢冒犯了。

筆者在民國廿九年單身出遠門，長輩教給我綑綁被包的紮繩之法，不但紮得緊，且又顯美觀。長輩說這種紮法表示你是個老江湖，路上會較穩妥。這一招有沒有效我不知道，但一路車船平順無事，則是確證。

一二〇 菜婆醜女是吾妻

「月下老人」「千里姻緣一線牽」，說的都是「定婚店」故事，見唐人李復言《續玄怪錄》及宋人李昉《太平廣記．一五九》，同是講述唐人韋固的奇巧姻緣，大意是：

「韋固晚上見一老人，在月下翻書，看的是記載天下的『姻緣簿』。老人說：我用赤繩繫在男女足上，不論仇敵之家，貧富懸隔，終會結成夫妻。你的妻子，就是賣菜陳婆之女。韋固往菜市尋訪，見一瞎眼婆子，抱一女孩，又髒又醜，心生厭惡，就指使隨從去刺殺她，誤刺眉心，沒死。後來韋固娶了刺史大人之女，甚美。但眉毛上常貼一片花飾。妻子說：我三歲時，被狂人刺傷。韋固大驚說：刺妳的人，原就是我。這眞是奇緣有巧。」

這眞是巧緣佳話一樁，不知讕讕子有何評論？

讕讕子說：這種相類似的美事，還有五代王仁裕《開元天寶遺事．牽紅絲》一書中，述及唐朝宰相張嘉貞要招郭元振作女婿，乃將他五個女兒，每人繫一根不同色的絲繩，從後堂穿過簾幙引到前廳，郭元振選牽其中一根紅線得最美的第三女爲妻。以上二例，可讀性都很高，以致「赤繩繫足」（月下老人之語），「繡幙牽絲」（郭元振得妻）成語，膾炙人口，流傳不衰。筆者今再另推出五代人范資《玉堂閒話・灌園嬰女》以及同見於宋人李昉《太平廣記・二六〇篇》的巧遇奇姻，作個簡介：

「某秀才，想娶妻，去問卜。卜卦者說：你的妻已兩歲了，父母是種菜的。現住某處。秀才潛去私訪，見女孩很醜，心中不樂，趁她父母外出，秀才誘近女孩，用細針刺入她頭頂腦門中，趕忙走脫。心想女孩必死，哪知無事。到六歲，女孩父母雙亡，被上級按察使收爲養女。其後，秀才登科任官，有事常來按察使處，見他才高貌偉，便將養女嫁他。女兒聰慧美麗，秀才甚喜。回想那卜者的話，全是亂說。但每逢雨天陰晦時，嬌妻就會頭痛。求醫診治，醫生用珍藥封住腦頂，隔日引出一針，病就好了。秀才大駭，暗訪岳家的親人舊識，才知道愛妻原本是種菜農戶的遺孤，才信服那卜卦者的鐵口靈驗。」

這些奇緣巧遇，或許另外還有。但舉此三例，也儘可提供談助了吧？正是、有分教：

「奇緣由夙締，巧偶自天成。
月老纏紅線，誰何敢不遵？」

一二一　元寶回歸故主

明代通俗文學家馮夢龍，字猶龍，又字子猶。命他的居室叫「墨憨齋」，自命為「墨憨子」。生於明神宗萬曆二年（一五七四—一六四六）。著作有《三遂平妖傳》《中興偉略》《七樂齋稿》《增廣智囊補》《古今談概》《喻世明言》《警世通言》《醒世恒言》（以上三書，合稱《三言》）。可一居士為《三言》所寫序文說：「極摹人情事態之奇，備寫悲歡離合之致。」他對文學資料的搜集整理，貢獻很大。

日本學者岡田白駒和澤田一齋，把這些小說翻譯為日文的《小說精言》《小說奇言》《小說粹言》，也合稱為日本的《三言》，多是取材自中國《三言》裡的故事。

讕讕子說：在《醒世恒言》第十八卷「施潤澤灘闕遇友」篇中，作者寫了一件轉送元寶饅頭的妙趣巧述，似可稱為曲折離奇事一樁，略謂：

「施復，號潤澤，與妻子喻氏，都樂善好施。他想送兩個小元寶給薄老兒。薄老兒說：老漢福淺，無緣受用。施復說：這是我起心要送的，與福淺無關。薄老說：老漢知命，勉受儻來之財不吉，拒絕了。施復到後堂與妻商議。妻子喻氏說：把兩個小元寶，分別包進大饅頭裡，送他當點心，到家看見了，就會收下了。施復道：此法甚妙。施復留薄老用餐，薄老喝得半醉，起身告辭時，女僕送上兩個饅頭。薄老說：我酒醉飯飽，路上哪能再吃點心？施復說：帶回家也好嘛。薄老說：我家就做饅頭生意，每天都有呢。施復把饅頭塞進薄老袖裡說：這饅頭餡兒好，你吃了就會曉得。薄老只好受了。出門說道：不知回程有無便船？施復見他醉了，擔心丟失這兩個饅頭，便喚個家人，撐家裡的船送他，而且務必要送到家裡。船到埠，家人扶他上岸，送到家中。薄老從袖裡摸出那兩個饅頭，遞與施復家人說：別的沒有，送這饅頭給你當茶錢吧。家人再三推辭不過，只得接了。回到施復家中，施復見到饅頭，問道：這是我送薄老的，爲何你拿回來了？家人說：是他硬給小人，再三推辭不脫，勉強受的。施復暗想，看來這兩個元寶，薄老眞沒福受用。便吩咐道：這饅頭滋味不同，莫要再送別人啦。家人回到自己屋裡，把饅頭交給老妻，還來不及講明來由，以及主人囑咐不要送人的話，就被叫去外邊幹急活去了。他妻子照顧兩個兒女，都正害病，又都貪嘴好吃，吃大饅頭會消化不良，加重病情，便拿著這兩個饅頭，到喻氏主母跟前，說想把饅頭換點中藥甘草做藥引治病，喻氏照給了。施復回到房中，說起薄老把饅頭轉送家人，也該是這個家人的造化。喻氏聽後，答道：這就奇了。取來那兩個饅頭，要施復剝開，只聽噹的兩響，那元寶掉在桌上，物歸原主。施復問道：這饅頭爲何又回到這裡？喻氏把根由說明清楚，兩人不勝嗟歎。才懂得財寶歸屬，自有福緣。命裡有時，送它不走。命裡無時，沒法留它。」

明人蘭陵笑笑生《金瓶梅詞話》說：「命裡有時終須有，命裡無時莫強求。」對錢財若能看得淡，想得開，樂天知命，心胸才會朗爽，精神才會愉快。

後記：無福消受，原物退還故事，也請看看清代蒲松齡《聊齋志異》卷三「姊妹易嫁」篇。記述毛公兒時家貧，張翁許以長女嫁他。等到迎娶時，長女嫌毛家太窮，拒不肯上花轎。拖延無法解決，其妹乃自願以身代嫁。後來毛公中舉人，登進士，轉爲富貴。其姊另嫁一富家，但丈夫蕩惰，家產敗光，無以爲炊，姊甚爲慚怍。後來夫死，姊入庵爲尼。及毛公任宰相，尼庵住持強遣其姊赴宰相府謁問，希望能獲餽贈。其妹送她羅絹十匹，綁成一捆，絹內暗藏百兩銀錢，其姊不知，帶回尼庵。住持失望說：如果給錢，還可買米，這些絹物，有何用處?因原封退回。其妹拆開檢看，銀兩仍在，惋惜其姊福淺，無緣消受。因再送紋銀五十兩，並說禮金不敢送多，恐怕福薄難以承荷云云。

解頤有樂第二十

一二三　虱爬宰相鬚

宋代朱弁（音變）《曲洧舊聞》書中有「王荆公（王安石封爲荊國公）」一條，述說王安石（一〇二一—一〇八六）生性簡約草率，不愛修飾。衣服即使有塵垢髒污都不以爲意，飲食也習慣於粗茶淡飯從來不挑剔。他的注意力全部放在做學問方面，除了官拜宰相之外，也是位詩文大家。

同時代有位彭乘，撰有《墨客揮犀》筆記，其中有一條「荊公禹玉」，提到王安石與虱，頗爲有趣，是這樣說的：

「宋神宗熙寧年間，王荊公安石，與王珪（字禹玉）同在宰相府任官。有一天，兩人同到皇帝宮中議事。談論之間，有一隻虱子，從王安石官袍衣襟裡爬了出來，又爬到長鬚上來回遊走。宋神宗看到了，不好說破，只是笑笑，王安石猜不出是何緣故。退朝之後，王珪才指出是虱子在逗人發笑。安石覺得難爲情，因叫宰相府侍者捉出虱來掐死。王珪卻說：『慢著！豈可輕易就弄死它？待我獻上一聯，先來頌贊這虱兒不平凡的際遇！』王安石不懂，說：『你要贊甚麼呢？』王珪笑著贊道：『這虱兒「屢遊相鬚，曾經御覽」（屢次遊走在宰相的鬍鬚之間，還曾經被皇帝御目觀覽過）論其遭遇之奇，何可殺也？權其處置之法，或曰放焉（經歷不凡，放它一條生路好嗎），因爲它眞是貴幸無比呀！』王安石也不覺笑了起來。」

虱是因髒而生，惹人厭惡，但一經王珪美化，似覺可以解頤而饒有雅趣了。猜想是古代人不常洗澡，不常換衣，身垢加衣垢，故而虱生。王安石且有一首七言排律古詩詠虱，其中有兩聯說：

咀嚼侵膚未云憯　爬搔刺骨終無那
時時對客輒自捫　十百所餘才幾箇

那時司馬光是反對王安石變法的，但對虱子兩人都有同感。他在《和王安石烘虱詩》中有如下四句：

晨朝生子暮生孫　不日蕃滋逾萬箇
透疏緣隙巧百端　通夕爬搔不能臥

大概是英雄所見略同吧。

更有趣的是另外一樁有關虱子的爭論，不可不記。蘇東坡和秦少游交情很好，但爲了虱子卻爭執不讓：蘇說虱子是人身垢膩所生，秦則說虱子是衣服上的棉絮絨毛所生。兩人都不服輸，最後同意明天一齊去請教那金山寺的佛印和尚，輸家得請贏家吃館子。

當晚，秦少游夜叩佛印山門，先一步請求佛印贊同他的說法，答允請佛印吃一頓「不托」（煮餅）。秦告辭後，蘇東坡也來請佛印支持他的論點，並許諾佛印吃一頓「冷淘」（過水麵條）。

第二天，三人碰了面，佛印宣告評斷說：

「虱子之生，簡單明確，老衲仲裁，你倆聽著：
垢膩爲身，絨毛爲腳，先吃冷淘，後吃不托。」

讕讕子說：吾人在莊重之餘，不妨偶爾輕鬆一下，無傷也。若能會心一笑，應將有益健康，故摻夾少許趣聞，以收調劑之效。

至於本篇，虱者，害虫也。申言之：凡做官的尸位素餐，只想多領薪水，偷懶不肯做事，對政府有損無益，這叫蠹國害民的「虱官」（見商鞅撰《商君書》去彊篇）。又依《苻子》一書所說：我們爲小事而忿爭就叫「虱鬥」。但「捫虱」卻顯示豪情壯氣。據房玄齡《晉書．王猛傳》說：王猛會見桓溫，一面暢談天下大勢，一面捫虱，旁若無人云云，好像雙方都不以爲怪似的，這就含有任性豪放、從容不迫、絕無畏忌的能耐，也引出李商隱《寄祕閣舊僚》詩「海逐遷鶯伴，誰觀捫虱時」之句。不過、現今衛生進步，想要捫虱而談，已經不可能了。

一二二三　單隻皮鞋逃重稅

閒書中有這麼一樁美國商人與海關鬥法逃稅的趣事：

「美國入超嚴重，因此對高級進口貨物課以重稅，例如進口高級皮鞋，課徵百分之一百的關稅。進口商卻施展妙計來逃避。他先進口一萬隻全是左腳的皮鞋，海關要徵重稅時，進口商力爭這不可能作爲高級皮鞋用，而是半賣半送給缺腿殘障朋友用的。收取重稅不合理。海關詞屈，只好按普通稅率僅收百分之五。

「海關當然不笨，密切注意那另外的一萬隻右腳皮鞋。終於貨到了，海關靜待進口商來提貨。

「那知日子一天天過去，皮鞋沒人提領。海關認爲是進口商寧可放棄這批皮鞋，以免挨重罰而損失更大。一直到超過了海關倉庫代爲保管的限期，只得視同『無人認領』的呆貨而公開拍賣。

「單腳皮鞋誰要？僅有一位名不見經傳的小商人，在毫無競爭的情況下，以不到進口關稅百分之五的最低價標買去了。」

讕讕子曰：標到單隻皮鞋的小商人，當然是上一批單隻皮鞋進口商指使來的替身，藉此逃避了重稅，終於將左右單隻皮鞋配對成雙，賣得了高價，眞是樂呼呼妙哉！

按：長統的皮鞋叫靴，以前當官的人要穿官靴。這裡另引述一則「單靴九百」的趣談來作調劑，這故事出自宋代歐陽修《歸田錄》第十二則，和明代曹臣《舌華錄》冷語第六，以及明代兪琳《經世奇謀》卷之二「應猝類」。白話譯之如下：

「五代時，馮道（八八二—九五四，字可道，新五代史有傳）與和凝（八九八—九五五，字成績，舊五代史有傳）同在中書省爲官，分別擔任左右宰相。一日，和凝問馮道：『你腳上新買的官靴，價錢多少？』馮道單獨擧起左腳答道：『這是九百。』和凝生性躁急，一聽沉不住氣，立刻轉頭責問旁侍的小差官：『我的官靴，爲何要花一千八百才買得到？』跟著就想拿他問罪。這時馮道慢慢地再抬起右腳，從容補充說：『這隻官靴，也是九百！』和凝一時頓悟，不覺莞爾，被逗得滿堂大笑收場。」

一二四　沙彌想念老虎

清代袁枚（一七一六—一七九八，字子才，人稱隨園先生）撰有《子不語》，其續編卷二裡有一短篇：

「五臺山某禪師，收了一個小沙彌，剛滿三歲。五臺山極高，師徒在山頂修行，從來未曾下山。

「以後過了十多年，禪師帶著這位弟子下山，沙彌才見到牛馬雞狗，但他都不認識。禪師一一指著告訴說：『這叫牛，會耕田。這稱爲馬，能夠騎。這是雞和狗，雞會早晨報曉，狗可替人守門。』沙彌唯唯，點頭聽了。

「一會兒，有位少女走過，沙彌問道：『這個動物叫甚麼名字？』禪師怕他分心，神色莊嚴地告訴他說：『這是老虎，接近她的會被咬死，落得個屍骨無存。』沙彌也唯唯，點頭聽了。

「晚間回到山上，禪師問道：『今天你在山下見到這麼多東西，有哪些是在你心上想念不忘的？』沙彌說：『別的我都不想，祇想念那吃人的老虎，心上總覺得忘不了她，丟不開她。』」

讕讕子說：袁枚的《子不語》一書，記的是鬼神怪異之事。是源於《論語・述而篇》所說「子不語怪力亂神」之意，取爲書名。但後來他發現元代人的說部已有這個書名，故改爲《新齊諧》，也是源於《莊子・逍遙遊》所說「齊諧者，志怪者也」之意。

本篇所述的禪師與沙彌，其情節似有牽強而不合情之處。例如禪師收徒，怎可能收三歲幼童？他衣食不能自理，又怎樣去唸佛參禪？至於那沙彌，三歲雖小，心智已開，懂得的事也當不少，哪會沒有看過雞狗女人（他媽就是女人）？我們且把此文當作寓言看好了。

篇中的牛馬雞犬，都是配角，只是陪襯，由此而引出少女，她才是主角，乃一篇的重心。但老和尚認爲女人是洪水猛獸，是吃人的老虎，吃到骨頭都不留存，最好疏遠不理會。這或許也是大男人沙文主義（chauvinism），輕視女人。本來嘛，愛少女原是兩性間正常的吸引，而且現在已經女男平等。如果男人視女人爲老虎，女人何嘗不可視男人爲豺狼？這都難免有些偏斷了吧。

一二五　以前沒有讀過書

中央日報出版部編印了《趣譚》單行本。今摘錄第三輯中第四篇「以前沒有讀過書」原文共賞：

「我請了一位婦人爲半日工，幫忙家務。

她走到書櫃邊，很驚訝地看著堆近天花板的書。

『我以前幫過一家人，也有很多書。』她說：『那人叫葉公超。』

我唔了一聲。

『我在猜，他是不是以前沒有讀過書？』她很迷惑地說：『要不然，怎麼會現在還在讀個不停呢？』」

讕讕子說：葉公超先生（一九〇四－一九八一）盡人皆知，他留學美、英、法國，學貫中西。當過九年的外交部長，後來做駐美大使，曾派爲中日雙邊和約全權代表，又爲中美共同防禦條約全權代表，他息影後，仍舊手不釋卷，讀書不輟。兼擅寫字繪畫。他自述說：「怒時寫竹，喜時寫蘭」，書畫雙雅（請賞蘭竹圖）。他又有寄慨詩曰：

黃帽西風白馬鞍　登臨卻笑步爲艱　歸林倦鳥知安隱　照眼斜陽未覺殘

欲借丹霞弭往轍　不因險巇亂心壇　青山翠竹凌霄節　樂與遊人夾道看

詩中寓有深意。

我們勸人讀書，與其正面搬出一大堆道理來教訓別人，例如：

爲甚麼要讀書？（因爲「玉不琢，不成器」，因爲「萬般皆下品，唯有讀書高。」）

爲甚麼要不斷的讀書？（因爲聖人說：「學而時習之。」因爲俗語說：「活到老，學到老。」）

讀書有甚麼用？（因爲『讀書才能明理。」因爲「書中自有黃金屋。」）

如果不讀書呢？（那就會「人不學，不知義。」那就是「文盲」受人譏，「白癡」受人欺。）

有甚麼勤學的範例嗎？（太多了，「鑿壁偷光」「負薪」「掛角」，孔子「韋編三絕」，董遇「學足三餘」，王闓運「不成誦不吃飯」……）

葉公超蘭竹國畫及書法

但以上這些問題和答案，似乎都是陳腔濫調、酸腐常談，恐怕少有說服力量。還不如請他多看幾遍這則趣談，拿葉公超先生的志行做爲榜樣，說不定反而會自動向學了呢。

遠在戰國時代，楚國（湖南省就屬於楚）有位詞賦大師宋玉，與屈原齊名。《昭明文選》刊載了他的《登徒子好色賦》原文說：

「……

天下之佳人，莫若楚國；

楚國之麗者，莫若臣里；

臣里之美者，莫若臣東家之子。

……」

接著又說：「東家之子，增之一分則太長，減之一分則太短。著粉則太白，施朱則太赤。……」此賦描寫美

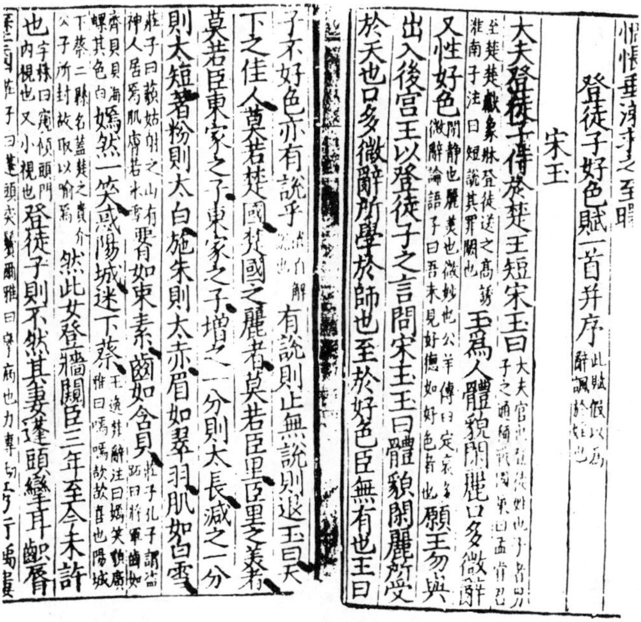

登徒子好色賦一首并序

宋玉

大夫登徒子侍於楚王短宋玉曰玉為人體貌閑麗口多微辭又性好色願王勿與出入後宮王以登徒子之言問宋玉玉曰體貌閑麗所受於天也口多微辭所學於師也至於好色臣無有也王曰子不好色亦有說乎有說則止無說則退玉曰天下之佳人莫若楚國楚國之麗者莫若臣里臣里之美者莫若臣東家之子東家之子增之一分則太長減之一分則太短著粉則太白施朱則太赤眉如翠羽肌如白雪腰如束素齒如含貝嫣然一笑惑陽城迷下蔡然此女登牆闚臣三年至今未許也登徒子則不然其妻蓬頭攣耳齞脣

宋玉好色賦

人，由國到鄉，由鄉到家，由大而小，由遠而近，算是獨創。

讕讕子曰：我前面寫的幾篇雜文，都是正經文章，讀者看厭了，不免心煩氣躁，似宜來點小趣味以資調劑。今且婢學夫人，仿宋玉口吻，試寫一段頌詞，來吹捧《湖南文獻》，作爲義務宣傳，不要稿費，詞曰：

「天下之雜誌，莫若我國；

我國之雜誌，莫若台北；

台北之雜誌，莫若湖南文獻最出色——

爲甚是湖南文獻最出色？

因爲湖南騾子個個蠻強了不得，不肯緘默，有屁就放，不怕失格！」

注一：失格是湖南土話，是丟失面子，欠缺格調之意。

注二：句中的國北色得默格，都是入聲十三職仄韻。

本來嘛，《湖南文獻》原是在台各省鄉情雜誌中歷史最久、內容最精的第一名，有口皆碑，這首詞不過是讚個現成的罷了。

有人說：「文章是自己的好，太太是別人的好。」這話正說到你我的心坎上。我的一位湖南朋友撰文自誇說：「余於書，無所不讀。下筆、文不加點。」好大的口氣！不知他曾經翻讀過英法西俄的世界名著沒有？閱遍過《四庫全書》七萬九千卷沒有？

又有另一位湖南朋友公開說：「我的文章，一個字不許改。」好強的自信！豈不知歐陽修、陶淵明的範文都有錯還得改呢。以上全是眞人眞話，因將自視這股爲天下第一的驕氣傲氣，白描詠之，打油如下：

「天下文章數我湘，
我湘文章數我鄉；
我鄉文章數我弟，
我弟向我學文章！」

雖然確信自己的文章最好，但自誇自擂硬說我是天下第一，似乎不好啓口。只得拐個巧彎，抓出弟弟來墊腳，這就能自圓其說，不會臉紅了。詩句從天下起頭，氣勢壯闊，四句金言裡有七個「我」，有四個「文章」，雖然重複，不顯累贅，應算天下第一，眞是擲地有聲，確然一個字也不能改，即使讓李白看了，也得佩服吧？

一二七　富貴人人愛

清代胡澹菴《解人頤・博雅集・詼諧類》書中有一故事：

「有一人多行善事，死後輪迴應投生富厚人家。閻王問其所欲，他答道：

父是尚書子狀元　繞家萬頃好良田
魚池花果般般有　美妾嬌妻個個賢
庫積金銀倉積粟　陸乘車馬水乘船
身居一品王公位　安享榮華壽百年

閻王笑應道：既有這等好去處，有富有貴又長生，還是讓我自己去投胎吧！這個閻王大位留給你來做好了。」

以上這段解頤趣話，該是說人的貪念，沒有止境。

讕讕子曰：人的欲望無窮，永無滿足之日。明代進士羅洪光有形容人性貪婪詩云：「人心不足蛇吞象。」小蛇找食物，看到一頭大象，欣喜的想：我若吞下這大象，半年都不會餓了，多好。《楚辭・屈原・天問》說：「一蛇吞象，厥大何如？」是請問小蛇如何能將這龐然大象吞入肚內呢？《山海經・海內南經》則說：「巴蛇食象，三載而出其骨。」消化了三年，才排泄出骨頭，這該是荒謬神話，不必探究其眞實性吧。

《易經・繫辭上》說：「莫大乎富貴。」若能「富」有四海（天下財富，盡屬於我，錢最多），「貴」爲天子（做了皇帝，權位最高），如此應可滿足了凡人的美夢吧？但這還不夠，還想要長命百歲。百歲還不夠，最好活到萬歲，萬萬歲。

這該怎麼辦到？很難。如今天下財富，都已物各有主；而元首、總統，一國只有一個。如要爭取富貴，就必須你搶我奪、發動戰爭，怪不得世界永無寧日。而「不死之藥」則自秦始皇迄今，一直未能發明問世，一旦壽期屆滿，上帝便召你魂歸天國。似此重重煩惱，還眞難以解脫呢。

其實，這些物質層面的欲望，要給它淡化才對。錢財官位，都該視爲身外之物，生未帶來，死不帶走。《論語・述而》說：「富貴于我如浮雲。」旨哉斯言，看破了它，看穿了它，就了無牽掛。

請看看李白《上裴長史書》信中所說的：「（我李白前些時）東遊維揚（江蘇揚州），散金（分散錢財給朋友）三十餘萬，此則是我之輕財好施也。」他就是如此灑脫，我們要不要學學看呢？

一二八　你這樣忙

中央日報自行編印了《趣譚》一書，其第四輯由主編孫如陵先生寫了「編後」，孫先生引述了一段故事：

「蔡維屏先生與朋友在洗手間相遇。朋友說：『蔡公，你這樣忙，連上廁所還要親自來嗎？』實在叫人哭笑不得。」

讕讕子說：蔡維屏先生（一九一一—一九九七），美國伊利諾大學博士。曾任外交部次長，駐美代表處處長，駐沙烏地國及紐西蘭國大使。他一生爲國宣勞，從未休息。

這位蔡先生的朋友，想必也是高檔知識份子，他討乖奉承的話，恐已超過了前人。我們從《舊唐書》卷九十・列傳第四十「楊再思傳」可以得知：

趣譚

「楊再思，官鳳閣侍郎，同平章事（官名），爲人巧佞邪媚。張易之（?—七〇五，稱五郎）弟張昌宗（?—七〇五，人稱六郎）以姿貌（眉清目秀，體態俊雅，還薄施脂粉）見寵倖（作唐朝武則天皇后的「面首」，就是男妾）。再思諛之曰（楊再思向張昌宗阿諛拍馬說）：『人言六郎面似蓮花，再思以爲蓮花似六郎，非六郎似蓮花也（別人說：你六郎臉蛋像蓮花。但我楊再思認爲這話不夠眞切，應該說是蓮花像你六郎，這是讓蓮花來模仿你，而不是你、六郎去反學那蓮花的嬌美情態）。』其傾巧取媚也如此。」

按張昌宗受到的寵倖，以後甚至有關國家大政，都由他弟兄倆來決定，以至朝廷中的官兒們都來巴結。楊再思應是最善長吹捧的第一名。他的逢迎討好功夫雖臻上乘，卻似乎仍比不上蔡維屏先生的這位朋友，言簡意賅，只是難免太肉麻了吧。

一二九　逗趣的英文字

一、順寫倒寫都是它：

①RACE CAR

意爲「跑車」。自前向後或自後向前唸，字母順序都相同，意義不變。

二、姓名倒順唸來都一樣，仍是原來姓名：

②NALLA ALLAN（娜拉．艾蘭）

③MARY BELLE BYRAM（瑪麗．蓓勒．拜瑗）

④EDNA LALANDE（愛黛娜．拉鸞蒂）

三、整個句子的字母倒過來唸，仍是原句（列舉四例）：

⑤TEN ANIMALS I SLAM IN A NET.

上列倒唸時，請參看下一行（已用括號將字母括入，以利識別），仍是原有的文句（僅分析這一例句，以下均同）：

（TEN）（A）（NI）（MALS）（I）（SLAM IN A）（NET）

⑥WAS IT A CAN ON A CAT I SAW?

⑦ A MAN, A PLAN, A CANAL PANAMA.

⑧ STRAW? NO, TOO STUPID A FAD I PUT SOOT ON WARTS

四、以上是依「字母（letters）」來排順反序次，也可以改用「單字（words）」來排次序，仍是原句。英國文學家林杰安（J. A. Lindon）寫了兩例：

⑨ You can cage a swallow, can't you? but you can't swallow a cage, can you?

⑩ Girl bathing on Bikini, eyeing boy, finds boy eyeing Bikini on bathing girl.

五、每個英文單字都要有母音，例如香蕉（banana）六個字母（letters）裡便有三個母音。請問有九個字母的單字只有一個母音是何字（你還能找出十個字母以上的單字只有一個母音的字嗎）？謎底是：

⑪ strengths（強度）

六、方塊字謎（word square）。在棋盤格中填字母，沒有空格，舉兩例：

⑫

K	I	N	G
I	D	E	A
N	E	X	T
G	A	T	E

⑬

O	R	A	L
M	A	R	E
E	V	E	N
N	E	A	T

右⑫橫讀直讀都是四個相同的單字 KING（國王），IDEA（主意），NEXT

（下一個），GATE（大門）。右下⑬圖直排字和橫排字不同，叫「雙字塊」，直排字是OMEN（頭兆），RAVE（怒吼），AREA（區域），LENT（出借）。橫排是ORAL（口述的），MARE（母馬），EVEN（相等的），NEAT（整潔的）。

七、「旋轉一八〇度」。有個標語牌說：「現在星期一不准游泳」：

⑭ NOW NO SWIMS ON MON

請將這句話轉過一八〇度再來看，仍然是原句沒變。巧合的是：首字NOW倒看就是末字MON，次字NO倒過來就是ON，而中央的SWIMS倒拼仍是SWIMS，頗有小趣（這是首尾對稱最長之句）。

八、字母重組。將原字字母重排，得出新字：

⑮ lawyers（律師）→sly ware（狡猾的東西）

⑯ punishment（懲罰）→nine thumps（重打九下）

⑰ halitosis（口臭）→Lois has it（露易斯就有它）

⑱ new door（新的門）→one word（一個單字）

⑲ one hug（抱一下）→enough（夠了）

⑳ they see（他們看）→the eyes（眼睛）

㉑ the Mona Lisa（蒙娜麗莎）→no hat, a smile（沒戴帽子，笑一個）

㉒ I ask me, has will a peer? →We all make his praise.

九、「字母抽出」。在一個句子裡，可自每個單字中抽出那隱藏在字內的單字。按照抽出的順序，可以另行排成第二句。抽出之後剩下的單字又可排成第三句：

㉓ Hone shallowed feather acorns wise restrained.

→on all the corn is rain.

→He showed fear as we rested.

十、「雪球句子」。寫出一句話，要使每一個單字都比前一字多一個字母（letter），像滾雪球一樣，愈滾愈大：

㉔ I do not much enjoy seeing dancing gorillas……

㉕ I do not know where family doctors acquired illegibly perplexing handwriting, nevertheless, extraordinary pharmaceutical intellectuality……

（以上兩句文章很長，未曾抄完）

讕讕子曰：這些文字遊戲，都是引自葛馬丁博士（Martin Gardner）所著「Aha!-Insight」，一九七八年紐約出版。中文係薛美珍翻譯，書名「啊哈，有趣的推理」，一九七七年由台北天下遠見出版。本篇只是簡略摘出一小部份。此外，凡是將英文字顛倒其字母使它變為新字或新短語，叫「迴文詞」（anagram）。例如將 live（生存）倒寫成為 evil（邪惡），將 lived（過生活）倒寫為 devil（魔鬼），是一種字謎之戲，但必須熟手才可從事。

一三〇　怎樣量水

（一）

台灣省屏東縣仁愛國小在寒假中舉辦數學營。營中設有多項諸如「神機妙算」「大吐苦水」「最佳割手」「乾坤大挪移」等趣味難關，來考驗大家的智慧。例如怎樣用七百及五百CC沒有刻度的水杯，在水桶邊要量出六百CC的水？新聞見二〇〇五、一、廿七、台北聯合報，介紹頗詳，但未說出答案。

讕讕子曰：這是腦力激盪（brain storming）的題目之一，錄之以增餘趣。破解並不太難，想出答案之後，不妨與下表比較，或許你的方法，更爲佳妙。

怎樣量出 600C.C.的水

步驟	動　　作	大杯（700C.C）	小杯（500C.C）
1	先將大杯盛滿水	700	0
2	將大杯倒入小杯使滿	200	500
3	小杯倒掉	200	0
4	將大杯中的水全部倒入小杯	0	200
5	大杯再加滿水	700	200
6	大杯再倒入小杯使滿	400	500
7	小杯倒空	400	0
8	大杯之水全部倒入小杯	0	400
9	空的大杯再盛滿水	700	400
10	已滿滿的大杯再倒入小杯使滿後，剩餘 600CC（答案）	600	500

（二）

此外，他處尚另有量水問題。近人鄭肇楨撰《智慧遊戲》，又名《數學遊戲》，書中也有量水題目，摘介如下：

有八公升及五公升兩個沒有刻度的水罐，在水缸邊想要量出四公升的水，怎樣量出來呢？

讕讕子說：這就是要將兩個水罐盛水，然後倒來倒去，使得其中一個剛好裝有四公升的水，便找出了答案，建議步驟如下：

（請參看下表第一法）

怎樣量出 4 公升的水（第一法）

步驟	動　　作	大罐（8 公升）	小罐（5 公升）
1	大罐注滿水	8	0
2	將大罐倒入小罐使滿	3	5
3	將小罐倒盡入水缸	3	0
4	將大罐的水完全倒入小罐	0	3
5	大罐再取水盛滿	8	3
6	大罐倒入小罐使滿	6	5
7	小罐倒盡入水缸	6	0
8	大罐倒入小罐使滿	1	5
9	小罐倒盡入水缸	1	0
10	大罐倒入小罐	0	1
11	大罐取水盛滿	8	1
12	大罐倒入小罐使滿（答案）	4	5

以上第一法，是經過十二步驟，使大罐恰有4公升的水，今另有較省之法如下：（請參看下表第二法）

這第二法只用到十個步驟，少了兩個步驟，使小罐恰好有水四公升。各位是否還有省便的方法，不妨讓腦袋激盪一下吧。

怎樣量出4公升的水（第二法）

步驟	動　　作	大罐（8公升）	小罐（5公升）
1	小罐取水使滿	0	5
2	小罐全部倒入大罐	5	0
3	小罐再取水使滿	5	5
4	小罐倒入大罐使滿	8	2
5	大罐倒盡入水缸	0	2
6	小罐倒入大罐	2	0
7	小罐再取水使滿	2	5
8	小罐全部倒入大罐	7	0
9	小罐再取水使滿	7	5
10	小罐倒入大罐使滿（答案）	8	4

（三）

今再介紹一則較有難度的量水遊戲：請用三個沒有刻度的水桶，分別可盛十二、七、五公升的水，要在大水缸旁，量出兩個桶裡各有六公升的水，如何得到？

第案是：只須將大桶盛滿十二公升的水，其他中桶小桶是空桶，以後就用這大中小三個水桶倒來倒去，不再倒回大水缸，就可完成，步驟列下：

（請參看下表）

怎樣量出兩個桶裡各有 6 公升的水

步驟	動　　作	大桶（12 公升）	中桶（7 公升）	小桶（5 公升）
1	大桶盛滿水	12	0	0
2	大桶倒入中桶使滿	5	7	0
3	中桶倒入小桶使滿	5	2	5
4	小桶全部倒回大桶	10	2	0
5	中桶倒入小桶	10	0	2
6	大桶倒入中桶使滿	3	7	2
7	中桶倒入小桶使滿	3	4	5
8	小桶全部倒入大桶	8	4	0
9	中桶全部倒入小桶	8	0	4
10	大桶倒入中桶使滿	1	7	4
11	中桶倒入小桶使滿	1	6	5
12	小桶全部倒入大桶	6	6	0

也是用十二個步驟完成，各位可有更爲簡便的方法？

書名索引（數字代表篇目）

經部

史部

子部

集部

詩 詞

文　字

小　說

圖表索引（數字代表篇目）

人像

景物

地圖

書版

表格

十九畫

廿畫及以上

十七畫

十八畫

十　六　畫

十　五　畫

十　四　畫

十三畫

十二畫

十一畫

十　畫

九　畫

八　畫

七畫

五　畫

六　畫

人名索引（數字代表篇目）

國家圖書館出版品預行編目資料

試說新語 / 朱培庚撰. -- 初版. -- 臺北市：文史哲, 民 95
頁： 公分. --（文史典故；6）
含索引
ISBN 957-549-678-7 (平裝)

856.9 95011186

文史典故 6

試說新語

撰　者：朱　培　庚
出版者：文史哲出版社
http://www.lapen.com.tw
登記證字號：行政院新聞局版臺業字五三三七號
發行人：彭　正　雄
發行所：文史哲出版社
印刷者：文史哲出版社
臺北市羅斯福路一段七十二巷四號
郵政劃撥帳號：一六一八〇一七五
電話886-2-23511028・傳真886-2-23965656

實價新臺幣五六〇元

中華民國九十五年（2006）六月初版

ISBN 957-549-678-7